高等院校经济管理类"十一五"规划教材

货 币 银 行 学

HUO BI YIN HANG XUE

主 编 陈 宏

立信会计出版社

图书在版编目(CIP)数据

货币银行学/陈宏主编. —上海：立信会计出版社，2008.11

高等院校经济管理类"十一五"规划教材

ISBN 978 - 7 - 5429 - 2188 - 8

Ⅰ.货… Ⅱ.陈… Ⅲ.货币和银行经济学-高等学校-教材 Ⅳ.F820

中国版本图书馆 CIP 数据核字(2008)第 175961 号

责任编辑　　蔡伟莉　赵新民
封面设计　　周崇文

货币银行学

出版发行	立信会计出版社		
地　址	上海市中山西路 2230 号	邮政编码	200235
电　话	(021)64411389	传　真	(021)64411325
网　址	www.lixinaph.com	电子邮箱	lxaph@sh163.net
网上书店	www.shlx.net	电　话	(021)64411071
经　销	各地新华书店		

印　刷	上海肖华印务有限公司		
开　本	787 毫米×960 毫米	1/16	
印　张	23.25		
字　数	463 千字		
版　次	2008 年 11 月第 1 版		
印　次	2014 年 2 月第 3 次		
印　数	5 001—8 100		
书　号	ISBN 978 - 7 - 5429 - 2188 - 8/F		
定　价	34.00 元		

PREFACE 序言

　　为了适应不同的经营管理需要和不同的教学需求，各种类型的经济管理理论著作和系列教材，如雨后春笋般出现。大学教材的主要职能是传播知识，在知识经济时代，经济管理类教材内容的不断更新是形势发展的必然。亚里士多德曾经将人类的知识分为三大类：纯粹理性、实践理性和技艺。可以说经济管理是将这三类知识完美融合为一体的学科体系。曾几何时，管理学在我国还是一个无足轻重的学科，在20世纪80年代以前，我国的许多大学教学体系中，管理学与经济学是不加区分的，相关的大学毕业生所得到的学位几乎都是经济学学位。90年代之后，管理学从经济学中分离出来，与其他学科结合又形成了一个庞大的管理学科体系。管理学，尤其是企业经营管理学与经济学是紧密相连的学科，你中有我，我中有你。因此，一些大学又纷纷将前期分设的经济学院和管理学院重新合并成为经济管理学院，这在一定程度上说明"经济管理"作为一个大类，在教学体系上的存在是十分必要的。为了避免在教材体系上的重复建设，我们组织20多所大学的专家教授共同努力，编写了这套"高等院校经济管理类'十一五'规划教材"。这是十分必要的，也是十分及时的。

　　面对经济环境、市场状况以及管理者和学科层次的变化，这套教材力图贯彻以科学发展观为指导、以读者为中心、以市场为导向的原则，用语追求准确、简明和易懂。综合而言，这套教材主要有以下几个特点：

　　一是实用性。这套教材均配有PPT格式电子教案，选用本教材的教师可以在填妥书后的"教学课件索取单"，并将信息发给出版社后免费得到。此外，各书的章节标题之后设有"学习目的"、"案例导读"等,每章之后还附有"本章小结"、"复习思考题"等,有利于培养读者的概括能力和实践能力。

二是前沿性。这套教材是多所高校的教师近年来教学和实践工作相结合的产物。从教学中得到的反馈来看,现代学生的个性化特征越来越明显,不少本科学生已经不再满足于初级的经济管理知识,他们希望能够接触一些更为深入的课题,或者是与时代经济紧密相连的话题。这就要求我们的教材必须站在时代的前沿,把握时代的脉搏,使学生以新的视角和思路来思考问题。

三是适用性。经济管理学与企业管理实践是息息相关的,这套教材在内容的选择上,既考虑了学科本身的系统性和完整性,也考虑了其适用性。教材体系的安排首先突出了经济管理类基础系列,进而又延伸出了会计学系列、营销管理系列、工商管理系列、贸易管理系列等,以适应不同学校、不同专业教学的需要,在行文上力求深入浅出,这样安排的好处是使授课教师有更大的选择余地,可以根据所教授学生的层次调整授课内容。

四是思考性。这套教材除了注重为学生提供专业基础知识,还增加了一些有一定理论深度的内容,一方面可以使学有余力的学生拓宽思路,深入思考一些问题;另一方面也突出地表达了经济管理类学科教学的基本原则,即向学生传授一种思考的方法,以此来驾驭纷繁复杂的经济现实。

五是多样性。从某种意义上说,教材的编写须有一定的规则,但作为大学教材,也应体现出大学教师的各自特色。因此,这套教材既有统一规划和基本要求,保持规划教材的整体性,但每本教材又各有特色,体现出不同教师的授课风格,如将案例引入教学等。

写教科书相当于以笔代口讲课,由口头授课到落笔以文字表达出来,其中之甘苦自不待言。应该说,每位作者的写作过程都是与家人及同事们的共同努力分不开的,在此,对他们付出的努力和爱心表示深深的感谢。

历史总是在不断推陈出新,教材的编写也应根据时代的发展和环境的变化而不断改革。我们在组织编写这套教材时,作了一些新尝试,希望能够取得良好的效果。但教材建设是一项庞大的系统工程,任何一项改革都不是一蹴而就的,需要不断修正和完善。这套教材在体系安排、理论联系实际和语言表述等方面若有不妥或错漏之处,恳请读者批评指正,以便我们在后续工作中加以改正。

　　最后，对立信会计出版社的全力支持表示诚挚的谢意，同时对责任编辑的出色工作表示由衷的钦佩，并对他们的辛勤工作表示感谢。

高等院校经济管理类"十一五"规划教材编委会

本书是专门针对普通高等院校经济管理类专业本科生编写的,也是"高等院校经济管理类'十一五'规划教材"基础课程系列教材之一。本书全体编写人员都是普通高等院校经济管理类专业的专任教师。

本书主要阐述货币、信用、银行、金融市场、货币供求理论、金融与经济发展以及国际收支等主要的金融范畴。本书具有这样一些特色:① 内容比较完整。在编写的主导思想上,我们力求系统、完整地呈现出货币银行学这门学科应当具备的理论体系全貌,使学生了解和掌握从事金融等相关业务工作所必需的金融基础知识、基本理论和基本方法。② 反映金融业发展的现实。学生通过本书的学习能够清晰地了解国内外金融活动的真实状况。比如,我们在利息与利息率一章专辟一节阐述我国的利率市场化改革问题。在金融市场一章以较大篇幅介绍了货币市场与资本市场之后,又专设一节介绍我国的股票市场。即使在介绍货币市场与资本市场当中,我们也特别注意国内外市场的差异分析。还在金融与经济发展一章特别阐述了有关发展中国家的金融压抑、金融自由化问题。这些都体现了本书注重理论的先进性和实用性。③ 案例讨论。为了体现培养高级应用型人才的教育目标,本书特别加强了理论与实践的联系,每一章之后都附设有案例分析,这些案例都来自国内外金融活动的实践之中。既可以作为教师的案例教学选用,也可供学生作为学习讨论的材料。

本书由陈宏担任主编。参加编写的人员有:陈宏编写第1章第一、第二节,第9章;马瑞芹编写第1章其余部分,第2章;王希胜编写第3章除第四节以外的部分,第4章除第四节以外的部分;李艳锦编写第5、第11章;游雅娟编写第4章第四节,第6章;何凤霞编写第7章除第二节以外的部分,第12章;刘芳编写第3章

第四节,第 8 章;李冰编写第 7 章第二节,第 10 章。李冰和王希胜还参加了书稿部分内容的初审工作,全书由陈宏修改定稿。

在本书的编写过程中,我们借鉴了许多学者的研究成果,参阅了大量文献,特别是参考了很多国内货币银行学、金融学、货币金融学等教材,在此向作者表示衷心的感谢。同时,也感谢河南省会计学会和立信会计出版社对本书的鼎力支持。

虽然在本书的编写过程中我们历经了多次的讨论和修改,但由于水平所限,仍恐书中存在不足与不当之处,我们真诚感谢读者对本书的批评指正。

编　者

CONTENTS 目录

第1章

货币与货币制度

学习目的

- 认识货币是商品交换的产物，又是商品经济发展的重要工具。现代经济生活离不开货币，离不开正常和完善的货币制度。
- 了解货币的起源及形式，理解货币的各种定义。
- 把握货币的本质和职能，熟悉货币制度。

第一节 货币的起源

货币，在现实经济生活中处处闪现着其无限的魅力。人们无时无刻不在同货币打交道；同时也接触到许许多多同货币有关的事物、现象和问题。从古到今，无数的经济学家、银行家和政治家倾注了全部的智慧、花费了极大的气力去研究它、探索它。如何透过纷繁的现象去了解货币的起源，把握货币的本质，这也是摆在我们面前首先要解决的课题。

人类社会在地球上已有百万余年的历史，货币却只不过是几千年以前才开始出现的事情。

货币的出现是与交换联系在一起的。根据史料的记载和考古的发掘，在世界各地，交换都经过两个发展阶段：先是物物直接交换；然后是通过媒介的交换。在古埃及的壁画中可以看到物物交换的情景：有用瓦罐换鱼的，有用一束葱换一把扇子的。中国古书中有这样的记载：神农氏的时候，"日中为市，致天下之民，聚天下之货，交易而退，各得其所。"这也是指物物交换。在交换不断发展的进程中，逐渐出现了通过媒介的交换，即先把自己的物品换成作为媒介的物品，然后再用所获得的媒介物品去交换自己所需要的物品。在世界上，牲畜曾在很多地区成为这种媒介；在中国，比较定型的媒介最早是"贝"。这种出现在交换之中的媒介就是货币。司马迁在《史记·平准书》中说："农工商交易之路通，而龟贝金钱刀布之币兴焉。所从来久远，自高辛氏之前尚矣，靡得而记云。"即货币产生于交换。

▶ 一、古代货币起源说

货币是怎么产生的？亚里士多德在描述了物物交换之后说："一地的居民有所依赖于别处居民的货物，人们于是从别处输入本地所缺的货物，而抵偿这些收入，他们也得输出自己多余的产品，于是（作为中间媒介的）'钱币'就应运而生了。"这种钱币是"中介货物"，是"某种本身既属有用而又便于携带的货物"。中国古代具有代表性的观点大体有两种。一种见《管子·国蓄》："玉起于禺氏，金起于汝汉，珠玉起于赤野。东西南北距周七千八百里，水绝壤断，舟车不能通。先王为其途之远，其至之难，故托用于其重，以珠玉为上币，以黄金为中币，以刀布为下币。三币握之……先王以守财物，以御民事，而平天下也。"概括说来，就是先王为了进行统治而选定某些难得的、贵重的物品为货币。与这种观点相对的是上面引述的司马迁的论断："农工商交易之路通，而龟贝金钱刀布之币兴焉。"即货币产生于交换的发展之中。而对于交换，他认为，这是一种自然发生的事情。他在举出东西南北各有不同的出产之后指出：这些出产"皆中国人民所喜好，谣俗被服饮食奉生送死之具也。故待农而食之，虞而出之，工而成之，商而通之。此宁有政教发征期会哉？人各任其能，竭其力，以得所欲。故物贱之征贵，贵之征贱，各劝其业，乐其事，若水之趋下，日夜无休时，不召而自来，不求而民出之。岂非道之所符，而自然之验邪"。应该说，上述货币起源的种种观点都有其合理性，但都未能科学地解释货币的起源。

▶ 二、马克思对货币起源的论证：价值及其形式

马克思对于货币理论的系统研究开始于 19 世纪 40 年代。这时，商品生产的最高形式——资本主义在西方一些主要国家中已有了充分的发展，与之相伴随，对于商品货币的理论探索也有了三四百年的历史。正是在这样的基础上，马克思第一次对货币问题作了系统的理论阐明，揭开了"货币之谜"。

马克思是从商品和商品交换着手进行分析的。人类总是组成社会进行活动，人类的

活动首先是生产劳动；不劳动，不论什么社会，都不可能生存。在远古的原始共同体中，人们的劳动是直接根据整个共同体的需要并在共同体的统一指挥下进行的，劳动产品则归整个共同体所有，并由共同体统一分配。这时既不存在商品，也不存在货币。随着社会分工和私有制的出现，情况发生了变化。在社会分工的条件下，每个生产者只从事某种特定的具体劳动，生产一种或有限几种产品，而整个社会的需求则是靠所有生产者用各种不同的具体劳动所生产的多种多样的产品来满足。所以，生产出社会所必需的各种产品的各种不同具体劳动构成了整个社会分工的体系，而每个生产者所从事的特定具体劳动则应是整个社会分工体系的一个组成部分。就这个意义来说，社会分工条件下生产者的劳动是具有社会意义的劳动，简称为社会劳动。但是，由于私有制，劳动成了每个生产者的私事，生产什么、生产多少和怎样生产都由他自己决定，生产出来的产品则属于他私人所有。所以，劳动并不是直接表现为对社会有意义，而是直接表现为对生产者个人——私人有意义。从这个意义上说，社会分工条件下私人生产者的劳动是直接对私人有意义的劳动，简称为私人劳动。这样，就产生了社会劳动同私人劳动的矛盾。劳动的私人性质决定产品归私人所有。可是产品又不是或主要不是供生产者本人消费，而是供其他社会成员消费。所以，私人的产品必须纳入社会总产品中进行分配。这就是说，私人劳动要求社会承认它具有社会意义并转化为社会劳动。而且，由于每个专门从事某一种社会分工劳动的生产者也需要别人的劳动产品，所以，又要求在私人劳动转化为社会劳动的过程中，必须同时取得从社会总产品中分配一定份额的权利，否则，私人生产者就无法生存；对生产者来说，私人劳动向社会劳动的转化也就没有意义了。要解决这样的矛盾，唯一的途径就是交换，那就是用自己所生产的产品来交换别人所生产的产品。产品交换出去了，说明生产产品所投下的劳动为社会所需要，是社会分工体系的必要构成部分，从而私人劳动转化为社会劳动；通过交换取得了别人的劳动产品，这又同时实现了从社会总产品中分得一定份额的权利。与原始共同体的共同生产、共同消费不同，这时的产品是为交换而生产的。这种为交换而生产的劳动产品构成了一个新的经济范畴，即政治经济学中所说的商品。

商品生产者彼此都承认是各自产品的私有者，从这个意义上说，他们是平等的。因此，商品之间的交换比例应该是互不吃亏。但是，各种不同的商品是由不同形式的具体劳动生产出来的，具有不同的使用价值，如粮食是吃的，衣服是穿的，等等。不同的使用价值千差万别，无法比较。所以，使用价值不可能成为比较的根据，这种根据只能是各种商品全都具有的共同性的东西。什么是这种共同性的东西呢？由于无论是生产粮食的劳动，制作衣服的劳动，还是生产其他商品的劳动，尽管劳动的具体形式不同，但它们都是人类体力和脑力的耗费，所以，一切商品都具有一个共同点，即都是耗费了一般人类劳动或叫做抽象劳动的产物。这种凝结在商品中的一般的、抽象的劳动，就是政治经济学中所说的价值。各种商品的价值，在质上是同一的，因此量上可以比较。经过比较，价值数量相等的商品进行交换,这就是等价交换原则。

但是,价值的实体——人类的一般劳动耗费——既看不见,也摸不着。所以,单就一个商品来说,无法看出它的价值是个什么样子。价值既然只存在于商品交换的关系之中,那么也只有在交换关系之中才能得到表现。比如,1只羊与两把斧头相交换,通过交换,羊的价值表现出来了:羊的价值的具体形式就是两把斧头;斧头则成为表现羊的价值的材料,成为羊的等价物。羊既然由斧头把自己的价值表现出来并交换到斧头,这就意味着生产羊的私人劳动被斧头证明是社会总劳动的必要构成部分。所以,价值表现的过程也就是私人劳动向社会劳动转化的过程,而起等价物作用的商品则成为社会劳动的具体体现者。通过交换,价值取得了可以捉摸的外在形式,这就是价值形式问题。

三、价值形式的发展与货币的产生

(一)简单的、偶然的价值形式

在漫长的历史进程中,交换在不断发展,商品价值表现出来的形式也相应地不断发展。在原始公社阶段,每个公社的共同体内部虽然不存在交换关系,但一个公社对其他公社来说,则是可以让渡物品的所有者。所以,共同体相互之间的交换是可能的。由于那时生产力甚为低下,不会经常有剩余的东西可用来交换,同时也还没有出现社会分工,所以,交换的发生非常偶然。不过,只要发生交换,就有了价值表现的问题。用前面的例子,假设两个共同体之间偶然地发生了1只羊与两把斧头相交换的事件,从用羊交换斧头的公社来说,它们的羊的价值用斧头表现出来了:1只羊值两把斧头,斧头成为羊的等价物;从用斧头交换羊的公社来说,它们的斧头的价值用羊表现出来了:1把斧头值半只羊,羊成为斧头的等价物。由于价值的表现纯属偶然,所以马克思把这个阶段称之为简单的、偶然的价值形式。

(二)扩大的价值形式

随着社会分工的出现,共同生产逐渐被个人生产所代替;随着私有制的出现,公社与公社之间的交换,一步一步地被个人与个人之间的交换所替代,交换日益发展成为经常的现象。这时,一种物品不再是非常偶然地才和另外一种物品发生交换关系,而是经常地与另外多种物品相交换,于是,一种物品的价值就会由许多种其他物品表现出来。比如,1只羊不仅可能与两把斧头交换,也可能与一袋粮食交换,与几捆烟叶交换,等等。于是1只羊值多少,不仅由两把斧头表明,而且也由一袋粮食、几捆烟叶等表明。对于一种物品的价值可由许多种商品表现出来,而所有物品都可成为表现其他物品的等价物的这种情况,马克思称之为扩大的价值形式。

（三）一般价值形式

在简单的、偶然的价值形式阶段，是两种物品偶然发生交换关系；在扩大的价值形式阶段，是多种物品经常地、规则地发生交换关系。变化虽然巨大，但都是物物的直接交换。在前一阶段，物物能否交换，物品中的价值能否表现出来，对物品的所有者并非是至关紧要的；在后一阶段，物物能否交换，物品中的价值能否表现出来，对物品的所有者则日益紧要。因为经常的交换已日益成为他们生活的必要环节，物品交换不出去，其所有者的生产和生活都会遇到困难。然而，对于不断发展的交换来说，物物的直接交换日益暴露出它的局限性。比如，羊的所有者要用羊交换粮食，也就是说，羊的价值要用粮食表现出来。假如粮食的所有者正需要羊，即正要用羊来表现自己粮食的价值，交易可以成立，羊的价值得到了社会的承认，粮食的价值也得到了社会的承认。但更经常的情况是，当羊要被用来交换粮食时，粮食的所有者在此时此地并不需要羊，而是需要另外什么东西，如烟草。如果烟草所有者正需要羊，那么羊的所有者先用羊与烟草交换，即把羊的价值先用烟草表现出来，然后再用烟草换粮食，即用粮食表现烟草的价值。这样，三种物品的价值才得以表现，生产它们的社会劳动才得到社会承认。但是，纵然客观存在可以最终解开需求的锁链，而要现实地把它一步一步地解开则是要花费极大精力的，更何况在一个有限的时间和空间范围内，这样的锁链并非必然存在。这样，价值难以实现，劳动难以得到社会承认的矛盾就日益成为交换发展的桎梏。

物物交换的矛盾之所以突出起来，是由于进入交换领域的物品越来越多，交换行为越来越频繁。当日益增多的物品进入频繁交易的过程中，必然会有某种物品进入交换的次数较多，其使用价值较多地为进入市场的人们所需要。当各种物品都频繁地要求用这种物品表现自身价值时，这种物品就成为所有其他物品价值的表现材料，成为所有物品的等价物；而这种物品一旦成为所有其他物品用来表现价值的等价物，那么它就具有可以与所有物品直接交换的能力。这样，直接的物物交换就让位于通过媒介的间接交换；物品要交换时先要换成媒介品，即先要求媒介品表现自己的价值；而一旦这个过程实现，就可方便地用媒介品换取自己所需要的其他产品。所以，只要交换成媒介品，那么这种物品生产劳动的社会性就已得到了证明。这个用来表现所有物品价值的媒介品，马克思称之为一般等价物；用一般等价物表现所有物品价值，马克思称之为一般价值形式。

（四）货币形式

从扩大的价值形式阶段过渡到一般价值形式阶段，说明为交换而产生的关系，即商品生产关系，在经济生活中日益确立。而随着商品生产的继续发展，从交替地充当一般等价物的几种商品中必然会分离出一种商品经常起着一般等价物的作用。"等价形式同这种特殊商品的自然形式社会地结合在一起，这种特殊商品成了货币商品，或者执行货币的职能。"当价值都用货币来表现时，马克思称之为货币形式。

对于货币的起源,古今中外很多思想家、经济学家都看到了与交换发展的联系。他们对于物物交换的困难及向媒介交换的转化,引述过很多生动的事例并作了多方面的剖析,并强调货币只能是进入交换的多种商品中的一种。马克思的剖析基本上也是沿着这条思路进行的,但却推进到一个新的高度。这个新高度的特点在于,用最完整的劳动价值论揭示出推动这一进程的本质矛盾,那就是从社会分工和私有制揭示劳动作为社会劳动和私人劳动的矛盾统一体,进而揭示价值的实质及其表现的必然途径,然后通过价值形式的发展导出货币这一范畴出现在经济生活中的客观必然性。

从介绍马克思关于货币的起源理论可以看到,关于货币起源的理论推导中包括两个方面:一是由物物交换向媒介交易的转化;另一是关于价值的理论。关于前者,在马克思之前、之后,凡论及货币起源的,都不能不解释这个过程。原因很简单,这是不能更改的历史。但如何解释这个过程,则并非都采用马克思的思路。大体来说,论证通常简单得多,推导的思路大多是从比较交易成本来论证,交易成本低的媒介交易必然代替交易成本高的物物交易。关于价值论,这涉及经济学的基本理论问题,不同的观点甚多,如马克思之后有名的边际效用说,等等。这方面的深入研究不属于本书的范围。

第二节 货币的形式

在几千年的岁月中,货币的形态经历着由低级向高级的不断演变过程。

||▶ 一、古代的货币

据古籍的记载、青铜器的铭文和考古的发掘,中国最早的货币是贝。其上限大约在公元前 2000 年。商周的青铜器铭文和甲骨文都有关于用贝作赏赐的记载;墓葬发掘的陪葬品中则有大量可推断是用作货币的贝。作为货币的贝,单位是朋,一朋十贝。贝流通的下限可能是在金属铸币广泛流通的春秋之后。在我国的文字中也可看出贝作为货币长期存在的事实。很多与财富有联系的字其偏旁都为"贝",如货、财、贸、贱、贷、贫等。

贝产于南方的海里,成为北方夏、商、周的货币,这是外来物品作为货币的典型例子。此外,日本、东印度群岛以及美洲、非洲的一些地方也有用贝作货币的历史。

用在交换中大量出现的商品作为货币的例子是很多的。在古代欧洲的雅利安民族,在古波斯、印度、意大利等地,都有用牛羊作货币的记载。荷马史诗中,经常用牛标示物品的价值,例如,狄俄墨得斯的铠甲值 9 头牛,而格劳科斯的铠甲值 100 头牛,一个工艺娴熟的女奴值 4 头牛,给第一名决斗士的奖品值 12 头牛,等等。这样的历史在文字中也有反映,例如,拉丁文的金钱 Pecunia 来源于牲畜 Pecus;印度现代货币的名称卢比 Rupee 来源于牲畜的古文 Rupye,等等。除去牲畜,类似的例子还有埃塞俄比亚曾用盐作货币,美洲曾经充当古老货币的有烟草、可可豆等。

▶ 二、金属货币

当货币在生活中的重要性日益加强时,一般说来,要求作为货币的商品具有如下四个特征:一是价值比较高,这样可用较少的媒介完成较大量的交易;二是易于分割,即分割之后不会减少它的价值,以便于同价值高低不等的商品交换;三是易于保存,即在保存过程中不会损失价值,无需支付费用;四是便于携带,以利于在广大地区之间的交易。事实上,最早出现的货币就在不同程度上具备这样的特征。如贝,作为计量单位不需分割,也便于携带,作为外来商品,价值也高。牲畜则不那么理想,特别是一头牲畜分割之后,部分价值的总和就会大大低于整体,但价值高,又便于转移,则是其优点。只要商品交换没有发展到一定阶段,某些方面的矛盾并非是不能容忍的。探险家在太平洋的雅普岛上发现当地人用巨大的难以搬动的轮形石块作货币,在那个岛的范围内,获得货币的所有者只需凿上自己的印记即可,而无需搬走。

随着交换的发展,对以上四个方面的要求越来越高,这就使得金属日益成为货币商品。金属充当货币的优点是非常突出的。尤其是金属可多次分割,可按不同比例任意分割,分割后还可冶炼还原。金属易于保存,特别是铜、金、银都不易被腐蚀。因而世界各地历史上比较发达的民族,先后都走上用金属充当货币之路。

充当货币的金属主要是金、银、铜,铁作为货币的情况较少。这是因为当冶炼技术发展后,其价值较低,用于交易过于笨重,而且易锈蚀,不便保存。古希腊斯巴达,公元前 6 世纪有使用铁钱的记载;中国五代十国之际出现铁钱,宋代四川专用铁钱,有些地方铁钱、铜钱并用。后来也间断有用铁钱的,但流通范围有限。

至于金、银、铜作为货币的先后顺序并非简单地、严格地从贱金属向贵金属过渡。中国最早的货币金属是铜和金两种。商代的墓葬中曾出土有铜铸的贝。进入周代以后,中国一直是铜流通的天下,直至 20 世纪 30 年代还有铜元的流通。黄金,在商代的遗址中即有所发现,但主要是作为饰物。到战国时期,在古籍中已有很多用黄金论价、估价财富、馈赠、赏赐之类的记载,而其单位或"斤"、或"镒",已很确定。《汉书·食货志下》有"黄金方寸,而重一斤"的说法。那时的斤约 250 克,那时的寸约为 2.35 厘米。"金"本身也是单位名称,"一金"与"一斤"等义。有一种有铭文的金版,其中见得最多的铭文人们读为"郢爱",据考证是战国时期楚地的货币。新中国成立以来的发掘说明,它流通的范围要广得多。到了西汉,在准确的记载中黄金不断出现,赏赐动辄以数十斤、数百斤计,大额的甚至以万斤、十万斤计。但东汉以后,黄金数量急剧减少,并很快失去了其作为货币的地位。这个突然变化是中国货币史上一个还没有解释清楚的问题。白银,在西汉的著述中已经出现,但直到宋代才逐渐成为货币材料。此后在与铜并行流通中,白银一直是作为主币的币材。白银的流通,在中国到 20 世纪 30 年代才终止。在西亚、中东、地中海沿岸,铜作为币材的时间大约在公元前 1000 年至公元前 800 年左右。但在一些古文明较发达的国家,主要币材是白银,其出现也在公元前千年前后;金的出现或许更早,但与白银比,未占主要地位。中国境内出土有波斯等地的金币、银币,银币的数量大大多于金币。这些金银币的铸造时间约在公元 4~7 世纪。公元 13 世纪以来,在西欧,金币逐渐增多,到 18 世纪~19 世纪日益占据主要地位。到 20 世纪初,在世界主要的工业化国家中,币材已均由黄金垄断。

货币并不是自然产生的,而是一定的社会生活条件所造成的;但货币进入经济生活之后,就逐渐找到金银这类最适宜于担当自己作用的贵金属并与它们结合在一起。由此引出了马克思的一句名言:"金银天然不是货币,但货币天然是金银。"

三、称量货币与铸币

金属货币最初是以块状流通的,这很不方便。因为每笔交易都需要称量重量,鉴定成色,有时还要按交易额的大小把金属块进行分割。随着商品生产和交换的发展,有些富裕的、有名望的商人在货币金属块上打上印记,标明重量和成色,以便于流通。当商品交换进一步发展并突破地方市场的范围后,对于金属块的重量、成色要求更具有权威的证明。最具有权威的,自然就是国家。

铸币是由国家的印记证明其重量和成色的金属块。所谓国家的印记,包括形状、花纹、文字等。最初各国的铸币有各种各样的形式,但后来都逐步过渡到圆形。圆形最便于携带并不易磨损。

中国最古老的金属铸币是铜铸币。有三种形制:一是"布",是铲形农具的缩影。最早的布出现在西周、春秋,先是"空首布",后是"平首布",在周、三晋、郑、卫等地广泛流通。二是"刀",是刀的缩影。它主要流通在齐国及其势力所影响的范围。三是铜贝,是在南方楚国流通,通常称之为"蚁鼻钱"。到战国中期,在刀和布流行的地区,在秦国,圜钱大量流通。圜钱是铜铸的圆形铸币,有两类:一是中有圆孔;另一是中有方孔。有孔是为了可以串在一起以利于携带。圆形方孔的秦"半两"钱,有"孔方兄"之称,在中国铸币史上占有重要地位。在秦统一中国的前后,正是这种形态的铜铸币统一了中国的铸币流通。秦汉之际出现一次全国性的货币流通大紊乱。经过汉初百年的摸索,于汉武帝时建立了"五铢"钱制度:钱面铸有五铢字样,说明重量。一铢等于 1/24 两。这种五铢钱,自汉至隋流通了 700 余年。唐朝建国后,在整顿币制的过程中,铸"开元通宝"钱,代替了五铢钱,以后各代铸的钱虽有称"元宝"的，但大多称"通宝"，只是"开元"二字换成当时的年号。这种形制一直延续到清代。

由于铜币流通 2 000 多年，所以在中国，长期是把铜与货币等同起来。如一个人斤斤计较钱财，往往被讥讽为有"铜臭气"。

金银在出土文物中有铸成钱的。但在中国流通银元之前，从无金银铸币在流通中广泛存在的记载。自宋代开始大量流通的白银，一直是以称量货币流通的，其计量单位是"两"，所以也常说"银两"。银铸币的流入在我国明代可能已经很多，但当时是按银两看待的。广泛流通银元是从鸦片战争之际开始的，其中流通最多的是墨西哥的鹰洋。由于流通方便，晚清政府也开始铸造自己的银元。最初是有龙的图案的"龙洋"。1910 年规定以银元为国币。袁世凯的北洋政府铸袁世凯头像银元；1927 年国民党政府铸孙中山头像银元。

银元是西方贵金属铸币的典型形制。西方金银铸币出现很早。圆形、无孔、铸有统治者的头像是其一贯特点。

铸造重量轻、成色低的铸币是古代货币流通中反复发生的事情。汉初，允许私人铸钱，私人铸的"半两"钱，最轻的尚不及半两的 1/10，被称之为"榆荚"钱。铸造劣质货币也是统治者为了解决财政收入，搜刮民财的措施。如东汉末年的董卓，坏五铢钱，铸小钱，成为以后三四百年间货币流通大混乱的开端。在中国，大部分年代是禁止私人铸钱的，但严刑厉法也从未断过私铸。虽然政治稳定时，统治者大多重视整顿币制，但短暂的足值铸币稳定流通的状况往往很快被不足值铸币流通的不稳定状况所代替。当劣币出现于流通之中时，人们则会把足值货币收存起来。这叫劣币驱逐良币律，也是本章第五节介绍的格雷欣法则。在西方，由于同样存在着劣质货币不断充斥流通的过程，所以也是很早就认识到了这一规律。

▶ 四、用纸做的货币

马可波罗曾向西方人介绍中国的奇事："大汗国中商人所至之处，用此纸币以给赏用、以购商物、以取其货币之售价，竟与纯金无别。"外国人对中国纸币的类似报道，在马可波罗以前已不止一起。

中国在 10 世纪末的北宋年间，已有大量用纸印制的货币——"交子"，其成为经济生活中重要的流通和支付手段，是世界上最早的纸质货币。交子最初是由四川商人联合发行的，在四川境内流通，可以随时兑换，后来由于商人的破产，官府设置专门机构发行。名义上可以兑换，但多数时候不能兑换。流通范围也由四川扩及各地，成为南宋的一种主要货币。

元代则在全国范围实行纸钞流通的制度，其中具有代表性的是忽必烈在位时发行的

"中统元宝钞"。开始时也曾一度可以兑换,但很快停止。元代纸钞流通的特点是大多数年份都不允许铜和金银流通。而宋则是纸钞与铜钱并行,并有白银流通。

明代发行"大明宝钞",从不兑现。开始时曾禁铜,乃至禁金银流通,只准行使宝钞。但事实上行不通,遂先后解除禁令。后来,一方面由于铜、银流通的增大;另一方面由于宝钞滥发,急骤贬值,自宋以来开始的中国式的纸钞流通遂逐渐退出经济生活舞台。

五、银行券与国家发行的纸币

银行券是随着资本主义银行的发展而首先在欧洲出现于流通中的一种用纸印制的货币。最初,一般商业银行都可发行银行券,发行银行券的银行保证随时可按面额兑付金币、银币,所以银行券在实质上是一种代用货币。到 19 世纪,在工业化国家中,先后禁止商业银行发行并把发行权集中于中央银行。19 世纪末 20 世纪初,在银行券广泛流通的同时,贵金属铸币的流通数量日益减少,表现出纸制钞票的流通终将取代铸币流通的趋势。

在第一次世界大战前,只是战时或经济动荡时,一些国家才会停止银行券兑现并由国家法令支持其流通。但到第一次世界大战中,世界各国的银行券普遍停止兑现。第一次世界大战后,有的国家曾一度实行可兑换为金块的制度,或可兑换为外汇的制度,这将在本章第五节介绍。到 20 世纪 20 年代末 30 年代初,世界主要国家的银行券完全成为不兑现的。

与银行券同时处于流通中的,还有一种由国家发行并强制行使的纸制货币,有的国家所称的"纸币"即专指这种钞票。在英国,国库发行的钞票即称为"纸币";过去日本也发行"大日本帝国纸币";前苏联曾长期流通过一种国库券,发行者是国库;在美国,这种性质的钞票则是有名的"绿背"钞票。当银行券与这种钞票并行流通时,两者的分工是在面额上:银行券多是大面额钞票;国库发行的钞票则都是小面额的。例如,美国的"绿背"钞票面额是 1 美元;前苏联曾经流通过的国库券的面额是 5 卢布、3 卢布、1 卢布,等等。

中国的现代银行出现较晚。19 世纪中期,外国银行开始在华设点;中国民族资本的现代银行则是 19 世纪末才开始创业。现代银行出现后,银行券也出现在中国经济之中。那时,在西方列强各国,银行券已由中央银行垄断发行;而中国却是商业银行、外商银行和地方银行纷纷发钞,名义上是可兑换为银元的兑换券,但极无保障。1935 年,国民党政权实行法币改革,规定中央银行、中国银行、交通银行,后来又加上农民银行这四行发行的钞票为法币,是法定不兑现的银行券;1942 年又把钞票发行权集中于中央银行。在革命根据地,有的地方也发行过可兑换银元的兑换券,但大多是不兑现的;不兑现的钞票采取银行发行的形式。人民币是中国人民银行发行的,也是采用不兑现银行券形式。

银行券、下面即将谈到的存款货币以及后面有关章节谈到的商业票据等,通常概括称为信用货币。

▶ 六、可签发支票的存款

现代银行的一项重要业务是给工商业者开立支票存款账户。顾客可依据存款向银行签发支付命令书——支票，并用支票支付货款，支付各种费用，办理结算，等等。通过支票的收付，付款人在银行存款账户上的相应款项转为收款人在银行存款账户上的款项；依据存款，收款人又可履行自己的支付义务。这样的过程称之为转账结算。可用于转账结算的存款，与银行券同样发挥货币的作用。所以，这种可签发支票的存款称之为"存款货币"。对于工商业者和机关团体，有钱没钱，主要不是看有多少现钞，而是看有没有或有多少存款，特别是可签发支票的存款；它们的货币收付，现钞只占一部分，大量的则是通过支票转账。在现代经济生活中，存款货币的数量通常都数倍于不兑现银行券的数量。

事实上，定期存款和储蓄也是货币，只不过它们是不能直接流动的货币，与储存起来不流动的铸币和纸制的货币有类似之处。

▶ 七、电子计算机的运用与无现金社会

在电子技术迅速发展的今天，货币形态也受到了巨大的影响。

首先，电子计算机运用于银行的业务经营，使很多种类的银行塑料卡取代现钞和支票，成为西方社会日益广泛运用的支付工具。由于这些银行卡的迅速发展，有人认为，它们终将取代现金，这样就会出现无现金社会。同时，由于计算机网络迅速覆盖全世界，网络银行出现了，传统银行的运作也发生了不少变化。如此等等，是否有可能使得处于电磁信号形态上的货币成为货币的主要形态，已成为人们值得去花精力研究的问题。而且，这样的趋势将使货币本身乃至市场经济的运作发生怎样的变化，也同样值得关注。

在中国，1986 年中国银行发行了长城卡；1989 年中国工商银行发行了牡丹卡；1991年中国建设银行加入了世界最大的 VISA 信用卡集团。世界上一些有较大影响的银行卡，在中国的一些大城市中已使用多年。

第三节　货币的职能

货币职能是货币本质的具体表现，是商品交换所赋予的，也是人们运用货币的客观依

据。货币在商品经济中执行着五种职能。

一、价值尺度

货币在表现和衡量商品价值时,执行价值尺度的职能。执行价值尺度的货币本身必须有价值;本身没有价值,就不能用来表现、衡量其他商品的价值。货币是商品,具有价值,因此能够充当商品的价值尺度。

货币执行价值尺度时,人们可以在观念语言中用货币来衡量商品的价值,而并不需要现实货币的存在。商品价值的货币表现就是价格。由于各种商品的价值大小不同,用货币表现的价格也不同。为了便于比较,就需要规定一个货币计量单位,称为价格标准。价格标准最初是以金属重量单位的名称命名的,如中国的"两",后来由于国家以较贱金属代替贵金属作币材,使货币单位的名称和金属重量单位名称相脱离。

价值尺度与价格标准是两个完全不同的概念。首先,货币作为价值尺度是代表一定量的社会劳动,来衡量各种不同商品的价值;而货币作为价格标准,是代表一定的金属量,用来衡量货币金属本身的量。其次,货币作为价值尺度是在商品交换中自发形成的,它不依赖于人的主观意志,是客观的;而价格标准是人为的,通常由国家法律加以规定。再次,货币作为价值尺度,它的价值随着劳动生产率的变动而变动;而价格标准是货币单位本身金属的含量,是不随劳动生产率的变动而变动的。

价值尺度与价格标准有着密切的联系,货币的价值尺度依靠价格标准来发挥作用,价格标准是为价值尺度职能服务的。

二、流通手段

货币在商品交换过程中发挥媒介作用时,便执行流通手段的职能。

货币作为流通手段必须是现实的货币,即要求一手交钱、一手交货,这与货币作为价值尺度是不同的。另外,作为价值尺度的货币,由于其衡量的是商品的价值,所以必须是足值的货币,否则商品的价值就可能被错误地扩大或缩小。而货币发挥交换媒介作用只起于买卖商品的瞬间,人们关心的是它的购买力,即能否买到等值的商品,并不关心货币本身有无价值,所以就产生了不足值的铸币以及仅仅是价值符号的纸币代替贵金属执行流通手段职能的可能性,于是就产生了前文所说的各种代用货币。

货币作为流通手段,改变了过去商品交换的运动公式。在货币出现前,商品交换采取物物交换的形式,即 $W—W$,货币出现后,商品交换分为卖和买两个环节,即 $W—G$ 和 $G—W$。货币这个媒介的出现,使原来物物交换的许多局限性,如交换双方对使用价值的需求一致,交换的时间地点一致等都被冲破了,从而促进了商品交换的发展。但另外,货币发挥流通手段职能,也使商品生产者之间的社会联系和商品经济的内在矛盾更加复杂化了。因为这时商品交换分为卖和买两个环节,如果有些人卖了商品不马上买,则另一些人的商品可能就卖不出去,从而引起买卖脱节,使得社会分工形成的生产者相互依赖的链环有中断的可能,孕育着经济危机。当然,经济危机的爆发只有在商品经济发展到一定水平,社会生产者的联系十分紧密的条件下,才能转化为现实。

作为流通手段的货币量应该是多少呢? 在流通领域,商品总是处在卖的一方,而货币则处在买的一方,彼此对立着。因此,要购买这些商品,付出的货币与这些商品价格总额总是对等的。所以,商品价格总额由两个因素决定:一是商品总量;二是商品的价格水平。

但是作为流通手段的货币量也并不需要同商品价格总额等同。因为货币作为流通手段,在一定的时间里可以多次为不同的商品交易作媒介,如工厂将产品销售出去获得货币,可再用货币去购买原材料;支付工人工资后,工人可用它去购买生活用品;等等。这样,一定量的货币可以在流通中为数倍于它的商品作媒介。一定的时间内货币实现的交易次数,称货币流通速度或流通次数。货币在一定时间内流通的次数越多,它可以实现的商品价格就越大,流通中需要的货币量也就越小。所以,货币流通速度同流通领域中所需要的货币量成反比。

流通中所需的货币量就取决于三个因素:① 待流通的商品数量;② 商品价格;③ 货币流通速度。它们之间有如下的关系:

货币作为流通手段的必要量=商品价格×待流通的商品数量/货币流通速度

流通中所需要的货币量取决于待流通的商品数量、商品价格和货币流通速度这一规律,是不以人的意志为转移的。凡是有商品货币交换的地方,这一规律就必然会起作用。

▶ 三、贮藏手段

货币退出流通,贮藏起来,就执行贮藏手段的职能。货币成为社会财富的一般代表,因此人们就有贮藏货币的欲望。当然这种货币既不能是观念上的货币,也不能是不足值的货币或只是一种符号的纸币,它应是一种足值的金属货币或是作为货币材料的贵金属。

在交换的初期阶段,产品的主要部分是为自己消费,所以当时货币执行贮藏手段的目的是用货币形式来保存剩余产品。在商品经济还不够发达的情况下,商品生产者并不一定能够在需要货币购买其他商品时顺利地卖掉自己的商品,所以为了避免市场的自发性导致的风险,生产者会有意识地积累货币,使再生产得以顺利进行。随着商品经济的发展,在私有制社会里,货币在社会上的影响增大,它代表着绝对的物质财富,从而人们在求

金欲的驱使下贮藏货币。

在足值的金属货币流通的情况下,货币作为贮藏手段,具有自发调节货币流通的作用。当流通中的货币量大于商品流通所需要的货币量时,货币的购买力就会下降,人们为了避免损失就会自发地将多余的足值货币退出流通领域;当流通中所需要的货币量不足时,货币的购买力就会上升,贮藏货币会被人们逐渐投入流通。贮藏货币就像蓄水池一样自发地调节着流通中的货币量,使它与商品流通相适应。因此在足值的金属货币流通条件下,不会发生通货膨胀现象。货币的贮藏手段是以金属货币为前提的,即只有在金属货币流通的条件下,货币才能自发地进出流通领域,发挥蓄水池的作用。当今世界大多数国家已经废除了金属货币的流通,普遍采用了信用货币。如果通货膨胀水平较低,并且预期通货膨胀水平也很低,信用货币是可以被"贮藏"起来的,但这种暂歇在居民手中的货币不是贮藏货币,它仍是计算在市场流通量之中的。这样,信用货币也就不能自发地调节流通量中的货币量,贮藏手段职能实际上也就不存在了。

▏▶ 四、支付手段

货币作为交换价值而独立存在,并伴随着商品运动而作单方面的转移,其执行支付手段的职能。在货币执行流通职能时,商品交换要求一手交钱、一手交货;而作为支付手段,价值的单方面转移是其特征。支付手段的产生源于商业信用的产生。在较发达的商品经济条件下,在商品生产循环和周转中,某些商品生产者会产生资金周转的多余或不足,为使再生产得以顺利进行,商品赊销、延期付款等信用方式就相应产生。此外,商品的供求状况也影响着商品的信用方式。当赊购者偿还欠款时,货币就执行支付手段职能。

货币执行支付手段职能,最初主要是为商品流通服务,用于商品生产者之间清偿债务。随着商品生产的发展,货币的支付手段职能已超出了商品流通领域,扩展到其他领域,如工资、佣金、房租以及其他领域。随着信用制度和科学技术的发展,货币支付手段职能虽然不断扩大,但其扩展的广度和深度仍受商品流通发展的程度所制约。

货币作为流通手段克服了物物交换的种种局限性;而货币作为支付手段,又进一步克服了货币作为流通手段要求一手交钱、一手交货的局限性,极大地促进了商品交换。但同时,它也使商品经济的矛盾进一步复杂化。在商业信用盛行时,商品生产者之间的债权债务关系也就普遍存在。一个商品生产者偿还债务的能力往往受到其他商品生产者能否按期偿还对他的债务的影响。在债务债权的链条中,如果有一部分生产者由于种种原因不能按期偿还债务,就有可能引起整个支付链条的中断,以致给商品生产和流通带来严重的后果。

在货币执行支付手段职能中直接产生了信用货币——债权债务关系的凭证。信用货币是代替金属货币充当流通手段和支付手段的信用证券,如期票、汇票、支票等。在货币执行支付手段职能的情况下,由于赊销商品的部分当时不需支付货币,再加之债权债务关系相互抵消等因素,都会影响一定时期内市场对货币流通的需要量。这样,货币流通规律的公式即为:

$$货币流通必要量＝(商品价格总额－赊销商品价格总额＋到期支付总额$$
$$－相互抵消的支付总额)/货币流通速度$$

▐▶ 五、世界货币

当货币超越国界,在世界市场上发挥一般等价物作用时便执行世界货币的职能。

由于铸币和纸币是国家依靠法律强制发行,只能在国内流通的货币,不能真实地反映货币具有的内在价值,所以世界货币只能是以重量直接计算的贵金属。

货币执行世界货币的职能主要表现为三个方面:第一,作为国际一般的支付手段,用以平衡国际收支差额。这是世界货币的主要职能。第二,作为国际一般的购买手段,用以购买外国商品。作为购买手段的货币在此时当作货币商品与普通商品相交换。第三,作为国际财富转移的一种手段,如战争赔款、输出货币资本等。

世界货币的职能也是以贵金属为条件的。理论上,信用货币由于没有内在价值或其价值可以忽略,是不能够执行世界货币的职能的。但当代,一些西方发达国家的信用货币成为世界上普遍接受的硬通货,实际上发挥着世界货币的职能。世界上各国都把这些硬通货作为本国储备的一部分,并用来作为国际支付手段和购买手段。这一方面是因为发行这些硬通货的国家经济发达,国力强大,国际政治经济地位较高,因此其货币也较坚挺、有保障;另一方面也是国际金融发展的结果,近几十年来,欧洲美元市场、离岸金融业务发展,也促进了这些信用货币的全球化。

货币的五种职能并不是各自孤立的,而是具有内在联系的,每一个职能都是货币作为一般等价物的本质的反映。其中,货币的价值尺度和流通手段职能是两个基本职能,其他职能是在这两个职能的基础上产生的。所有商品首先要借助于货币的价值尺度来表现其价格,然后才通过流通手段实现商品价值。正因为货币具有流通手段职能,随时可购买商品,货币能作为交换价值独立存在,可用于各种支付,所以人们才贮藏货币,货币才能执行贮藏手段的职能。支付手段职能是以贮藏手段职能的存在为前提的。世界货币职能则是其他各个职能在国际市场上的延伸和发展。从历史和逻辑上讲,货币的各个职能都是按顺序随着商品流通及其内在矛盾的发展而逐渐形成的,从而反映了商品生产和商品流通的历史发展进程。

第四节 货币的定义

货币有很多种定义,由于剖析问题时采用的观点不同,就会引出不同的结论。

▶ 一、一般等价物

货币是一般等价物,是起一般等价物作用的商品,这是主张劳动价值学说的共同定义。这个定义的特点是从经济范畴相互联系的角度,特别是从货币与普通商品的共性与特性的角度推导出来的。

对于这个定义,马克思的解释最深刻,其基础则是前面指出的他对价值本质的透彻论证。在马克思的理论中,一般等价物的论断不是孤立的,货币的各个职能就是货币这个本质定义的展开。

马克思从分析商品生产和商品交换的发展着手,研究了价值形式的发展过程,进而又从价值形式的发展过程揭示了货币的起源,由此科学地概括了货币的本质特点,即货币是从商品世界中分离出来、起一般等价物的商品;货币是商品经济基本矛盾——私人劳动与社会劳动的矛盾——发展的必然结果。货币出现以后,商品就分裂为对立的两极:商品和货币。一切普通商品都直接代表各种不同的使用价值,而货币则成为价值的直接体现者。

货币充当一般等价物有两个基本特征:

第一,货币是表现一切商品价值的工具。货币出现以后,商品的价值不再直接地由另一种商品表现出来,而是通过商品和货币的交换表现出来。任何一种商品,只要能够交换到货币,该种商品的价值就能得到表现,生产这种商品的私人劳动就得到了社会承认,属于社会劳动的一部分。所以说,货币是表现、衡量一切商品价值的工具。

第二,货币具有直接同一切商品交换的能力。货币虽来自商品,但它与普通商品有不同之处。普通商品以特定的使用价值去满足人们的某种需要,因而它不可能同其他一切商品直接交换。而作为价值体现者和社会财富直接代表的货币,它具有直接地同一切商品相交换的能力,因而也成了每个商品生产者所追求的对象。

▶ 二、社会计算的工具和"选票"

货币在马克思所论证的价值规律,即"社会必要劳动时间作为起调节作用的自然规律"中,起着极其重要的作用。列宁特别重视这一点,并把货币看作是"社会计算"的表现形式。

在第一节中已经指出,商品生产的基础是社会分工与私有制。由于社会分工的发展,每个劳动者只能在社会分工的一个部门中从事一种或数种产品的生产。因而,在社会分工的条件下,生产者就结合成一个彼此相互依赖的整体,而每一个商品生产者的这种或那种劳动都应该是社会总劳动的构成部分。但是生产资料的私有制又使商品生产者彼此隔离开来。每个商品生产者应从事哪种劳动,应生产哪种产品,应生产多少产品,在私有制下是没有一个社会机构能够有计划地加以组织安排的。所以商品生产者的劳动直接是私人劳动,它不一定是或不一定完全是社会分工体系的有机构成部分。

货币出现以后,商品的生产劳动是否具有社会性就要通过商品与货币的交换来检验。假使商品生产者的产品不是社会分工的有机构成部分,从而不为社会所需要,那么他就不能卖掉它,就不能用它获得货币,从而也就不能获得社会上其他成员的劳动生产品;反之,假如他的产品为社会所需要,那么他就能把它换成货币,并从而可以取得社会上其他成员的劳动生产品。不仅如此,通过货币还可证明某种劳动有多少是为社会所必需。如果某种生产劳动超过了自发的社会分工的必要,那么这种劳动的产品就会在市场上供过于求。这样该种商品只能以低价出售,即只能换得较少的货币。所以列宁指出:"个体生产者供他人消费的产品只有采取货币形式,就是说,只有预先经过质量和数量两方面的社会计算,才能到达消费者手里,才能使生产者有权获得其他社会产品。而这种计算是在生产者的背后通过市场波动进行的。"

货币不仅证明商品生产者的私人劳动是否或有多少为社会所需要,同时还能反映出商品生产者生产商品的个人劳动耗费是多于还是少于社会必要劳动耗费。在生产无政府的私有制条件下,各个生产者的生产条件是不相同的。一些生产者拥有较优良的生产资料,另一些生产者所拥有的则是较落后的生产资料。由于生产条件不同,劳动耗费也就会不同。前者的个人耗费会低于社会必要劳动时间,后者则会超过。这样,前者出卖自己的产品就会获得较多数量的货币,后者则只能获得较少数量的货币。

正是这些货币信息使得不依人们意志为转移的客观规律指挥着生产要素的重新配置。

按照类似的角度,在西方经济学中,把货币说成是"选票"。一个社会生产什么东西,要取决于货币选票。形形色色的消费者对每一件商品是购买还是不购买,这是投不投选票;是愿意出较高的价格还是只愿意出较低的价格,这是投多少选票。在这种情况下,有的企业赚了大钱,它会再投资;有的企业亏损,它就要考虑转产,或者提高技术,或者改进管理。消费者的投票是在市场上分散进行的,私人企业的反应也是各自分散进行的。虽然这里没有统一的领导和计划,但却有保证社会生存的经济秩序。这就是有名的"看不见的手"理论,而货币选票则是这只手指挥人们行为的必要环节。

价值规律的自发调节,看不见的手在人们背后的指挥,这是否是不可避免的经济运行机制? 从资本主义永恒的立场出发,或肯定它是最完善的,或认为它虽不尽完善,但也无从替代。而社会主义的理论所论证的却是自发的经济秩序只是人类历史一定发展阶段的秩序,随着生产的发展和人类的进步,自发的经济秩序必将被自觉的经济秩序所取代。

三、从职能出发给货币下定义

价值尺度与流通手段的统一是货币,这是马克思从职能角度给货币所下的简明而完整的定义。换一个角度,这个定义可表述为货币是表现和实现价值的唯一形式。

现在更通俗的一些概括有:货币是普遍被大家接受作为支付货款和服务的手段;货币是在交换中被普遍接受的任何东西,等等。更简化的说法,如交易的媒介、支付的工具等都可用来表述货币。不过西方经济学教科书特别强调"普遍被接受"这一限定词。但这个限定条件即使不表述出来,也是隐含的不可缺少的前提。

四、货币与财富

在欧洲封建社会的晚期,资产阶级最初的经济学说——重商主义,认为金银就是货币,货币就是财富,而且是财富的唯一形态。这种观点反映了新兴资产阶级积累货币资本的愿望,在历史上也确实推动了商品货币关系的发展。但这种观点是错误的。

在商品生产中,作为一般等价物的货币,的确成了社会财富的一般性的代表。但货币并不等于是社会财富本身;就贵金属币材来说,至多只是社会财富的一部分。把部分夸大为整体并且变成"唯一的",那就会导致货币乃是社会唯一追逐的目的这种极其荒谬的结论。西方有个很有名的寓言:一个古代的国王祈求他用手指所点到的东西都可以变成黄金。他的愿望实现了,但最后他碰到了食物,食物变成了黄金;他碰到了水,水变成了黄金。荒谬的理论结论在这里得到了最形象的说明。

在中国,这种货币理论观点似乎自古就没有什么地位。不论是主张货币是交易媒介的,还是主张货币是王者用以"御天下"的,似乎都一致赞同这样的观点:"珠玉金银,饥不可食,寒不可衣"。它们绝不是目的,而是手段。

应该说,把货币与财富等同的观点在现代经济理论中已没有什么地位。但在受商品货币关系所支配的人群中间,崇信这种观点的仍大有人在。

五、货币与法律

我国古代很有影响的一种观点是国家决定货币。比如,《管子》认为,金、玉、珠等,产地遥远,得来不易,所以"先王"确定它们为货币。

现代类似的观点由这样的一种定义反映出来:货币乃是法律规定的具有无限偿付能力的事物。这样定义货币显然是片面的、皮毛的。就现代经济生活来说,法律并未规定具有法定偿付能力的事物,如可以签发支票的活期存款,已无人怀疑它们是货币。但更重要的问题在于,国家法定的货币商品,如能真正起货币作用,是由于它们在经济活动中已经是作为货币商品在起作用。如果不是这样,国家法定也行不通。中国历史上有王莽的货币改制,他妄想复古,把早已不再起货币作用的"龟"和"贝"又规定为币材,与金银铜一起,全凭主观制定了一套极其复杂的货币系统。结果"百姓愦乱,其货不行"。至于现代不兑现的钞票,其流通都受法律的支持和保护。但是如果客观经济发展没有提供这种钞票流通的基础,法律并不能把它们创造出来。而且一旦破坏了这种通货的流通基础,如恶性通货膨胀的不可遏止,那么法律的强制也并不能挽救人们抗拒使用这种货币的命运。

六、从控制货币的要求出发定义货币

当今,市场经济也好,计划经济也罢,都要通过对货币状况的剖析来观察经济进程以决定适当的经济政策和措施,而且也都要通过对货币的控制实现对整个经济进程的干预和调节。这就有货币统计的问题,有货币政策操作的目标问题,等等。而要处理这些问题,大而化之的货币理论定义是不够的,需要的是非常具体的分界线。例如,哪些是毫无疑问的货币,哪些一时分不清是否应该算作货币,哪些可以明确虽有类似货币的性质而不能算作货币,等等。

当然,无论要求如何具体化,也要有理论指导。通常是从能否充当流通手段和支付手段职能的角度出发来具体确定界线。这个出发点是有道理的。因为流通手段和支付手段的数量构成市场购买力,构成市场需求,并影响价格的升降,是关系经济进程的重大问题。

但是在这个大框子里,有的可以立即作为购买手段和支付手段,如现钞、支票存款;有的却不那么方便,如我国的储蓄存款,通常是要提出现金后才能购买或支付。由于它们存在着区别,对于能起购买手段和支付手段作用的货币也要划分为若干组。国际通用的是$M_1,M_2,M_3\cdots$系列。国际货币基金组织把各国大多采用的M_1直接称之为货币(money),它主要包含通货(不兑现的银行券和辅币)和可签发支票的活期存款;把M_1之外可构成M_2的称之为准货币(quasi money),如定期存款等。关于这个问题本书第8章将专门讨论。

第五节 货币制度

▶ 一、货币制度的形成

货币制度是指一个国家以法律形式规定的货币流通的组织形式,简称币制。

在前资本主义时期,金属货币流通在相当时期内占有重要地位。世界各国曾先后出现了铸币。最初铸币有各种各样的形状,并且由于自然经济情况和政治上的割据,造成铸币权分散,铸币成色和重量的不统一,极大地妨碍了商品交换的进一步发展。同时,统治阶级利用铸币的铸造发行权,有意识地不断减轻铸币重量,降低成色,使铸币的实际价值和名义价值相脱离。

由于铸币权的分散性,前资本主义社会的货币流通极为混乱。货币流通的混乱又使正确计算成本、价格、利润和广泛建立信用关系发生困难,不利于资本主义生产和流通的发展。为了清除这种障碍,资产阶级在取得政权后先后颁发了有关货币流通的法令和规定,改变了货币流通的混乱状况;在实施各种法令和法规的过程中逐步建立了统一的、完整的资本主义货币制度。

由此可见,货币制度是随着资本主义经济制度的建立而逐步形成的。随着商品经济的发展变化,货币制度也不断演变。其目的是保证货币和货币流通的正常和稳定。

▶ 二、货币制度的基本内容

货币制度的基本内容包括:货币金属与货币单位,货币的铸造、发行与流通程序,规定准备制度等。

(一) 货币金属与货币单位

确定用什么金属来充当货币材料是建立货币制度的首要步骤,货币金属是建立货币制度的基础。金属货币材料的选择是受客观经济发展制约的。历史上,一般都先以白银为货币金属,后来随着黄金的大量开采,才过渡到金银并用,并最终使黄金在币材中独占了统治地位。选择什么样的金属作为本位币的币材,就会构成什么样的货币本位制度。这是由国家法律确立的,但又要受客观经济发展需要的制约。现代各国货币都是信用货币,选择币材的技术意义已超出经济意义,例如,如何防伪等。

随着货币金属的确定，就要规定货币单位，它包括规定货币单位的名称和每一货币单位所包含的货币金属量。例如，美国的货币单位为"美元"，根据1934年1月的法令规定，1美元含纯金0.888 671克；中国北洋政府在1914年颁布的《国币条例》中规定，货币单位定名为"圆"，含纯银6钱4分8厘（合23.977克）。规定了货币单位及其成分，就有了统一的价格标准，从而使货币更准确地发挥计价流通的作用。当代世界范围流通的都是信用货币，货币单位的值的确定，就同如何维持本国货币与外国货币的比价有直接关系。

（二）货币的铸造、发行与流通程序

货币的铸造是指本位币与辅币的铸造。本位币是按照国家规定的货币单位所铸成的铸币，亦称主币。本位币的面值与实际金属价值是一致的，是足值货币。本位币具有无限法偿能力，即国家规定本位币有无限支付的能力，不论支付额多大，出售者和债权人都不得拒绝接受。同时，本位币可以自由铸造，也可以自行熔化，并且流通中磨损超过重量公差的本位币，不准投入流通使用，但可向政府指定的单位兑换新币，即超差兑换。本位币的这种自由铸造、自行熔化和超差兑换，能使铸币价值与铸币所包含的金属价值保持一致，保证流通中的铸币量自发地适应商品流通对货币的客观需要量。

辅币是主币以下的小额通货，供日常零星交易与找零之用。辅币一般用贱金属铸造，其所包含的实际价值低于其名义价值，但国家以法令形式规定在一定限额内，辅币可与主币自由兑换，这就是辅币的有限法偿性。辅币因为是不足值货币，所以不能自由铸造，只能由国家铸造；而铸币收入为国家所有，是财政收入的重要来源。为防止辅币充斥市场，国家除规定辅币为有限法偿货币外，还规定用辅币向国家纳税不受数量限制，用辅币向政府兑换主币不受数量限制。

在商品经济发展速度大大超过贵金属产量增长速度的情况下，金属铸币不能满足商品流通对流通手段和支付手段日益增长的需要，于是就出现了银行券和纸币等代用货币。

银行券是在商业信用基础上，由银行发行的信用货币。最早的银行券出现于17世纪，用来替代商业票据。当商品经济发展到一定阶段后，由于信用交易产生了商业票据，一些持票人因急需现金而到银行要求贴现，银行就付给他们银行券。这样，银行券就通过银行放款的程序投入了流通。同时，银行券的发行应有信用保证（票据保证）和黄金保证。持券人可随时向发行银行兑换金属货币，自由兑换保证了银行券可以稳定地代替金属货币流通。但自1929～1933年世界经济危机后，各国中央银行发行的银行券都不能兑现，它的流通已不再依靠银行信用，而是单纯靠国家政权的强制力量，从而使银行券纸币化了。虽然当今世界许多国家的银行券均是不可兑换的，但不少国家仍实行银行券发行限制制度。例如，瑞士规定中央银行发行的银行券必须有40%的黄金准备，且这些黄金必须存放在国外而不能由中央银行自己保存，其余60%可用国家债券和商业票据作担保，充当发行准备金。

纸币是银行和政府发行并依靠其信誉和国家权力强制流通的价值符号。现在的纸币,其前身就是可兑换的银行券等代用货币,现在则是信用货币,是一种债权债务关系的凭证。

(三) 规定准备制度

黄金储备制度是货币制度的一项重要内容,也是一国货币稳定的基础。大多数国家的黄金储备都集中在中央银行或由财政部负责管理。在金属货币流通的条件下,黄金储备主要有三项用途:第一,作为国际支付手段的准备金,也就是作为世界货币的准备金;第二,作为时而扩大时而收缩的国内金属流通的准备金;第三,作为支付存款和兑换银行券的准备金。在当前世界各国已无金属货币流通的情况下,纸币不再兑换黄金,黄金储备的后两项用途已经消失,但黄金作为国际支付的准备金这一作用仍继续存在,各国也都储备一定量的黄金作为准备。

▌▶ 三、货币制度的演变

货币制度在国家统一铸造铸币时就开始了,各个国家都有其不同的货币制度类型,一个国家在不同的时期也有不同的货币制度类型。资本主义国家在其历史发展过程中,货币制度的发展变化经历了银本位制、金银复本位制、金本位制和不兑现的信用货币四大类型。

(一) 银本位制

银本位制是指以白银为本位货币的一种货币制度。在货币本位制的演变过程中,以银本位为最早。在银本位制下,以白银作为本位币币材,银币是无限法偿货币,其名义价值与实际含有的白银价值是一致的。银本位制分为银两本位制与银币本位制。在银本位制盛行的时代,大多数国家实行银币本位制,只有少数国家实行银两本位制。例如,中国于1910年宣布实行银本位制,但实质上是银圆与银两混用。直到1933年废两改圆,才实行了银圆流通。

银本位制是最早的金属货币制度。早在中世纪,许多国家都采用过这种货币制度,从16世纪以后才开始盛行,但作为一种独立的货币制度存在于一些国家的时间并不长,且实行的范围也不广。其主要原因是:第一,19世纪以后,白银产量激增,国际市场上银价不稳定,并且由于供大于求而不断下跌;金银比价大幅波动,伦敦市场金银比价由1860年的1∶15一直降到1932年的1∶73.5;第二,白银与黄金相比体积大而价值小,资本主义大工业与批发商业的兴起导致大规模交易日益增多,白银显然已经不再适应经济发展的客观需要。许多国家纷纷放弃银本位制已成必然。

（二）金银复本位制

金银复本位制是指以金和银同时作为币材的货币制度。在这种制度下,金银两种铸币都是本位币,均可自由铸造,两种货币可以自由兑换,并且两种货币都是无限法偿货币。金银复本位制盛行于资本主义原始积累时期(16～18 世纪)。在这一历史阶段,商品生产和流通进一步扩大,对银和金的需求量都大幅增加。由于银价值含量小,所以适合小额交易;金的价值含量大,适合于逐渐多起来的大额交易。同时,金的供给量也由于人工开采的增加而增加,使金银复本位替代银本位成为可能。

金银复本位制按金银两种金属的不同关系又可分为平行本位制、双本位制和跛行本位制。

1. 平行本位制

这是金银两种货币均各按其所含金属的实际价值流通的货币制度。国家对金银两种货币之间的兑换比例不加固定,而由市场上自发形成的金银比价自行确定金币与银币的比价。但由于市场机制形成的金银比价因各种原因而变动频繁,造成交易的混乱,使得这种平行本位制极不稳定。

2. 双本位制

这是金银两种货币按法定比例流通的货币制度,国家按照市场上的金银比价为金币和银币确定固定的兑换比率。双本位制以法定形式固定金币与银币的比价,其本意是为了克服平行本位制下金币与银币比价的频繁波动的缺陷;但事与愿违,这样反倒形成了国家官方金银比价与市场自发金银比价平行存在的局面,而官方比价较市场比价显然缺乏弹性,不能快速依照金银实际价值进行调整。因此,当金币与银币的实际价值与名义价值相背离,从而使实际价值高于名义价值的货币(即良币)被熔化、收藏而退出流通,实际价值低于名义价值的货币(即劣币)则充斥市场,于是出现了"劣币驱逐良币"现象。

"劣币驱逐良币"一语出自 16 世纪英国政治家与理财家汤姆斯·格雷欣给英国女王的改良铸币的建议,后来被英国经济学家麦克劳德在其著作《经济学纲要》中加以引用,并命名为"格雷欣法则"。因此,某一时期市场上实际只有一种货币在流通,很难有两种货币同时并行流通。这也成了许多国家向金本位制转变的动因。

3. 跛行本位制

这是指国家规定金币可自由铸造而银币不允许自由铸造,并且金币与银币可以固定的比例兑换。实际上,由于银币实行限制铸造,就使银币的实际价值与其名义价值无法保持一致,银币的名义价值又取决于银币和金币的法定兑换比例。此时,银币已经降到了附属的地位,因为银币的价值通过固定的比例与金币挂钩;而金币是可以自由铸造的,其价值与本身的金属价值是一致的。因此,严格意义上看,跛行本位制只是由金银复本位制向金本位制过渡的一种中间形式而已。

（三）金本位制

金本位制是指以黄金作为本位货币的货币制度。其主要形式为金币本位制，人们谈及金本位制的时候一般就是指金币本位制。另外还有残缺不全的金块本位制和金汇兑本位制。

1. 金币本位制

金币本位制是指以黄金为货币金属的一种典型的金本位制。在这种制度下，国家法律规定以黄金作为货币金属，即以一定重量和成色的金铸币充当本位币。在金币本位制条件下，金铸币具有无限法偿能力。

金币本位制是资本主义自由经济发展阶段的一种货币制度。最早从金银复本位制过渡到金币本位制的是英国。英国政府于 1816 年颁布法令，正式采用金币本位制。随后德国、丹麦、瑞典和挪威于 1837 年实施。到 19 世纪末，美国和其他资本主义国家也实行了金币本位币。这使得金币本位制成为主要资本主义国家在工业化快速发展的重要阶段起重要作用的主流货币制度。

金币本位制具有三个特点：

（1）金币可以自由铸造、自由熔化。这样可以自发调节流通中的货币量，使金币的自身价值与面额价值保持一致，从而保证商品流通的顺利进行和经济的平稳运行。

（2）流通中的辅币和价值符号可以自由兑换金币。这样，流通中的价值符号，如纸币、银行券等，就有了充足的黄金保证，能够代表一定量的黄金进行流通，从而保证了辅币与价值符号的稳定，不会导致通货膨胀，同时也节约了黄金。

（3）黄金可以自由输出输入。在实行金币本位制的国家之间，其汇率是根据两国货币的黄金含量计算出来的，称为金平价；当由于供求关系等因素导致市场汇率偏离金平价，在达到黄金输出输入点时，黄金就会在外汇市场不均衡引起的利益驱动下自由跨国流动，从而稳定外汇汇率，有利于国际贸易的顺利开展。

从历史上看，金币本位制对于各国商品经济的发展、世界市场的统一都起到了重大的推动作用，其稳定的货币自动调节机制无疑是高效率的。但随着资本主义社会固有矛盾的加深和世界市场的进一步形成，金币本位制的基础受到了严重的威胁，并最终导致了金币本位制的终结。首先，各资本主义国家的政治经济发展极不平衡，尤其是第一次世界大战之后，各资本主义国家之间的矛盾更尖锐化，少数国家却拥有大量的黄金储备，而只拥有少量黄金的国家在政策上限制黄金的输出，同时在国内金币的自由铸造和自由兑换也受到了破坏，实际上金币本位制已经不复存在。其次，近现代以来，资本主义经济迅速发展，对黄金的需求也日益增加，但黄金的开采由于种种原因不可能相应地快速增长，使得供给满足不了需求。这在一定程度上也影响了金币本位制在资本主义社会的"前途"。第一次世界大战之后，各国希望恢复金本位制，但在客观条件又不具备的情况下，残缺不全的金块本位制和金汇兑本位制相继出现了。

2. 金块本位制

金块本位制是指没有金币的铸造和流通,而由中央银行发行以金块为准备的纸币流通的货币制度。它与金币本位制的区别有:第一,金块本位制以纸币或银行券作为流通货币,不再铸造、流通金币,但纸币或银行券仍是金单位,规定含金量;第二,金块本位制不再像金币本位制那样实行辅币和价值符号同黄金的自由兑换,规定黄金由政府集中储存,居民可按本位币的含金量在达到一定数额后兑换金块。例如,英国 1925 年规定银行券一次至少兑换 400 盎司的金块,这样高的限额对于大多数人是达不到的。英国、法国、荷兰、比利时等国在 1924~1928 年期间相继短暂地实行了金块本位制。

3. 金汇兑本位制

金汇兑本位制是指以银行券作为流通货币,通过外汇间接兑换黄金的货币制度。它与金块本位制有相同点:货币单位规定含金量,国内流通银行券,没有铸币流通;但它规定银行券不能兑换黄金,但可换取外汇。本国中央银行将黄金与外汇存于另一个实行金本位制的国家,允许以外汇间接兑换黄金,并规定本国货币与该国货币的法定比率,通过固定比价买卖外汇以稳定币值和汇率。实行金汇兑本位制的国家实际上是使本国货币依附在一些经济实力雄厚的外国货币上,处于附庸地位,从而货币政策和经济都受这些国家的左右。同时,附庸国家向这些实力强大的国家大量提取外汇准备或兑取黄金也会影响后者的币制稳定。金汇兑本位制主要在一些殖民地以及落后国家和地区采用。

无论是金块本位制还是金汇兑本位制,都没有金币的流通,从而失去了货币自动调节流通需要量的作用,币值自动保持相对稳定的机制也不复存在。在 1929~1933 年的世界性资本主义经济危机后,金本位制也就被不兑现的信用货币制度所代替,从而为国家干预调节经济提供了一个十分有力的机制。

(四) 不兑现的信用货币制度

不兑现的信用货币制度是指以不兑换黄金的纸币或银行券为本位币的货币制度。银行券开始是有黄金和信用双重保证的,可以兑换黄金、白银,但在金本位制全面崩溃以后,流通中的银行券不再兑换金银,这时,银行券已完全纸币化了。不兑现的纸币一般是由中央银行发行,国家法律赋予无限法偿能力。流通中全部是不兑现的纸币,黄金已经不再用于国内流通。由于纸币与黄金毫无联系,货币的发行一般根据国内的经济需要由中央银行控制。信用货币是银行对货币持有人的负债,通过银行放款程序投入到流通领域中去。如果银行放松银根,信用货币投放过多,就可能出现通货膨胀,物价上涨;如果紧缩银根,就可能出现通货紧缩,物价下跌。可见信用货币流通量的多少能够影响经济的发展,国家因此应对银行信用加以调控,达到其政策目的,保证货币流通量适应经济发展的需要。

不兑现的信用货币代替黄金成为本位币,黄金完全退出货币流通,这种现象叫做黄金的非货币化,具有非常重要的意义。政府不再只是经济运行的守夜人、旁观者,而是可以

利用纸币发行的权力和数量来调节干预经济的参与者、操纵者，第二次世界大战后资本主义世界中只靠亚当·斯密的"看不见的手"来引导经济运行的国家几乎没有。不兑现的信用货币制度是一柄双刃剑，使得国家获得干预经济的手段的同时，也使得通货膨胀成为可能并且不时困扰着资本主义世界。

四、我国的货币制度

（一）人民币是信用货币

我国人民币的信用货币性质，主要从以下几个方面理解。

1. 人民币是以商品流通为基础的

银行在提供货币的同时就伴生了信用关系。其信用过程是：① 商品供给者需要实现商品的价值，它要求商品购买者给予货币；② 商品购买者不能自己创造货币，只能求助银行；③ 银行要求商品购买者以商品作担保提供贷款；④ 贷款形成商品供给者的存款（或现金），这实际上又意味着商品供给者以销售的商品向银行提供信用。这个过程表明，商品购买者之所以能购买是借助于银行提供货币，而银行之所以能够提供货币是因为它间接地掌握了商品，即银行通过对商品购买者的贷款掌握了商品的支配权，银行一旦需要收回贷款，商品购买者便不得不出售商品。当商品购买者经出售商品收回货币并偿还银行的借款后，货币流回它的出发点——银行，商品进入消费领域，这样便完成了一次货币资金的循环和商品流通。这时流通中既无货币，也无商品，这就是人们通常所说的我国人民币流通是以商品物资作后盾的。今天，随着商品经济的进一步发展，政府信用、商业信用也已成为我国银行创造货币投入流通的基础。

2. 人民币发行程序和信用关系

我国人民币发行程序是：中央银行对商业银行提供基础货币；商业银行凭借中央银行提供的基础货币创造派生存款。信用货币创造本书将在第6章和第7章详细阐述。

中央银行通过它的资产业务对商业银行提供基础货币，其中主要是再贷款，商业银行通过它的资产业务对顾客派生存款，其中也主要是贷款。所以从整个银行系统来说，是先有贷款，后有存款和现金。中央银行对商业银行贷款是对商业银行提供信用，商业银行将贷款转变为存款存入中央银行是对中央银行提供信用。提供信用使资产增加，被提供信用使负债增加。基础货币使商业银行在承担中央银行负债的同时增加了一笔资产，派生存款使商业银行在获得一笔资产的同时增加了一笔负债。但是，作为货币首先应当是资产，其次是负债。它表明，如果人民币以基础货币的形式存在则是持有者的资产，中央银行的负债；如果人民币以派生存款的形式存在则是持有者的资产，商业银行的负债。这就是说，人民币存在于资产持有者与负债承担者的信用关系之中。对上述信用关系将在本书第2章作深入介绍。

3. 人民币的运动过程和信用关系

人民币的运动过程,无论是存款变现金,还是现金变存款,对银行来说都是债务形式的转变,对持有者来说都是债权形式的转变。例如,银行将甲的存款支付给乙,是对甲债务的减少,对乙债务的增加,这对甲来说,是把自己对银行的债权转移给了乙。这表明,信用货币的流通只是债权债务关系在地区之间,单位和个人之间的转移,这种转移反映了银行与顾客之间信用关系的变化和消长。

(二) 人民币制度的内容

我国的货币制度是人民币制度,人民币制度是从人民币的发行开始的。1948 年 12 月 1 日中国人民银行正式成立,同时发行人民币。人民币发行以后,我国人民银行迅速收兑了旧经济制度下的法币、金圆券、银元券,同时通过收兑各解放区自行发行的货币,统一了货币市场,形成了新中国货币制度。在社会主义制度下我国货币制度的基本内容包括以下几个方面。

1. 人民币是我国的法定货币

人民币是由中国人民银行发行的信用货币,是我国的无限法偿货币,没有法定含金量。人民币的单位为"元",元是本位币(即主币)。辅币的名称为"角"和"分"。一元为十角,一角为十分。人民币的票券、铸币种类由国务院决定,人民币以"￥"为符号,取"元"字汉语拼音的首位字母"Y"加两横而成。

2. 人民币是我国唯一的合法通货

国家规定了人民币限额出入国境的制度,金银和外汇不得在国内商品市场计价结算和流通。人民币的汇率,实行以市场供求为基础的、单一的、有管理的浮动汇率制度,人民币在经常项目下可兑换外汇,在国家统一规定下的国内外汇市场可买卖外汇。

3. 人民币的发行权集中于中央银行

人民币发行权掌握在国家手里,国家授权中国人民银行具体掌管货币发行工作。中国人民银行是货币的唯一发行机关,并集中管理货币发行基金。中国人民银行根据经济发展的需要,在国务院批准的额度内,组织年度的货币发行和货币的回笼。

4. 人民币的发行保证

人民币的发行保证主要体现在以下三方面:首先,人民币是信用货币,人民币是根据商品生产的发展和流通的扩大对货币的需要而发行的,这种发行有商品物资作基础,可以稳定币值,这是人民币发行的首要保证;其次,人民币的发行还有大量的信用保证,包括政府债券、商业票据、商业银行票据等;再次,黄金、外汇储备也是人民币发行的一种保证。我国建立的黄金和外汇储备,主要用于平衡国际收支,进口需要的大量外汇需要用人民币购买,出口收入的外汇必须向外汇指定银行出售,银行在购买外汇的同时也就发行了人民币,同时对人民币的发行起着保证作用。

5. 人民币实行有管理的货币制度

作为我国市场经济体制构成部分的货币制度,对内必须是国家宏观管理和调节下的体制,包括货币发行、货币流通等都不是自发的而是有管理的;对外则采取有管理的浮动汇率制。有管理的货币制度是在总结历史经验和逐步认识客观经济规律的基础上,运用市场这只无形的手和计划这只有形的手来灵活有效地引导、组织货币运行。

(三)一国两制下的香港货币制度

1997 年 7 月 1 日,我国政府恢复对香港行使主权,香港特别行政区成立。我国的货币制度成为实行一个主权国家两种社会制度下的两种货币、两种货币制度并存的制度安排。在内地仍然实行人民币制度,在香港实行独立的港币制度,在货币发行、流通与管理等方面分别自成体系,人民币和港币分别作为内地和香港的法定货币在两地流通。按照我国目前的外汇管理规定,港币仍然属于外汇,港币在内地以外币对待,同样,人民币在香港也以外币对待。

1. 港币制度的基本内容

(1)根据《中华人民共和国香港特别行政区基本法》,港元为香港的法定货币。港币的发行权属于香港特别行政区政府,中国银行、汇丰银行、渣打银行为港币发行的指定银行,港币的发行须有百分之百的准备金。

(2)由商业银行代为行使货币发行银行的职能,是香港货币制度的一个突出特点。香港历史上没有中央银行,货币的发行一直由商业银行承担。1993 年 4 月 1 日,香港成立了香港金融管理局,是香港的"中央银行",属于准中央银行类型。它不行使货币发行职能。

2. 港币的联系汇率制

目前香港实行的港元兑美元的联系汇率制始于 1983 年。根据 1983 年 10 月 17 日港英当局宣布的港币再次与美元挂钩,实行 1 美元=7.8 港元的官定汇价,这就是"联系汇率制"。这一制度要求发钞银行按 1 美元兑 7.8 港元的固定汇率,向外汇基金提交百分之百的美元作为发钞准备。其他商业银行也必须以同样的方式向发钞银行换取港币钞票。而超出这个范围以外的港币汇率则由市场供求决定。联系汇率制度的发行机制和汇率决定机制有两个优点:一是 100% 的发行准备制度能产生抑制通货膨胀的效应;二是市场汇率自动趋向官定汇率的自稳定机制。

香港特别行政区不实际外汇管制,港币可以自由兑换,外汇、黄金、证券、期货市场完全放开。

五、国际货币制度

(一)国际货币制度的概念

国际货币制度就是各国政府对货币在国际范围内发挥世界货币职能所确定的规则、

措施和组织形式。它一般包括三个方面的内容：一是国际储备资产的确定。即国际交往中使用什么样的货币。二是汇率制度的确定。即一国货币与其他货币之间的汇率应如何确定和维持。三是国际收支不平衡的调节方式。即当出现国际收支不平衡时，各国政府应采取什么方法弥补这一缺口，各国之间的政策措施又如何互相协调。

（二）国际货币制度的类型

实行何种类型的国际货币制度，并不取决于某个国家的主观意志，而是取决于社会历史条件和经济发展的客观要求。在金本位制时期，国际货币制度是自发形成的。金本位制崩溃以后，则是通过各国协商的方式来确定有关国际货币制度的规则和措施。根据国际货币制度的历史演变过程以及国际习惯称谓，国际货币制度大体可以分为金币本位制、金汇兑本位制、布雷顿森林体系（美元本位制）以及当前的管理浮动汇率制。这些内容本书第 12 章的国际金融体系部分将有详细介绍，此处不多赘言。

 本章小结

货币是商品生产和商品交换长期发展的产物。在商品交换的历史长河中，历经价值形式的演进，从商品中分离出一种充当一般等价物的特殊商品，这就是货币。

货币是一般等价物这个本质特征表明，货币是表现一切商品价值的材料，是商品世界唯一的核算社会劳动的工具；货币具有特殊的使用价值，即无条件地和一切商品直接交换的能力。货币的这种本质特征是不会改变的，否则就不称其为货币，但货币存在的形式是随着商品经济的发展不断变化的。货币的职能是货币本质的具体表现，是随着商品流通及其内在矛盾的发展而逐渐形成的。货币具有价值尺度、流通手段、贮藏手段、支付手段和世界货币等职能。其中价值尺度和流通手段是两个基本职能，其他职能是在这两个职能的基础上产生的。

货币制度是一个国家以法律形式规定的货币流通的组织形式，货币制度的演变反映了商品经济的发展变化。货币制度自产生以来，从其存在形态看，经历过银本位制、金银复本位制、金本位制和不兑现的信用货币制度等类型。货币制度由金属货币演变为不兑现的信用货币制度，揭示了许多深刻的货币银行学原理，当今的许多纸币理论是由金属货币理论演化而来的。

我国现行的货币制度是：一个主权国家两种社会制度下实行两种不同的货币制度。这是一种特殊形式的货币制度。

国际货币制度是指为适应国际贸易和国际支付的需要，各国政府对货币在国际范围内发挥世界货币职能所确定的规则、措施和组织形式。国际货币制度大体经历了典型的

金本位制、美元本位制以及管理浮动汇率制。

复习思考题

    1. 分析货币的本质特征。

    2. 货币形式的演变过程是怎样的？

    3. 货币在商品经济中发挥着哪些职能？并举例加以说明。

    4. 货币制度主要由哪些要素构成？

    5. 简述"劣币驱逐良币"现象。

    6. 金本位制的特点及其崩溃的原因是什么？

    7. 为什么说金银复本位制是一种不稳定的货币制度？

    8. 国际货币制度主要涉及哪些内容？

    9. 信用货币制度有哪些特点？

    10. 布雷顿森林体系的主要内容是什么？

案例分析

案例：我国古代货币的六次重大演变

    中国是世界上最早使用货币的国家之一，使用货币的历史长达五千年之久。中国古代货币在形成和发展的过程中，先后经历了六次重大的演变。

一、由自然货币向人工货币的演变

    在中国的汉字中，凡与价值有关的字，大都从"贝"。由此可见，贝是我国最早的货币。随着商品交换的迅速发展，货币需求量越来越大，海贝已无法满足人们的需求，人们开始用铜仿制海贝。铜贝的出现，是我国古代货币史上由自然货币向人工货币的一次重大演变。

    随着人工铸币的大量使用，海贝这种自然货币便慢慢退出了中国的货币舞台。

二、由杂乱形状向规范形状的演变

    从商朝铜贝出现后到战国时期，我国的货币逐渐形成了以诸侯称雄割据为特色的四大体系，即：铲币、刀币、环钱、楚币（爰金、蚁鼻钱）。秦统一中国后，秦始皇于公元前210年颁布了中国最早的货币法"以秦币同天下之币"，规定在全国范围内通行秦国圆形方孔的半两钱。圆形方孔的秦半两钱在全国的通行，结束了我国古代货币形状各异、重量悬殊的杂乱状态,是我国古代货币史上由杂乱形状向规范形状的一次重大演变。秦半两钱确定下来的这种圆形方孔的形制,一直延续到民国初期。所谓"孔方兄"即指圆形方孔的秦半两钱。

三、由地方铸币向中央铸币的演变

据《汉书·食货志》记载,刘邦建汉后,允民私铸钱币。豪绅富商和地方势力乘机大铸恶钱而牟利。文帝时"邓通大夫也,以铸钱财过王者。"元鼎四年(公元前 115 年),汉武帝收回了郡国铸币权,由中央统一铸造五铢钱。从此确定了由中央政府对钱币铸造、发行的统一管理,这是中国古代货币史上由地方铸币向中央铸币的一次重大演变。此后,历代铸币皆由中央直接经管。铸币权收归中央,对稳定各朝的政局和经济发展起了重要的作用。

四、由文书重量向通宝、元宝的演变

秦汉以来所铸的钱币,通常在钱文中都明确标明钱的重量,如"半两"、"五铢"、"四铢"等(二十四铢为一两)。唐高祖武德四年(公元 621 年),李渊决心改革币制,废轻重不一的历代古钱,取"开辟新纪元"之意,统一铸造"开元通宝"钱。开元通宝一反秦汉旧制,钱文不书重量,是我国古代货币由文书重量向通宝、元宝的演变。开元通宝钱是我国最早的通宝钱。此后我国铜钱不再用钱文标重量,都以通宝、元宝相称,它一直沿用到辛亥革命后的"民国通宝"。

五、由金属货币向纸币交子的演变

北宋时,由于铸钱的铜料紧缺,政府为弥补铜钱的不足,在一些地区大量地铸造铁钱。据《宋史》记载,当时四川所铸铁钱一贯就重达二十五斤八两。在四川买一匹罗(丝织品),要付一百三十斤重的铁钱。铁钱如此笨重不便,纸币交子就在四川地区应运而生。交子的出现,是我国古代货币史上由金属货币向纸币的一次重要演变。交子不但是我国最早的纸币,也是世界上最早的纸币。

六、由手工铸币向机制纸币的演变

清朝后期,随着国外先进科学技术的逐渐传入,光绪年间已开始在国外购买造币机器,用于制造银元、铜元。后来,广东开始用机器制造无孔当十铜元。因制造者获利丰厚,各省纷纷仿效。清末机制货币的出现,是我国古代货币史上由手工铸币向机制货币的重要演变。从此,不但铸造货币的工艺发生了重大变化,而且使流通了两千多年的圆形方孔钱寿终正寝。

(案例来源:熊德琪.我国古代货币的六次重大演变.学说连线,2003-8-26)

问题:

请搜寻查找关于货币的资料并且互相交流。

第 2 章

信 用

学习目的

■ 理解信用的概念,体会信用关系的本质特征。

■ 熟悉信用的产生和发展、信用在现代经济中的地位和作用。

■ 熟悉几种主要的信用形式和信用工具。

第一节 信用及其与货币的联系

一、信用的概念和特征

(一)信用的概念

"信用"这个词是我们在学习西方文明的过程中引进的。在中国的传统观念中,与信用相当的是"借贷",是"债",等等。

西方各国的文字中,"信用"一词均源于拉丁文 Credo。原意是相信、信任、声誉等,这些意思与作为经济范畴的信用有联系,但用以说明信用这个经济范畴的特征是不充分的。

信用是指借贷行为。这种借贷行为的特点是以还本付息为条件的,体现着特定的经济关系。它既区别于一般商品货币交换的价值运动形式,又区别于财政分配等其他特殊的价值运动形式,是不发生所有权变化的价值单方面的暂时让渡或转移。

信用与债务是同时发生的,是借贷活动这一事物的两个方面。在借贷活动中,当事人一方为债权人(creditor),他将商品或货币借出,称为授信;另一方为债务人(debtor),他接受债权人的商品或货币,称为受信,债务人遵守承诺,按期偿还商品或货币并支付利息,称为守信;债务人承担的这种在将来偿还商品或货币的义务,就称为债务。任何时期内的债务总额等于信用总量。因此,信用是未来偿还商品赊销或货币借贷的一种承诺,是关于债权与债务关系的约定。

可见,信用实质上是财产使用权的暂时让渡,这种让渡不是无偿的,而是以还本付息为条件的。信用又是一种契约关系,是以借贷为基础并受法律保护的契约关系。有时人们也以信用通指信贷关系,但信用与信贷是有区别的。信贷虽然包含着授受信用两方面内容,但它更强调授信人贷出款项并预期收回的权利;而信用则全面体现授信双方的权利和义务。所以,信用关系的外延远比信贷宽泛得多,信贷只是普通而典型的信用形式。

(二) 信用的特征

不论信用的形式如何,它们都具有以下共同特征:

(1) 信用的标的是一种所有权与使用权相分离的资金。它的所有权掌握在信用提供者手中,信用的接收者只具有使用权,信用关系结束时,其所有权和使用权才统一在原信用提供者手中。

(2) 以还本付息为条件。信用资金的信贷不是无偿的,而是以还本付息为条件的。信用关系一旦建立,债务人将承担按期还本付息的义务,债权人将拥有按期收回本息的权利。而且利息的多寡与本金额大小及信用期限的长短紧密相关,一般来讲,本金越大,信用期限越长,需要支付的利息就越多。

(3) 以相互信任为基础。信用是以授信人对受信人偿债能力的信心而成立的,借贷双方的相互信任构成信用关系的基础。如果相互不信任或出现信任危机,信用关系是不可能发生的,即使发生了,也不可能长久持续下去。

(4) 以收益最大化为目标。信用关系赖以存在的借贷行为是借贷双方追求收益(利润)最大化或成本最小化的结果。不论是实物借贷还是货币借贷,债权人将闲置资金(实物)借出,都是为了获取闲置资金(实物)的最大收益,避免资本闲置所造成的浪费;债务人借入所需资金或实物同样是为了追求最大收益(效用),避免资金不足所带来的生产中断。

(5) 具有特殊的运动形式。产业资金的运动形式是 $G—W\begin{cases}A\cdots P\cdots W'—G' \\ P_m\end{cases}$,商业资金的运动形式是 $G—W—G'$,而信贷资金的运动形式则是 $G—G'$。从表面上看,信贷资金的运动只表现为一种简单的"钱生钱"的过程,但这只是一种表面现象。信贷资金从来没

有单独的运动,而总是以产业资金运动和商业资金运动为基础而运动的,它有两重付出和两重回流,表现出如下的公式:

$$G—G—W\cdots P\cdots W'—G'—G'$$

(三) 信用存在的客观依据

经济学中所说的信用是与市场经济紧密相连的,因此,信用的存在同市场经济的特征高度相关。信用存在的客观依据主要有如下三个方面。

1. 社会再生产过程中资金运动的特征决定了信用关系存在的必要性

依据马克思的论述,在资本主义条件下的社会化大生产过程中,产业资本正常的循环与周转包括购买、生产和销售三个阶段。

产业资本在循环和周转的三个阶段中,其总量必须按照一定的比例结构并存在于货币资本、生产资本和商品资本这三种形态上;而单个的产业资本则必须在时间上顺利地经过购买、生产和销售这三个阶段,这也就是产业资本在空间上的并存(总量)与时间上的继起(分量)。

马克思关于产业资本循环周转的理论,在社会主义条件下同样适用。在我国,产业资金以及社会总资金在其循环周转过程中存在有大量的闲置资金,这主要有如下几种情况:

(1) 固定资产的价值是一次投入、分次转移到生产出来的商品中,并分期收回的,在固定资产更新之前,其分次收回的折旧费就会被暂时闲置起来。

(2) 在流通资金使用过程中,由于商品销售与支付工资和为下一轮生产准备原材料都有一定时间间隔,在间隔期内,一部分流通资金也以货币形式暂时闲置起来。

(3) 当代的社会化大生产都是以扩大再生产为特征的,除典型的内涵型的扩大再生产之外,外延型的扩大再生产以及混合型的扩大再生产都需要有货币资金的投入,但由于生产上、技术上的各种原因,并不是任何数量的货币资金都可以投入社会再生产并扩大社会生产规模的。要做到这一点,投入到社会再生产中去的货币资金必须在数量上达到一定的规模,这就需要积累。显然,在积累期间,这部分货币资金是闲置的。

(4) 农民受农业生产特点的影响,其收入集中在夏收和秋收两季,而支出则是全年经常性的,因而农民手中一般总有部分闲置货币存在。

(5) 城镇居民的收入也有规则性和集中性的特点,而支出则是分散的,在收支交替变换过程中,也总有部分闲置货币存在。

(6) 国家财政预算在执行过程中,由于先收后支而形成部分资金暂时闲置,当财政在一定时期内收入大于支出时会形成结余,这也表现为货币的闲置。

(7) 财政部门将集中的资金拨给机关、团体、部队等事业单位后,这些单位在使用之前也表现为货币的闲置。

　　大量的货币资金因如上各种原因而被闲置起来,而闲置的货币资金因没有参与社会再生产总资金的运动而不能带来利润,这又与资金的本性——增值相矛盾。因此,闲置货币资金在客观上具有再使用的本能要求。

　　在大量货币资金因各种原因被闲置起来的同时,社会再生产过程中又产生了对货币资金临时性的要求,例如,企业在固定资产折旧完毕之前需要更新固定资产,需要进行技术改造;商品生产和商品流通过程中因某些特殊原因,如原材料集中到货、遇到节假日、碰上抢购风潮等而需要借入资金。在很多情况下,只要有货币资金投入的增加,就会有产出规模的扩大,就会有商品销售额的增长,就会有利润的增加。

　　可见,信用的产生起因于这样一个基本事实,即在一定时期内并非每一个经济单位都能做到收支平衡,当一个经济单位出现资金盈余,而另一个经济单位出现收支不抵时,便形成了双方借贷关系的基础。在社会再生产运行过程中,就同时出现了上述两种现象:一方面是部分单位、个人有闲置的货币资金需要寻找出路;另一方面是部分单位、个人因临时性需要而急于借入一笔货币资金。通过信用,将这些资金在社会范围内抽余补缺,以一方面的闲置抵补另一方面的短缺,就会使全社会资金的使用效益大大提高,社会的产出规模增大,人们的福利也会因此而增加。

　　2. 市场经济条件下社会经济利益的不一致性决定了调剂资金余缺必须运用信用手段

　　上面的分析已经表明,闲置货币资金的客观存在产生了调剂使用的可能性,而部分单位和个人的资金短缺产生了调剂使用的必要性。这就在客观上要求把必要性与可能性结合起来,使社会资金充分发挥其效用。但是,在市场经济条件下,资金剩余者和资金短缺者都有各自不同的经济利益,这就决定了资金余缺的调节不能是无偿的,而必须是有偿的,即资金剩余者暂时让出资金是以在约定时期收回资金并索取代价为前提的,资金短缺者也是以暂时使用并付出报酬为条件的,这就产生了信用关系。

　　在我国社会主义市场经济条件下,经济生活中存在多种成分的所有制,既有全民经济,也有集体经济,还有股份制经济、合作经济、中外合资经济、个体经济等,他们都有各自的经济利益;即使在全民所有制经济内部,也因资金所有权和使用权的分离,承租人、承包人的差别等原因而有不同的经济利益。因此,在这些单位之间进行资金余缺的调剂,必须运用信用手段有偿进行而不能无偿调拨。

　　3. 国家对宏观经济进行价值管理和间接控制必须依靠信用杠杆

　　在现代社会,国家都负有管理宏观经济之责。在市场经济条件下,国家对宏观经济的管理不能依靠实物管理和直接控制,而必须利用经济手段进行价值管理,运用经济手段实施间接控制。在各种经济手段中,信用是一个有力的杠杆,它对聚集社会化大生产所需要的资金,对促进资金使用者合理节约地运用资金,对全社会经济效益的提高、产出规模的扩大和人民福利的增加都具有重要作用。

▐▶ 二、信用的产生和发展

（一）信用是一个古老的经济范畴

信用和货币一样，也是一个很古老的经济范畴。

在中国古代的典籍中有不少关于借贷的记载。公元前 300 年，孟尝君放债的故事就是其中最有名的一则。他在自己的封邑"薛"放债取息，作为奉养 3 000 宾客的财源之一。有一年，薛歉收，很多人没交利息，他派人催收，仍"得息钱十万"。放债的规模应该说是相当可观的。

在西方，关于债务的问题也有很多重要的历史资料，似乎较之中国更早。例如，公元前 18 世纪，古巴比伦皇帝汉谟拉比编制了一部法典，其中关于债务问题的规定非常具体。法典的第 89～119 条，大部分是关于债务的法律条文。如其中第 89 条规定，贷谷的利息达本金的 1/3，贷银则达 1/5；第 90 条规定，债务人如无谷物和银子还债，应以其他动产作抵；第 113 条规定，债权人不得在不通知债务人的情况下取走谷物抵债；第 116 条规定，不得虐待抵债人至死；第 117 条规定，限制债权的期限为 3 年，等等。规定如此详尽，说明债务关系已有很长时期的发展。

（二）信用的产生

信用是在私有制基础上产生的。这一点从信用的基本特征上就可以清楚地反映出来。信用是一种以偿还和支付利息为条件的借贷活动。贷者把自己的东西借给别人去使用，并且要求对方按期返还，并支付使用的报酬——利息。这就说明，贷者和借者是不同财产的所有者，他们不能无偿占用或使用对方的财产，如果没有私有制，没有财产的不同所有权，也就不需要采用这种方式解决彼此之间财产的余缺调剂问题了。

从历史上看，人类最早的信用活动，产生于原始社会末期。那时，由于社会生产力的发展，原始社会出现了两次社会大分工，即畜牧业从原始农业中分离出来的第一次社会大分工，以及手工业从农业中分离出来的第二次社会大分工。这两次社会大分工，使劳动生产率有了显著提高，劳动产品也有了剩余，从而使交换日益频繁。社会分工的发展和商品交换的扩大，加速了原始社会公有制的瓦解和私有制的产生。原来属于原始共同体的公有财产，逐渐变为各个家庭的私有财产。私有制的出现，造成财富占有的不均，从而出现贫富的差别和分化。一部分家庭因贫穷而缺少生活资料和生产资料，为了维持生活和继续从事生产，他们被迫向富裕家庭告借，于是信用也就产生了。

（三）高利贷信用

1. 高利贷的特点

高利贷是以极高的利率为特征的一种借贷活动。高利贷产生的历史久远，早在原始公社制度瓦解时期就已经出现。中国历史上有许多关于高利贷的记载。例如,《管子》中记载,当时的借贷手段分为粟和钱两种。借贷的人数达 3 万户,借贷额:粮食 3 000 万钟(1 钟是 6 斛 4 斗)左右,钱 3 000 万。又如,旧中国盛行于华北一带的"驴打滚",贷款以日为期,利息率为 4～5 分,如果到期不还,利息率翻倍,按 8～10 分计算,利上加利越滚越大,利息率提高如驴打滚般快。此外,还有其他一些形式,如"印子钱"、"羊羔利"等皆是旧中国盛行的高利贷种类。

历史上高利贷的种类名目繁多,最初主要是实物形式,后来随着商品货币经济的发展,货币形式逐渐取代了实物借贷。在中国历史上,长江、黄河流域就有过诸如下列的众多高利贷种类:钱利、谷物利、油利、牛利、猪利、布利、盐利、青苗利等。

高利贷的特点是利率极高,但同时高利贷的利率也不统一。贷放者收取多高的利息,是根据借债人的不同、时间季节的不同和地区的不同而有相当大的差异。贷放者跟借款人亲疏关系不同,收取的利息也不同。这些都由贷放者随意决定,借债者没有讨价还价的余地。

2. 高利贷的社会经济基础

高利贷在奴隶社会和封建社会中是占主导地位的基本信用形式。高利贷之所以在奴隶社会和封建社会得到广泛发展,首先是由当时小生产占主导地位的自然经济决定的。在奴隶社会和封建社会,生产力水平低下,小生产者的经济收入极不稳定,他们的生产工具简陋,生产能力低下,一旦遭遇意外事故、自然灾害、战争、瘟疫等,都会使小生产者的简单再生产难以为继,生活陷入窘迫境地。而且他们还背负苛捐杂税和徭役、地租等沉重的负担。为了维持简单再生产和免于冻馁,他们不得不忍受高利盘剥,向高利贷者告借,因此小生产者成为高利贷的主要贷放对象。高利贷的另一个贷放对象是奴隶主和封建主。奴隶主和封建主为了维持其荒淫无度的奢侈生活,满足他们寄生性消费,或是出于政治斗争的需要,不顾高利也会去借高利贷。由于高利贷的借者不是为了获得追加资本进行经营,而只是为了获得购买手段和支付手段,所以只能忍受高利盘剥。如果是为了获得追加资本,借款者就不能不考虑经营收益能否偿还利息,若借者归还高利贷本息后无利可图,绝不会去借高利贷。

高利贷的高利率,也与前资本主义社会商品货币经济不发达有密切联系。因为奴隶社会和封建社会商品货币经济不发达,货币的获得比较困难,而贷款的需求却相对较大,在货币供不应求的情况下,高利贷者便可以索取高额利息。

高利贷的主要提供者首先是商人,特别是货币经营者,他们手中有大量的货币。其次是寺院、庙宇、教堂、修道院等,他们有善男信女的布施,还有富有者害怕被抢劫而寄存在那里的钱财。中国古代的寺院、庙宇都积聚了大量的货币资产,从事着高利贷活动。

3. 历史上充满了反对高利贷的斗争

高利贷是一种很残酷的信用剥削。清代魏际瑞就非常生动地刻画过高利贷者对农民

的残酷剥削,他在《四此堂稿》卷 2《因灾禁逼债》中写到:高利贷者"肉视穷民,重利盘剥。或折数折色,少放多收;或抵物抵衣,虚银实契;或垂涎其妻女,或觊觎其田庐;又或贪其畜产,图其工器,预先放债,临时倍征。甚至串指旗丁,倚借豪势,偿不还契,索取无厌。乘其危急难还之时,合并盘算屡年之负,逼准妻子,勒献家私。"

对高利贷来说,除了货币需要者的负担能力或抵抗能力外,不存在其他的限制。在高利贷的压榨下,奴隶主、封建主会因债台高筑而破产,小生产者更会因为不能清偿债务而失去自己的劳动条件,变成债务奴隶。高利贷吞噬借入者的全部剩余价值,但他们只是将货币积累起来,而不会投入生产使其价值增值。高利贷阻碍生产力的发展,破坏原有的生产方式,但它同时又不创造新的生产方式。奴隶主和封建主破产后高利贷者便取而代之,继续维护旧的生产关系。

高利贷的残酷剥削不断激起民众对它的反抗。然而在奴隶社会及封建社会,由于存在高利贷活动的社会经济基础,高利贷一直是占统治地位的信用形式。直到资本主义生产方式确定以后,高利贷才失去其统治地位。

在从封建社会向资本主义社会过渡期间,高利贷的作用具有双重性。一方面,它是促使资本主义前提条件形成的重要因素。因为高利贷者通过高利盘剥,积累了大量的货币财富,有可能从高利贷资本转入产业资本,成为资本原始积累的来源之一。同时,它又使广大的农民和手工业者破产,从而促使雇佣工人队伍的形成。然而,高利贷虽然对资本主义生产方式的形成提供了有利条件,但是高利贷对它赖以生存的经济基础——小生产占优势的旧生产方式竭力给予维护,不愿它消亡。高利贷的这种保守作用,必然阻碍高利贷资本向生产资本转化,而且它的高额利息使资本家无利可图,成了资本主义发展的障碍。

随着资本主义经济发展,先是 17 世纪在荷兰,随后整个 18 世纪在欧洲,均展开了新兴资产阶级对高利贷的斗争。然而资产阶级并不反对一般的借贷关系,只是要求把利息率降到平均利润率以下,让生息资本服从于资本主义生产方式的需要。资产阶级采取的主要措施是利用国家权力和立法限制利息率,利用教会惩罚高利贷者,禁止高利贷。最终促使高利贷丧失垄断地位的因素是新兴资产阶级的发展和资本主义生产方式的建立。资本主义生产方式的建立,促使商品货币经济极大发展,社会化的大生产,使得与小生产方式相适应的高利贷信用丧失了赖以寄生的基础。在商品货币经济发达的条件下,货币资本供给十分丰富,由于信用关系的发展而创造的信用流通工具也满足了大量的货币需求,这就使得适应资本主义生产方式的信用制度最终建立起来。

进入资本主义阶段后,高利贷在信用领域已不再占有统治地位,但它并未彻底消亡。在许多国家,甚至是发达的资本主义国家,仍有高利贷的活动。这一方面是由于在现代商品货币经济十分发达的情况下,仍存在着小生产者的生活方式;另一方面是由于现代信用制度还不能满足所有人的借贷要求,使得一些急需货币的人只能借助于高利贷。所以高利贷的最终消失,还要通过信用制度的发展和完善来实现。

（四）实物借贷与货币借贷

借贷活动产生后一直采用两种形式：一种是实物借贷；另一种是货币借贷。

实物借贷是指以实物为标的进行的借贷活动，即贷者把一定的实物贷给借者，借者到期以实物形式归还本金，并以实物形式支付利息。在旧中国的农村，"春借一斗秋还三斗"，就是描述当时粮食借贷的情形。《管子》中记载当时借贷的形式分为粟和钱两种，粟就是指实物借贷。

货币借贷是指以货币为标的进行的借贷活动，即贷者把一定数额的货币贷给借者，借者到期用货币归还本金，并用货币支付利息。货币借贷是现代经济生活中的主要借贷形式。

货币借贷与实物借贷相比，更能灵活地适应借贷双方的要求，克服实物借贷条件下借贷双方种种严格的条件限制，扩大了借贷的范围和数量。而且采用货币借贷，用货币计算债权债务也很简便。如果采用实物借贷，人们不仅要确定实物借贷数量，而且要对物品的品质作出种种具体规定，否则就容易引起纠纷。而货币借贷则没有这些不方便。虽然货币借贷比实物借贷有着种种的优越性，但在某些情况下，人们仍然愿意采用实物借贷形式。比如，在严重的通货膨胀时期，由于货币币值变动剧烈，已经无法再稳定地执行价值尺度职能，也就不能公正地反映债权债务的数额，借贷双方的利益得不到保障，人们就会放弃货币借贷，转而采用实物借贷。例如，我国在 20 世纪 50 年代初发行的"人民胜利折实公债"就是以实物为标准计算的。"人民胜利折实公债"是 1950 年发行的，当时国民党政府遗留下来的通货膨胀造成物价飞涨，货币购买力下跌，为了保障公债购买者的经济利益，国家规定公债的募集和还本付息均以一定的实物为标准计算。当时公债的单位定为"分"，每分值以上海、天津、武汉、西安、广州、重庆六大城市的大米（天津为小米）6 市斤，面粉 1 市斤半，白细布 4 市尺，煤炭 16 市斤的批发价格用加权平均法计算，由中国人民银行每旬公布一次，公债的募集和还本付息，都以分值为计算基础。当时，银行还采用这样的办法开办了"折实存款"业务，这种折实方法实际上是一种实物借贷。

三、信用与货币的关系

信用与货币是两个不同的经济范畴。信用是一种借贷行为，是一种债权债务关系，是不同所有权之间调剂财富余缺的一种形式。货币是一般等价物，作为价值尺度，媒介商品所有者之间的商品交换。但是两者之间有着密切的联系。信用和货币的产生与私有制紧密相关。信用与货币表现的都是不同商品生产者之间的经济关系，它们都是价值运动的形式。从借贷形式的发展中可以看出，虽然实物借贷是最原始的借贷形式，而且在现代商品经济中实物借贷也时有存在，但货币借贷的出现是信用获得更大发展的基本条件。货币借贷扩展了信用的范围，扩大了信用的规模。可以想象，如果不采用货币形式进行借贷,很多信用活动实际上是不可能发生的。另外,信用也促进了货币形式和货币流通的发展。信用货币就是以信用活动为基础而产生的一种货币形式。信用的出现发展了货币的支付手段职能,使货币能在更大的范围内媒介商品流通。信用还加速了货币的流动。由此可以看出,货币与信用是相互促进的。在金属货币退出流通领域,实行不兑现的信用货币制度条件下,信用与货币的关系又进一步发展了。在信用货币制度下,信用和货币不可分割地联系在一起,整个货币制度是建立在信用制度基础之上的。从货币形式看,货币形式同时就是一种信用工具,货币是通过信用程序发行和流通的,任何信用活动都会导致货币的变动。信用的扩张会增加货币供给,信用紧缩将减少货币供给;信用资金的调剂将影响货币流通速度和货币供给的结构。这样,当货币的运动和信用的活动不可分割地联结在一起时,则产生了由货币和信用相互渗透而形成的新范畴——金融。因此,金融是货币运动和信用活动的融合体。当然,在金融范畴出现以后,货币和信用这两个范畴依然存在。

▶ 四、信用体系

信用体系是由相互协调的信用形式、信用工具及其流通方式、信用机构和信用管理体制有机结合的统一体。在不同的社会经济条件下,信用要素之间有着不同的结合方式,从而形成了不同的信用体系。

(一)自然经济条件下的简单信用体系

在以小生产方式和手工业者为主的自然经济条件下,最主要的信用形式是高利贷,信用工具缺乏,信用机构以货币兑换商和原始银行为主体,全社会没有形成信用管理的机制。这一阶段的信用体系主要以个人信用为主要内容,信用范围狭窄,借贷金额不大,个人资信容易把握,信用活动的风险较小,受实物抵押的约束,借款人逃废债务的可能性不大。

(二)计划经济体制下不完整的信用体系

新中国成立以后,在相当长的一段时间内实行计划经济,它强调资金集中分配、集中管理,而不强调独立的经济实体及其独立经济利益的存在,在排斥商品经济的同时也就排斥了信用这种经济活动。而当时银行和企业之间并不存在信用活动,"银行包企业",从而体现了资金运用的财政计划。这一方面导致资金使用效率低下,加剧资金缺乏;另一方面则助长了社会公众及企业对资金供给的依赖。改革开放以后,随着经济体制改革的推进,商品经济的建立,社会重新拥有了各种各样的信用,信用主体多元化、信用形式多样化、信用机构多层次,表明我国的信用体系开始建立。但这种信用体系仍然不完善,主要表现为缺少信用管理体系,致使信用缺失成为信用活动中比较广泛的、经常的经济现象。

(三)建设市场经济条件下发达的信用体系

社会主义市场经济下的信用体系建立是个复杂的系统工程,在市场经济不够完善的条件下,其建设相当艰难,但同时也具有必然性和迫切性。今天,不仅仅是银行的信贷部门对信用制度发出强烈呼唤,汽车租赁、持卡透支、网上购物,这些"叫好不叫座"的理财时尚也把期望的目光锁定在信用制度的建立上。因此,要动员一切力量构筑我国的信用基础、信用结构和信用体系,这是实现中国特色社会主义市场经济的基本条件。全社会必须全面唤起市场经济条件下市场主体的契约观念和信用观念,并使这种观念贯彻到经济行为之中。

首先,建立信用观念和契约观念。我国改革开放的成就证明,我们首先是得益于思想观念的解放。同理,确立信用观念和契约观念必须先行于信用制度,并与信用制度的建立相辅相成。在市场经济运行中,我们必须动用各种媒体,对正面和反面的信用行为进行剖析和评价,迅速建立起公平交易和诚实守信的理念,强化与国际经济融为一体条件下将信用作为遵守国际商务惯例基本准则的意识,并要在全社会达成广泛共识。

其次,从个人信用开始重建社会信用。既然交换行为首先是个人交换,社会信用从个人信用开始,重建社会信用也应从重建个人信用开始。只有当每个社会成员或是大多数社会成员,特别是处于关键地位的社会成员有了良好的个人信用,才谈得上企业信用、金融信用或国家信用,很难设想一个没有良好个人信用的企业家、银行家或政府领导人管理的组织会有良好的企业信用、银行信用或政府信用。

最后,发挥法律制度在建立信用关系中的作用,加强信用法制建设和执法的力度。信用经济是利益主体多元化的经济,各利益主体在市场经济中都有各自的责权利关系,只有通过法制才能使市场经济主体的活动规范化。信用经济是公平竞争的经济,竞争有规则,公平竞争需要法规保障。信用经济表现为契约化经济,经济联系需要有契约,各种契约的签订和履行要有法律准则。因此,从一定角度看,信用经济就是一种法制经济,信用社会说到底就是法制社会。市场经济活动必然涉及信用工具所有权的转移和债权人的利益,这是信用关系的关键构件。完整的法规体系、高效公正的执法体系、完善的市场管理体系,是实现正常的信用关系和规范的市场运行的保障。

第二节 现代信用的形式

无论是资本主义社会还是社会主义社会,在商品经济快速发展的当代,信用在经济中

发挥的作用越来越大。国家、企业和个人都从各种形式的信用中获得经济的发展、生产的扩大和效用的提高。可以说，现代经济越来越体现为一种信用经济，各种信用形式和信用工具相继出现。

一、信用形式

现代信用的形式繁多，按信用主体的不同，可分为商业信用、银行信用、国家信用、消费信用和国际信用等五种主要形式。这是较常见的一种分类方法。其中，商业信用和银行信用是现代市场经济中与企业的经营活动直接联系的最主要的两种形式。

（一）商业信用

商业信用（commercial credit）是指工商企业之间相互提供的、与商品交易直接相联系的信用形式。它包括企业之间的赊销、分期付款等形式提供的信用，以及在商品交易的基础上以预付定金等形式提供的信用。它可以直接用商品提供，也可以用货币提供，但它必须与商品交易直接联系在一起，这是它与银行信用的主要区别。实际上典型的商业信用包括两个同时发生的经济行为：买卖行为和借贷行为。即一方面是信用双方的商品交易；另一方面是信用双方债权债务关系的形成。就买卖行为而言，在发生商业信用之际就已完成；而在此之后，他们之间只存在一定货币金额的债权债务关系，这种关系不会因为所买卖的商品产生问题而发生改变。

商业信用直接与商品生产和流通相联系，有其广泛的运用范围，因而它构成了整个信用制度的基础。在小商品经济条件下，商业信用只是个别、零星的社会经济现象；在现代市场经济条件下，商业信用得到广泛发展，成为普遍的、大量的社会经济现象，几乎所有的工商企业都卷入了商业信用的链条。商业信用链条是以商业票据这个载明了债权债务关系并受法律保护的信用工具为纽带的，商业票据的多样化、规范化和广泛流通以及计算机技术的飞速发展，为商业信用的发展提供了极其便利的条件和基础。

虽然商业信用在调节企业之间的资金余缺、提高资金使用效益、节约交易费用、加速商品流通等方面发挥着巨大作用，但它存在着以下三个方面的局限性：

（1）严格的方向性。商业信用是商业企业之间发生的、与商品交易直接相联系的信用形式，它严格受商品流向的限制。比如，织染厂可向服装厂提供商业信用，而服装厂就无法向织染厂提供商业信用，因为织染厂的生产不是以服装为原材料的。

（2）规模的有限性。商业信用所能提供的债务或资金是以产业资本的规模为基础的。一般说来，产业资本的规模越大，商业信用的规模也越大；反之，就越小。商业信用的最大作用不外乎产业资本的充分利用，因此它最终无法摆脱产业资本的规模限制。

（3）信用链条的不稳定性。商业信用是由工商企业相互提供的，可以说，一个经济社会有多少工商企业就可能有多少个信用关系环节。如果某一环节因债务人经营不善而中断，就有可能导致整个债务链条的中断，引起债务危机的发生，甚至会冲击银行信用。

由于上述局限，使商业信用具有分散性和盲目性的特点，所以它不可能从根本上改变社会资金和资源的配置与布局，从而广泛满足经济资源的市场配置和合理布局的需求。因此它虽然是商品经济社会的信用基础，但它终究不能成为现代市场经济信用的中心和主导。

(二) 银行信用

银行信用(bank credit)是指各种金融机构，特别是银行以存、放款等各种业务形式提供的货币形态的信用。银行信用是在商业信用基础上发展起来的一种更高层次的信用，它和商业信用一起构成经济社会信用体系的主体。

银行信用具有以下三个特点：

(1) 银行信用的债权人主要是银行，也包括其他金融机构；债务人主要是从事商品生产和流通的工商企业和个人。当然，银行和其他金融机构在筹集资金时又作为债务人承担经济责任。银行和其他金融机构作为投融资中介，可以把分散的社会闲置资金集中起来统一进行借贷，克服了商业信用受制于产业资本规模的局限。

(2) 银行信用所提供的借贷资金是从产业循环中独立出来的货币，它可以不受个别企业资金数量的限制，聚集小额的可贷资金满足大额资金借贷的需求。同时可把短期的借贷资本转换为长期的借贷资本，满足对较长时期的货币需求，而不再受资金流转方向的约束。可见，银行信用在规模、范围、期限和资金使用的方向都大大优越于商业信用。

(3) 银行和其他金融机构可以通过信息的规模投资，降低信息成本和交易费用，从而有效地改善信用过程的信息条件，减少借贷双方的信息不对称以及由此产生的逆向选择(adverse selection)和道德风险(moral hazard)问题，其结果是降低了信用风险，增加了信用过程的稳定性。

银行信用的上述优点，使它在整个经济社会信用体系中占据核心地位，发挥着主导作用。在市场经济条件下，商业信用的发展越来越依赖银行信用，银行的商业票据贴现将分散的商业信用集中统一为银行信用，为商业信用的进一步发展提供了条件。当然银行信用不可能取代商业信用。银行在商业票据贴现过程中发行了稳定性强、信誉性高、流通性大的银行券，创造了适应全社会经济发展的流通工具。

(三) 国家信用

国家信用(national credit)是指国家及其附属机构作为债务人或债权人，依据信用原则向社会公众和国外政府举债或向债务国放债的一种形式。

国家信用又称公共信用制度，是一种古老的信用形式，伴随着政府财政赤字的发生而产生。随着经济的发展,各国政府的财政支出不断扩大,财政赤字已成为一种普遍现象。为了弥补财政赤字和暂时性的资金不足,向社会公众发行债券或向外国政府举债成为各国政府的必然选择。目前世界各国几乎都采用发行政府债券的形式来筹措资金,形成国家信用的内债。根据债券期限的长短可将其分为国库券和公债两种。国库券的期限通常在1年以内;公债的期限为1~10年以上。国家信用的外债一般是通过国与国之间的政府借贷来实现的,是国际化了的政府间债权债务关系。随着全球经济、金融的一体化,各国政府间的债权债务关系也日趋普遍。

在国家信用中,债权人多为银行和其他金融机构、企业与居民。由于政府债券具有较高的流动性和安全性以及比较稳定的收益,成为西方经济发达国家各阶层和经济实体普遍喜爱的投资工具。同时,政府债券也成为经济发达国家中央银行进行公开市场操作,调节货币供给和实施货币政策的主要工具。

(四)消费信用

消费信用(consumer credit)是指为消费者提供的、用于满足其消费需求的信用形式。现代市场经济的消费信用是与商品和劳务,特别是住房和耐用消费品的销售紧密联系在一起的。其实质是通过赊销或消费贷款等方式,为消费者提供提前消费的条件,促进商品的销售和刺激人们的消费。这种信用形式在西方国家已非常普遍,如美国的商品销售额中有一半以上都是通过消费信用方式来完成的。

现代市场经济的消费信用方式多种多样,具体可归纳为以下几种主要类型:

(1)赊销方式,即零售商直接以延期付款的销售方式向消费者提供的信用。如信用卡结算方式就属于此类。一般来说,它是一种短期消费信用形式。

(2)分期付款方式,即消费者先支付一部分货币(首期付款)然后按合同分期摊还本息,或分期摊还本金、利息一次计付。这种付款方式在购买耐用消费品中广泛使用,是一种中期消费信用形式。

(3)消费贷款方式,即银行或其他金融机构直接贷款给消费者用于购买耐用消费品、住房以及支付旅游费用等。按贷款发放对象的不同,它可以分为买方信贷和卖方信贷,前者是对消费者发放贷款,后者是对商品销售企业发放贷款。消费贷款属于中长期信用。

消费信用有效地促进了消费品的销售与生产,推动了技术进步和经济增长。据估计,若不采用分期付款这一消费信用方式,西方国家的汽车销售量将会减少1/3。

(五)国际信用

国际信用(international credit)是指国与国之间的企业、经济组织、金融机构及国际经济组织相互提供的与国际贸易密切联系的信用形式。国际贸易与国际经济交往的日益频繁,使国际信用成为进行国际结算、扩大进出口贸易的主要手段之一。

国际信用的种类繁多,归纳起来可分为以下几种主要类型:

(1) 出口信贷(export credit)。出口信贷是国际贸易中的一种中长期贷款形式,是一国政府为了促进本国出口,增强国际竞争能力,而对本国出口企业给予利息补贴和提供信用担保的信用形式。根据补贴和贷款的对象不同,又可分为卖方信贷和买方信贷两种。

卖方信贷(supplier credit)是出口方的银行或金融机构对出口商提供的信贷。这种贷款方式,从出口方的银行和金融机构提供贷款给出口商的角度来看,它属于银行信用的范畴;从出口商赊销商品给进口商的角度来看,它又属于商业信用。综合起来考察,它实际上是一种以银行信用支持的国际商业信用。

买方信贷(buyer credit)是由出口方的银行或金融机构直接向进口商或进口方银行或金融机构提供贷款的方式。从进口方银行向出口方银行取得贷款的角度看,它是一种国际银行信用;从进口方银行取得贷款用于支付出口商货款的角度看,它是一种国际国内相结合的银行信用。

(2) 银行信贷(bank credit)。国际银行信贷是进口企业或进口方银行直接从外国金融机构借入资金的一种信用形式。这种信用形式一般采用货币贷款方式,并事先指定了贷款货币的用途。它不享受出口信贷优惠,所以贷款利率要比出口信贷高。另外,这种信用形式与发行国际债券的性质不同,它不是债权人与债务人直接发生债权债务关系,而是双重的债权债务关系。在遇到大宗贷款时,国际金融市场往往采取银团贷款方式以分散风险。

(3) 市场信贷(market credit)。市场信贷是由国外的一家银行或几家银行组成的银团帮助进口国企业或银行在国际金融市场上通过发行中长期债券或大额定期存单来筹措资金的信用方式。随着国际金融市场的一体化,这种方式越来越普遍。

(4) 国际租赁(international lease)。国际租赁是国际上以实物租赁方式提供信用的新型融资形式。根据租赁的目的和投资回收方式,可将其分为金融租赁和经营租赁两种形式。金融租赁是出租人应承租人的要求,出资购买其所需要的设备,并一次性出租给承租人,租约期满后回收全部投资的租赁方式。这里的出租人一般是银行或金融机构,主要为承租人融通资金。经营租赁是出租人将自己的设备和用品向承租人反复出租的租赁方式。这里的出租人多为工商企业,出租设备多为自己的闲置或利用率不高的设备。这种租赁方式一般要多次出租才能收回全部设备投资。

(5) 补偿贸易(compensation trade)。补偿贸易是指外国企业向进口企业提供机器设备、专利技术、员工培训等,待项目投产后进口企业以该项目的产品或按合同规定的收入分配比例清偿债务的信用方式。它实质上是一种国际商业信用,在发展中国家得到广泛使用。具体可将其分为三种主要类型:第一,回购方式,即进口企业用引进机器设备生产的产品分期偿付贷款本息或设备价款的方式。第二,互购方式,即授信方不需要受信人引进设备生产的产品,但可以由受信人分期供应其他产品作为补偿的方式。第三,劳务补偿，即进口企业以向授信方提供劳务的方法分期偿还进口设备款项的方式。它是与加工装配相联系的一种补偿贸易。

（6）国际金融机构贷款。这主要是指包括国际货币基金组织、世界银行在内的国际性金融机构向其成员国提供的贷款。基金组织的贷款主要有：① 普通贷款，是基金组织最基本的一种贷款，用于解决会员国一般国际收支逆差的短期资金需要。② 中期贷款，用于解决会员国国际收支困难的中、长期资金需要。③ 出口波动补偿贷款，主要解决发展中国家的初级产品因市场价格下降而面临国际收支逆差不断扩大的困难。④ 信托基金贷款，是为支持较穷的发展中国家的经济发展而设立的一项贷款，解决会员国恢复和发展经济的资金需要。

▶ 二、信用工具

（一）信用工具的概念和分类

信用工具亦称融资工具，是资金供应者和需求者之间进行资金融通时所签发的、证明债权债务关系或者所有权关系的各种具有法律效力的凭证。

信用工具按不同的标志有不同的分类方式，主要有以下几种：

（1）按融通资金的方式可分为直接融资信用工具和间接融资信用工具。前者主要有工商企业、政府以及个人所发行或签署的股票、债券、抵押契约、借款合同以及其他各种形式的借款等；后者主要包括金融机构发行的本票、存折、可转让存款单、人寿保险单等。

（2）按可接受性的程度不同可分为无限可接受性的信用工具和有限可接受性的信用工具。前者是指为社会公众所普遍接受、在任何场合都能充当交易媒介和支付手段的工具，如中央银行发行的钞票和商业银行的活期存款；后者是指可接受的范围和数量等都受到一定局限的工具，如可转让存款单、商业票据、债券、股票等。

（3）按照偿还期限的长短可分为短期信用工具、长期信用工具和不定期信用工具三类。短期信用工具如各种票据（汇票、期票、支票等）、信用证、信用卡、国库券等；长期信用工具如股票、公司债券、政府公债券等；不定期的信用工具主要指银行券。下面我们将按这种分类对几种典型的信用工具进行释义。

（二）几种常见的信用工具

1. 期票

期票亦称本票，是指债务人向债权人开出的，以出票人本人为付款人，承诺在一定期间内偿付欠款的支付保证书。票面上注明支付金额、还款期限和地点，其特点是见票即付，无需承兑。

2. 汇票

汇票是指由债权人发给债务人,命令他支付一定款项给第三者或持票人的支付命令书。一张合格的汇票要求包括如下内容:① 在票据上注明为"汇票";② 注明出票人、收款人和付款人的全称并由出票人盖章;③ 注明一定的货币金额;④ 注明出票时间;⑤ 注明到期时间;⑥ 注明系无条件支付。这里是在理论上讲汇票的内容,实践中各国的票据法对票据的内容和形式要件都有严格的规定。

汇票包括商业汇票和银行汇票两种。前者是指企业之间在赊购赊销商品时,由赊销方(债权人)向赊购方(债务人)或其委托银行发行的票据,它要求赊购方或其委托银行签章承兑,承认在汇票到期日付款给赊销方或持票人。承兑后的汇票称为承兑汇票,由赊购方自己承兑的汇票称为商业承兑汇票,由赊购方委托银行承兑的汇票称为银行承兑汇票。银行汇票是银行承办汇兑业务时发出的票据。

3. 支票

支票是活期存款的存款人通知银行从其账户上支付一定金额给票面指定人或者持票人的无条件支付命令书。支票按是否记载收款人姓名分为记名支票和不记名支票。对于记名支票,银行只能对支票上所指定的人付款。而对于无记名支票来说,银行可以对支票的任何持票人付款。支票按其支付方式分为现金支票和转账支票两种。前者可用来支取现金,后者只能用来转账。转账支票常在票面划两条红色平行线,故也称划线支票、平行线支票或横线支票。

支票被存款人从银行提取现款时,只是一种普通的信用凭证,而当支票被用来向第三者支付款项时,它已不再是一个简单的信用凭证,而是作为替代货币发挥流通手段和支付手段的信用货币。在信用发达国家,绝大部分交易和债务关系都是利用支票来结算的。

4. 信用证

信用证是开证银行根据其存款客户的请求,向收款人开立的一定金额、一定期限并根据一定条件进行付款的一种保证书。

信用证是商品交易中货款结算的一种凭证,它广泛应用于国内和国际贸易中。例如,国际贸易中的信用证是根据买卖合同的要求开立的,其种类、金额、开证日期和有效期等内容都在买卖合同中规定。在进口商和出口商签订了买卖合同后,首先由进口商向其开户银行开出商业信用证,开证时,应预交一部分或全部货款作为保证金。信用证的本质是银行保证替客户付款,因此,银行发放信用证要特别谨慎,如果是不可撤销的信用证,那么这种保证付款的承诺是必须履行的。

5. 信用卡

信用卡是在消费信用基础上产生的一种短期、小额的信用工具,是银行或专业公司对具有一定信用的顾客(消费者)所发行的一种赋予信用的证书。需要使用信用卡的消费者一般要向银行或经办公司提出申请,经审查合格后取得。信用卡的持有者可以在当地或外地指定的商店购货、旅店投宿、饭店就餐、车站乘车等。

信用卡的主要功能包括消费信用、消费结算、存取现金、银行转账、汇兑功能等。由于贷记卡实行存款不计利息、贷款享受免息期的政策,因此它最基本的功能是消费功能。这种消费信贷实际上是一种循环信用,其主要特征是:第一,一次申请贷款额度周转使用。第二,全额还款,享受免息期待遇。持卡人只要在银行约定的最后还款日前还清一个结算周期的全部款项,就可以免除该阶段时间内购物消费类交易的贷款利息。第三,最低还款,享受正常信用额度。一般情况下,银行不会要求持卡人在每月还款日前还清全部欠款,而是设定一个最低还款额。持卡人只要达到这个标准并愿意承担未还款部分的利息就可以继续用卡,信用额度也不会降低。由于信用卡具有申请简便快捷,资金利用效率高,以及贷款用途灵活等优点,所以对于频繁需要短期资金周转的客户来说,即使不能享受免息期待遇,也比申请普通贷款或提前支取定期存款要经济得多。

6. 股票

股票是股份公司为筹集资金而发给投资者的入股凭证。购买股票的人即投资者就成为公司的股东。

7. 债券

债券是债务人向债权人承诺在指定日期偿还本金并支付利息的有价证券。债券按发行者的不同分为政府债券(国家债券)、公司债券和金融债券等,其中,政府债券又按期限长短不同分为公债券和国库券两种。

以上介绍的信用工具也往往是金融工具,而金融工具特别是有关股票和债券的内容在本书第 4 章金融市场里面将有进一步的阐述。

第三节　信用与经济发展

▶ 一、现代经济是信用经济

现代经济是一种信用经济。在现代经济生活中,信用是一种普遍的经济关系,经济活动中的每一个部门、每一个环节都渗透着债权债务关系。从经济中最富有活力的企业来说,任何企业都不可避免要利用信用活动来保障生产连续进行或扩大生产。如果没有信用,企业只能在自有资金的较小规模内维持,既不可能吸纳社会资金扩大企业规模,也不可能加快生产、流通的发展速度。政府也离不开信用,政府发行国库券、国债,是向企业、个人或其他部门的借款,同时,政府也会作为债权人发放贷款。个人亦是如此,个人的收入结余是银行储蓄的来源,形成个人与银行之间的债权债务关系,同时,个人也是消费信贷的债务人。个人购买国库券和国债就形成了个人与国家间的债权债务关系。政府与企业之间、银行与银行之间、企业与企业之间、企业与银行之间也同样存在着各种各样的债权债务关系。实际上,这样的债权债务关系已经成为经济中最重要也是最复杂的经济关系,成为联结经济各部门最重要的纽带。信用像一张无形的网覆盖了整个社会,不仅对生产有极大的促进作用,而且渗透到人们生活的方方面面。正是在这种意义上说,现代经济是信用经济。如果信用遭到损害,那么整个经济必然陷入危机。经济越发展,信用越重要,越成为经济正常运转的必要条件。

为什么在现代经济中,信用会变得如此重要呢?

首先,从现代经济的基本特征来看,现代经济是一种具有扩张性质的经济,这一点与自给自足的小生产方式下的自然经济是截然不同的。在自然经济条件下,生产者的生产动力是满足自身的生活需要,因此他的生产规模也就局限于个人的基本生活需要,他的资金需要基本上通过自身积累就可以解决。当然在小生产方式下,仍然存在着信用,即高利贷信用。但小生产者对高利贷的需求也只局限于最起码的生活需要和维持最简单的生产,而且对高利贷的需求是在正常的生活节奏被破坏以后才产生的。在当时的条件下,信用关系比较简单,主要是高利贷供给者与高利贷需求者之间的借贷关系。

现代经济则完全不同。现代经济是以商品生产和商品交换为目的的商品货币经济,商品生产者竞争激烈,竞争的胜负直接决定商品生产者的命运,而决定竞争胜负的因素则取决于商品的成本和商品的质量。商品成本低,质量好,就容易在竞争中获胜,否则就会失败。降低商品成本的重要途径是进行适度规模生产,提高商品质量则主要靠改进工艺,提高生产技术水平。而实现规模生产、改进工艺和提高生产技术水平,需要不断地投入资金。商品生产者对资金的这些需求必然要通过信用方式满足。如果商品生产者依靠自身的积累去扩大生产规模和更新设备的话,那么这样的积累过程将是很长的,商品生产者会为此丧失许多优势与机会,处于不利地位。所以现代经济的基本特征就决定了信用是经济发展的最基本条件。

其次,从货币形式的发展来看这个问题。自从金属货币退出流通领域以后,信用货币成为流通中最基本的货币形式。信用货币是在信用的基础上产生的,信用货币的流通既是货币发挥各种职能的过程,同时也是一种信用活动。比如,银行向企业发放一笔贷款,即是银行和企业之间发生了债权债务关系,企业背了银行的债,从货币流通的角度看,是银行向流通投放了货币。同样银行从企业收回贷款,也就是银行回笼了货币。在现代经济社会中,任何人的生活都不可能完全和货币脱离开,或多或少会与货币发生联系,形成各种各样的货币收支,而这些货币收支最终都是银行的资产和负债,都体现了银行与其他经济部门之间的信用关系。所以信用就成为一个无所不在的经济关系。

由此可以看出,现代经济是建立在信用基础之上的,信用关系是现代经济中最普遍最基本的经济关系。过去我们常常把既无内债又无外债作为经济发展的标志,这实际上是一种自给自足的自然经济思想的反映。在现代经济中,已经不是承不承认信用关系的问题,而是如何利用信用更快地发展经济的问题。

二、信用关系和信用主体

信用是一种债权债务关系,而债权债务关系的发生是由收支状况决定的。如果收入小于支出,而支出又不能减少,就要借债,形成债务;如果收入大于支出,形成结余,利用结余去贷款,就形成债权。在现代经济社会中,不外乎存在这三种信用情形:第一种是债务单位,它们的支出大于收支;第二种是债权单位,它们的收入大于支出;第三种是收支平衡。第一和第二种情形在经济生活中是很普遍的,第三种情形则不多见。那么在经济生活中,哪些单位会成为债务单位,哪些单位会成为债权单位呢?按照各经济主体在社会经济中的基本特征,可以将其划分为以下几个部门:个人、企业、政府、金融机构和国外部门。

(一) 信用关系中的个人

个人,在这里是指有货币收入的经济人。个人既可能是收大于支,拥有结余,也可能是支大于收,需要借贷。就个人而言,其支出主要依靠收入,个人的支出主要是各种日常生活开支。一般来说,个人不可能把当期收入花光,通常都会有结余,这些结余主要是用于应付各种意外支出,用于婚丧嫁娶、养老、将来子女的教育支出等。个人也会发生入不敷出的情况,如遭受各种意外、家庭成员死亡、疾病伤残等,支出突然增加,原有的结余不足以支付,就要借债。随着经济发展和信用制度的发展,人们的生活观念和消费观念也在变化,不同的观念就会产生不同的选择。有些人倾向于增加当前消费,他们就会扩大支出,减少储蓄或增加负债。有些人则相反,他们减少当前支出而增加储蓄。不同的人会采取不同的方式,而同一个人在不同的时期也会有不同的选择。但总的来说,个人也在不断利用信用关系调节自身的生活。

(二) 信用关系中的企业

企业在信用关系中是很重要的一环。企业既是货币资金的主要供给者,也是货币资金的主要需求者。企业在信用关系中的这种重要地位,马克思在对资本主义条件下借贷资本运动的记述中作了清楚的阐述。这一点在本章的开头部分,阐述信用存在的客观依据时已有详细论述。如果我们暂时抛开资本主义的社会性质,单就借贷资本本身而言,它实际也反映了社会化大生产条件下企业与信用的密切关系。

首先,借贷资本形成的基础是产业资本的循环和周转。因为在产业资本循环过程中,必然会形成一部分暂时闲置的货币资本,原因是:第一,由固定资本周转的特点决定的。固定资本即厂房、机器设备等固定资产的价值。由于固定资产单位价格高,使用期限长,它们的价值是在使用期内逐渐地转移到产品中去的。企业按期提取固定资产折旧,作为固定资产重置、更新时的准备金,其中已提取而尚未使用的固定资产折旧基金,就成为暂时闲置形态的货币资本。第二,在流动资产周转过程中也会形成暂时闲置形态的货币资本。流动资本是指材料储备、在产品、半成品和产成品的价值。这部分资本的周转与固定资本的周转不同,原材料一旦投入生产,它的价值就一次全部转移到产品中去,并随着产品的出售一次收回其价值。由于商品出售与购买材料、支付工资的时间不一致,也会形成一部分闲置形态的货币资本。第三,在剩余价值积累过程中会出现闲置形态的货币资本,即当预定用于扩大再生产的剩余价值在尚未积存到一定规模,还不足以当作资本使用以前也会形成闲置形态的货币资本。因此,在企业生产过程中,会不断地出现资金结余,成为金融市场上资金供给的重要来源。

其次,企业也是资金的重要需求者,这也与企业再生产过程紧密联系。在现代化大生产条件下,企业的生产是具有适度规模的连续性的社会化生产,但在企业经营过程中,这种连续性会经常受到影响。例如,当企业需要更新机器设备时,以前提取的折旧可能已经不够用了,如果企业只靠自己积累,那么设备的更新就要推迟,生产就会停顿,这时企业就需要借入资金。在企业流动资金的循环过程中,一定会经常出现资金短缺的情况,比如,当企业需要购买原材料或支付工资时,它的商品可能还没有销售出去。又如,企业要扩大生产规模,就要增加资金的投入,如果企业积累不够,企业就必须借入资金。所以,企业在信用关系中既是资金的巨大供给者,又是资金的巨大需求者,信用对企业是至关重要的。

(三) 信用关系中的政府

政府在信用关系中的地位是由政府的收支状况决定的。政府的收支主要是财政收支。财政收大于支形成财政结余,支大于收形成财政赤字。在财政收支过程中,不平衡是经常存在的。从财政收入来看,税收是财政收入的主要来源,而税收一般是稳定的,因为大部分税收都有一个固定的税率和上缴时间。财政支出则不一定这么稳定。一般来说,年度财政预算对财政支出作了基本安排,有的国家在某些年份预算时安排的财政支出大于财政收入,形成预算赤字;有时预算安排的财政收入大于财政支出,形成预算盈余。即使在预算安排时收支平衡,但在执行过程中常常会有所变化。比如,突然发生自然灾害,国家就要拨付大笔款项救灾,财政支出就会超出预算而大量增加,造成支大于收,最终可能形成财政赤字。又如,国家在短期内集中进行几项大型项目建设,财政支出巨大,或出现追加投资,这也会形成财政赤字。所以,在政府行使经济职能的过程中,会经常出现财

政赤字。在现代市场经济中,弥补财政赤字最常用的途径就是举债,即政府作为债务人以发行公债的方式向公众借款,由此形成了政府与个人、企业、金融机构或其他机构之间的信用关系。

(四)信用关系中的金融机构

金融机构的主要功能就是作为信用媒介。信用可分为直接信用和间接信用。直接信用是指资金供给者和资金需求者之间直接发生债权债务关系,间接信用是指资金供给者和资金需求者通过信用中介机构来融通资金。金融机构作为信用中介,一方面从社会各方面吸收和积聚资金,另一方面通过贷款等活动把这些资金运用出去。吸收资金形成金融机构的负债,运用资金形成金融机构的资产。所以金融机构的日常经营活动本身也就是一种债权债务关系的信用活动。

(五)信用与国际收支

国际收支是指一国在一定时期内(通常为一年)居民与非居民之间全部经济交往的系统记录。如果一定时期内一个国家的国际收入大于国际支出,出现了盈余,则是国际收支顺差;反之,如果是支出大于收入,则是国际支出逆差。在国际收支顺差时,盈余部分就增加一国的国际储备,成为国际信用资金的来源;如果是逆差,差额部分就要减少一国的国际储备,或利用国外资金来弥补。因此,国际收支的调节也离不开信用。金融全球化把世界连接成了一个完整的金融市场,信用对全球经济来说,作用更大。

▶ 三、信用对现代经济发展的推动作用

(一)信用保证现代化大生产的顺利进行

社会化大生产是指在现代技术条件下,有适度规模的生产经营,社会分工较细,各企业之间产销衔接,呈现出相互依存的关系,从而形成一个社会运行的有机总体。在这个总体运行中,各企业需要保持生产的连续性,若某一两个企业的生产连续性遭到破坏,就会影响到社会整体。但实际上这种连续性不是自然而然就有的,恰恰相反,很多因素会影响或阻碍生产的连续性。比如,企业原定的销售计划没有完成,收不到销货款,就没有钱购买原材料,生产就要停滞。这样,要想让生产继续下去,就必须利用信用,借入资金。所以,信用活动可以从资金上为现代化大生产顺利进行提供条件。

(二)信用可以实现资本转移,自发调节各部门的发展比例

平均利润率规律在商品经济条件下是普遍适用的,因为等量资本要获得等量利润。但是,由于种种原因,分布在各个部门的等量资本得到的利润却并不相同,有些部门利润

率低,有些部门利润率高。资本就会被其所有者从利润率低的部门抽出,投向利润率高的部门,逐渐造成各部门的利润率渐渐趋向一致,从而使各部门生产比例趋于合理。利润率的平均化是以资本自由移动为条件的。但是资本在各生产部门之间的自由转移与生产资本固定在特定的自然形态之间存在矛盾。因为生产资本任何时候都是固定在特定的自然形态上,它只对同一行业的企业有用,所以生产资本的部门转移存在较大困难。信用则可以克服这个困难,通过存款和贷款可以随时转移货币资本的使用方向。如纺织厂在银行的存款,可由银行通过信用方式贷放给机械、造纸甚至商业、农业等各部门。信用使资本在不同部门之间自由转移,导致各部门利润率趋向相同水平,从而自发调节各部门的发展比例。

(三) 信用可以节约流通费用,加速资本周转

现代银行信用制度的发展使债权债务可以在银行信用基础上通过转账结算方式清算,不需要用现金结算。在信用制度基础上产生的信用流通工具(商业票据、支票、银行券等)代替金属货币流通,甚至用电子货币代替现金流通,节约了社会流通费用。

信用加速了商品价值的实现过程,可以减少商品的储存量和与此有关的商品保管费用。如果商业企业必须支付现款进货,企业的产品可能卖不出去,或推迟销售;若企业向商店提供信用,先把商品赊销给商店,等商店销售完或有货款时再付款,就可以大大加快产品的销售速度。

(四) 信用为股份公司的建立和发展创造了条件

股份公司是在 19 世纪初在西方资本主义发达国家出现的一种新型企业组织形式。它不同于以往的独资企业或合伙企业。股份公司的资本是通过发行股票的方式筹集的。购买股票的人就成为股份公司的股东,股份公司由全部股东所拥有。由于股份公司是面向社会筹集资本,因此它的资本金都比较大。股份公司的出现极大地促进了资本主义经济的发展。马克思说,股份公司的成立,"使生产规模惊人地扩大了,个别资本不可能建立的企业出现了"。"假如必须等待积累去使某些单个资本增长到能够修建铁路的程度,那么恐怕直到今天世界上还没有铁路。但是集中通过股份公司转瞬之间就把这件事完成了。"随着现代经济的发展和技术的进步,一个企业要取得成功,首先要有足够的资金,股份公司是一种能够聚集大量资金的企业组织形式,因此股份公司在现代经济中的地位也越来越重要。股份公司的产生和发展是与信用制度的发展紧密相联的。股份公司是通过发行股票建立起来的,股票要发行出去,必须有大量的投资者购买股票,即要求人们都习惯于利用信用方式运用自己的货币资金。同时,股票是没有偿还期的,必须借助于信用方式保持其流通性,这样才使短期资金也能购买股票。信用聚集资本、扩大投资规模的作用通过股份公司的形式也得到了充分的发挥。

本章小结

信用与货币一样,是一个古老的历史经济范畴。是不同经济主体之间调剂财富余缺的一种形式,所以信用在本质上是一种债权债务关系。货币借贷扩展了信用范围,扩大了信用规模;信用也促进了货币形式和货币流通的发展。现代货币几乎都是信用货币。

随着信用的发展,出现了各种信用形式和信用工具,导致了信用资金从一个部门向另一个部门的流转,信用促进了资源的合理配置。同时,促进了市场经济的飞速发展。由于信用关系无处不在、无时不在,所以说信用构成了现代市场经济的基础,现代经济就是信用经济。

现代信用的形式按信用的主体不同,可分为商业信用、银行信用、国家信用、消费信用、国际信用等。商业信用是现代信用制度的基础。商业信用和银行信用是现代市场经济中最重要的两种信用形式。

信用活动离不开以信用工具为载体。信用工具按不同的标志可分为不同的类型,如商业票据、信用卡等。

 **复习思考题**

1. 什么是信用? 如何理解信用与货币的关系?
2. 高利贷信用有何特点?
3. 为什么说现代经济是信用经济?
4. 信用有哪些主要形式? 在我国应该如何发展多种信用形式?
5. 什么是商业信用?
6. 与商业信用相比,银行信用有何特点?
7. 什么是信用工具? 有哪些类型和要求?
8. 什么是信用卡? 其主要功能有哪些?

 **案例分析**

案例:信用交易对经济增长的作用

发达国家的经验显示:信用交易规模和人均 GDP 存在十分密切的关系,当人均 GDP

在 300～500 美元时,信用的作用还不十分明显;人均 GDP 在 500～1 000 美元之间时,信用被大肆践踏;当人均 GDP 达到了 3 000～5 000 美元时,是整个社会信用的重整阶段;而当人均 GDP 在 5 000 美元以上时,社会信用进入良性循环阶段。用中国一句古话来说,叫做"仓廪实而知礼节"。

近 20 年中国经济的年增长率平均在 8％以上,2005 年中国的 GDP 达到 182 321 亿元人民币,人均 GDP 超过 1 703 美元,年进出口总量达 8 400 多亿美元,中国已取代日本成为世界第三大贸易国。这说明,我国目前正处于一个社会大变革、经济大转型、人民生活大改变的特殊历史时期,发挥信用交易对经济增长的促进作用显得尤为重要。

信用交易对经济的拉动作用具体表现为,企业通过发行股票、债券或进行赊销等手段解决现金不足,防止因一时的资金短缺而错过良好的投资机会,进而扩大了市场的整体需求,拉动了经济的发展。比如,企业通过发行长期债券,在偿还期前可以有效地利用这笔资金来扩大生产,获得规模效益,保证企业在竞争中处于有利的地位。另外,信用交易的扩大也带动了相关产业的发展,为整个经济的增长提供充足的动力,进而促使整个经济活动信用化,这也就是发达国家已经出现的信用经济的局面。

发达国家的实践表明,一国的经济越发达,信用化程度就越高;而信用化程度越高,促进经济发展的动力就越强劲,两者是互相促进、互相拉动的关系。我国信用交易对经济增长的促进作用已日益为人们所认识,发挥信用经济作用的潜力十分巨大。

我国信用交易对经济增长影响的计量分析。根据金融增长理论,在一个健全完善的经济体中,信用交易与经济增长存在互相促进的关系:信贷投入的增加导致经济体中投资和消费总额的增加,从而导致总产出的增加,总产出的增加导致总收入的增加,而信贷总量在长期中被普遍认为是总收入的增函数。基于此,本报告通过对信贷余额与 GDP 总量的回归分析,考察我国经济增长与信用规模的相互关系。

根据 1978～2004 年的统计数据建立的模型表明(具体推导过程略),平均当期信贷余额的增长率与上一期 GDP 增长率之比为 1.729 783,GDP 增长率对信贷余额的增长率之比为 0.228 9,信用经济的作用由此可见一斑。

(案例来源:北京大学中国信用研究中心.《中国信用发展报告》)

问题:
请举例分析现代经济中的信用关系。

第 **3** 章

利息及利息率

学习目的

- 认识利息的概念,掌握利息的来源和本质,了解收益资本化。
- 掌握利率的概念、表示方法以及单利和复利的计算。
- 了解不同的利率决定理论,理解影响利率的因素。
- 理解利率的作用,了解我国利率的改革进程。

在借贷关系中,放款并不是贷款人高尚的施舍,借贷双方是通过利息这个经济因素联系在一起的。在中世纪的欧洲,教会曾认为贷款收取利息是"亵渎神圣"的犯罪行为。在中国历史上,也曾有"君子谕于义,小人谕于利"的传统观念。只有在发达的商品经济中,人们才能真正地认识到利息的经济意义;而作为货币银行学理论的重要构成部分——利率理论,也只有在现代信用关系和金融市场中才能逐渐形成和发展。特别是在当代,利率已成为一国宏观经济方面一个重要的经济变量。因而,利息和利率理论也越来越显示出其在金融理论研究中的重要意义。

第一节 利 息

在现代市场经济中,利息是一个普遍存在的现象。本节将讨论利息的概念和本质。

▶ 一、利息的概念

在借贷行为发生时，贷款者不会无代价地将其资金转让给他人使用，通常会要求资金的使用者在归还借款时，加上本金的一定比例作为借款的代价。这个由借款者支付给贷款者的超过借贷本金的价值就是利息。

利息的概念可以从两个方面来理解：对于信用关系的债权方来说，利息是指货币所有者（债权人）因贷出货币或货币资本从借款人（债务人）处获得的超过本金的那一部分报酬；对于信用关系的债务方而言，利息是借款人借入他人货币或货币资本应支付给债权人的超过本金的那一部分代价。简而言之，利息就是出借资金的报酬或使用资金的代价。利息是伴随着信用关系的发展而产生的经济范畴，并构成信用的基础与条件。

在西方国家通常把利息称之为货币资本的"价格"，相应地，"借贷"也可以用"买卖"的说法来表达。在中国历来没有这样的说法，不过我们应该了解别人习惯说法的内涵以便于交流。更何况在我们的经济生活中，这样的表述方法也日渐多了起来。

▶ 二、利息的本质

对利息的研究，是经济学研究的重要领域之一。研究利息的本质问题，就是要考察利息的来源问题。在经济学界，致力于探索利息本质的学者很多，不同时期、不同流派的经济学家对利息的来源也有不同的观点和看法，从而形成了不同学派的利息理论。

（一）西方经济学家关于利息本质的认识

1. 西方古典经济学派的利息理论

古典经济学派对利息的认识有两个角度。一方面，一些人认为，利息是与借贷资本相联系的一个经济范畴，并且从借贷货币资本的表面运动来分析利息的来源和性质。威廉·配第认为利息是暂时放弃货币的使用权而获得的报酬。约翰·洛克认为，利息是贷款人承担了风险而得到的报酬。另一方面，从约瑟·马西开始，利息的研究开始倾向于对利息来源的分析认为，利息是与分配理论相联系的一个经济范畴，利息是社会总收入的一部分，是资本所有者的报酬。马西认为，利息是货币作为资本的使用价值的报酬，它来源于资本使用后所产生的利润。亚当·斯密在此基础上更进一步指出利息是剩余价值的转化形式。在古典经济学派当中，对利息尽管提出了一些正确的看法，但他们都没有深入地分析利息产生的真正原因，没有把利息和利润区别开来，没有阐明利息与地租、企业主收入之间的关系，等等。

2. 近现代西方学者的利息理论

（1）节欲说。代表人物是英国的西尼尔（N. W. Senior）。这种观点认为，节约目前消费、抑制现时享受，才能进行储蓄，从而获得利息。因此，利息是节制目前消费欲望的报酬或实现现时消费的代价。节欲说认为，投资者由于节制了现时消费的欲望不是把货币用于购买生活用品，而是将其作为资本投入到生产领域，其结果就能够获得节制欲望的报酬——利润；如果消费者放弃了当前的消费，而把货币储存在银行或借给别人使用，待日后收回这笔货币时再消费，这种节制目前的消费欲望并推迟到将来再消费的行为，就会得到报偿——利息。

（2）时差说。又称时间偏好论，代表人物是奥地利的庞巴维克（E. V. Böhm-Bawerk）。这种观点认为，现时的物品通常要比同一数量的同一类未来物品更有价值。原因是：现在的物品能够立即满足人们的消费需要，而未来的物品却不行；现在的物品已握在手中，而未来的物品却并不一定能够得到；现在的物品能够立即投入生产并创造出新利润，而未来的物品却要过一段时间才有可能创造利润。于是，在现在物品与未来物品之间会有一个价值差。既然如此，那么放弃现在的物品并将其推至将来使用，必须有一个能够弥补两者价值差的东西，这就是利息。否则，人们谁也不愿意把现在的物品推迟到将来使用。

（3）生产说。这种观点认为，货币本身具有生产价值的能力。债务人把货币借去了，则意味着把这一生产能力拿去使用了，会由此创造出新的价值。因此，也就应该对债权人予以回报，这种回报就是利息。若不偿付利息，谁肯甘心情愿地将这种使价值"增值"的能力让渡给别人呢？

（4）流动性偏好说。这是凯恩斯的利息观。凯恩斯认为，流动性偏好是一种普遍的心理现象，即人们总是愿意持有流动性高或者说是灵活性强的现金形式资产，以便能够随时进行购买或支付；而流动性低的其他金融资产（如定期存款、有价证券等）则不能被随时用于购买或支付，但它却能够带来利息收入。由此可见，这种利息收入实质上是现金资产持有者因保有流动性而付出的代价，或其他金融资产持有者放弃流动性而获得的补偿。

（二）马克思的利息本质理论

马克思认为，利息实质是利润的一部分，是剩余价值的转化形式。货币资本家将货币资本贷放给职能资本家，实质上是让渡了这笔货币资本的使用价值——生产剩余价值或者生产"利润"的能力；职能资本家将这种能力直接用于生产过程，获得了与其投放的其他自有资本额相等的平均利润。然而，既然职能资本家投放的资本中有一部分是借来的资本，他们就不能独占所获得的全部利润，必须把其中一部分以利息的形式付给货币资本的所有者。否则，就不会有人愿意把货币资本借给他；反之，货币资本家所得的利息如果是这部分货币资本的使用而带来的全部利润，职能资本家不能从使用借入资本中获取任何好处,那么他们也就不会再去借别人的资本了。因此,在正常情况下,利息只能是利润的一部分,而不能是它的全部。

显然,利息来源于利润,而利润正是剩余价值的转化形式。因此,从本质上讲,利息来源于雇佣工人所创造的剩余价值,是剩余价值的一部分。或者说,利息是货币资本家和职能资本家共同瓜分由雇佣工人创造的剩余价值的分配形式。

▶ 三、收益的资本化

利息的出现,使任何有收益的资产,不论是金融资产还是实物资产,都可以通过收益与利率的对比而倒过来算出它相当于多少的资本金额。这被称为收益的"资本化"。

在一般的贷放中,贷放的货币金额,通常称为本金,与利息收益和利息率的关系如下式:

$$B = P \cdot r \qquad\qquad （公式3-1）$$

式中,B 为收益;P 为本金;r 为利率。当 P 和 r 已知时,用公式很容易计算出 B;同样,当已知 B 和 r 时,P 也可以得到,即:

$$P = B/r \qquad\qquad （公式3-2）$$

正是根据这样的公式,可以将金融资产和某些实物资产,甚至劳动力进行资本化,使一些本来不是资本的东西也可以"变"为资本。例如,土地本身不是劳动产品,无价值,从而本身也没有决定其价格高低的内在根据。但是土地可以有收益,如果一块土地每亩的年平均收益为 200 元,假定年利率为 5%,则这块土地就会以每亩 4 000 元(200/0.05)的价格买卖成交。由于土地收益的大小取决于多种因素,同时由于利率也会变化,这就使同一块土地的价格呈现出巨大变化。比如,利率不变,该块土地变成了经济开发区的中心点,预期收入每亩为年均 1 万元,则每亩将值 20 万元。如果土地收益预期不变而市场平均利率发生变化,则当利率上升时,地价成反比例下降;当利率下降时,地价成反比例上升。这就是在市场竞争过程中土地价格形成的规律。它表明资本化使本身并无价值的事物有了价格。资本化最突出的领域是有价证券的价格形成。资本化是市场经济中的规律,随着我国社会主义市场经济体制的逐步建立,"资本化"规律起作用的范围将逐步扩大。

第二节　利率及其种类

利率是货币银行学中非常重要的一个概念,是经济生活中备受关注的经济变量,利率

政策是中央银行进行宏观调控的重要手段。一般说来,市场经济越发达,金融资产越丰富,利率发挥作用的范围就越大。

一、利率概述

利率是对利息的量化规定,利率的存在使利息的计算和支付变得可操作。

(一)利率的概念

利率即利息率,是以百分数表示的借贷期内利息额同借贷资金额的比率,它体现着借贷资本增值的程度。用公式表示即为:

$$利率 = \frac{利息额}{借贷资金额 \times 时间} \times 100\%$$ (公式3-3)

(二)利率的表示及其计算方法

习惯上按照计算利息的时间把利率划分为年利率、月利率和日利率。年利率一般以本金的百分之几表示,通常称为年息几厘。例如,年息5厘,就是指本金100元,每年利息5元。月利息一般以本金的千分之几表示,通常称为月息几厘。例如,月息5厘,就是指本金1 000元,每月利息5元。日利率一般以本金的万分之几表示,通常称为日息几厘。例如,日息5厘,就是指本金10 000元,每天利息5元。此外,有时也有用"分"作为利率的单位,分是厘的10倍。例如,月息5分,就是月利率为5%,年息5分,就是年利率为50%。年利率与月利率互相换算,每年按12个月计算;月利率与日利率互相换算,每月按30天计算;年利率与日利率互相换算,每年按360天计算。

利率计算有两种方法:单利法和复利法。

1. 单利

单利是指在计算利息时,不论借贷期限的长短,仅按本金计算利息,所生利息不再计算下期利息。单利计算公式为:

$$I = P \cdot r \cdot n$$ (公式3-4)

$$S = P(1 + n \cdot r)$$ (公式3-5)

式中,I 为利息额;P 为本金;r 为利率;n 为借贷期限;S 为本金和利息之和,简称本利和。

例如,一笔借贷期限为3年,年利率为5%的10万元贷款,则利息总额为15 000元(100 000×3×5%),本利和为115 000元[100 000×(1+3×5%)]。

2. 复利

复利作为单利的对称,是指计算利息时,按一定期限将上一期所生利息计入本金一并计算利息的方法。例如,按此方式计算,第一年仅按本金计算利息,第二年则需将第一年的利息计入本金,然后再按这一本金计算,即第二年要按第一年年末的本利和计算利息,第三、第四年都如此类推。复利的计算公式为:

$$S = P \cdot (1+r)^n \qquad\qquad (公式\ 3-6)$$

$$I = S - P \qquad\qquad (公式\ 3-7)$$

若将上述实例按复利计算,则三年后本利和 S 为 115 762.5 元[$100\ 000 \times (1+5\%)^3$],利息 I 为 15 762.5 元(115 762.5−100 000)。可见,按复利计算可多得利息 762.5 元(15 762.5−15 000)。

单利计算方法简便、方便,通常适用于短期借贷。复利计算方法更符合商品经济条件下的资本特性,即资本在运动中不断增值,而且已经增值的部分作为资本使用,也要增值。因此用复利计算利息,可以正确地反映资金的时间价值(现值和终值)。长期借贷应以复利方法计算。上述复利计算公式表示现在一定量的货币(P)在未来一定时间(n)后的价值(S),即资本的终值。若把将来某一时期(或时点)的资本值(S)换算成与现在的时期(或时点)等值的资本,即通常所讲的贴现,其换算结果称为"现值"。现值和终值可以按以下公式换算:

$$P = S \cdot \frac{1}{(1+r)^n} \qquad\qquad (公式\ 3-8)$$

现值计算在测算投资效益和选择投资项目时有着广泛的应用。

在西方国家中,存、贷款基本上都采用复利法计算。我国长期以来不承认复利。将复利与剥削等联系在一起,这是片面的。改革开放以来,这一观念已经得到转变。我国现行的计息方法为存款利息按单利法计算,贷款利息按复利法计算。

▶ 二、利率的种类

一个国家在一定时期内各种各样的利率构成一个复杂的利率体系,在这个体系中,按不同的标准可以划分出各种不同的利率类别。下面介绍几种主要利率类别。

(一)名义利率与实际利率

按照利率是否剔除了通货膨胀率的影响,利率可分为名义利率和实际利率。所谓名义利率,是指市场现行的利率,没有剔除通货膨胀因素。当存在较明显通货膨胀时,名义利率并不能反映投资者所获得的实际收益率水平。实际利率，又称真实利率，是指剔除通货膨胀因素的利率。可以说，实际利率相当于物价不变，从而货币购买力不变条件下的名义利率。但物价不变这种情况在当今世界的现实经济生活中是极为少见的。在现实生活中，由于通货膨胀率是可被统计的数据，则实际利率和名义利率之间的关系可以这样表示：实际利率＝名义利率－通货膨胀率。利用上述公式，根据已知的名义利率和通货膨胀率，便可推算出实际利率。反之，名义利率的变动，也可根据对实际利率的预期与对通货膨胀的预期来测算。由此可见，名义利率可以认为是包括对债权人通货膨胀风险补偿的利率。当然，有时经济生活中出现负通货膨胀率，即本书第 9 章将介绍的通货紧缩时，则实际利率高于名义利率。

上面说到的名义利率与实际利率的关系是比较粗略的。因为，通货膨胀率不仅会使本金部分贬值，也会使利息部分贬值。如果考虑到这一点，实际利率还应作相应的调整。设 r 为名义利率，i 为实际利率，P' 为通货膨胀率，那么，实际利率的计算公式就可以写为：

$$i = (1+r)/(1+P') - 1 \qquad\qquad \text{（公式 3－9）}$$
$$r = (1+i)(1+P') - 1 \qquad\qquad \text{（公式 3－10）}$$

这是目前国际上通用的计算名义利率和实际利率的公式。

（二）基准利率与非基准利率

按在整个利率体系中的地位、作用不同，利率可分为基准利率与非基准利率。基准利率是在整个金融市场和利率体系中处于关键地位，起决定性作用的利率。此种利率之所以称之为基准，是因为它一变动，其他利率也都相应地跟着变动。基准利率有两层含义：一是基准利率是银行体系制定各种差别利率和加罚息利率的依据；二是基准利率是金融市场体系制定各种有价证券利率的依据。基准利率在西方国家通常是中央银行的再贴现利率，在中国目前则是中国人民银行对商业银行再贷款的利率。

基准利率以外的所有其他利率，均为非基准利率。非基准利率在利率体系中均不处于关键地位，不起决定性作用。不过，一种利率在整个利率体系中是否处于基准利率地位，并不是绝对的，而是相对的，是可以发生变化的。例如，在美国，其联邦基金利率，即美国银行间隔夜拆借利率，由于被美联储视为公开市场业务的重要操作目标，美联储密切关注并通过货币政策工具极力影响它，故它实际上成了美联储反映银行准备金状况，从而反映货币信用松紧状况的"晴雨表"，也成了利率体系中对其他利率有很大导向作用的一种特殊利率，这就是说它实际上成了基准利率。

（三）固定利率与浮动利率

根据在借贷期内是否调整，利率可分为固定利率与浮动利率。在整个借贷期内不作调整的就是固定利率。实行固定利率,可使借贷双方精确计算成本与收益,并且十分方便,因而是一种传统的方式。然而由于通货膨胀的影响,实行固定利率,给债权人,尤其是长期放款的债权人会带来较大的损失。因此,现在越来越多的借贷,尤其是长期借贷,往往采用浮动利率。

浮动利率是一种在借贷期内可定期或按规定调整的利率。根据借贷双方的协定,由一方在规定的时间依据某种市场利率进行调整,一般调整期为半年。浮动利率可以使债权人减少损失,但也因手续繁杂、计算依据多样而增加费用开支。因此,这种方式多用于三年期以上的借贷,特别是在国际金融市场上。

在我国,人民币借贷长期实行固定利率。解放初期,中国人民银行曾开办过折实储蓄、保本保值储蓄,以后停办多年。1988 年下半年国家对中长期储蓄存款又重新开始实行保值储蓄的浮动利率作法。至于中国银行发放的外汇现汇贷款,则向来采取浮动计息方法,这是因为外汇贷款的资金来源就是利率经常变化的国际金融市场。

(四) 一般利率与优惠利率

根据是否带有优惠性质,利率可分为一般利率与优惠利率。一般利率是指不带任何优惠性质的利率。优惠利率是指贷款利率略低于一般贷款利率的利率。优惠利率是国家通过金融机构或金融机构本身对认为需要重点扶持或照顾的企业、行业或部门所提供的低于一般贷款利率水平的利率。

优惠利率对于实现国家的产业政策有重要作用,很多工业化国家都尝到过运用这种手段的甜头。目前在许多发展中国家,优惠利率也得到广泛的运用。在国际金融领域,外汇贷款利率的优惠与否常以伦敦同业拆放利率为衡量标准,低于该利率者可称为优惠利率。不过,优惠利率也不宜滥用,它容易造成一些消极后果,这是在使用过程中应尽量避免的。

(五) 市场利率和官定利率

依据是否按市场规律自由变动,利率可分为市场利率与官定利率。市场利率是指在金融市场上由借贷资金供求关系直接决定并由借贷双方自由议定的利率。包括借贷双方直接融资时协商的利率和金融市场买卖各种有价证券时的利率。市场利率是借贷资金供求状况变化的指示器。

官定利率是指由政府金融管理部门或者中央银行确定的利率,它的高低已不再是完全由借贷资金的供求状况所决定,而是由政府金融管理部门或中央银行视宏观经济运行状况而定,它是国家为了实现宏观调节目标而采取的一种政策手段。在整个市场利率体系中,官定利率处于主导地位,对市场利率会产生一定的影响。

在市场经济国家,市场利率与官定利率相互影响、相互制约。官定利率在很大程度上

对市场利率起导向作用,而官定利率的制定又必须参照时下的市场利率。在发达的市场经济国家,目前均以市场利率为主,同时存在官定利率,两者之间存在着密切联系。在发展中国家和地区,有较大范围的官定利率,同时也有一定规模的市场利率。市场利率与官定利率间的比重,在各国之间有较大差异。我国目前的利率市场化程度较低,基本上属于官定利率,各种利率由中央银行统一制定和管理,各商业银行、金融机构的各种存、贷款利率都是在确定的幅度内自主地随市场借贷资金供求状况,围绕官定利率上下变动。

除了市场利率与官定利率之外,还有一种介于两者之间的利率,这就是公定利率。所谓公定利率,是指由非政府部门的金融民间组织,如银行公会等所确定的利率,又称行业公定利率。公定利率也在一定程度上反映了非市场的强制力量对利率形成的干预。公定利率在市场经济国家也普遍存在。

第三节　利率的决定及其影响因素

在实际生活中,利率是一个先验存在的范畴,投资者不是根据利息的多少来计算利率,而是根据市场利率的实际水平来计算自己的投资成本和收益,从而决定自己的借贷行为。那么,市场利率水平的高低,不同种类利率间的差异,是由什么决定的呢?本节将介绍利率决定理论以及影响利率的因素。

一、利率决定理论

利率理论主要研究决定利率的因素、利率变动的原因以及利率变动对经济的影响。对于利率的决定因素,在西方经济文献中分歧很大,其中影响最大且一直居于主导地位的是实物资本决定理论(也称实际利率理论)。凯恩斯的流动性偏好理论批判了这一理论,提出了利率由货币供求决定理论;但随后的可贷资金理论以及新古典综合派的 $IS—LM$ 曲线坚持认为,传统观点在长期内正确,凯恩斯的利率理论仅适用于短期。

(一)古典利率理论

凯恩斯利率理论出现以前的利率决定理论被称为古典利率理论。古典利率理论流行于 19 世纪八九十年代至 20 世纪 30 年代。该理论继承了古典经济学重视实物因素的传统,它认为利率由实物资本供求决定。具体而言,资本供给来源于储蓄,资本需求来源于投资。因而利率实际由储蓄和投资决定,与货币无关。资本的供给来源于储蓄,储蓄取决于时间偏好、节欲、推迟消费等因素。在这些因素既定的条件下,储蓄是利率的递增函数。即利率上升,储蓄就会增加;反之,则会减少。资本的需求主要来自投资,而投资量的大小主要取决于投资预期回报率和利率的关系。当利率降低时,预期回报率大于利率的可能性增大,所以投资需求也会不断增大,即投资是利率的递减函数。只要货币利率(即市场利率)与投资的预期回报率存在差异,资本就会在储蓄和投资两者之间发生移动。当货币利率等于新形成的投资预期回报率时,整个社会的资本供给恰好等于整个社会的资本需求,企业家既不会增加生产,也不会减少生产,整个经济就达到均衡状态。经济达到均衡状态时所形成货币利率就是维克赛尔所说的"自然利率"。货币利率偏离自然利率只会导致通货膨胀或者通货紧缩。按照这一理论,在市场经济条件下,利率具有自动的调节功能,使储蓄和投资趋于一致。因此经济不会出现长期的供求失衡,将自动趋于均衡。古典利率理论模型如图 3-1 所示。

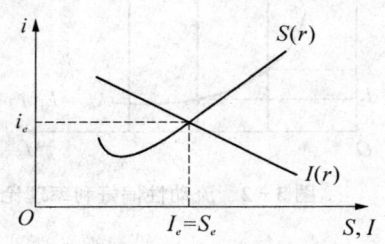

图 3-1　古典利率理论

图 3-1 中 $S(r)$ 表示储蓄函数曲线;$I(r)$ 表示投资函数曲线;i_e 表示均衡利率;I_e,S_e 分别表示均衡时的投资量和储蓄量。

(二)流动性偏好利率理论

20 世纪 30 年代西方国家爆发了经济大危机,以利率具有自动调节机制为核心的古典利率理论不能对这一现象作出令人信服的解释。1936 年,凯恩斯在其主要著作《就业、利息和货币通论》中,阐明了他的流动性偏好利率理论。

凯恩斯认为,利息不是储蓄和等待的报酬,而是对暂时放弃流动性的一种补偿,是在一定时期内放弃货币、牺牲流动性所得的报酬,而不是古典利率理论所讲的利息是对节欲、等待或推迟消费的报酬。利率不是一种实物现象,而纯粹是一种货币现象,由货币供求决定。因为在现代货币经济中,人们可以多种形式来持有其财富,如持有股票、债券等资产。当人们持有非货币资产时,虽然有可能获得一定的收益,但由于经济运行中充满了诸多不确定性,因此持有该类资产也可能因各种原因而遭受损失。而货币作为一种特殊形式的资产,是财富的真正代表,为整个社会所认可和接受,能随时转化为其他商品,并具有完全的流动性和最小的风险性。所以,人们在选择其财富的持有形式时,大多倾向于选择货币,这就是所谓的"流动性偏好"。但是通常情况下,货币供给量是有限的,人们要取得货币,就必须支付一定的报酬作为对方在一定时期内放弃货币、牺牲流动性的补偿。凯恩斯认为,这种为取得货币而支付的报酬就是利息,利息完全是一种货币现象。只有在充分就业条件下,当投资的增加不会再引起实际收入的增加时,投资的进行才会减少人们的当前消费,形成"强迫储蓄",利息才能被看作是对节欲、等待或推迟消费的报酬。凯恩斯还认为,货币需求起因于三种动机,即交易动机、预防动机和投机动机。其中,出于前两种动机的货币需求为收入的递增函数,记为 $M_1 = L_1(Y)$;而出于后一种动机的货币需求则为利率的递减函数,记为 $M_2 = L_2(i)$,因此有:

$$M^d = M_1 + M_2 = L_1(Y) + L_2(i) \qquad \text{(公式 3-11)}$$

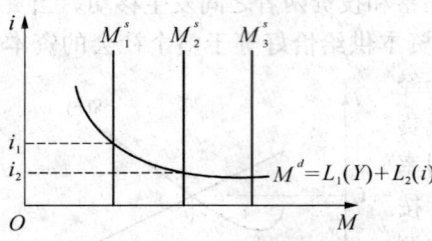

图 3-2 流动性偏好利率理论

凯恩斯认为,利率就是由货币的供给与需求的均衡点所决定的。他还指出,当利率降至非常低的水平时,由于人们都预期利率将上升,因而人们都会抛出有价证券而持有货币,使得流动性偏好几乎变成是绝对的。这就是通常为后人所说的"流动性陷阱"情形。凯恩斯的流动性偏好利率理论如图 3-2 所示。

(三)可贷资金利率理论

凯恩斯在《就业、利息和货币通论》中阐述其流动性偏好利率理论时,将利率完全视为一种货币现象,其大小由货币供求关系决定,而完全忽视储蓄、投资等实际因素对利率的影响。这一理论的提出引起了理论界的大争论。其中,以罗伯逊、俄林为代表的新古典学者对凯恩斯的利率理论及其对古典利率理论的批评提出了再批评。罗伯逊认为,凯恩斯对储蓄和投资的分析是不正确的,他混淆了事前与事后的概念。古典利率理论关于利率由储蓄与投资决定的观点,从长期来看是正确的,它的问题在于忽视了货币因素如信用创造、货币窖藏等对利率的短期影响,而凯恩斯理论正好相反。为此,他将两者结合起来,提出了可贷资金利率理论。

可贷资金利率理论认为,既然利息产生于资金的贷放过程,则考察利率的决定就应该着眼于可用于贷放资金的供给与需求。该理论认为,对可贷资金的需求并非一定完全来自投资,还可能来自窖藏。因为现实生活中,储蓄者很有可能窖藏一部分货币而不借出,借款者也可能窖藏一部分货币而不用于投资,结果就会有一部储蓄不能用于投资。所以,对可贷资金的需求由投资 $I(i)$ 和净窖藏 $\Delta H(i)$ 两部分组成。其中,投资部分为利率的递减函数,并构成可贷资金需求的主体。窖藏部分也为利率的递减函数。可贷资金的需求 $M^d = I(i) + \Delta H(i)$。同时,可贷资金的供应不仅限于储蓄,除储蓄以外,中央银行和商业银行也可以分别通过增加货币供给和创造信用来提供可贷资金。可贷资金的供给由储蓄 $S(i)$、反窖藏 $D_{Hd}(i)$ 和由中央银行增发的货币以及商业银行所创造的信用形成的货币供应增量 $\Delta M(i)$ 三部分组成。三者都为利率的递增函数,即可贷资金的供给 $M^s = S(i) + \Delta M(i) + D_{Hd}(i)$。可贷资金利率理论认为,利率取决于可贷资金的供给与需求的均衡点,当两者达到均衡时,则有:

$$S(i) + \Delta M(i) + D_{Hd}(i) = I(i) + \Delta H(i) \qquad \text{(公式 3 - 12)}$$

上式中五项因素均为利率的函数,当可贷资金的供给等于需求时,可贷资金市场达到均衡,此时的利率便是均衡利率。可贷资金利率理论模型如图3-3所示。

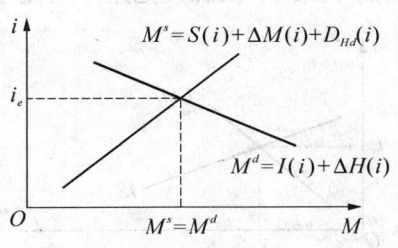

图 3 - 3　可贷资金利率理论

由于可贷资金利率理论实际上是试图在古典利率理论的基础上,将货币供求的变动等货币因素对利率的影响综合考虑,以弥补古典利率理论只关注储蓄、投资等实物因素的不足,所以它被称为新古典利率理论。

如果假定可贷资金供求双方之间的借贷都采取发行债券的形式来进行,则一定时期内(或时点上)可贷资金的需求就等于同一时期内(或时点上)债券的供给 B^s,可贷资金的供给就等于同时期内(或时点上)债券的需求 B^d。则可得可贷资金利率理论的另一种表述形式,即均衡利率取决于债券的供给与需求,当利率高于均衡利率 i_e(也就是债券价格低于均衡价格 P_e)时,债券的需求将大于债券的供给,其结果是债券价格上涨,利率下降;反之,当利率低于均衡利率 i_e(也就是债券价格高于均衡价格 P_e)时,债券供给大于债券需求,其结果是债券价格下跌,利率上升。

(四) IS—LM 模型

IS—LM 模型是由英国著名经济学家希克斯(J. R. Hicks)首创,而后由美国的凯恩斯主义者汉森(A. H. Hansen)补充和发展而成的,它从商品市场和货币市场的全面均衡状态阐述了利率的决定机理。希克斯和汉森认为,凯恩斯的流动性偏好理论与古典利率理论并不矛盾,而是后者的发展。于是,他们将此两者综合,提出了一个全新的利率决定理论,即利率决定于投资函数、储蓄函数、流动性偏好函数和货币供给量,均衡利率决定于储蓄与投资相等、货币供求相等的一般均衡状态,这就是著名的 IS—LM 曲线。

汉森认为,利率受制于投资函数、储蓄函数、流动性偏好函数(即货币需求函数)和货币供给量等四大要素,所以利率决定理论应包括对这些要素的分析。为此,汉森首先把收入水平作为一个变量引入了借贷资金理论中的资金供给函数,建立了资金供给与收入和利率两个变量的函数关系,即 $M_s = f(Y, i)$,于是得到了一组在不同收入水平下的资金供给曲线。他接着把这组资金供给曲线与投资函数曲线相结合,当资金供给(即储蓄)等于投资时,就会有一条由许多与之相对应的利率和收入组合的点所组成的曲线,即希克斯的投资储蓄函数(IS 曲线)。

很显然,IS 曲线表示的就是使储蓄(S)等于投资(I)的利率与收入之间的相互关系。接着,汉森又把收入水平作为一个变量引入凯恩斯利率理论中的流动性偏好函数,建立了

流动性偏好的收入、利率函数,即 $M^d = L(Y, i)$,并由此得出一组不同收入水平下的流动性偏好曲线。汉森又把这一组流动性偏好曲线同由金融当局控制的货币供给量结合起来。当流动性偏好与货币供给相等时,就会发现一条由许多与之相应的利率和收入组成的点组成的曲线,即希克斯的 LL 曲线,汉森将其更名为 LM 曲线,以表示使货币需求等于货币供给的利率与收入两者之间的相互关系。IS—LM 模型如图 3-4 所示。

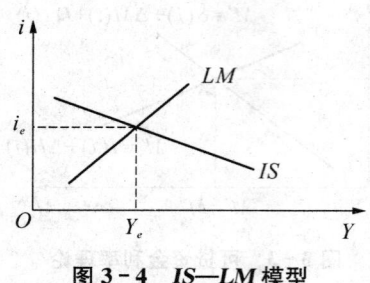

图 3-4 IS—LM 模型

由于 IS 曲线和 LM 曲线分别代表商品市场和货币市场的均衡,IS 曲线和 LM 曲线都不能单独决定两个市场全部均衡状态下的均衡收入和均衡利率。只有商品市场和货币市场同时达到均衡,即同时满足储蓄等于投资、货币供应等于货币需求时,均衡收入和均衡利率才能确定。

IS—LM 模型在主流的西方经济学中构成了均衡国民收入决定理论的核心部分,学生可以查阅相应的西方经济学教科书。

(五)马克思的利率决定论

马克思的利率决定论以剩余价值为基础,以剩余价值在货币资本家和职能资本家之间的分割为起点。马克思认为,利息是货币资本家从职能资本家那里分割来的一部分剩余价值。剩余价值表现为利润,所以,利息量的多少是取决于利润总额的,利率的高低取决于平均利润率。利率的变化范围在零和平均利润率之间。马克思认为,随着技术发展和资本有机构成的提高,平均利润率有下降趋势,因而也影响平均利率,使其有同方向变化的趋势。然而,平均利润率虽有下降趋势,但却是一个很缓慢的过程。也就是说,平均利率具有相对稳定性。而且由于利率高低取决于两类资本家对利润分割的结果,因而使利率的决定具有很大偶然性。平均利率无法有任何规律决定,而传统习惯、法律规定、竞争等却可以直接或间接地对利率产生影响。

▐▐▶ 二、决定和影响利率水平的因素

利率决定理论强调了一些在利率决定中起重要作用的因素,但都具有一定程度的片面性与局限性,还不能完全说明现实生活中利率的决定,特别是现实世界中并没有完全意义上的市场经济。因此,要对利率的决定作出较为全面的说明,还必须结合现实,进一步考察影响利率变动的实际因素。影响利率变动的因素是多种多样的,这里主要从经济、政治和制度三个方面来分析影响利率变动的因素。主要包括:平均利润率、经济周期、借贷风险、通货膨胀、国际经济环境、借贷资金供求状况和国家经济政策等。

（一）经济因素

1. 平均利润率

马克思认为利息是货币资本家从职能资本家那里分割到的剩余价值的一部分,剩余价值表现为利润,因此,利息只是利润的一部分,是剩余价值的一种分割。利润本身就构成了利息的最高界限,平均利润率也就成了决定利率的基本因素,平均利润率构成了利率的最高界限(即上限)。

2. 经济周期

马克思在分析影响利率变化的因素时,不是把它局限在借贷资本的供求关系上,而是深入到生产领域上,揭示出影响利率变化的因素,即经济周期变化对利率的影响。危机阶段,生产过剩、商品滞销、物价暴跌、生产下降、工厂倒闭、工人失业,支付手段相当缺乏,对借贷资本的需求极其强烈,利率急剧上升达到最高限度。萧条阶段,物价已降至低谷,企业投资信心不足,工资成本也明显下降,此时对借贷资本的需求下降,借贷资本供大于求,利率下降并跌至最低点。复苏阶段,工厂复工、投资扩大、就业增加,对借贷资本的需求开始增长,但此时资本供给仍很充裕,故此时利率不会有明显下降,但也不会出现大的回升,而是停留在低点或小幅度变动。繁荣阶段,起初生产迅速发展、投资看旺、物价上涨、利润增加,对借贷资本需求增大,但由于信用周转灵活,资本回流加快,商业信用扩大,对借贷资本需求的增长会被这些因素抵消,因此利率还是维持在较低水平。但随着生产规模继续扩大,对借贷资本的需求继续增加;特别是信用投机出现,使货币资本逐渐供不应求,利率从缓慢回升到较大幅度上升。

3. 借贷风险

资金从投放到收回总是需要一定的时间,在借贷资金运动过程中,由于各种不测因素的出现,可能导致各种风险。如资金不能按期完全收回的违约风险;因物价上涨而使资金贬值的风险;更有利的投资机会出现后,已贷放出去的资金收不回来时,贷款人承受机会成本损失的风险。一般而言,风险越大,则利率要求越高。

4. 通货膨胀

在通货膨胀时期,利率水平一般会相应提高。因为在通货膨胀条件下,如果名义利率不提高,则实际利率必然下降,贷款人将遭受经济损失。显然,通货膨胀率越高,名义利率也应越高。否则,若出现零利率(指实际利率),则利率的杠杆作用将消失;若出现负利率,则会对经济生活产生消极作用。同样道理,在资金借贷过程中,贷款人或债权人为了保证一定的实际利率,在确定名义利率水平时,往往还得考虑预期的通货膨胀率因素,因而通货膨胀率预期越高,名义利率也相应地越高。

5. 国际经济环境

就开放经济而言,国际经济形势对利率的影响主要体现在国际利率与汇率可能影响资金流出、流入,从而引起国内利率的变动。如果国际利率水平较高,则资金流出,国内资金供给小于需求,迫使国内利率上升;反之,如果国际利率水平较低,则资金流入,国内资金供给大于需求,从而诱使国内利率随之下降。可见,国内利率总有朝国际利率靠拢的趋势。从汇率的角度来看,汇率的变动也会影响利率的变化。例如,当外汇汇率上升,本币贬值时(如人民币与美元的汇率从 $1=¥8.5 变化到 $1=¥8.7),国内居民对外汇的需求就会下降,从而使本币相对的充裕,国内利率便趋于稳定,并在稳定中下降;反之,当外汇汇率下跌,本币升值时(如人民币对美元的汇率从 $1=¥8.7 变化到 $1=¥8.3),国内居民对外汇的需求就会增加,本币供应处于紧张状态,从而迫使国内市场的利率上扬。

6. 借贷资金供求状况

马克思曾指出:"生息资本虽然是和商品绝对不同的范畴,但却变成特殊商品,因而利息就成了它的价格,这种价格就像普通商品市场价格一样,任何时候都由供求决定。"

借贷资金供求状况对市场利率的影响是最为直接、最为显著的。在商品经济条件下,利率作为特殊商品——借贷资金(资本)的价格,其水平当然随资金供求状况的变动而变动。市场上借贷资金供应紧张,利率就会上升;反之,利率则会下降。

(二) 政治因素

政治因素主要是货币政策、财政政策、汇率政策等经济政策的变化对利率的影响。国家实行不同的经济政策,对利率水平会产生不同的影响。例如,实行紧缩的货币政策,会提高利率总水平;实行扩张的货币政策,则会降低利率总水平。又如,国家根据产业政策和发展战略,对应优先发展的部门、地区和产品给予利率优惠,等等。

(三) 制度因素

从历史的沿革来考察,假定在货币供求均衡的情况下,利率只能按习惯做法、历史的沿革来确定。

影响利率变动的因素还有许多,如借贷期限、利率管制以及税率、汇率等。任何一个时期的任何一项具体的利率,总是由多种因素综合决定的。

第四节   利率的作用及我国的利率改革

在现代市场经济中,利率作为经济杠杆,在发达的市场经济中具有"牵一发而动全身"的效应,对一国经济的发展发挥着至关重要的作用。本节从宏观与微观两个方面去考察利率杠杆的功能,并且对我国利率的改革进程作了总结。

▶ 一、利率的作用

(一) 宏观调节功能

从宏观角度来看,利率的功能主要表现在如下几个方面。

1. 积累资金

一方面,在市场经济条件下,制约一国经济发展的一个重要因素是资金短缺。虽然有少数国家在个别时期出现过资金过剩,但对于绝大多数国家来说,资金总是一大短缺要素,这在发展中国家尤为明显。另一方面,市场经济在运行过程中,由于资金本身的活动规律、生产的季节变化、相对于收入来源的个人消费滞后等原因,虽然个别企业和个人在某些时候会出现资金紧张的局面,有时甚至是严重的资金短缺,但是从全社会来看,在任何时候都存在有一定数量的闲置资金和个人收入。由于资金的闲置与资金要求增值的本性不符,个人收入的闲置也意味着遭受机会成本损失,因此两者都有重新投入流通的要求。但是,由于市场经济条件下资金闲置者和资金短缺者经济利益的不一致,对闲置资金的运用就不能无偿取得而必须有偿进行。这种有偿的手段就是利率。有了利率的存在,就有了收息的可能。利息收入的引诱,就可以迫使资金闲置者主动让渡闲置资金,从而使社会能够聚集更多的资金。利率愈高,存款人获得的利息收入愈多,社会聚积的资金规模就更大。我国的机关、团体、部队、学校、企业事业单位的闲散资金,除依靠现金管理督促存入银行外,利率的存在和逐步调高发挥了很大的引力作用。个人储蓄存款的迅速增长也与利率的提高从而利息收入的不断增加息息相关。通过利率杠杆来聚集资金就可以获得在中央银行不扩大货币供给的条件下,全社会的可用货币资金总量可以增加的效应。

2. 调节经济

利息与利率对经济的制约关系相当强烈。利率提高,一方面是拥有闲置货币资金的所有者利益诱导将其存入银行等金融机构,使全社会的资金来源增加;另一方面借款人因利率提高而需多付利息,成本也相应增加,而成本对于利润总是一个抵消因素,由此产生的利益约束将迫使那些经济效益较差的借款人减少借款,使有限的资金流向经济效益高的行业、企业和产品,从而促使全社会的生产要素产生优化配置效应。国家利用利率杠杆,在资金供求缺口比较大时(资金供给＜资金需求),为促使两者平衡,就采取提高存款利率的措施,在增加资金供给的同时抑制资金需求。其传递机制是:① 当资金供给小于资金需求时,中央银行就要调高再贷款利率(再贴现率),商业银行的借入成本就要增加,在这种情况下,商业银行为保持其既得利润,它就必须同时调高存贷款利率。而贷款利率的调高就会使借款人减少,借款规模压缩;存款利率的调高又会使存款人和存款来源增加。这样,在资金供给增加的同时,资金需求又在减少,从而资金供求就会趋于均衡。② 当资金供给大于资金需求时,还可以推出另一个方向相反的传递机制。在通货膨胀率

较高的情况下,也可以动用利率杠杆进行有效的抑制。

3. 优化资源配置

利率的变动会引起投资成本的变化进而影响企业的投资行为。企业投资的预期收益率大于利率是企业增加投资的前提条件,预期收益率大于利率的幅度越大,企业的投资意愿就会越强。因此,利率会自发地引导资金流向利润率较高的部门,使社会资源得到优化配置。同时国家还可以自觉地运用利率杠杆来调节国民经济结构,主要是采取差别利率和优惠利率。对于国家重点发展的产业、企业、项目或产品采用低利率予以支持;对于国家要压缩的产业、企业、项目或产品采用高利率予以限制。这样,在利率机制的驱动下,企业投资就会纷纷转向低利率和高收益的产业、部门或产品,从而优化产业结构,实现经济结构合理化,实现社会资源的优化配置。

4. 调节货币流通和稳定物价

利息与利率从两个方面影响货币流通:一方面是影响储蓄者对货币的需求;另一方面是影响银行对货币的供给。提高利率会使银行存款规模扩大,并使一部分流通中的货币转化为定期存款,推迟了这部分购买力的实现,从而使购买力减少。所以,提高利率是一种紧缩措施,降低利率是一种扩张措施。当流通中的货币量超过了货币需求量,出现通货膨胀时,往往通过调高利率来稳定物价。

5. 调节国际收支

当国际收支失衡时,可以通过调节利率来平衡。一是调节利率水平。例如,在国际收支逆差严重时,可将本国利率调到高于外国利率,一方面可阻止本国资金流向利率较高的国外;另一方面也可以吸引外国的短期资金流向本国。二是调节利率结构。例如,当国际收支逆差发生在国内经济衰退时期,面对经济衰退,应刺激投资,发展生产,合理的利率政策是降低利率。而面对国际收支逆差,则应提高利率。这时就不能简单地调整利率水平,而应调整利率结构。由于投资主要受长期利率的影响,而国际资本移动主要受短期利率的影响,所以在国内经济衰退和国际收支失衡并发时,中央银行可以一方面降低长期利率,鼓励投资,发展经济;另一方面提高短期利率,阻止本国资本外流,并吸引外资流入,从而达到预期目的。

(二)微观调节功能

从微观角度考察,利率杠杆的功能主要表现在如下两个方面。

1. 激励功能

利息对存款人来说,是一种增加收入的渠道,高的存款利率往往是吸收社会资金的诱惑。当然,利息对于借款人来说,始终是一个减利因素,是一种经济负担。企业借款的金额越大,借款时间越长,利率水平越高,企业需要支付的利息就越多,业务经营的成本就越高,利润就越少。因此,为减轻利息负担,增加利润,企业就会尽可能地减少借款,通过加速资金周转,提高资金使用效益等途径,按期或提前归还借款。另外,利率还能够促进企业加强经济核算,提高经济效益。

2. 约束功能

利率调高会使企业成本增大,从而使那些处于盈亏边缘的企业走进亏损行列,这样,企业可能会作出不再借款的选择,另一些企业也会压缩资金需求,减少借款规模,并且会更谨慎地使用资金。

这在客观上对企业产生的约束和激励作用,促使它们努力提高经济效益和劳动生产率,同时又影响着企业投资行为,是影响企业经营的重要的客观因素。

二、我国的利率改革进程

自新中国成立以来,我国的利率基本上属于管制利率,表现为利率由国务院统一制定,中国人民银行统一管理。从严格意义上讲,新中国的利率管理可以分为三个阶段:1949~1982 年间实行的高度集中的利率管制阶段;1982~1996 年实行的利率管制下的有限浮动利率阶段;1996 年以来,进入利率市场化改革的探索实施阶段。

(一)新中国成立后的高度集中的利率管制时期

这种管理体制是在建国初期通货膨胀严重、投机活动猖獗的背景下建立的,并对战后恢复生产与实现社会主义改造起到了积极作用。即一切利率均由国家计划制定,各类银行和非银行金融机构必须严格执行,并授权中国人民银行进行统一管理。这一时期利率总体特征是:第一,利率水平偏低,特别是 1965 年以后,我国的物价指数与利率水平成反方向变化趋势;第二,利息的种类少,解放初期有 20 多种,"文革"时期只有 7 种;第三,利率的管理权高度集中,利率标准简单划一。当时我国的利率不分行业,不论存贷款长短期限、金额大小、投资风险大小,资金的充裕程度,均实行同一利率。显然,这种做法既不利于国家产业结构的调整和产业政策的贯彻,也不利于提高银行和企业的经济效益,更不能满足各种不同企业对资金的不同需求。直到 1978 年实行改革开放以后,引入了商品经济机制,实行了有计划的商品经济管理体制(后来的社会主义市场经济),我国在利率管理方面才有所松动。

(二)1982~1996 年利率机制的调整

1978 年以后,商品经济机制在我国得到逐步发展和不断完善,僵化的利率管理体制显然已不能适应新形势的需要。国家开始对传统的低效率的利率管理体制进行改革。从1982 年起,国有四大商业银行在对某些特定范围承办存款、贷款业务时,可以按照中国人民银行颁布的相应利率进行有限的上下浮动。这种浮动范围在不同时期有所不同。

（三）1996 年以来的利率市场化改革探索

1. 我国利率市场化的提出

1993 年,我国确定利率改革的长远目标是:建立以市场资金供求为基础,以中央银行基准利率为调控核心,由市场资金供求决定各种利率水平的市场利率体系的市场利率管理体系。中央银行按照资金供求状况及时调整基准利率,并允许商业银行存贷款利率在规定幅度内自由浮动。2003 年又提出:稳步推进利率市场化改革,优化金融资源配置。稳步推进利率市场化,建立健全由市场供求决定的利率形成机制,中央银行通过运用货币政策工具引导市场利率。

2. 利率市场化改革的基本思路

结合我国经济金融发展和加入世贸组织后开放金融市场的需要,中国人民银行按照先外币、后本币,先贷款、后存款,存款先大额长期、后小额短期的基本步骤,逐步建立由市场供求决定金融机构存、贷款利率水平的利率形成机制,中央银行调控和引导市场利率,使市场机制在金融资源配置中发挥主导作用。

3. 利率市场化的改革进程

自 1996 年我国利率市场化进程正式启动以来,利率市场化改革稳步推进,并取得了阶段性进展。1996 年 6 月 1 日中国人民银行放开了银行间同业拆借利率,1997 年 6 月放开银行间债券回购利率。1998 年 8 月,国家开发银行在银行间债券市场首次进行了市场化发债,1999 年 10 月,国债发行也开始采用市场招标形式,从而实现了银行间市场利率、国债和政策性金融债发行利率的市场化。

1998 年,中国人民银行改革了贴现利率生成机制,贴现利率和转贴现利率在再贴现利率的基础上加点生成,在不超过同期贷款利率(含浮动)的前提下由商业银行自定。再贴现利率成为中央银行一项独立的货币政策工具,服务于货币政策需要。

1998 年、1999 年中国人民银行连续三次扩大金融机构贷款利率浮动幅度。2004 年 1 月 1 日,中国人民银行再次扩大金融机构贷款利率浮动区间。商业银行、城市信用社贷款利率浮动区间扩大到[0.9,1.7],农村信用社贷款利率浮动区间扩大到[0.9,2],贷款利率浮动区间不再根据企业所有制性质、规模大小分别制定。扩大商业银行自主定价权,提高贷款利率市场化程度,企业贷款利率最高上浮幅度扩大到 70%,下浮幅度保持 10%不变。在扩大金融机构人民币贷款利率浮动区间的同时,推出放开人民币各项贷款的计、结息方式和 5 年期以上贷款利率的上限等其他配套措施。

进行大额长期存款利率市场化尝试。1999 年 10 月,中国人民银行批准中资商业银行法人对中资保险公司法人试办由双方协商确定利率的大额定期存款(最低起存金额 3 000 万元,期限在 5 年以上不含 5 年),进行了存款利率改革的初步尝试。2003 年 11 月,商业银行农村信用社可以开办邮政储蓄协议存款(最低起存金额 3 000 万元,期限降为 3 年以上不含 3 年)。积极推进境内外币利率市场化。2000 年 9 月,放开外币贷款利率和

300 万美元(含 300 万)以上的大额外币存款利率;300 万美元以下的小额外币存款利率仍由中国人民银行统一管理。2002 年 3 月,中国人民银行统一了中、外资金融机构外币利率管理政策,实现中外资金融机构在外币利率政策上的公平待遇。2003 年 7 月,放开了英镑、瑞士法郎和加拿大元的外币小额存款利率管理,由商业银行自主确定。2003 年 11 月,对美元、日元、港币、欧元小额存款利率实行上限管理,商业银行可根据国际金融市场利率变化,在不超过上限的前提下自主确定。

回顾 1996 年以来利率市场化改革的进程,中国人民银行累计放开、归并或取消的本、外币利率管理种类为 119 种,目前,中国人民银行管理的本外币利率种类有 29 种。今后,随着金融机构改革和利率市场化的稳步推进,中国人民银行将不断扩大金融机构的利率定价自主权,完善利率管理,并通过中央银行的间接调控,引导利率进一步发挥优化金融资源配置和调控宏观经济运行的作用。

 本章小结

利息是伴随信用关系而产生的一个经济范畴,由借款者支付给贷款者的超过借贷本金的价值。从本质上讲,利息来源于雇佣工人所创造的剩余价值,是剩余价值的一部分。或者说,利息是货币资本家和职能资本家共同瓜分由雇佣工人创造的剩余价值的分配形式。

利率是借贷期内所形成的利息额与所贷本金的比例。按不同的标准,利率可以划分为不同的种类,包括名义利率与实际利率、固定利率与浮动利率、市场利率与官定利率、基准利率与非基准利率、一般利率与优惠利率、年率与月率及日率等各种利率类别。利率的计算又分单利和复利两种方法。单利计算法是仅按本金计息,所生利息不再加入本金重复计息的方法;复利计算法是在一定期限中,所生利息加入本金,逐期滚算,重复计息的方法。

利率理论主要有:古典利率理论把利息看作是等待或延期消费的报酬,多认为利率取决于储蓄和投资,且利率有自动调节储蓄和投资的功能;流动性偏好利率理论把利息看成是在一定时间内放弃货币、牺牲流动性所得的报酬,因此利率纯粹是由货币供求所决定的货币现象;可贷资金利率理论从可贷资金的供求来分析利率的决定,也可以把利率看成是由债券的供求决定的;$IS—LM$ 模型从货币市场和商品市场的同时均衡来分析利率的决定机理。

影响利率变动的因素有很多,包括:平均利润率、借贷资金供求状况、经济周期、通货膨胀、国际经济环境、国家经济政策和借贷风险等。

利率在经济社会的宏观和微观方面都起着很重要的作用,主要有积累资金、调节经济、优化资源配置、调节货币流通和稳定物价、调节国际收支以及激励和约束的功能。

 **复习思考题**

1. 利息的含义与本质是什么？
2. 利率的含义及其计算方法有哪些？
3. 利率决定理论有哪些？
4. 影响利率的主要因素有哪些？
5. 利率作为经济杠杆具有哪些功能？
6. 我国利率改革进程是什么？

案例分析

案例：名义利率与实际利率

基本原理：在经济活动中，区别名义利率和实际利率至关重要。是赔是赚不能看名义利率，而要看实际利率。实际利率是剔除了通货膨胀因素影响后的利率。

当通货膨胀率很高时，实际利率将远远低于名义利率。由于人们往往关心的是实际利率，因此若名义利率不能随通货膨胀率进行相应的调整，人们储蓄的积极性就会受到很大的打击。比如，在 1988 年，中国的通货膨胀率高达 18.5％，而当时银行存款的利率远远低于物价上涨率，所以在 1988 年的前三个季度，居民在银行的储蓄不仅没给存款者带来收入，就连本金的实际购买力也在日益下降。老百姓的反应就是到银行排队取款，然后抢购，以保护自己的财产，因此就发生了 1988 年夏天银行挤兑和抢购之风，银行存款急剧减少。针对这一现象，中国的银行系统于 1988 年第四季度推出了保值存款，将名义利率大幅度提高，并对通货膨胀所带来的损失进行补偿。

表 3-1　中国的银行系统对三年定期存款的保值率(％)

季　　度	年　利　率	通货膨胀补贴率	总　名　义　利　率
1988 年第 4 季度	9.71	7.28	16.99
1989 年第 1 季度	13.14	12.71	25.85
1989 年第 2 季度	13.14	12.59	25.73

（续表）

季　　度	年　利　率	通货膨胀补贴率	总名义利率
1989 年第 3 季度	13.14	13.64	26.78
1989 年第 4 季度	12.14	8.36	21.50

　　表 3-1 给出了 1988 年第四季度到 1989 年第四季度中国的银行系统三年保值存款的年利率、通货膨胀补贴率和总名义利率，其中总名义利率等于年利率和通货膨胀补贴率之和。保值贴补措施使得存款实际利率重新恢复到正数水平。以 1989 年第四季度到期的三年定期存款为例，从 1988 年 9 月 10 日（开始实行保值贴补政策的时间）到存款人取款这段时间内的总名义利率为 21.5％，而这段时间内的通货膨胀率，如果按照 1989 年的全国商品零售物价上涨率来计算的话，仅为 17.8％，因此实际利率为 3.7％。实际利率的上升使存款者的利益得到了保护，他们又开始把钱存入银行，使存款下滑的局面很快得到了扭转。

问题：

　　根据上述案例思考名义利率与实际利率之间的关系，以及两者在经济中怎样发挥作用。

第 4 章

金 融 市 场

学习目的

- 了解金融市场的含义、构成要素、功能及金融市场的分类。
- 掌握金融市场中的主要金融工具。
- 理解并掌握货币市场与资本市场、发行市场与流通市场。
- 熟悉我国股票市场的发展状况。

金融市场是商品经济发展的产物,是经济主体进行货币资金融通的市场,它同要素市场、商品市场等一样是市场经济的重要组成部分。一个统一、高效而有序的金融市场以其多元化的金融工具和独特的运行机制,为交易主体融通资金提供极大的便利,并通过对资金的配置引导实物资源的流动和配置,从而有效地促进经济的稳定、协调发展。

第一节　金融市场概述

金融市场作为市场体系中一个重要的子市场,它具有市场的一般特征,如它的构成要素包括交易主体、交易对象、交易价格和交易方式,它受到供求关系的影响,也能引导资源的配置。但金融市场作为一种专门融通资金的市场,它的要素、功能和分类又有自己的特征。

▶ 一、金融市场的含义与特点

(一)金融市场的含义

金融市场是指以金融资产为交易对象而形成的供求关系及其机制的总和。它包括三层含义:首先,它是金融资产进行交易的有形和无形的场所;其次,它包含了资金供求双方之间所形成的买卖和服务关系;最后,它包含了进行金融资产交易和提供金融服务过程中所产生的运行机制。

(二)金融市场的基本特点

从总体上看,金融市场主要具有以下基本特点:

(1)金融市场是一个以金融产品为交易对象的市场。金融市场是由资金的需求和资金的供给共同形成的市场,在这个市场上,资金的供求双方通过对金融产品的交易可以达到运用和借入资金的目的。

(2)金融市场是一个抽象的市场。通常所说的市场,一般都有固定的场所,而金融市场除了资本市场中的证券交易所有固定的场所外,其他并无具体的场所,许多交易是通过计算机网络或经纪人的电话联系达成的。

(3)金融市场是一个以信用为基础对资金的使用权和所有权进行暂时分离和有偿让渡的市场。金融市场上的买卖双方不是一种单纯的买卖关系,而是一种借贷关系和委托代理关系,交易的目的主要是为了实现金融资产的增值和保值。

(三)金融市场形成的基本条件

金融市场是商品经济高度发展的产物。商品流通和交易的发展,生产日益扩大和社会化,社会资本迅速转移,资金融通的形式日益多样化,种类繁多的信用工具不断涌现。信用工具作为金融商品在金融市场上交易就自然而然出现了。多种融资形式和多种金融工具的运用和流通,导致金融市场的形成。具体来说,金融市场的形成大体需要具备以下五个条件:

(1)商品经济高度发达,商品生产和商品流通十分活跃,社会上存在着庞大的资金需求和供给,这是建立金融市场并能有效运行的必不可少的基本条件。大量的资金需求为金融市场的发展提供了前提条件;投资者对金融市场资金的供给源源不断,则支撑了金融市场的壮大。

(2)完善和健全的金融机构体系。金融机构体系是金融市场的主体,通过金融机构提供灵活而有效的金融服务,沟通资金需求者和资金供应者,从而赋予金融市场活力,创造金融市场效率。

（3）金融交易的工具丰富，交易形式多样化，才能满足社会上众多筹资者和投资者的多种多样的需求，充分调动社会的资金。

（4）有健全的金融立法。在金融市场中，交易双方都能遵守竞争的基本规则，交易相对自由；有了健全的立法，才能保障交易双方的正当权益，保证金融工具的信用。

（5）市场管理合理，政府当局能适应市场状况的变化，运用适当的金融手段来调控市场的运营。

▶ 二、金融市场的构成要素

作为一个完整的金融市场，必须具备交易主体、交易对象、交易价格和交易方式等四个基本要素，它们共同构成了金融市场的基本框架。

（一）交易主体

金融市场的交易主体即金融市场的参与者，主要包括居民个人、工商企业、金融机构、中央银行、政府部门和外国机构等。它们在参与金融市场活动时，可以是资金需求者也可以是资金供给者，甚至可以同时既是供给者又是需求者。交易主体数量的多少既决定了金融市场的规模大小和活跃程度，又决定了金融市场的广度和深度。

（二）交易对象

金融市场的交易对象即金融交易的标的物，是金融交易的客体。它是指各种金融商品，如同商品市场上交易对象是商品一样，金融市场的交易对象自然是金融商品。从其承担的交易手段功能角度看也称金融工具，在持有者手中则视为金融资产。金融资产的种类很多，除债券、股票外，还包括保险单、商业票据、存单和各种存款、现金等。

（三）交易价格

金融市场上的各种交易都是在一定的价格条件下实现的，但金融市场的交易价格不同于商品市场的商品交易价格。金融市场的交易价格受交易对象的供求关系、相关金融资产的价格走势和交易者的心理预期等因素影响，交易价格的高低直接决定了交易者的收益大小。

利率作为金融市场的交易价格，它的高低取决于社会平均利润率水平和资金供求关系，但反过来它又起着调节资金供求和引导资金流向的作用。

（四）交易方式

金融市场的交易方式主要有以下三种：

（1）交易所方式。一般是指有固定场所、有组织、有制度、集中进行的交易方式。在证券交易所内进行交易首先要开设账户，然后由投资人委托券商买卖证券，券商负责按投资者的要求进行操作。

（2）柜台交易方式。一般是指在各金融机构的柜台上，买卖双方进行面议的分散交易方式。

（3）场外交易方式。既没有固定场所，也不进行直接接触，是一个无形市场。一般是通过现代化的电讯工具在各金融机构、证券商及投资者之间进行。它是一个无形的网络，金融资产及资金可以在其中迅速转移。在现实世界中，大部分的金融交易均是以这种方式进行的。

Ⅲ▶ 三、金融市场的功能

在现代经济中，金融已经渗透到经济活动的各个方面，对整个经济体系的运行产生着巨大的影响。金融市场的功能是指金融市场所特有的促进经济发展和协调经济运行的作用和机能。一个健全、完善、高效的金融市场通常具有以下四个功能。

（一）融通资金功能

融通资金功能是指金融市场具有调剂资金余缺、加速资金流转、动员社会闲散资金进行储蓄的作用。首先，金融市场的出现，不仅为资金供给者和资金需求者提供了相互沟通的渠道，而且也为各种长短期资金的相互转化和资金横向融通提供了媒介和场所。金融市场的这种转化功能，一方面调剂不同的资金需求；另一方面又冲破了地区、部门、公司、个人和国家的界限，为资金的横向融通提供了纽带和渠道。其次，金融市场的发展为储蓄者或者投资者提供了越来越多样化的金融产品，增加了储蓄者或者投资者的可选范围，能够满足储蓄者和投资者的不同偏好，因而能够最大限度地动员社会闲散资金。最后，金融市场为融资者提供了优质的中介服务，特别是以商业银行和投资银行为代表的金融服务体系形成后，大大便利了融资者的融资活动，节约了融资成本，增强了融资能力。

（二）优化资源配置功能

金融市场能够自动引导资金的合理配置。其具有引导资源从低效益部门向高效益部门流动，提高资金使用效率，实现优化资源配置的功能。在商品经济条件下，资源的配置主要是通过资金的配置来实现的，而资金的配置又是通过资金供给者在金融市场上对金融工具和投资对象的选择来完成的。通常，经营效益好、产品供不应求的企业所发行的证券对投资者具有更强的吸引力，其发行价格相对较高而且发行顺利，并且这类企业从银行贷款也比较容易。而经营效益低下、产品供过于求的企业所发行的证券则销售困难或只能以较低的价格发行，它们从银行获得贷款的可能性也低。这是因为，资金的本性是追逐较高的收益率，购买前一类企业的证券或向其发放贷款可以给投资者和银行带来更高的预期收益。这就使得资金源源不断地流向这些行业和企业，从而带动资源——生产资料和劳动力从低效益部门向高效益部门流动，使有限的资源得到最佳配置和利用。

（三）宏观调控功能

宏观调控功能是指金融市场作为政府宏观经济调节机制的重要组成部分，具有使政府实施干预经济运行的作用。

首先，金融市场作为中央银行货币政策的传导渠道和实施场所，其宏观调控功能主要包括两个方面：一是规模调控或称总量调控；二是结构调控。规模调控是指调节货币供应量总规模和贷款总规模，也就是通常所说的放松银根或紧缩银根。结构调控主要是指通过信贷、利率、汇率以及其他金融工具价格的变化，来调节资金的流向和流速，使之与产业结构、企业结构、产品结构、消费结构和就业结构等相适应。规模调控和结构调控的内在统一，使得金融市场逐渐成为政府调控经济的一个主要渠道。一方面，金融市场运行状况成为国民经济运行的"晴雨表"，为政府决策提供了大量信息；另一方面，政府通过对金融市场直接或间接的干预，来影响金融市场中的有关变量，进而影响公众的储蓄、消费、投资等行为，最终实现对产出、就业、物价以及国际收支的有效控制。

其次，金融市场也作为政府财政政策发挥作用的重要环节，对国民经济具有干预和影响的作用。从财政收入政策来看，企业或个人税负的增加或减少会影响其消费和投资活动，而消费倾向和投资倾向的变化会影响到金融市场上资金的供给与需求，通过改变市场利率的水平和结构，就可以对国民经济产生刺激或抑制作用。从财政支出政策来看，财政支出的规模、结构和方向都会对国民经济产生影响，但是，如果没有金融市场的作用，这种影响将十分有限，而金融市场可以将政府支出的效果放大，从而产生倍数作用。从债务政策来看，政府发行公债和国库券也必须借助于金融市场才能完成。通过金融市场引导资金的流向和流量，进而调节整个社会资金的供求关系，使社会闲散资金集中到国家手中，及时满足国家财政支出需要。

最后，金融市场的培育与成长，有助于国家其他宏观经济政策如收入分配政策、价格政策、产业政策、就业政策、投资政策以及对外经济政策等的顺利实施。

（四）分散风险功能

分散风险功能是指金融市场具有分散和转嫁风险的作用。比如，房地产贷款证券化，除了可以实现再融资之外，就具有明显的分散和转嫁风险的作用。

首先，从资产组合的角度看，金融市场为投资者提供了多种多样的金融产品，投资者通过对金融产品的选择，可以比较容易地利用各种资产组合方式来分散风险，从而提高投资的安全性和盈利性。如持有股票、债券的投资者,可以根据其对市场行情的预测随时抛出以避免风险,或者及时买进以从中获利。

其次,从交易方式的角度看,金融市场上提供了众多的交易方式,特别是衍生金融市场,使投资者可以利用远期交易、期货交易、期权交易、掉期(互换)交易等方式最大限度地降低和逃避风险。当然,风险爱好者也可以在其中进行高风险的投机交易。

最后,金融市场作为一种有组织的市场,具有完善的法规、制度和管理机制,从而使交易行为规范和有序,这也在一定程度上防止了欺诈行为的产生。

总之,在风险无处不在、无时不在的现代经济生活中,不同的经济主体对风险的厌恶程度是不同的。利用各种金融工具,较高厌恶风险的人总可以把风险转嫁给厌恶风险程度较低的人,从而实现风险的分散和转嫁。

金融市场的上述功能能否正常发挥,取决于金融市场本身的效率和质量。金融市场发达与否,是一国经济和金融发达程度以及制度取向的重要标志。

▶ 四、金融市场的分类

金融市场是一个复杂的体系,包括许多具体的、相互独立但又紧密相关联的市场,可以按照不同的标准划分为不同的市场。

(一) 按照金融市场的交易对象分类

按照金融市场的交易对象分类,金融市场可分为资金市场(包括货币市场和资本市场)、外汇市场、黄金市场和衍生市场。

货币市场是指以期限在 1 年以内的短期金融工具为交易对象的金融市场。其交易者主要是资金的临时闲置者和资金的暂时需求者。其交易对象主要包括短期国债、商业票据、银行承兑汇票、大额可转让定期存单、回购协议等。其主要功能是保持金融资产的流动性,以便随时转化为货币。

资本市场是指以期限 1 年以上的金融工具为交易对象的金融市场。其交易者主要是资金的长期供给者和需求者。其交易对象主要包括中长期债券、股票等。其主要功能是追求金融资产的增值性。

外汇市场是指专门从事外汇买卖的场所。外汇是一种特殊的商品,即货币商品。它是一种以外国货币表示的国际支付手段,主要包括外币和以外币表示的支票、汇票、本票、存单以及其他有价证券等。

黄金市场是指专门从事黄金买卖的场所。它既是一种商品市场,又是一种金融市场。由于黄金仍是当今国际储备的工具之一,在国际结算中占据着重要的地位,因此黄金市场仍被看作金融市场的组成部分。目前,世界上的黄金市场已发展到 40 多个,其中交易量较大的黄金市场主要集中在伦敦、纽约、东京、苏黎世、芝加哥、新加坡、中国香港、法兰克福等地。上海黄金交易所则是我国内地最大的黄金市场。

衍生市场是指专门进行金融衍生工具交易的市场。金融衍生工具是指从传统金融工具中衍生出来的一种创新工具，它起源于原生性金融商品或基础性金融工具，如远期合约、期货合约、期权合约、互换合约等。金融衍生市场主要包括金融远期市场、金融期货市场、金融期权市场和金融互换市场等。

（二）按照金融工具的发行和交易程序分类

按照金融工具的发行和交易程序分类，金融市场可分为一级市场和二级市场。

一级市场又称初级市场或发行市场，是指金融工具首次出售给投资者的交易市场。金融工具在向投资者出售时一般要通过包销商或代销商把金融商品如股票承接下来，然后再向投资者出售，承销商从中向金融商品的发行者收取一定的手续费。

二级市场又称次级市场或流通市场，是指金融工具在投资者之间相互转让和流通的市场。其主要功能在于为投资者提供金融资产的流动性，通过交易可以使金融资产相互转化。

发行市场和流通市场的概念在较狭义的范围内使用时一般专指股票发行市场和股票交易市场。所以这两个概念在本章的资本市场一节会进一步介绍。

（三）按照交割方式分类

按照交割方式分类，金融市场可分为现货市场、期货市场和期权市场。

现货市场是指交易协议达成后立即进行交割的交易市场，即一手交钱、一手交货的市场。

期货市场是指进行期货合约交易的场所，即期货交易所。期货合约是一种标准化了的合约或合同。在期货市场上，成交和交割是分离的，即先达成协议，然后在未来某一个约定的时间才进行交割的交易。期货市场是现货市场在时间和空间上的延伸，是对现货市场的重要补充和发展。期货市场的基本功能是套期保值功能、发现价格功能和规避风险功能等。

期权市场是指进行期权合约交易的场所。期权是一种选择权，期权交易从实质上说是一种权利的买卖。期权交易是通过对看涨期权、看跌期权和双重期权的买卖来实现的。期权的购买者在支付一定的期权费后，就获得了某种权利。对购买者来说，在合约到期之前他可以行使这个权利，也可以放弃这个权利，但对卖出者来说，则负有必须满足购买者行使权利或放弃权利的义务。期权交易在西方经济发达国家和地区已经建立起了固定的交易场所，在西方金融市场上最为流行，并成为西方金融创新的主要内容之一。

(四) 按照交易范围分类

按照交易范围分类,金融市场可分为国内金融市场和国际金融市场。

国内金融市场是指金融交易的范围仅限于一国之内的市场。它包括一国范围内的地方金融市场和全国性的本币计值的金融资产交易市场。国内金融市场的活动范围限于本国领土之内,双方当事人为本国的自然人和法人。

国际金融市场是指金融交易的范围跨越了国界的市场,其范围可以是整个世界,也可以是某一个地区,如中东地区、东南亚地区、北美地区等。国际金融市场的交易由众多经营国际货币金融业务的机构组成,这些机构通过现代化的通讯方式,进行各种跨越国境的金融交易。这类市场大多没有固定的场所,是一种无形市场。例如,离岸金融市场就是国际金融市场的一个组成部分,它是指非居民之间从事国际金融业务的场所。离岸金融市场一般不受市场所在国的法规管辖,并可享受税收优惠等。

第二节 金融工具

金融工具,也称信用工具或金融商品,是指资金供求双方进行资金融通时所签发的、证明债权债务关系或所有权关系的具有法律效力的凭证。

▮▮▶ 一、金融工具的基本特征

金融工具一般具有偿还期限、流动性、风险性和收益率这几个基本特征。

(一) 催还期限

偿还期限是指债务人必须全部归还本金之前所经历的时间。从实际观点来看,偿还期应相对于目前时间来解释,即应是从持有金融工具之日起到该金融工具到期之日止所经历的时间。另外各种金融工具按性质的不同而具有不同的偿还期。

(二) 流动性

流动性是指金融工具迅速变为货币而不至遭受损失的能力。现款这类金融工具本身就是流动性的体现。除此之外,变现的期限短、成本低的金融工具流动性强;反之,则流动性差。发行者资信程度的高低,对金融工具的流动性有重要意义。如国家发行的国债,信誉卓著的公司所签发的商业票据,银行发行的可转让大额定期存单等,流动性就较强。对

于持有人来说,流动性强的金融工具相当于货币。在一些国家,这类金融工具往往分别被列入不同层次的货币供给数量的范围之内,并成为中央银行监控的目标。

(三) 风险性

风险性是指购买金融工具的本金有否遭受损失的风险。本金受损的风险有信用风险和市场风险两种。信用风险是指债务人不履行合约,不按期归还本金的风险。市场风险是指由于金融工具市场价格下跌所带来的风险。某些金融工具,如股票、债券,它们的市价是经常变化的,市价下跌,就意味着投资者金融资产贬值。因此,在金融投资中,审时度势,采取必要的保值措施非常重要。

(四) 收益率

收益率是指持有金融工具所取得的收益与本金的比率。收益率分为名义收益率、即期收益率和平均收益率。名义收益率是金融工具的票面收益与本金的比率;即期收益率是年收益额与该金融工具当期市场价格的比率;平均收益率是即期收益与资金损益共同考虑的收益率,它更能准确反映投资者的收益状况。

二、金融工具种类

金融工具种类很多,近些年来随着金融创新的推进,更多的金融工具品种涌入经济生活之中。若以期限为分类标准,金融工具可分为货币市场的金融工具和资本市场的金融工具。前者主要有商业票据、短期公债、银行承兑汇票、可转让大额定期存单、回购协议等。这类金融工具期限短、风险小、流动性强,一般看作准货币。资本市场的金融工具主要包括股票、公司债券及中长期公债等。它们期限长,因而风险较大,流动性较弱。货币市场金融工具和资本市场金融工具将在本章第三节和第四节中进行详细介绍。

金融工具也可以按照发行者是否为金融机构作为划分标准。政府债券、公司债券、非金融公司股票等是由非金融机构的融资者发行的,目的主要是为自己取得资金,属于直接金融工具。可转让大额定期存单、银行债券、人寿保险单等是由金融机构发行的,目的是聚集可用于贷放的资金,属间接金融工具。

如果以投资者是否掌握所投资产的所有权为标准划分,金融工具可分为债务凭证与所有权凭证两类。债务凭证表明投入的资金取得了债权,所以有权据以到期讨还本金;而所有权凭证表明资金的投入并非取得债权而是所有权,因而无权据以索要本金,但可以在必要时通过转让所有权,即以出售证券的方式收回本金。

按是否与实际信用活动相关,金融工具可分为原生金融工具和衍生金融工具。原生金融工具是在实际信用活动中出具的能证明债权债务关系或所有权关系的合法凭证。种类主要有前述的商业票据、债券等债权债务凭证以及股票、基金等所有权凭证。原生金融工具是金融市场上最广泛使用的工具,也是衍生金融工具赖以生存的基础。衍生金融工具是在原生金融工具的基础上派生出来的各种金融合约及其组合形式的总称。种类包括远期、期权、期货、掉期等形式。

由于原生金融工具将在本章后续几节详细介绍,所以在这一节的其余部分主要介绍衍生金融工具。

▶ 三、金融衍生工具

金融衍生工具早就存在,但其迅速发展是自 20 世纪 70 年代以后。1997 年诺贝尔经济学奖获得者斯科尔斯与默顿在 20 世纪 70 年代初推出了他们赖以获奖的期权定价公式,该公式创造了一个巨大的衍生工具市场。现已形成一个种类繁多、结构复杂的金融产品大系统,并且不断有新的成员进入。即使是经验丰富的金融专家,也会为其品种之复杂、交易方式之新颖而困惑不解。

金融衍生工具(derivative security)是在货币、债券、股票等传统金融工具的基础上衍化和派生的,以杠杆或信用交易为特征的金融工具。金融衍生工具有两层含义:一方面,它指的是一种特定的交易方式;另一方面,它又指由这种交易方式所形成的一系列合约。当今的金融衍生工具在形式上均表现为合约;合约载明交易品种、价格、数量、交割时间及地点等。经济活动日趋复杂是金融衍生工具发展的最终动力,而金融创新却是金融衍生工具种类增加和复杂程度加深的直接推动力。引发金融创新的原因主要有两个,即转嫁风险和规避监管。

(一)金融衍生工具的主要类型

金融衍生工具大致可以根据合约类型、原生资产、交易场所和金融产品的衍生次序这四个标准区分。

1. 根据合约类型划分

根据合约类型,金融衍生工具可分为远期、期货、期权和掉期四大类。

(1)远期(forwards)。远期合约是相对简单的,也是最早出现的一种金融衍生工具。合约双方约定在未来某一日期,按约定的价格,买卖约定数量的相关资产。目前,远期合约主要有货币远期和利率远期两类。交易一般不在规范的交易场所内进行。

在远期合约的有效期内,合约的价值随相关资产市场价格的波动而变化。当市场价格高于约定价格,应由卖方向买方按价差支付结算金额;当市场价格低于约定价格,则由买方向卖方支付金额。

(2)期货(futures)。期货合约是期货交易所制定的标准化合约,对合约到期日及其买卖资产的数量、种类、质量作出统一规定。远期合约和期货合约都是交易双方约定在未来某一特定时间以某一特定价格买卖某一特定数量和质量资产的交易形式,但远期合约是根据买卖双方的特殊要求由买卖双方自由协商签订的合约。因此,期货交易流动性较高,远期流动性较低。期货是场内交易,而远期属于场外交易。

(3)期权(options)。期权交易是买卖权利的交易。期权合约规定了在某一特定时间以某一特定价格买卖某一特定种类、数量、质量原生资产的权利,也可以放弃行使这一权利。为了取得这样一种权利,期权合约的买方必须向卖方支付一定数额的费用,即期权费。

期权可以分为看涨期权和看跌期权两种类型。看涨期权的买方有权在某一确定的时间或确定的时间之内,以确定的价格购买相关资产;看跌期权的买方则有权在某一确定时间或确定的时间之内,以确定的价格出售相关资产。

期权还可以分为美式期权和欧式期权。美式期权在期权合约的整个有效期内,拥有期权的一方随时都可以行使权利;欧式期权则只能在期权到期日才可以行使权利。注意美式期权与欧式期权之分并非地理概念。此外,期权合约既有在交易所上市的标准化合同,也有在柜台交易的非标准化合同。

(4)掉期(swaps)。掉期合约是一种由交易双方签订的在未来某一时期相互交换某种资产的合约。更为准确地说,掉期合约是当事人之间签订的在未来某一时间内相互交换他们认为具有相等经济价值的现金流的合约。在合约有效期内,以事先确定的名义本金额为依据,按约定的支付率(利率、股票指数收益率等)相互交换支付,正是因此,掉期又称之为互换。显然,互换合约实质上可以分解为一系列远期合约组合。

较为常见的是利率掉期合约和货币掉期合约。掉期合约中规定的交换货币如果是同种货币,为利率掉期;若为异种货币,则为货币掉期。以利率掉期为例,设确定的名义本金额为1亿元,约定:一方按期根据以本金额和某一固定利率计算的金额向对方支付,另一方按期根据本金额和浮动利率计算的金额向对方支付——当然实际只支付差额。

2. 根据原生资产划分

根据原生资产,金融衍生工具可分为股票、利率、汇率和商品四类。如果再加以细分,股票类中又包括具体的股票和由股票组合形成的股票指数;利率类中可分为以短期存款利率为代表的短期利率和以长期债券为代表的长期利率;汇率类中包括各种不同币种之间的比值;商品类中包括各类大宗实物商品。

3. 根据交易场所划分

根据交易场所,金融衍生工具可分为场内交易和场外交易。

(1)场内交易,又称交易所交易,是指所有的供求方集中在交易所进行竞价交易的交易方式。这种交易方式具有交易所向交易参与者收取保证金,同时负责进行清算和承担履约担保责任的特点。此外,由于每个投资者都有不同的需求,交易所事先设计出标准化的金融合同,由投资者选择与自身需求最接近的合同和数量进行交易。所有的交易者集中在一个场所进行交易,这就增加了交易的密度,一般可以形成流动性较高的市场。期货交易和部分标准化期权合同交易都属于这种交易方式。

(2)场外交易,又称柜台交易,是指交易双方直接成为交易对手的交易方式。这种交易方式有许多形态,可以根据每个使用者的不同需求设计出不同内容的产品。同时,为了满足客户的具体要求,出售衍生产品的金融机构需要有高超的金融技术和风险管理能力。场外交易不断产生金融创新。由于每个交易的清算是由交易双方相互负责进行的,交易参与者仅限于信用程度高的客户。掉期交易和远期交易是具有代表性的柜台交易的衍生产品。

据统计,在金融衍生产品的持仓量中,按交易形态分类,远期交易的持仓量最大,占整体持仓量的 42%,以下依次是掉期(27%)、期货(18%)和期权(13%)。按交易对象分类,以利率掉期、利率远期交易等为代表的有关利率的金融衍生产品交易占市场份额最大,为 62%,以下依次是货币衍生产品(37%)和股票、商品衍生产品(1%)。近年来,由于经济活动日趋复杂,金融衍生产品市场规模不断扩大,整体上呈高速发展的趋势。

4. 根据金融产品的衍生次序划分

按照金融产品的衍生次序,金融衍生工具可分为一般衍生工具、混合衍生工具和复杂衍生工具。

(1)一般衍生工具。这就是上面介绍的单一的远期、期货、期权、掉期(互换)等。

(2)混合衍生工具。混合衍生工具是指传统的原生金融工具与一般金融衍生工具的组合。例如,可转换债券就是一种典型的混合衍生工具。作为债券它是一种普通的原生金融工具,但这种债券的购买人具有要求将其转换为股票的权利,即债券的持有者拥有期权。这种债券的利息率比普通债券的利息率要低,差额相当于持有者支付的期权费。债券的出售者因为收取了期权费而承担将债券转换为股票的义务,到期是否转换为股票的决定权在债券的持有者手中。所以,可转换债券就是原生金融工具和一般衍生工具的混合,是债券与期权的混合。

(3)复杂衍生工具。复杂衍生工具是指把一般衍生工具改造、组合、再衍生而形成的新工具,又称衍生工具的衍生物。例如,期货期权就是一种复杂金融衍生工具。这种金融衍生工具的复杂性和新颖性往往令人困惑,即使是金融业从业人员也经常会感到费解,但同时也充满了诱惑。

(二)金融衍生工具的功能

1. 转移价格风险

现货市场的价格常常是瞬息万变的,这给生产者和投资者带来了价格波动的风险。

以期货交易为首的衍生工具的产生,就为投资者找到了一条比较理想的转移现货市场上价格风险的渠道。利用现货市场和期货市场的价格差异,在现货市场上买进或卖出基础资产的同时或前后,在期货市场上卖出或买进相同数量的该商品的期货合约,从而在两个市场之间建立起一种互相冲抵的机制,进而达到保值的目的。

2. 形成权威性价格

在市场经济中,价格信号应当真实、准确,如果价格信号失真,必然影响经营者决策的正确性,打击投资者的积极性。期货市场的建立和完善可形成一种比较优良的价格机制,这是因为期货交易是在专门的期货交易所进行的。期货交易所作为一种有组织的、正规化的统一市场,聚集了众多的买方和卖方,所有买方和卖方都能充分表达自己的愿望,所有的期货交易都是通过竞争的方式达成,从而使期货市场成为一个公开的自由竞争的市场,影响价格变化的各种因素都能在该市场上体现,由此形成的价格就能比较准确地反映基础资产的真实价格。

3. 提高资产管理质量

就投资者来讲,为了提高资产管理的质量,降低风险,提高收益,就必须进行资产组合管理。衍生工具的出现,为投资者提供了更多的选择机会和对象。同时,工商企业也可利用衍生工具达到优化资产组合的目的。例如,通过利率互换业务,可以使企业降低贷款成本,以实现资产组合的最优化。

迅速发展的金融衍生工具,使规避形形色色的金融风险具备了灵活方便、极具针对性且交易成本日趋降低的手段。但由于衍生工具的交易实施保证金制度,对保证金所要求的比例通常不超过10%,因而投机资本往往可以支配近10倍于自身的资本进行投机操作,所以衍生工具的发展也促成了巨大的世界性投机活动。

第三节　货币市场

货币市场又称短期资金市场,是指1年以内的短期金融工具交易所形成的供求关系及其运行机制的总和。货币市场的活动主要是为了保持资金的流动性,以便随时可以获得现实的货币。货币市场交易主体和交易对象十分广泛,市场交易的活跃程度和市场参与者的多样化程度很高,市场弹性好,在应付突发事件或大额成交后的价格迅速调整能力强。由于市场进入障碍小,市场容量大,信息流动迅速,交易成本低廉,吸引了众多投资者和筹资者。

一、西方货币市场的特征

(一) 风险较小

由于货币市场工具期限短,最短的只有 1 天,最长的不超过 1 年,多数的期限为 3～6 个月,变现能力强,使得其面临利率风险、通货膨胀风险和汇兑风险时,可以快速撤离市场;又由于一国的法律和规章在短期内也不会频繁变动,也会使其免受政治风险。

(二) 参与者以机构为主

货币市场的交易额极大,周转速度快,一般投资者难以参与,主要是机构和专业人员。机构参与者包括商业银行、中央银行、政府、非银行金融机构、非金融企业。

(三) 以无形市场交易为主

货币市场既有有形市场,也有无形市场。但由于货币市场的参与者主要是机构,客户数量较少,每笔交易规模大,交易对手之间有一定的了解,交易频繁,使得交易者们可以借助于现代通信手段如电话、电传或计算机网络进行交易,这就逐步形成一个庞大的无形市场。

(四) 实施货币政策的重要场所

发达、完善的货币市场为中央银行提供了灵活调控基础货币的操作平台,有效传导中央银行货币政策,达到最终的政策目标。中央银行可以在市场上通过买卖债券吞吐基础货币,增加或减少商业银行的超额储备,达到调控货币供应量的目的,也可以通过贴现率的变动影响长期利率和货币总量。此外,它还为财政筹措短期资金和借新还旧带来了极大的便利。从发达国家情况看,货币市场日益成为各国中央银行干预的中心,国债市场尤其短期国债市场是中央银行进行公开市场操作的主要领域。

二、我国货币市场的特征

我国的货币市场始于 1984 年同业拆借市场的建立。经过二十多年的建设与完善,我国统一的货币市场格局已初步形成。1998 年以来,我国货币市场进入了规范和迅速发展的时期,货币市场交易、运行具有以下几个明显的特点。

(一) 货币市场交易主体多元化,交易量持续增长

货币市场交易主体不仅有商业银行、证券公司、保险公司,还有证券投资基金、外资银

行、财务公司等,机构数量不断增加。同时交易也日趋活跃,短期资金融通的速度明显加快。比如,1997 年,我国货币市场交易量是资本市场交易量的 50%,2001 年达到了 157%,而 2002 年则超过了 343%。

(二)交易的期限向超短期转变

1999 年以前,银行间同业拆借市场的期限时间较长,大部分集中在 20 天至 3 个月之间。而到 2000 年以后,7 天以内的短期拆借成了主导,占市场拆借总量的 70%。

(三)货币市场的规模小,子市场发展不平衡

目前我国货币市场中的同业拆借市场、银行间债券市场、外汇市场相对完善,而票据市场等相对滞后,市场发展不平衡。

(四)货币市场工具品种少

目前在货币市场上采用的交易工具只有拆借、回购和商业承兑汇票,成熟的货币市场经常使用的可转让大额定期存单、商业票据、证券化的资产工具在我国还没有产生或普及。

三、常见的几种货币市场类型

按照交易的内容和方式的不同,货币市场又可分为同业拆借市场、国库券市场、商业票据、回购协议、银行承兑汇票、可转让大额定期存单市场和银行短期信贷市场,等等。

(一)同业拆借市场

同业拆借市场是指银行及其他金融机构之间进行短期资金借贷的市场。在这个市场中相互拆借的资金,主要是银行和其他金融机构经营过程中暂时闲置的资金和支付准备金。同业拆借市场交易量大,能敏感地反映资金供求关系和货币政策意图,影响货币市场利率,是货币市场的重要交易工具。

1. 同业拆借的种类

同业拆借分头寸拆借和同业借贷。头寸拆借是指金融同业之间为了轧平头寸、补足存款准备金或减少超额准备金而进行的短期资金融通。一般为"日拆",又称"隔夜放款",最长不超过 7 天。同业借贷是指金融机构之间因为临时性或季节性的资金余缺而相互融通调剂资金,借贷资金的数额较大,期限也长。

2. 主要参与者

(1)商业银行。它既是主要的资金供给者,又是主要的资金需求者。由于同业拆借

期限较短,风险较小,许多银行尤其是市场份额有限、风险承受力脆弱的中小银行,都利用同业拆借以及时调整资产负债结构,提高资产质量,降低经营风险,增加利息收入。

(2)非银行金融机构。如证券商、互助储蓄银行、储蓄贷款协会等参与同业拆借市场的资金拆借,大多以贷款人身份出现在该市场上,但也有需要资金的时候,如证券商的短期借入。

(3)市场中介人。市场中介人指为资金拆入者和资金拆出者之间媒介交易以赚取手续费的经纪商。同业拆借市场的中介人可以分为两类:一类是专门从事市场中介业务的专业经纪商,如日本的短资公司就属这种类型;另一类是既充当经纪商,本身也参与该市场交易的兼营经纪商,大多由商业银行承担。

3. 交易方式

同业拆借市场资金借贷手续简单快捷,借贷双方可以通过电话直接联系,或与市场中介人联系,在借贷双方就贷款条件达成协议后,贷款方可直接或通过代理行经中央银行的电子资金转账系统将资金转入借款方的资金账户上,数秒钟即可完成划账清算程序。当贷款归还时,可用同样的方式划转本金和利息,有时利息的支付也可通过向贷款行开出支票来进行。

我国银行间的同业拆借始于 1984 年。1996 年 1 月 3 日全国统一的银行间同业拆借市场正式建立起来。目前,参与该市场交易的机构包括商业银行、证券公司、财务公司、基金、保险公司等,共 1 000 余家。表 4 - 1 是我国银行间同业拆借市场的交易简况。

表 4 - 1　全国银行间同业拆借市场交易简况(2005 年 7 月 22 日)

品　种	开盘利率 (%)	收盘利率 (%)	最高利率 (%)	最低利率 (%)	加权利率 (%)	成交笔数	成交量 (亿元)
IBO001	1.3	1.19	1.85	1.19	1.411	11	11.25
IBO007	2.25	1.5	2.25	1.25	1.699 5	21	27.89
IBO014	1.5	1.5	1.5	1.5	1.5	1	0.1
IBO021	1.26	1.27	1.27	1.26	1.263 3	4	60
IBO1M	2.35	2.35	2.35	2.35	2.35	1	0.3
IBO3M	2.3	2.3	2.3	2.3	2.3	1	0.8

(二)国库券市场

国库券是中央政府为弥补财政收支短期不平衡而发行的不超过 1 年的短期债券。国库券的期限品种有 3 个月、6 个月、9 个月和 12 个月,流动性强,又因是中央政府发行,安全性很高,是一种零风险债券,所以常常被人们称为"金边债券"。有些国家还规定购买国库券的投资收益可免交个人所得税。国库券既是居民个人短期投资的理想选择,又是商业银行首选的二级储备,因为它比存款准备金等一级储备具有更高的收益,在商业银行流动性不足时可随时变现。

1. 国库券的发行

政府发行短期债券,一是满足政府部门短期资金周转的需要。二是防范利率波动风险。预期长期利率水平下降时,政府发行长期公债会承担不应承担的高利率成本;若预期长期利率有上升趋势时,则公债市场价格将下跌,影响政府公债的销售;当利率波动频繁时,最好的办法是先按短期利率发行国库券,等长期利率稳定后再发行长期国库券。三是为中央银行的公开市场业务提供可供操作的工具。

国库券的发行大多通过拍卖方式进行,投资者可以两种方式来投标:一是竞争性方式。竞标者在规定的发行规模的约束下,分别报出认购国库券的数量和价格,所有竞标根据价格从高到低(或收益率从低到高)排队。二是非竞争性方式。由投资者报出认购数量,以中标最高价和最低价的平均数购买。竞标结束后,发行者首先将非竞争性投标数量从拍卖总额中扣除,剩余数额分配给竞争性投标者。发行者从申报价最高(或从收益率最低)的竞争性投标开始依次接受,直至售完。当最后中标标位上的投标额大于剩余招标额时,该标的中标额按等比分配原则确定。

2. 国库券的市场特征

国库券无违约风险,流动性强,能在交易成本较低及价格风险较低的情况下迅速变现,银行利用国库券可以很容易地与企业及地方政府等部门进行回购协议交易。在美国,国库券的面额从 1 万美元到 100 万美元不等,在交易所交易时以 100 万美元为一个单位,100 万美元以下的在店头市场交易。在美国,国库券的发行因期限不同而不同,3 个月和 6 个月的国库券每周发行一次,9 个月和 1 年的国库券于每月的第三周的周一发行,周四交割。由于国库券收入免交个人所得税,净收益较高,对投资者的吸引力大。

3. 国库券收益计算

国库券以贴现方式发行,即以低于票面金额的价格发行,到期时按票面金额偿还,投资者的收益是证券的购买价与证券面额之间的差额。在实践中,期限小于 1 年的大多数债券的收益率都是按单利计算的,其计算方法为:

$$收益率=利息÷售价×365÷到期天数 \qquad (公式 4-1)$$

例如,一张面额 10 000 美元,售价 9 818 美元,到期期限 182 天(半年期)的国库券,其收益率为:

$$(10\,000-9\,818)÷9\,818×365÷182×100\%=3.72\%$$

在我国,人们习惯于把政府债券称为国库券,但真正意义上的国库券数量很少。只是在 1994、1996 年分别发行过三次记账式短期国债,期限为 3 个月和 6 个月,总共金额为 417 亿元人民币,以贴现方式发行。由于国库券的发行没有采取连续方式,基本不能形成有规模的交易市场。

(三)商业票据市场

商业票据是指出票人以贴现方式发行的承诺在指定日期按票面金额向持票人付现的一种无抵押担保的票据。由于商业票据没有担保,仅以信用作保证,因此能够发行商业票据的一般都是规模巨大、信誉卓著的大公司。

1. 发行面额及期限

在美国商业票据市场上,少数商业票据的发行面额只有 25 000 美元或 50 000 美元,大多数商业票据的发行面额都在 100 000 美元以上。二级市场商业票据的最低交易规模为 100 000 美元。商业票据的期限较短,美国商业票据的期限一般 270 天,而欧洲商业票据的时间则长一些。市场上未到期的商业票据平均期限在 30 天以内,大多数商业票据的期限在 20~40 天之间。

2. 主要参与者

(1)发行者。包括金融性和非金融性公司。金融性公司主要有三种,即附属性公司、与银行有关的公司和独立的金融公司。第一种公司一般是附属于某些大的制造公司,如通用汽车承兑公司,第二种是银行持股公司的下属子公司,其他则为独立的金融公司。非金融性公司发行商业票据的频次较金融公司少,发行所得主要解决企业的短期资金需求及季节性开支,如应付工资及交纳税收等。

(2)投资者。在美国,商业票据的投资者包括中央银行、非金融性企业、投资公司、政府部门、私人抚恤金、基金组织及个人。另外,储蓄贷款协会及互助储蓄银行也获准以其资金的 20% 投资于商业票据。投资者可以从三个方面购买商业票据:从交易商手中购买、从发行者那里购买以及购买投资商业票据的基金份额。

3. 商业票据的交易方式

商业票据的销售,一是发行者通过自己的销售力量直接出售;二是通过商业票据交易商间接销售。我国在高度集中的计划经济体制下,强调一切信用集中于国家银行,排斥银行信用以外的所有信用形式。改革开放后,银行信用一统天下的局面被打破,商业信用得以恢复。经过 20 多年的发展,我国票据的融资功能得到了很大增强,票据贴现市场的融资规模稳步扩大。但与西方发达国家相比,我国的票据贴现市场尚处于发展的初级阶段,在运行中还存在许多问题,例如,票据种类少,绝大部分是银行承兑汇票;票据信用度不高,很多票据到期不能偿付;贴现市场的规模较小,办理贴现业务的金融机构只有商业银行;不能发行融通票据,等等。随着金融改革的逐步深化和信用制度的不断健全,我国的票据市场将会日臻完善。

（四）回购协议市场

回购协议市场是指通过回购协议进行短期资金融通交易的市场。所谓回购协议，是指证券持有人在卖出证券的同时，即与买方签订协议，约定在一定期限后按照事先商定的价格再购回所卖证券的一种交易行为。实际上，资金需求者通过出售证券获得资金可以看作是以证券为抵押品从短期资金市场上借入一笔资金，资金借出者获得了一笔短期内有权支配的证券，但这笔证券到时候要按约定的价格如数交回。回购协议的期限从1天至数月不等，通常只有几个营业日。若贷款或证券购回的时间为1天，则称隔夜回购，如果时间长于1天，则称为期限回购。证券以政府证券和政府代理机构证券为主，证券收益归原持有人所有。

1. 主要参与者

（1）大银行和政府证券交易商。它们是回购协议市场上的主要资金需求者，是回购协议的主要出售者。银行利用回购协议市场作为其资金来源之一。它持有大量的政府证券和政府代理机构证券，这些都是回购协议项下的正宗抵押品。同时，银行利用回购协议所取得的资金不属于存款负债，不用交纳存款准备金。政府证券交易商也利用回购协议市场为其持有的政府证券或其他证券筹措资金。

（2）非银行金融机构、地方政府、存款机构、外国银行及外国政府。它们资金雄厚，是资金供给方，其中资金实力较强的非银行金融机构和地方政府占统治地位。

（3）中央银行。它既是需求方也是供给方，通过回购交易可以实施公开市场操作，是执行货币政策的重要手段。

2. 交易方式

回购协议的交易以电讯方式进行，大多数交易在资金供给方和资金获得者之间直接进行，但也有少数交易通过市场专营商进行。这些专营商大多为政府证券交易商，他们同获得资金的一方签订回购协议，并同供给资金的另一方签订逆回购协议。逆回购协议是从资金供给者的角度出发相对于回购协议而言的。回购协议中，卖出证券取得资金的一方统一按约定期限以约定价格购回所卖出证券。在逆回购协议中，买入证券的一方统一按约定期限以约定价格出售其所买入证券。回购协议中证券的交付一般不采用实物交付的形式，特别是在期限较短的回购协议中。但为了防范资金需求者在回购协议期间将证券卖出或与第三方作回购所带来的风险，一般要求资金需求方将抵押证券交到贷款人的清算银行的保管账户中，或在借款人专用的证券保管账户中以备随时查询，当然也有不作这样规定的。

回购协议中的有关计算公式如下：

$$应付利息＝本金×回购利率×回购协议的期限÷360 \quad （公式4-2）$$

$$回购价格＝本金＋应付利息 \quad （公式4-3）$$

我国的国债回购业务始于1991年。为提高国债的流动性,STAQ系统(即上海证券交易所和全国证券交易自动报价系统)于1991年7月宣布试办国债回购交易,并于9月14日在该系统的两家会员之间完成了第一笔回购交易。1992年武汉证券交易中心也推出了国债回购业务。1993年12月19日,上海证券交易所又开办了国债回购交易,规定当时在该交易所上市的五个国债品种均作为回购业务的基础债券。此后,深圳证券交易所和天津证券交易中心等也开办了国债回购业务。1994年是国债市场迅猛发展的一年,回购市场的交易量急剧增大。当年全国参加回购交易的单位有3 000多家,回购交易总量在3 000亿元以上。1995年,全国集中性国债二级市场即交易所和证券交易中心的回购交易量已突破4 000亿元。在这一段时间里,由于市场管理没有跟上,回购市场出现了许多问题。

总的来说,我国的国债回购市场还很不成熟。由于多方面的原因,商业银行参与回购交易的动力不足,中央银行的国债资产比重过小。一个服务于回购交易的统一的国债登记、托管、清算和结算系统还没有完全建立起来,回购市场的运作制度管理和运作技术亟待解决。随着国债发行品种的逐步增加和发行规模的扩大,回购市场的规范化程度必将不断提高。

(五) 银行承兑汇票市场

在商品交易活动中,销货方为了向购货方索取货款而签发的汇票,经付款人在票面上承诺到期付款的"承兑"字样并签章后,就成为承兑汇票。由购货人承兑的汇票称商业承兑汇票,由银行承兑的汇票为银行承兑汇票。银行承兑汇票是为方便商业交易活动而创造出的一种工具,在对外贸易中运用较多。由于有实力雄厚的银行承诺承担付款责任,银行是第一责任人,出票人则是第二责任人,销售商无需花费财力和时间去调查购货商的信用状况,因此必须交纳一定的手续费。承兑汇票未到期前可以拿到金融市场上出售。

银行承兑汇票最常见的期限有30天、60天和90天等几种,另外也有期限为180天和270天的,交易规模一般为10万美元和50万美元。银行承兑汇票的违约风险较小,但有利率风险。

1. 参与者

主要是创造承兑汇票的承兑银行、市场交易商及投资者。银行承兑汇票可以由银行利用自己的渠道直接销售给投资者,也可以利用货币市场交易商销售给投资者。

2. 银行承兑汇票的优点

(1) 有利于借款者筹资。一些规模小、信誉低的企业没有能力通过发行商业票据筹资,但可以运用银行承兑票据来解决资金上的困难。

(2) 增加银行经营效益。银行通过创造银行承兑汇票,不必动用自己的资金,即可赚取手续费。当然,有时银行也用自己的资金贴现承兑汇票。但由于银行承兑汇票拥有巨大的二级市场,很容易变现,因此银行承兑汇票不仅不影响其流动性,而且提供了传统的银行贷款所无法提供的多样化的投资组合。银行法规定出售合格的银行承兑汇票所取得的资金不要求交纳准备金,这样在银行资金短缺时期,银行会通过大量出售银行承兑汇票,引导资金从非银行部门流向银行部门。

(3) 投资价值大。投资于银行承兑汇票的收益同投资于其他货币市场信用工具相比相差不大。银行承兑汇票的承兑银行对汇票持有者承担不可撤销的第一责任,使得投资于银行承兑汇票的安全性非常高。又由于银行承兑汇票具有公开的贴现市场,可以随时转售,因而具有高度的流动性。

(六) 大额可转让定期存单市场

20 世纪 60 年代美国商业银行受 Q 条例的存款利率上限的限制,不能支付较高的市场利率,以企业为主要客户的银行存款急剧下降。为了阻止存款外流,美国花旗银行设计了大额可转让存单(negotiable certificates of deposits,CDs),以这种短期的有收益票据来吸引企业的短期资金。这是一种银行定期存款凭证,由银行以大面值金额发行,存单在期满前可由持有者在二级市场上自由转让出去,转让价格受利率、期限和本金的影响,一般转让时的市场利率与存单原定利率相比越高,转让价格就越低。

1. 特点

发行人通常是实力雄厚的大银行,因为这些机构信誉较高,可以相对降低筹资成本,且发行规模大,容易在二级市场流通;发行面额标准化且数额较大,在美国可转让大额存单的面额多为 10 万美元、50 万美元和 100 万美元,在我国香港的最小面额为 10 万港元;不记名,不能提前支取,但可在二级市场流通转让;可转让定期存单利率比同期限的定期存款利率高,既有固定的,也有浮动的;偿还期限短,最短的期限为 14 天,最长期限大多数都在 1 年以内,一般偿还期限为 3～6 个月。

2. 大额可转让定期存单的种类

按照发行者的不同,大额存单可以分为以下四类。

(1) 国内存单。由美国国内银行发行,存单上注明存款的金额、到期日、利率及利息期限。

(2) 欧洲美元存单。由美国境外银行(外国银行和美国银行在外的分支机构)发行的以美元为面值的一种可转让定期存单。最早出现于 1966 年,当时银行为规避美国银行 Q 条例对国内货币市场筹资的限制,便在欧洲美元市场筹资用于国内放款。

(3) 扬基存单。由于美国历史上也叫做扬基(Yankee),在美国的外国银行分支机构发行的可转让定期存单也称扬基存单。其发行者主要是西欧和日本等地的著名国际性银行在美分支机构。

(4) 储蓄机构存单。这是出现较晚的一种存单,它是由一些非银行金融机构(储蓄贷款协会、互助储蓄银行和信用合作社)发行的一种可转让定期存单。

3. 大额可转让定期存单的投资者

大企业是存单的最大买主。金融机构也是存单的积极投资者。此外,政府机构、外国政府、外国中央银行及个人也是存单的投资者。

4. 大额可转让定期存单的优点

对许多投资者来说,大额可转让定期存单既有定期存款的较高利息收入特征,又同时有活期存款的可随时获得兑现的优点,是追求稳定收益的投资者的一种较好选择。

在我国,大额存单最早是在 1986 年才面世的,最初由交通银行和中国银行发行。后来由于多种原因,该项业务于 1996 年 12 月 14 日被取消了。

第四节 资本市场

资本市场又称长期金融市场,是进行长期资金融通的市场,与社会化大生产联系非常密切,可以较高程度地满足政府和企业对长期资本的大量需求。资本市场又可分为股票市场和债券市场。股票市场是股票发行与交易的市场,是企业直接融资的重要形式;债券市场是指债券发行与交易的市场,是金融市场的一个组成部分。

▶ 一、资本市场的特点和功能

(一)资本市场的特点

在资本市场上融通资金的工具主要是种类繁多的债券和股票,它们与货币市场工具相比有着不同的特点。

1. 长期性

在资本市场上使用的工具,如股票,一般来说是长期的、永久的或不归还的;债券则从一年到几十年期限不等,在安全性、流动性方面不如货币市场工具。这与它们融通资金的性质和特征有关,资本市场融通中长期资金,用以添置设备,扩建厂房,增强资本实力,垫付在这些领域的资金在再生产过程中周转时间长,速度慢。

2. 在收益、风险、流动性以及纳税方面具有很大差异

资本市场工具是由信用级别不相同的经济主体发出的,时间长短不一,使用目的不同,发行条件有别,等等,因此它们不像货币市场工具那样在收益、风险、流动性方面较为一致,而是在不同种类的金融工具之间具有很大差异。

3. 利率差异性

由于上述原因,决定了资本市场工具的"价格"很不同,差别大,即使是同一经济主体发出的融资工具,在不同的经济环境下"价格"差异很大。

4. 销售数量大,市场分散

资本市场工具融通资金扩充资本实力,通常都是数量很大的,多是机构投资者承购,居民个人承购量小而且分散。资本市场工具的发行和流通可集中在某些投资性金融机构、证券交易所,也可分散在某些金融机构进行柜台交易。

(二)资本市场的功能

如果说货币市场对于短期资金融通、促进再生产正常循环和周转起了积极作用的话,那么资本市场则主要在向政府和公司提供长期债务和股票融资促进资本的形成,增强长期投资的流动性,促进社会扩大再生产方面起了积极作用。

资本市场的功能在于促进资本的社会化和公众化。自从股份公司出现以后,便开始了资本社会化和公众化的进程。过去由单个投资者或少数几个投资者出资办企业的情况发生了变化,众多的投资者可以成为公司的股东。这使得单个或少数几个投资者创办的公司无力开办的业务(如兴建铁路)成为可能。而在出现了资本市场后,由于公司的股份证券化了,每股的股本单位划小了(如每股1元),而证券又可以在资本市场流通,这就使得资本的社会化和公众化极大地发展起来,众多的公众都可以有能力通过证券市场参与投资,购买公司的股票,成为公司的股东。这样资本市场极大地拓宽了公司的融资渠道,从而大大地加快了社会生产力的发展,同时也使得社会的结构发生根本变化,越来越多的公众成为有产者,中产阶层逐渐成为社会的中坚,成为广泛的社会群体,反过来这又会促进市场的扩大和投资的增加。资本市场把各方面沉淀的货币资本转化为资本。货币本身不是资本,只有将货币投入于生产经营它才成为资本。在没有资本市场前,人们多余的货币大多或者存放在手中,或者存入银行,由银行贷给企业用于生产经营,人们直接将货币作为资本用于生产经营的很少。有了资本市场,这些货币就有了畅通的渠道,方便地转化为资本。资本市场成为货币转化为资本的重要场所。通过这种转化,扩大了上市公司的资本,使其能吸纳更多的生产要素,并组合成新的生产力,从而创造更多的价值。在资本市场上,股份的证券化大大便利了资本的流动,从而大大地便利了在市场竞争的作用下通过股价的波动和资源的流动、公司间的兼并收购和优胜劣汰,使资源的配置得以优化。

▶ 二、股票市场

(一)股票的定义

股票是一种有价证券,它是股份有限公司在筹集资本时向出资人发行的、用以证明投资者的股东身份和权益并据以向投资者分配股息和红利的凭证。

股票一经发行,购买股票的投资者即成为公司的股东,股票实质上代表着其持有者(即股东)对股份公司的所有权,这种所有权是一种综合权利,如参加股东大会、投票表决、参与公司的重大决策、收取股息和分享红利等。股东与公司之间的关系不是债权与债务关系,股东是公司的所有者,以其出资额为限对公司负有限责任。

(二)股票的种类

股票的品种很多,分类方法也有不同。常见的股票类型有如下几种。

1. 普通股股票和优先股股票

根据股东权利内容的不同,股票可以分为普通股股票(普通股)和优先股股票(优先股)。

普通股股票是最常见的一种股票,其持有者享有股东的基本权利和义务。具体地说,它是指对于股东享有的平等权利不加以特别限制,并随着股份有限公司利润的大小而分配相应股息的股票。普通股是公司股票的一种基本形式,也是公司发行量最大、最为重要的股票。

优先股股票是相对于普通股股票而言的,是一种特殊的股票,在它的股东权利义务中附加了某些特别条件。具体地说,它是指优先于普通股股东分取公司收益和剩余资产的股票。这种优先权主要表现在三个方面:第一,优先股股票在发行之时就约定了固定的股息,该股息不随公司业绩好坏而波动,并且可以优先于普通股股东领取股息;第二,当公司破产进行财产清算时,优先股股东对公司剩余财产有优先于普通股股东的要求权;第三,优先股一般不参与公司的红利分配,持股人一般不享有表决权,不能借助表决权参与公司的经营管理。

2. 国有股、法人股、社会公众股和外资股

根据投资主体的不同,我国上市公司的股票可以分为国有股、法人股、社会公众股和外资股。

国有股是指有权代表国家投资的部门或机构以国有资产向公司投资所形成的股份,包括以公司现有国有资产折算成的股份。

法人股是指企业法人或具有法人资格的事业单位和社会团体以其依法可支配的资产投入公司而形成的非上市流通的股份。

社会公众股是指我国境内个人和机构,以其合法财产向公司可上市流通股权部分投资所形成的股份。

外资股是指股份公司向外国和我国香港、澳门、台湾地区投资者发行的股票。这是我国股份公司吸引外资的一种方式。外资股按上市的地域可以分为境内上市外资股和境外上市外资股。境内上市外资股是指股份有限公司在我国境内上市的股份,它是由人民币

标明面值,以外币认购和买卖,在境内证券交易所上市交易的普通股股票。境外上市外资股是指股份有限公司向境外投资者募集并在境外上市的股份。它以人民币标明面值,以外币认购。在境外上市的外资股除了应符合我国的有关法规外,还须符合上市所在地国家或者地区证券交易所制定的上市条件。

3. A 股、B 股、H 股、N 股和 S 股

根据股票的上市地点和所面对的投资者不同,我国上市公司的股票可分为 A 股、B股、H 股、N 股和 S 股。

A 股的正式名称是人民币普通股票。它是由我国境内的公司发行,供境内机构、组织或个人(不含港澳台投资者)以人民币认购和交易的普通股股票。

B 股的正式名称是人民币特种股票,又称境内上市外资股。

H 股,即注册地在内地、上市地在我国香港的外资股。香港的英文是 Hong Kong,即取其第一个字母,在港上市外资股就叫做 H 股。以此类推,纽约的第一个英文字母是 N,新加坡的第一个英文字母是 S,在纽约和新加坡上市的股票就分别叫做 N 股和 S 股。

4. 蓝筹股

在股票市场上,投资者把那些在其所属行业内占有重要支配性地位、业绩优良、成交活跃、红利优厚的大公司股票称为蓝筹股。"蓝筹"一词源于西方赌场,在西方赌场中,有三种颜色的筹码,其中蓝色筹码最为值钱,红色筹码次之,白色筹码最次。投资者把这些行话套用到股票上。

5. 红筹股

红筹股这一概念诞生于 20 世纪 90 年代初期的我国香港股票市场。由于中华人民共和国在国际上有时被称为红色中国,相应地,我国香港和国际投资者把在境外注册、在香港上市的那些带有中国内地概念的股票称为红筹股。

(三)股票的价值与价格

1. 股票的价值

股票作为有价证券体现着一定的价值,并以一定的价格在股票市场上进行流通买卖。从本质上讲,股票自身并没有价值,也不可能有价格,它仅仅是用来证明持有人具有的财产权利的法律凭证,并不具备普通商品所包含的使用价值,也没有形成价格的劳动价值。然而,股票在实际生活中却存在着价值,因为它代表着获取收益的权利,能够给持有人带来股息、红利收入。所以,股票的价值就是用货币来衡量的作为获利手段的价值。股票流通转让的实质就是这种获利凭证的让渡。作为一种虚拟资本,股票价值有四种形式:

(1)股票的票面价值,通常又称面值,是股份有限公司在其发行的股票上标明的票面金额。

(2)股票的账面价值,又称净值,是指股票所包含的实际资产价值。它是股份有限公

司财务报表的计算结果。具体计算方法是用公司的资本额加上公司的各种公积金,再加上公司累积盈余所得数额,得到公司的账面净值总额。净值总额除以发行股票的股数就是每股的净值。

(3) 股票的清算价值,是指股份有限公司进行清算时,股票每股所代表的实际价值。从理论上讲,普通股股票的每股清算价值应当与每股的账面价值相一致,但实际上并非如此。

(4) 股票的内在价值,即理论价值,是指股票未来收益的现值,它取决于股息收入和市场收益率。股票的内在价值决定股票的市场价格,而市场价格又不完全等于其内在价值,股票的市场价格受供求规律以及其他许多因素的影响,但股票的市场价格总是围绕着股票的内在价值波动。

(5) 股票的市场价值,是指股票在股票市场交易过程中具有的价值。股票的市场价值直接反映着股票市场行情,成为投资者的直接参考依据。在实际交易中,股票的市场价值就是股票的市场价格。

股票在首次发行时,其发行价格是与股票的票面价值大体上一致的,即围绕票面价值上下波动。一旦股票进入交易市场后,其交易价格即股票市价就与股票面值分离开来了,股票价格会在市场供求规律和其他因素的影响下独立地运动,而与票面价值没有直接联系了。

2. 股票的价格

(1) 股票的狭义和广义价格。狭义的股票价格,通常是指股票的交易价格。广义的股票价格,通常包括股票的发行价格和交易价格这两种形式。还有一种外延更为宽泛的股票价格,它包括股票的票面价值、账面价值、清算价值、理论价格和发行价格、交易价格。在股票投资活动中,经常运用的是狭义的股票价格概念。

股票交易价格又称股票的市价,是指股票在实际交易过程中双方达成的价格。股票的市价直接反映着股票市场的行情,也是股民购买股票的依据。按实际成交时间的不同,股票交易价格分为开盘价格、收盘价格、最高价格、最低价格、平均价格等。

开盘价格是指证券交易所每个营业日开市后第一笔成交的价格。如果开市后一段时间(一般为半小时)内,某种股票没有交易,则以该股票前一个营业日的收盘价作为当日此种股票的开盘价。

收盘价格是指证券交易所每个营业日闭市前最后一笔成交的价格。

最高价格和最低价格分别是指证券交易所每个营业日内的最高价格和最低价格,而平均价格则是最高价格和最低价格的简单平均。

(2) 股票的理论价格。股票的理论价格,即股票的内在价值。从理论上说,股票价格应由其价值来决定,但是股票本身并没有价值,因为股票不是在生产过程中产生的,而是一张凭证。股票之所以有价格,是因为它代表着收益的价值,即能给它的持有者带来股息和资本利得。股票交易实际上是对未来收益权的转让买卖,股票价格就是对未来收益的评定。所谓股票理论价格就是为获得这种股息、红利收入的请求权而付出的代价(或机会成本),是股息资本化的表现。另外,也可以根据现值理论来说明。股票的未来股息收入、资本利得等是股票的未来收益,也称之为终值,将股票的终值按当前的市场利率和持有期限可折算成今天的价值,也称为股票的现值。股票的现值就是股票的理论价格。根据这种分析,即可以得出股票的理论价格公式:

$$股票理论价格 = 预期股息 \div 市场利率 \qquad (公式 4 - 4)$$

(3) 股票的市场价格。股票的市场价格一般是指股票在股票市场上买卖的价格。股票的市场价格由股票的内在价值所决定,但同时受许多其他因素的影响,其中供求关系是最直接的影响因素,其他因素都是通过作用于供求关系而影响股票价格的,而且这些因素的影响程度几乎是不可预测的。正是由于影响股票价格的因素是复杂多变的,所以股票价格也是变化不定的。

(四)股票的发行市场

股票发行市场是指股份公司直接或通过中介机构间接向投资者出售新发行的股票进行筹资的市场,也称为一级市场。

1. 股票的发行方式

按照股票发行对象和程序的不同,股票发行分为公募和私募两种形式。

(1) 公募(public offering)方式,是指发行人委托金融中介机构面向社会公众公开发行股票,是最基本、最常见的发行方式。为了保障广大投资者的利益,各国对公募发行都有较严格的要求。

采用公募方式发行股票的优点在于:第一,公募以众多的投资者为发行对象,可以在短时间内迅速筹集到大额资金;第二,公募发行的股票可以申请在交易所上市,有利于增强股票的流动性,并提高发行人的社会信誉。公募方式的缺点是发行过程比较复杂,登记核准所需时间较长,且发行费用较高。

公募发行通常要选择承销商。所谓承销,就是证券经营机构借助自己在证券市场上的信誉和网点,在规定的发行有效期内将证券销售出去。股票承销商一般是由投资银行或证券公司等金融机构充当。它们帮助筹资人设计筹资方案,包括确定发行价格、发行数量、发行时间;帮助寻找律师及会计师;帮助编制有关文件;帮助推销证券等。

承销的方式又可以分为代销和包销。对于发行量特别大的股票承销业务,往往不是由一个承销商单独办理,而是由一个主承销商牵头组织一个承销团,由多家投资银行等金融机构共同担任承销商,从而降低承销风险。

(2) 私募(private offering)方式,又称证券直接发行,是指发行人直接对特定的投资者销售证券。私募的发行范围小,一般以少数与发行人或经办人有密切关系的投资者为发行对象,主要包括两类:一类是个人投资者,如公司老股东或发行单位的员工;另一类是机构投资者,如大的金融机构或与发行人有密切往来关系的企业等。私募发行的优点是有确定的投资者,发行手续简单,可以节省发行时间,费用低廉;不足之处是投资者数量有限,证券不能公开上市,流通性差,而且不利于提高发行人的社会信誉。

2. 股票的发行价格

股票的发行价格是股份公司发行股票时向投资者收取的价格。股票的发行价格关系到发行者与投资者的根本利益。股票发行价格的确定要综合考虑多种因素,包括股份公司的利润及其增长率、同行业股票价格、市场利率、证券市场供求关系等。根据发行价格和票面面额的关系,可以将股票发行分平价发行、溢价发行和折价发行三种形式。

(1) 平价发行。平价发行也称为等额发行或面额发行,是指发行人以票面面额作为发行价格。例如,某公司股票面额为1元,若采用平价发行方式,那么该公司发行股票时的售价也是1元。由于股票上市后的交易价格通常要高于面额,平价发行能使投资者得到交易价格高于发行价格时所产生的额外收益,因此绝大多数投资者都乐于认购。平价发行方式较为简单易行,但其主要缺陷是发行人筹集资金量较少。目前,平价发行在发达证券市场中用得很少,多在证券市场不发达的国家和地区采用。

(2) 溢价发行。溢价发行是指发行人按高于面额的价格发行股票,因此可使公司用较少的股份筹集到较多的资金,同时还可降低筹资成本。溢价发行又可分为时价发行和中间价发行两种方式。时价发行也称市价发行,是指以同种或同类股票的流通价格为基准来确定股票发行价格,股票公开发行通常采用这种形式。当一家股份公司首次发行股票时,通常会根据同类公司(产业相同、经营状况等相似)的股票在流通市场上的价格表现来确定自己的发行价格;而当一家已上市公司增发新股时则会按已发行股票在流通市场上的价格水平来确定发行价格。中间价发行是指以介于面额和时价之间的价格来发行股票。我国股份公司对老股东配股时,基本上都采用中间价发行。

(3) 折价发行。折价发行是指以低于面额的价格出售新股,即按面额打一定折扣后发行股票,折扣的大小主要取决于发行公司的业绩和承销商的能力。

(五)股票流通市场

股票流通市场是对已发行股票进行买卖、转让的市场。流通市场一方面为股票持有者提供随时变现的机会;另一方面为新的投资者提供投资机会。在流通市场上,股票可以不断地在投资者之间进行交易,但无论交易额多大,并不能为发行者筹集到新的资金。按照市场组织形式划分,股票流通市场分为场内交易市场和场外交易市场两种形式。

1. 场内交易市场

场内交易市场是指由证券交易所组织的股票集中交易的市场。所谓证券交易所,是由证券管理部门批准，为证券集中交易提供固定场所和服务的正式组织。世界上最早的证券交易所是成立于 1773 年的伦敦股票交易所。目前，所有经济发达的国家均拥有规模庞大的证券交易所。

（1）从组织形式上看，证券交易所可分为会员制和公司制。会员制证券交易所是以会员协会形式成立的不以营利为目的的组织。只有取得交易所会员资格的经纪人和交易商，才能在交易所中进行交易。经纪人和交易商的区别在于：前者只能充当证券买者与卖者的中间人，从事代客买卖业务，收入来自佣金；后者则可以直接进行证券买卖，收入来自买卖差价。目前大多数国家的证券交易所均实行会员制，我国的上海、深圳证券交易所也实行会员制。

公司制证券交易所以营利为目的，它是由各类出资人共同投资入股建立起来的公司法人。公司制证券交易所对在本所内的证券交易负有担保责任，必须设有赔偿基金。证券交易所的股东不得担任证券交易所的董事、监事或经理，以保证交易所经营者与交易参与者的分离。瑞士的日内瓦证券交易所、美国的纽约证券交易所都是公司制。

（2）证券交易所的作用。证券交易所不仅为股票买卖双方提供集中、公开交易的场所和设施，而且为投资者提供多种服务，如随时向投资者提供关于在交易所挂牌上市的证券成交价格和数量等交易情况，提供发行证券企业公布的财务情况等信息，供投资者参考。交易所还制定各种制度和规则，对参加交易的经纪人和自营商进行严格管理，对证券交易活动进行监督，防止操纵市场、内幕交易、欺诈客户等行为发生，以保证正常交易活动持续高效进行。

（3）投资者买卖股票的基本程序包括开户、委托和交割三个步骤。开户即投资者在经纪人处开设证券账户和资金账户，取得委托买卖证券的资格。证券账户相当于投资者的证券存折，用于记录投资者所持有的证券种类和数量；资金账户用于存放投资者买入股票所需的资金和卖出股票取得的价款等。当投资者决定以一定的价格买卖某种证券时，可通过委托单、电话等形式向经纪人发出指令，经纪人将客户的指令传递给他在交易所的场内交易员，交易员则按指令要求进行交易。交易所内的证券交易是通过竞价成交的。所谓竞价成交，是指在对同一种证券有不止一个买方或卖方时，买方交易员和卖方交易员分别从当时成交价逐步向上或向下报价；当任一买方交易员与任一卖方交易员的报价相等时，则这笔买卖即拍板成交。竞价成交后，还须办理交割手续。交割是指股票买卖成交后，交易双方通过结算系统实现一手交钱、一手交货。由于多数国家实行"无纸化制度"，实物股票不再流通，因此交割只是投资者证券账户中证券数量和资金账户中资金数额的账面增减。

2. 场外交易市场

场外交易市场（over the counter，OTC）是指在交易所以外的证券交易市场。由于早期场外交易的相当部分是在证券商的柜台上进行的，所以又称柜台交易或店头交易市场。

场外交易市场的特点是：一是它是一个没有组织的、非集中固定的交易场所，交易主要通过电话、互联网等通讯方式进行；二是交易对象以没有在交易所登记上市的证券为主，某些情况下也对在交易所已上市证券进行交易；三是证券交易可以委托证券商代理，也可由客户直接与证券商进行；四是证券的成交价格不是通过集中竞价的方式确定的，而是由证券商持续报出证券的买价和卖价两种价格或由交易双方协商议定价格。

若根据股份公司的成立时间、规模、绩效等特征的不同，也可以把股票市场划分为一板市场和二板市场。一板市场也称"主板市场"（main board market），是为历史较长、规模较大、绩效较好、相对成熟的股份公司发行的股票设定的专门交易场所，主要是证券交易所市场；二板市场（secondary board market），也称"创业板市场"（growth enterprise market，GEM），是为新创立、规模不大、当前绩效尚属一般的公司股票而设定的交易场所，主要是场外交易市场。如美国的纳斯达克市场（NASDAQ）、中国香港的创业板市场等。二板市场主要支持创业投资和有发展潜力的中小企业成长，其中包括大量的高科技企业。由于上市门槛较主板市场低，企业规模较小，技术开发创新风险大，发展前景的不确定性强，可能迅速成功，也可能很快失败，因此这类市场的投资风险和价格波动性比较大。为加强对风险的控制，各国对二板市场专门制定了与主板市场不同的管理规定。随着某些公司的成功，二板市场中也可能会出现一些优秀的股票，并进入主板市场交易。例如，原来在 NASDAQ 上市的微软公司的股票，已进入道琼斯 30 种工业指数。由于我国的证券市场还不成熟，目前尚不具备发展场外交易的条件，但已在酝酿中。2004 年 5 月起，经证监会批准，深交所在主板市场内设立中小企业板块，标志着推进创业板市场建设已迈出重要的一步。

（六）股票交易价格与股票价格指数

股票交易价格，即股票行市，是已发行股票在二级市场上的成交价格。理论上，股票行市决定于预期股息收入和市场利率，即股票行市与预期股息成正比，与市场利率成反比。

实际上，股票交易价格还会受到诸多其他因素的影响，如经济周期变化、股份公司自身经营状况和发展潜力、通货膨胀、财政政策和货币政策等宏观经济政策、政治因素和心理因素，等等。

股票价格指数（share price index，stock index）是运用统计学中的指数方法编制而成的，反映股市总体价格或某类股价变动和走势的指标。根据股票价格指数反映的价格走势所涵盖的范围，可以将其划分为反映整个市场走势的综合性指数和反映某一行业或某一类股票价格走势的分类指数。例如，上海证券交易所发布的上证综合指数，就是把全部在上交所上市股票的价格都纳入计算范围，反映了整个市场的走势；而上交所编制的分类指数，如工业类指数、商业类指数、房地产类指数等则是把不同行业上市股票的价格纳入各自的指数计算范围，它们分别反映相关行业的股价变动状况。

按照编制股价指数时纳入指数计算范围的股票样本数量又可以将股票价格指数划分为综合指数和成分股指数。综合指数是将全部股票都纳入指数计算范围；成分股指数是指从全部股票中选取一部分较有代表性的股票作为指数样本，称为指数的成分股，计算时只把所选取的成分股纳入指数计算范围。例如，深圳证券交易所成分股指数，就是从深圳证券交易所全部上市股票中选取 40 种有代表性的股票并计算得出的一个成分股指数。在编制成分指数时，国际上惯用的做法是综合考虑样本股的市价总值及成交量在全部上市股票中所占的比重，并要充分考虑到所选样本股公司的行业代表性。

世界上主要的股价指数有美国的道琼斯指数、英国伦敦《金融时报》股价指数、日本的日经股价指数、中国香港的恒生股价指数等。

▶ 三、债券市场

（一）债券的含义

债券是指筹资者（即债券发行者）依照法律手续发行的向投资者（即债券购买者）承诺在一定时期支付约定的利息并到期偿还本金的债权债务凭证。

（二）债券的分类

债券的种类很多，在债券的历史发展过程中，曾经出现过许多不同品种的债券，各种债券共同构成了一个完整的债券体系。按照不同的标准，债券的种类大致有以下几种。

1. 政府债券、金融债券和企业债券

按照发行主体的不同，债券可分为政府债券、金融债券和企业债券。

政府债券又可分为中央政府债券和地方政府债券。前者是指由中央政府直接发行的债券，又称国债；后者是指由地方政府及其代理机构或授权机构发行的债券，又称市政债券。

金融债券是指由银行或非银行金融机构发行的债券。在欧美国家，金融机构发行的债券归类于企业债券。在我国及日本等国家，金融机构发行的债券称为金融债券。

企业债券通常又称公司债券，是企业依照法定程序发行，约定在一定期限内还本付息的债券。

2. 附息债券、一次还本付息债券和贴现债券

按照利息支付方式的不同，债券可分为附息债券、一次还本付息债券和贴现债券。

附息债券是指在券面上附有各项息票的中长期债券。息票上标明利息额、支付利息的期限和债券号码等内容。通常息票以 6 个月为一期。息票到期时将其剪下来凭以领取本期利息。息票也是一种可转让的有价证券，中长期国债及公司债券大多为附息债券。

一次还本付息债券是指不设息票,不分期付息,只在到期时把本金和多期利息一并支付给投资者的债券。如我国发行的债券大多为一次还本付息债券。

贴现债券又称贴水债券,是指券面上不附息票,发行时按规定的折扣率以低于债券面值的价格发行,到期时按债券面值兑付而不另付利息的一种债券。该种债券的利息即为面值与发行价的差额。如短期国债的发行常常采用贴现发行方式。

3. 记名债券和无记名债券

按照券面上是否记名,债券可分为记名债券和无记名债券。

记名债券是指在券面上注明债权人姓名,同时在发行公司的账本上做同样登记的债券。转让记名债券时,除要交付债券外,还要在债券上背书和在公司账本上更换债权人姓名。投资者须凭印鉴领取本息。

无记名债券是指券面上不注明债权人姓名,也不在公司账本上登记其姓名的债券。无记名债券在转让的同时随即生效,无需背书,因而具有较强的流动性。

4. 信用债券和担保债券

按照有无实际担保,债券可以分为信用债券和担保债券。

信用债券又称无担保债券,是指仅凭债券发行者的信用而发行的,没有抵押财产作担保的债券。一般国债、金融债券以及信用良好的公司发行的公司债券,大多为信用债券。

担保债券是指以抵押财产为担保而发行的债券。按担保品不同,可分为抵押债券、质押债券和保证债券。抵押债券以不动产作为担保,质押债券以动产或权利作为担保,保证债券以第三人作为担保。一般公司债券大多为担保债券。

(三) 长期债券发行市场

债券发行市场是发行主体出售新债券的市场。债券发行市场的作用是将政府、工商企业以及金融机构为筹集资金向社会发行的债券分散销售到投资者手中。债券发行涉及发行主体、发行方式、发行价格、债券的面额、期限、利率、利息支付方式及债券信用评级等一系列内容。

债券发行方式可以分为公募和私募两种;发行价格也分为溢价发行、平价发行和折价发行三种形式。债券面额并没有统一的标准,通常有 100 元的,也有 1 000 元甚至上万元的。对于投资者来说,债券面额意味着未来可以收回的面额。

与股票的一个重要区别是,债券是有偿还期的,需要还本付息。长期债券市场上发行的都是 1 年以上的债券。

公司债券的发行人资信状况千差万别,公司债券的风险也远远高于政府债券,因此,公司债券的发行一般需要先通过权威的、绝对中立的信用评级机构进行评级。信用评级的作用在于使投资者了解不同债券发行人的盈利能力、偿债能力,以便投资者进行投资决策,还可以降低信誉高的发行人的筹资成本。目前国际上公认的最具权威性的信用评级机构主要有美国标准·普尔公司和穆迪投资服务公司。我国目前已经有一些信用评级机构,针对企业的经济实力、支付能力、经济效益及守信水平等一系列复杂的指标将评级对象分为 AAA 级(特级,信用优良),AA 级(一级,信用良好)和 A 级(二级,信用较好)这样三个级别。没有达到信用 A 级者则不予评定。

(四)债券流通市场

债券流通市场即债券的二级市场,是已发行债券实现流通、转让的市场。根据市场组织形式,债券流通市场可以分为场内交易市场和场外交易市场。

1. 场内交易市场和场外交易市场

在证券交易所内购买债券所形成的市场就是场内交易市场,在银行、证券经营机构等金融机构的柜台以及其他在证券交易所以外进行证券交易的市场均属于场外交易市场。目前,我国的债券交易市场就包括证券交易所市场、银行间市场和商业银行柜台交易市场。随着我国债券市场的进一步发展,市场布局会有所调整,但总体趋势是场外交易市场的债券交易规模将进一步扩大。

2. 债券行市

债券行市是已发行债券在二级市场上的流通价格。理论上,债券的价格是其未来收益的现值。由于还本付息的方式不同,债券的理论价格也不同。

(1) 如果债券是到期一次还本付息,则债券价格为:

$$P = \frac{A}{(1+r)^t} \qquad \text{(公式 4-5)}$$

式中,P 为债券流通价格;A 为本利和;t 为债券的偿还期限;r 为市场利率。

(2) 如果债券是分期付息,到期还本,则债券价格为:

$$P = \sum_{t=1}^{n} \frac{C_t}{(1+r)^t} + \frac{M}{(1+r)^n} \qquad \text{(公式 4-6)}$$

式中,M 为面值;C_t 为第 t 年的利息;n 为债券的偿还期限;r 为市场利率。

(3) 如果债券是永久性债券,只定期付息而无偿还期限,则债券价格为:

$$P = \sum_{t=1}^{\infty} \frac{C}{(1+r)^t} = \frac{C}{r} \qquad \text{(公式 4-7)}$$

式中,C 为每一期的固定利息;r 为市场利率。

例如,假设票面价值为 1 000 元的债券,每年年底支付 100 元的定期利息,3 年到期,假定市场上同类债券的年利率为 12%。则该债券的流通价格为:

$$P = \frac{100}{(1+0.12)} + \frac{100}{(1+0.12)^2} + \frac{1\,100}{(1+0.12)^3} = 951.97(元)$$

第五节 我国的股票市场

我国的股票市场是一个新兴的市场,也是一个快速发展的市场。特别是在股票发行市场中,公开发行股票的数量日益增加,上市公司的规模不断扩大,这一方面为我国股市的繁荣与发展奠定了基础;另一方面也使公开发行股票的工作产生了一定的难度。到目前为止,我国在股票发行工作中已采用了几种不同的公开发行股票的方法,这些方法在实践中不断地接受考验,优胜劣汰,使我国股票发行工作日益合理化。

改革开放以来,由于企业及政府开始发行股票、债券等有价证券,建立规范的证券交易所,完善证券发行市场,已势在必行。1986 年 8 月至 1989 年,一些不规范的、属于尝试性的证券交易市场开始运行,这包括 1986 年 8 月成立的沈阳证券交易市场和以后相继成立的上海、武汉、西安等地的证券交易市场。

1990 年 11 月 26 日,上海证券交易所成立。它是按照证券交易所的通行规格组建的,办理组织证券上市、交易、清算交割、股票过户等多种业务。1991 年 7 月又有深圳证券交易所开业。沪深证券交易所的成立,标志着中国的证券交易市场开始走上正规化的发展道路。

自 1990 年以来,中国证券市场的发展速度加快。1992 年成立了中国证券监管机构,证券交易发行的有关规定陆续出台,开始了证券市场的法制化建设。

1990 年底,全国只有 13 家上市公司。截至 2006 年,沪深两市有 1 300 多家上市公司,总市值为 8.9 万亿元,市值规模上升至全球第 10 位,相当于 GDP 的 42.69%。2006 年 A 股市场发行筹资约 2 500 亿元。机构投资者队伍快速壮大,持股市值占流通市值比重超过 30%,多极化的稳定市场力量开始形成。

▶ 一、股票发行

(一) 股票发行目的

股份有限公司发行股票的目的主要有以下四个方面:

第一,筹集资本设立公司。公司在设立时,通常以发行股票来筹集资本,为公司设立创造条件,并以此开展经营活动。通过发行股票来筹集资本属于权益性资本,它是公司实力的主要标志,也是公司经营活动的基础。

第二,追加资本扩大经营。公司在设立后,要增加自有资本,扩大公司的规模,往往通过增资发行股票来达到目的,这就是所谓的有偿增资发行股票的主要形式。

第三,通过公积金转增股本。公司将经营中积累的资本公积和盈余公积转为资本,增加股份规模,并向公司原股东派送股票,这属于无偿增资发行股票。

第四,派送股票股利。公司在年度分红派息时,如果不是派送现金股利,而是将现金转为资本,就需要发行等值的股份,也就是派送红股。

此外,公司还可以出于改善资本结构、提高自有资本率、股份分割或合并以及公司分立或合并的目的而发行股票。

(二)股票发行的条件

我国股票发行分初次发行和增资发行两种,其发行条件有很大区别。

1. 初次发行的条件

所谓初次发行,就是以募集方式设立股份有限公司时公开募集股份或已设立公司首次公开发行股票。发行人初次发行股票须具备以下条件:① 其生产经营符合国家产业政策;② 其发行的普通股限于一种,同股同权;③ 发起人认购的股本数不少于拟发股本总额的 35%;④ 公司拟发行的股本总额中,发起人认购的部分不少于人民币 3 000 万元;⑤ 向社会公众发行的部分不少于公司拟发行的股本总额的 25%;⑥ 发起人近 3 年没有重大违法行为;⑦ 中国证监会规定的其他条件。

2. 增发新股的条件

所谓增发新股,就是经过首次股票发行后,根据资金需要再次向社会公众公开发行股票。增发新股必须具备以下条件:① 前一次公开发行的股份已募足,且募集资金的使用与其招股说明书所述用途相符,资金使用良好;② 距前一次公开发行股票时间在 1 年以上;③ 公司在最近 3 年内连续盈利,并可向股东支付;④ 公司在最近 3 年内财务会计无虚假记载;⑤ 公司预期利润可达到同期银行存款利率。

(三)股票发行的具体方法

1. 通过发行认购证发售股票的方法

此种方式不是向投资者直接发售股票,而是向投资者先发售认购证(或认购表),然后摇号抽签;投资者凭中签的认购证再去认购股票的方法。这种方法是在股票严重供不应求的情况下产生的。这种方法又分为两种不同的具体方式。

第一种是限量发售认购证的方式。其主要特点是在发售认购证之前,事先公布认购证发售的总数量,并规定每张居民身份证可购买认购证的数量。

第二种是无限量发售认购证的方式。这种方法实际上是一种敞开供应,随意购买认购证的方法。这就解决了限量发行认购证所产生的严重的供求矛盾,在一定程度上体现了在购买股票面前人人机会平等。但是在实践中,这种无限量发售认购证的办法造成发行成本高、发行浪费大与中间盘剥严重等新的问题。

2. 通过发行专项储蓄存单发售股票的方法

为了解决认购证发行办法的问题,我国又采用了发行专项储蓄存单发售股票的方法。此种方法实际上是把银行储蓄与发售股票相挂钩的一种方法。其基本程序如下:① 公布股票认购办法;② 公布储蓄存单与股票发售网点一览表;③ 公布发行股票工作有关问题的规定;④ 公布认购专项储蓄存单须知,进行存单认购工作;⑤ 公布股票专项储蓄存单发售结果;⑥ 公布专项储蓄存单摇号抽签办法,公开进行摇号抽签工作;⑦ 公布中签号,中签者交款认股。

我国从 1993 年下半年开始采用专项储蓄存单发行股票的方法,收到了较好的效果。采用专项储蓄存单发行股票的方法与无限量发行认购证相比,具有明显的优越性。不仅节约了资金,降低了成本,而且减少了社会浪费。

专项储蓄存单发行股票的方法也存在一些问题。一是这种发售方法有利于资金充足的大户;二是这种发售方法占压资金过多,占压资金时间过长;三是这种发售股票的方法会造成严重的存款搬家现象,使银行的储蓄失去稳定;四是程序复杂,耗费人力过大。

3. 全额预缴、比例配售、余款即退的发行办法

全额预缴、比例配售、余款即退的发行办法,具体步骤如下:① 投资者在规定的时间内到指定代理网点,凭本人身份证,股东代码卡,按发行价格和投资者标购数量缴足所需款项;② 主承销商汇总申购总量,按发行数量与有效申购总量的比例在投资者之间进行分配,并将投资者实际购股数量自动分配到投资者股票账户上;③ 未购股数多余款项立即退还投资者。

该办法解决了认购证发行的高成本、高浪费现象,消除了专项储蓄存单发行占压资金过多过长的问题,本办法全部通过电脑自动完成,全过程只需 2~3 周,并在公证部门监督下进行。但该办法也存在一些问题,例如,该办法是面向全社会发行股票,但是发行地点只是当地,因此解决不了外地购买者资金搬家的问题。此外,如果申购股票数量大大超过了股票发行数量,每个投资者在按申购数量交足股款后,所能真正购到的股票可能在申购数量中所占比例很少。

4. 上网发行的方法

上网发行是指通过证券交易所电脑交易网络系统进行股票发行的方式。上网发行又分为上网竞价发行和上网定价发行。

上网竞价发行是指投资者通过证券交易所电脑交易网络系统进行竞价,确定股票实际发行价并成交的发行方式。上网竞价发行的具体办法与二级市场的股票买卖方式差不多,但是也有一些具体的差别。

上网竞价发行具有很多优点,在很大程度上解决了其他发行方式产生的问题。上网竞价发行由于采用了计算机无纸化发行,节约了人力物力。上网竞价发行由于是通过股

票交易所通向全国各地的计算机网络发行,解决了小户购买股票的困难,体现了机会平等,也解决了现金大量搬运的问题。上网竞价发行极大地降低了投资者的认购成本,提高了效率。从实践情况看,上网竞价发行方法存在的主要问题是竞价发行股票有可能被与发行方有利益关系的机构操纵。

上网定价发行也是通过股票交易所交易网络系统发行股票的一种方式。与上网竞价发行所不同的是,上网定价发行不是由股票的购买者通过集合竞价的方式决定股票的发行价格,而是在上网发行之前由上市公司与承销商来确定股票的发行价格。上网定价发行与上网竞价发行的区别在于一个是事先人为确定股票价格,一个是由市场的竞争决定股票价格。此外,上网定价发行在投资者认购股票时,往往需要按比例分配或摇号抽签的办法。在其他方面,两者是完全一致的。

上网定价发行基本上消除了机构大户在股票发行中操纵价格的行为,但是股票发行时,股价事先由上市公司和承销商制定,能否制定得合理,值得研究。此外,使用上网定价发行方法时,因购买者较多,只好采取平均分配的办法,往往造成购买者投入大量资金,结果只能买到很少数量股票的现象。

后来我国在上网定价发行中又采取了摇号抽签的办法。每个购买者只准认购 1 000 股,并配给一个合同号,认购交款后,由有关部门进行摇号抽签,来确定最终的购股者。这种方式促使有些大户用个人的名义大量开立股票账户,以此来增加中签的机会。

1996 年之后,上网定价发行的方式又进行了改进。每只股票发行时,限制每个账户申报股数的总量(最多不得超过 1 万～3 万股)。购买股数以 1 000 股为单位,每一单位配一个合同号,然后通过摇号抽签的办法确定购股数量。这种办法也存在一定的问题,最主要的问题是在一级市场购买股票,到二级市场出售,可以获得高额利润,稳赚不赔,这就使一些机构调入大量资金争购股票,经常出现发行一只股票,冲入 600 亿～700 亿资金的现象,这不仅使购股中签率严重下降,中小散户难以购到股票,也出现了一级市场中的严重透支行为。还有一些银行为券商购股违规拆借巨额资金,扰乱了金融秩序。为此,管理层采取了在股票上网定价发行中取消市盈率限制,使一级市场与二级市场接轨的办法,制约机构在一级市场的无风险运作。

目前我国在股票发行中主要采用了上网定价发行办法,有些地方的股票在发行时采用全额预缴、比例配售、余款即退的方式,其他的发行办法已陆续被淘汰。

(四) 股票的发行价格

我国股票发行价格由股票发行人与承销机构协商确定。确定发行价格要考虑公司经营业绩、发展潜力、股票发行规模、公司行业特征、股票市场状态等因素,使之既有利于发行人筹集资金,又能被投资者所接受。我国目前股票发行价格确定主要采用市盈率法和竞价法两种方法。

1. 市盈率法

市盈率法又称本益法，是股票市场价格与盈利的比率，即：

$$市盈率＝股票市价÷每股收益 \qquad (公式 4-8)$$

通过市盈率法确定股票发行价格，应根据盈利预测计算出发行人的每股收益，然后可根据二级市场的平均市盈率、发行人同类行业公司股票的市盈率、发行人的经营状况及其成长性等因素拟定发行市盈率，最后依据发行市盈率与每股收益决定发行价。即：

$$发行价格＝每股收益×发行市盈率 \qquad (公式 4-9)$$

2. 竞价法

竞价法就是发行人和承销商确定一个竞价区间，申购人在股票认购日通过证券交易所网络，在竞价区间内按限购比例或数量进行申购委托，在申购结束后，由交易所的交易系统将所有有效申购按照"价格优先、同价位时间优先"的原则，将申购人的委托由高价位向低价位排队，并由高价位到低价位累计有效申购数量，当累计数量恰好达到或超过发行数量的价格，就是本次股票的发行价格。

（五）股票的发行程序

我国股票发行主要包括股票发行准备、股票发行申请、股票发行核准、股票发行承销等几个阶段。

1. 股票发行准备

发行人聘任中介机构，将企业改组成股份有限公司，对企业的资产和财务进行评估和审计，制定资产重组方案，起草制作股票发行文件，对拟发行公司进行辅导等。

2. 股票发行申请

依据行政隶属关系，地方企业向所在地省级政府、中央企业向中央企业主管部门申请，由地方政府或中央企业主管部门进行初审；初审被批准的企业，向中国证监会正式提出发行股票申请；由证券管理部门受理并进行预选资格审定。

3. 股票发行核准

我国采用核准制，企业发行股票必须报经中国证监会批准。中国证监会设有发行监督部和发行审核委员会，企业拟发行股票的申请材料先由发行监督部进行审核，然后由审核委员会依法审核，以无记名投票方式决定发行申请核准事宜。

4. 股票发行承销

股票发行人在获得中国证监会批准后，签订股票承销协议，由证券经营机构承销股票；发行人在中国证监会指定的报刊上披露招股说明书，并报中国证监会备案；向社会募集股份，社会公众认购股票；股票认购人认购股票后，应当向股票发行人指定的机构足额交纳股款。

▌▌▌▶ 二、股票上市

股票市场由发行市场和交易市场构成,发行市场是交易市场的基础和前提,交易市场又为发行市场的进一步壮大创造条件。而上市则是连接发行市场和交易市场的桥梁,因为只有上市的股票才能在股票交易所挂牌上市。

(一)上市的含义

所谓股票上市,是指已经发行的股票经证券交易所批准后,在证券交易所的公开挂牌交易。上市和证券交易所息息相关,证券交易所具有高度集中、秩序井然的优势,从而大大提高了交易的效率,使交易规模和交易参与者迅速增加。股票从发行市场转移到场内交易市场,或者从场外交易市场转移到场内交易市场,都需要上市这个必不可少的环节。

(二)上市和发行

进入证券交易所挂牌上市,有助于提高股票流动性和发行公司资信。很多发行公司也正是为了达到上市的目的而向广大投资者公开发行股票。这些发行公司在发行过程中往往向证券交易所进行咨询,以满足证券交易所上市条件来设计发行方案。很多发行公司在股票发行之前取得证券交易所的上市承诺,在股票发行之后立即在证券交易所上市,这使得发行和上市日益趋于一体化。

在我国,为了规范股票市场,发行和上市一体化现象尤为普遍。第一,未经批准,公司不得公开发行股票,公开发行股票后一段时间内股票在证券交易所上市;第二,利用证券交易所交易系统上网发行股票已经成为占主导地位的发行方式;第三,上网发行的企业几乎无一例外地在提供上网发行设施的证券交易所挂牌上市。鉴于这些原因,投资者常常把股票发行笼统地称为股票上市。

在国际证券市场上,发行和上市一体化现象也非常普遍,主要证券交易所的上市规则就体现了这一点。第一,大部分证券交易所将招股说明书列为上市所需的主要法律文件,而不要求上市申请公司另行刊登上市公告书;第二,这些证券交易所在市场推介材料中提及上市过程的各个步骤,常常将股票发行包含其中;第三,有些证券交易所将发行方式和上市方式混为一体,如伦敦证券交易所上市规则和我国香港联交所上市规则均把公开认购作为上市方式。

实际上,发行和上市具有很大的区别:第一,在时间上,发行在前,上市在后,狭义的上市仅指证券交易所审批发行公司的上市申请;第二,发行的主要参与者为发行公司、投资银行、一级市场投资者与其他中介机构,上市的主要参与者是发行公司、投资银行和证券交易所;第三,证券交易所上市条件不要求公司上市之前必须发行新股,即上市并不要求伴随发行；第四，发行也不要求必须获得上市，通过私募发行的股票，一般并不在证券交易所上市，甚至也不在柜台交易市场挂牌。

（三）上市和交易

上市是交易的起点，上市首日就是交易首日。交易的开始标志着上市公司资格的正式确立，而当上市公司股票被证券交易所终止交易（称为"摘牌"）时，意味着上市资格的丧失。

上市和交易两者的参与者不同，发行公司和承销商是上市过程中的主要参与者，而交易主要涉及股票经纪商和二级市场投资者，只有在发生回购时，发行公司才进入二级市场购买本公司的股票，成为二级市场的临时参与者。

（四）上市的方式

上市有广义和狭义之分。狭义的上市是指发行上市；广义的上市不但包括发行上市，还包括分拆上市、买壳上市、两地上市等各种上市形式。

1. 发行上市

发行上市是指已经发行的股票经证券交易所批准后，直接在交易所公开挂牌交易的法律行为。

2. 分拆上市

分拆上市是指已上市公司将其部分业务或者是某个子公司独立出来，另行公开上市。

3. 买壳上市

买壳上市是指非上市公司通过收购上市公司股份获得上市公司的控制权，然后利用反向收购方式注入自己的相关业务和资产。买壳上市是企业间接上市的一种重要方式。在西方成熟的证券市场，进行买壳上市的目的是非上市公司追求低成本、高效率、快捷上市的集资方式。在我国，由于上市资格在一定程度上受到政府的控制，使得上市资格成为一种稀缺的资源，从而买壳上市的应用更加广泛。

4. 两地上市

两地上市是指一家公司的股票同时在两个证券交易所挂牌上市。对于一家已上市的公司来说，如果准备在另一家证券交易所挂牌上市，那么它可以有两种方式：一是在境外发行不同类型的股票，并将此种股票在境外上市。如我国某些公司既在境内发行 A 股，又在我国香港发行 H 股，就属于此种类型。二是在两地都上市相同类型的股票，并通过国际存托银行和证券经纪商，实现股份的跨市场流通。

综上所述，股票市场的发展一方面为企业和个人提供了更多、更灵活的融资手段，更重要的是推进了金融领域乃至全社会经济领域的市场化进程。

 本章小结

在现代市场经济条件下,金融市场作为市场经济体系的重要组成部分,不仅是一个国家中央银行货币政策的传导渠道和实施场所,而且也是整个国民经济运行的枢纽。

金融市场是在金融活动过程中逐步产生和发展起来的,在不同的发展阶段其交易的内容和形式是不尽相同的,经济越发展,其交易内容就越丰富,交易的形式就越先进。

一个完整的金融市场通常由四个要素构成,即交易主体、交易对象、交易价格和交易方式。在现实生活中,金融市场可以按照不同的标准进行分类,按照其交易对象的不同,把金融市场分为资金市场、外汇市场、黄金市场和衍生市场。而资金市场所包括的货币市场和资本市场是各种市场中最为常见的。

货币市场是指融资期限在1年以下的金融市场,它是金融市场的重要组成部分。具体说,货币市场主要包括同业拆借市场、国库券、商业票据、回购协议等市场。可转让大额定期存单和银行承兑汇票等也是货币市场的重要组成部分,并在货币市场中发挥着重要的作用。

资本市场是指融资期限在1年以上的金融市场,它通常包括股票市场、债券市场等。股票市场是使股票发行和流通的场所。股票发行分为公开发行和私募;股票交易分为场内交易和场外交易。股票上市是指已经发行的股票经证券交易所批准后在证券交易所公开挂牌交易。债券市场是指发行和买卖债券的场所,它分为发行市场和流通市场。随着金融市场的发展,我国的股票市场在股票发行与上市方面具有自己的特征。

 **复习思考题**

1. 什么是金融市场?它由哪些要素所构成?
2. 什么是金融工具?它具有什么特征?
3. 什么是金融衍生工具?都有哪些种类?
4. 货币市场的特征是什么?结合我国的实际,阐述一下我国目前常见的货币市场。
5. 股票都有哪些分类?阐述股票的价值与价格的联系。
6. 什么是债券?它有哪些分类?
7. 股票的发行与流通方式与债券相比有哪些不同之处?
8. 我国的股票市场有何特征?

案例分析

案例：纽约金融市场

纽约是世界最重要的国际金融中心之一。第二次世界大战以后，纽约金融市场在国际金融领域中的地位进一步加强。美国凭借其在战争时期膨胀起来的强大经济和金融实力，建立了以美元为中心的资本主义货币体系，使美元成为世界最主要的储备货币和国际清算货币。西方资本主义国家和发展中国家的外汇储备中大部分是美元资产，存放在美国，由纽约联邦储备银行代为保管。一些外国官方机构持有的部分黄金也存放在纽约联邦储备银行。纽约联邦储备银行作为贯彻执行美国货币政策及外汇政策的主要机构，在金融市场的活动直接影响到市场利率和汇率的变化，对国际市场利率和汇率的变化有着重要影响。世界各地的美元买卖，包括欧洲美元、亚洲美元市场的交易，都必须在美国，特别是在纽约的商业银行账户上办理收付、清算和划拨，因此纽约成为世界美元交易的清算中心。此外，美国外汇管制较松，资金调动比较自由。在纽约，不仅有许多大银行，而且商业银行、储蓄银行、投资银行、证券交易所及保险公司等金融机构云集，许多外国银行也在纽约设有分支机构，1983年世界最大的100家银行在纽约设有分支机构的就有95家。这些都为纽约金融市场的进一步发展创造了条件，加强了它在国际金融领域中的地位。纽约金融市场按交易对象划分，主要包括外汇市场、货币市场和资本市场。

纽约外汇市场是世界上最主要的外汇市场之一。纽约外汇市场并无固定的交易场所，所有的外汇交易都是通过电话、电报和电传等通讯设备，在纽约的商业银行与外汇市场经纪人之间进行。这种联络就组成了纽约银行间的外汇市场。此外，各大商业银行都有自己的通讯系统，与该行在世界各地的分行外汇部门保持联系，又构成了世界性的外汇市场。由于世界各地时差关系，各外汇市场开市时间不同，纽约大银行与世界各地外汇市场可以昼夜24小时保持联系。因此它在国际套汇活动几乎可以立即完成。

纽约货币市场即纽约短期资金的借贷市场，是资本主义世界主要货币市场中交易量最大的一个。除纽约市金融机构、工商业和私人在这里进行交易外，每天还有大量短期资金从美国和世界各地涌入流出。和外汇市场一样，纽约货币市场也没有一个固定的场所，交易都是供求双方直接或通过经纪人进行的。在纽约货币市场的交易，按交易对象可分为：联邦基金市场、政府库券市场、银行可转让定期存单市场、银行承兑汇票市场和商业票据市场等。

纽约资本市场是世界最大的经营中、长期借贷资金的资本市场，可分为债券市场和股票市场。纽约债券市场交易的主要对象是政府债券、公司债券和外国债券。纽约股票市

场是纽约资本市场的一个组成部分。在美国,有10多家证券交易所按证券交易法注册,被列为全国性的交易所。其中纽约证券交易所、NASDAQ和美国证券交易所最大,它们都设在纽约。

（案例来源：戴国强,上海财经大学金融学院,http：//dept. shufe. edu. cn/jrxy/5/course 1/case/case. htm)

问题：

通过阅读上述案例,比较一下目前我国的金融市场与纽约金融市场有哪些异同之处?

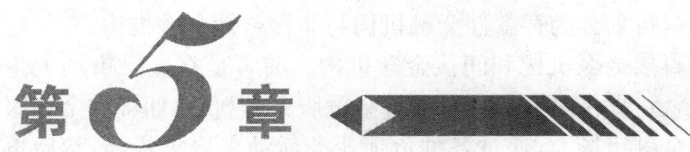

第5章

金融机构

学习目的

- 熟悉西方国家金融机构体系的一般构成与发展趋势。
- 了解我国金融机构体系的形成与发展演变。
- 重点掌握我国现行的金融机构体系的构成,熟悉我国银行、证券、保险三足鼎立的金融业格局,了解各种金融机构的职能分工。

通过第4章的学习我们知道,金融市场的参与者主要包括政府机构、金融机构、非金融机构(企业或事业单位)和居民个人。其中金融机构是金融市场最主要的参与者,金融市场上的各种金融活动都要借助于一定的金融机构来完成,金融机构是金融市场不可缺少的主体。

金融机构按照不同的标准,可以分为不同的类型。

按照金融机构的地位和职能,可划分为金融监管机构与接受监管的金融企业。金融监管机构如中国的中国人民银行、银行业监督管理委员会等代表国家行使金融监管权力的机构。而接受监管的金融企业如所有的商业银行、证券公司、保险公司、信托投资公司、证券投资基金等,都必须接受监督和管理。

按照业务特征是否属于银行系统,可划分为银行类金融机构和非银行类金融机构。

按照是否能够承担国家政策性融资任务,可划分为政策性金融机构和非政策性金融机构。政策性金融机构是指主要由政府出资创办、按照政府意图与计划从事金融活动的机构。非政策性金融机构则不承担国家的政策性融资任务。

按照是否能够接受公众存款,可划分为存款性金融机构与非存款性金融机构。

按照活动的领域,可划分为直接金融机构和间接金融机构。前者是在金融市场上主要为筹资者和投资者双方牵线搭桥,提供融资便利及各种金融服务,以收取佣金和金融服务费的金融机构;后者是在间接金融市场上,通过各种负债业务活动来聚集资金,然后再以各种资产业务活动来运用资金,以这种方式来实现资金从盈余者向短缺者流动,实现储蓄向投资的转化。

按照出资的国别属性,可划分为内资金融机构、外资金融机构和合资金融机构。

现代金融机构种类繁多,各种金融机构组成相互联系、分工协作的统一体便构成了金融机构体系。一国社会经济条件对该国金融机构体系的构成具有制约作用,各国经济发展状况不同,因此,形成了不同的金融机构体系。

第一节　西方国家的金融机构体系

西方国家的金融机构体系主要由中央银行、商业银行、各种专业银行和非银行金融机构等组成。

一、中央银行

中央银行是一个国家的金融管理机构,是国家赋予其制定和执行货币政策,对国民经济进行宏观调控和管理监督的特殊的金融机构。中央银行是各国金融机构体系的核心和主导,对内它代表国家对整个金融体系实行领导和管理,维护金融体系的安全运行,实施宏观金融调控,是统制全国货币金融的最高机构;对外则是一国货币主权的象征。

中央银行的主要职能可以简单地概括为:垄断货币发行的银行、为政府提供金融服务的银行、为商业银行和其他金融机构充当最后贷款人以及管理国家金融的银行,即发行的银行、银行的银行、政府的银行。

中央银行是银行业发展到一定阶段的产物,并随着国家对经济生活干预的日益加强而不断发展和强化。中央银行最初一般是由商业银行演变而成的。成立于 1656 年的瑞典银行是世界上最早开始执行中央银行职能的银行。成立于 1694 年的英格兰银行,是现代中央银行的"鼻祖",它在中央银行的发展史上是一个重要的里程碑。但是,到 1928 年英格兰银行才成为英国唯一的发行银行。大多数国家的中央银行是由政府直接设立的,如美国的联邦储备体系和第二次世界大战后许多发展中国家建立的中央银行。目前几乎所有国家和地区都设立有中央银行或类似于中央银行的金融机构。

二、商业银行

商业银行是最早出现的现代金融机构，是以追求最大利润为经营目标，以多种金融资产和金融负债为经营对象，为客户提供多功能、综合性服务的金融企业。

商业银行的主要特点是：主要经营个人储蓄和工商业存、贷款，并为顾客办理汇兑结算和提供多种服务。其中，吸收活期存款是商业银行一大特色。通过办理转账结算，商业银行实现了国民经济中的绝大部分货币周转。同时，以活期存款为基础，广泛开展转账结算业务，由此形成派生存款，进而影响存款货币供应量，起着创造存款货币的作用，这是商业银行区别于其他金融机构的重要标志。

在西方国家，商业银行以机构数量多、业务渗透面广和资产总额比重大而成为金融机构体系中的骨干和中坚，具有其他金融机构所不能代替的重要作用。关于商业银行的详细内容将在本书第 6 章进行介绍。

三、各类专业银行

专业银行是专门经营某种特定范围的金融业务和提供专门性金融服务的银行。它是在商业银行的基础上逐渐形成和建立起来的专业化金融机构。专业银行的出现，是社会分工的发展在金融业的反映。各国的专业银行种类很多，名称各异，如储蓄银行、农业银行、进出口信贷银行等。

（一）开发银行

开发银行是专门为社会经济发展中的开发性投资提供中长期贷款的银行。开发性投资如新产业的开发、基础建设等，具有投资大、见效慢、周期长、风险大等特点，一般的商业银行不愿承担。而开发银行一般多是政府主办，不以营利为目的，所以往往由开发性银行承担这类项目。世界上第一家开发银行于 1822 年产生于比利时，主要职能是促进新工业的创立。1852 年，法国信贷动产银行成立被视为现代开发银行的先驱。

19 世纪末到 20 世纪初，欧美国家投资银行蓬勃发展，为经济工业化提供长期资金发挥了一定的作用。20 世纪 30 年代初的世界经济危机，各国金融机构遭到了严重打击，不少银行倒闭。第二次世界大战以后，为了适应经济发展的需要，西方各国纷纷成立开发性金融机构，如德国复兴信贷银行、日本开发银行等。在世界银行等有关机构的支持下，发

展中国家普遍设立了开发性金融机构。

(二) 投资银行

早期的投资银行是专门对工商企业办理投资和长期信贷业务以满足企业对固定资产需求的专业银行。投资银行的组织形式多种多样,名称也各异。投资银行的名称通用于欧洲大陆和美国等工业化的国家。有的国家也称为金融公司、投资公司或实业银行,英国称为商人银行,日本称之为证券公司。但是实际上,在许多对直接投资和间接投资分业经营管理的国家,金融当局往往不是将投资银行纳入银行系统,而是将其作为非银行金融机构进行管理。

投资银行的资金来源主要是通过发行股票和债券筹集,吸收存款限于定期存款,作为补充和辅助作用。投资银行的主要业务是为工商企业发行和包销证券、包销本国政府和外国政府公债、向工商企业等提供中长期贷款、对工商企业的股票和债券进行直接投资、参与企业的创建和改组活动、提供投资购并等财务咨询服务。有的投资银行还兼营黄金、外汇买卖以及资本设备或耐用商品的租赁业务。其中,证券投资和参与企业创建活动是投资银行业务活动的主要特征。

从投资银行所从事的主要业务看,投资银行是资本市场的关键要素和最主要的组织者,投资银行发挥着金融中介和组织作用,将资本市场各方面的参与者,无论是政府、企业、机构和个人,还是金融产品的发行人和各种投资者,都有机地联系在一起。它是整个资本市场得以高效、有序运转的核心力量,使市场机制对社会经济资源配置的基础性作用在此得到最充分的体现。

(三) 进出口银行

进出口银行是专门为对外贸易提供结算、信贷等国际金融服务的银行。最早出现的专门从事进出口融资的金融机构是 1919 年成立的英国出口信贷担保局;美国的进出口银行成立于 1924 年。目前大多数国家都建立了进出口银行,但名称各异,如法国称之为对外贸易银行,瑞典称之为出口信贷公司。这一类银行一般都是官方或半官方的金融机构。创建它们的宗旨是为了推动本国的进出口贸易,特别是大型机电设备的出口,加强国际金融合作,广泛吸引国际资本和搜集国际市场信息。

(四) 储蓄银行

储蓄银行是专门办理吸收居民储蓄存款并为居民提供金融服务的银行。对于储蓄银行,各国的具体称谓不同,有的称储蓄银行、互助储蓄银行、国民储蓄银行、信托储蓄银行,有的称为储蓄放款协会等,有的国家邮政系统也办理储蓄业务,也有建房储蓄银行等。这些金融机构尽管名称不同,但是基本功能相同。储蓄银行以吸收储蓄存款为主,资金来源相对稳定,其资金运用主要是用于购买政府公债、公司股票和债券,或将部分资金转存入商业银行以赚取利差。近年来储蓄银行业务范围已经有所突破,有些储蓄银行开始经营商业银行的业务。

储蓄银行基本上都是公营性质,也有私营的。在西方国家,储蓄银行是专门独立的专业银行,并设有专门的管理法令。

(五) 农业银行

农业银行是在政府的指导和资助下,专门为农业、畜牧业、林业和渔业的发展提供金融服务的银行。由于农业部门收益能力低、资本需求期限长且具有季节性,一般金融机构难以满足其融资需求,需要政府提供指导和资助,设立专门的金融机构为之服务。例如,美国有联邦土地银行、联邦中期信贷银行、合作社银行,法国有土地信贷银行、农业信贷银行,德国有农业中央银行、土地信用银行、地租银行,日本有农林中央金库、农(渔)业互助合作社、农林渔业金融公库等,它们一般都是官方或半官方的金融机构。农业银行的资本来源主要是政府用于农业发展的资金、发行债券、组合成员存款、出资团体根据有关法规的缴纳款等;资金运用主要是提供低息贷款支持农、牧、渔民创业和发展生产。

(六) 住房信贷银行

住房信贷银行是专门为居民购买住房提供融资服务的金融机构。美国的住房信贷体系与农业信贷体系、进出口银行一样,同属于联邦代理机构。具体包括联邦住房贷款银行委员会及其所属银行、联邦住宅抵押贷款公司、联邦住宅管理局、联邦全国抵押贷款协会等机构。日本的住房信贷机构称之为住宅金融公库,也属于政府的金融机构。英国称之为住房信贷协会。

住房贷款的偿还期可长达 15～25 年,由借款人偿还。还本付息的方式有两种:一种是借款人按月偿付利息,本金则分期偿还,一般是最初几年支付利息,剩余期限偿付本息,但利息按本金递减计算;另一种形式是抵押贷款和借款人的定期人寿保险相结合,借款人在借款期间按月支付利息,同时缴纳人寿保险费,人寿保险到期时,借款人就用其到期的保险收入偿还抵押贷款本金。

此外,还有合作银行、抵押银行、信托银行、清算银行、外汇银行以及专门为中小企业服务的银行等各种类型的专业银行。

▶ 四、非银行金融机构

非银行金融机构一般是指中央银行、商业银行、各种专业银行以外的金融机构,如保

险公司、退休和养老基金、投资基金等。

(一) 保险公司

保险公司是各国最重要的非银行金融机构。保险公司主要是在保险市场提供各种保险商品，缴纳保险费，建立保险基金，对发生的保险事故进行经济补偿或给付的金融机构。保险公司同时也是契约型储蓄和金融投资机构。

各国按照保险种类分别建立形式多样的保险公司，如财产保险公司、人寿保险公司、再保险公司、灾害和事故保险公司、老年和伤残保险公司、信贷保险公司、存款保险公司等。其中，一般又以人寿保险公司的规模最大。

(二) 退休和养老基金

退休和养老基金是一种向参加养老金计划者以年金形式提供退休收入的金融机构，任何就业人员只要一直缴纳退休基金，并且工作到退休年龄，他的养老金项目就开始逐月向他支付养老金。这类机构和保险公司一样，同属契约型储蓄机构。退休和养老基金是第二次世界大战后逐渐发展起来的。20 世纪 70 年代后期，这类基金大多数是由保险公司管理的。

退休和养老基金的资金来源是公众为退休后生活所准备的储蓄金，在形式上通常由劳方和资方共同缴纳，也有由雇主单独缴纳的。此外，基金所积累的资金运用所产生的收益也是重要的来源。由于养老金的资金来源比较稳定，并且它可以精确地计算出来未来若干年内养老金的支付金额，因此养老金的资金运用主要投资于公司长期债券、股票和发放长期贷款。

(三) 投资基金

投资基金是通过发行基金股份(或受益凭证)，将投资者分散的资金集中成一定规模并进行定向投资的周转资金，由专业管理人员分别投资于股票、债券或其他金融资产，并将投资收益分配给基金持有者的一种金融中介机构。其特点主要有：低成本的规模经营、低风险的分散投资、高效率的专家管理。

根据不同的分类方法，投资基金有不同的分类。

根据组织形式，基金可分为契约型基金和公司型基金。契约型基金是指基金的设定人设计特定类型的基金，以信托契约的形式发行受益凭证，募集投资者的定期资金，然后进行运营和投资。公司型基金是指通过组建基金股份公司的形式来发行基金股票，募集投资者的资金，由公司投资经理部门或委托其他投资管理公司操作投资，并以基金股息、红利形式将收益分配给投资者。两者主要的区别如表 5-1 所示。

表 5－1　契约型基金和公司型基金的主要区别

	契 约 型 基 金	公 司 型 基 金
成立的法律依据	信托法	公司法
是否具有法人资格	无法人资格	有法人资格
投资者的地位	仅是受益人	既是受益人，也是股东
发行凭证体现的关系	信托关系	既有信托关系，又有所有权关系
运行期限	契约期满终止	永久性

　　根据基金是否可以赎回，基金可分为封闭式基金和开放式基金。封闭式基金是指基金发行成功以后封闭运行，投资者不允许再要求基金公司赎回，也不能再追加购买基金。开放式基金是指基金发行成功以后，投资者允许要求基金公司赎回，也可以追加购买基金。两者主要的区别如表5－2所示。

表 5－2　开放式基金和封闭式基金的主要区别

	开 放 式 基 金	封 闭 式 基 金
基金份额是否可以变化	存续期内投资者可以随时申购和要求赎回	存续期内基金份额保持不变
存续期限	无预定的存续期限	发起时规定存续期限
运行后的交易方式	投资者和基金管理公司之间直接交易	委托券商在二级市场按市价买卖
交易价格	基金单位资产净值	二级市场价格
投资的流动性需求	流动性需求相对较大	流动性需求相对较小

　　根据基金的投资目标，基金可分为收入型基金、成长型基金和平衡型基金。收入型基金以获取当期最大收入为目标；成长型基金以追求资本的长期增值为目标；平衡型基金以净资产的稳定、可观的收入及适度成长为目标。

（四）邮政储蓄机构

　　邮政储蓄机构是利用邮政机构网点设立的非银行金融机构，主要经营小额存款，所吸收的存款一般不用计提准备金，其资金运用主要是存入中央银行或购买政府债券。邮政储蓄机构于1861年首创于英国。据万国邮政联盟统计，全世界有80多个国家的邮政部门经办了邮政储蓄业务。近几年来邮政储蓄机构正在朝两个方向发展：一是逐步回归到商业银行的性质；二是在政府支持下变成一种公用事业，为社会提供各种服务，便利人们的生活。

英国在1861年创立的邮政储蓄银行基础上发展起来的国民邮政储蓄银行是典型的邮政储蓄机构。目前，该银行提供两种储蓄账户：一种是普通账户，存款数额不得超过1万英镑，利率随货币借贷利率的总水平而变动；另一种是1966年后增设的投资账户，该账户的利率主要是根据在国债市场进行投资后所获得的收益来确定，但是通常比普通账户的利率高。如果要提取投资账户的存款，需提前1个月通知银行。

（五）信用合作社

信用合作社简称信用社，是西方国家普遍存在的一种由个人集资联合组成、以互助合作为宗旨的金融机构。其基本的经营目标是以简便快捷的手续和较低的利率向社员提供信贷服务，帮助经济力量薄弱的个人和中小企业解决资金困难，以免受高利贷的盘剥。

信用合作社通常可以按地域分为农村信用社和城市信用社，或按专业领域分为农业生产信用社、渔业生产信用社、林牧业生产信用社和土地信用社等。

信用社的资金主要来源于其成员缴纳的股金和吸收存款，贷款则用于解决其成员的资金需要。信用社的主要传统业务是发放短期生产贷款和消费贷款，但现在一些资金充裕的信用社也提供中长期贷款，以解决企业在生产设备更新和技术改造中的资金需求。

除此以外，非银行金融机构还有信托投资公司、租赁公司、企业集团财务公司等。在此不再一一赘述。

（六）外资金融机构

外资金融机构是指由外国金融机构全部或部分投资，在东道国境内设立和经营的金融机构。从外资金融机构的资本构成上可将外资金融机构分为两大类型：一类是其全部资本均由外国金融机构投入，在东道国设立并经营的外资独资金融机构；另一类是其资本由外国金融机构和东道国的金融机构共同投入，在东道国设立并经营的合资金融机构。各国一般都将这类金融机构纳入本国金融机构体系内，并受本国金融当局的管理和监督。除特别限制外，外资金融机构一般与本国金融机构从事同样的业务。随着WTO服务贸易总协定的实施，金融业市场准入扩大，外资金融机构设立的障碍在减少，业务经营的限制在缩小。但由于各国还有一些或明或暗的壁垒，要享受真正的国民待遇还不是一件很容易办到的事。

总之，西方国家的金融机构体系庞大而复杂，且每个国家的金融体系又不尽相同。图5-1、图5-2和图5-3分别归纳了美国、英国和日本的金融机构体系的基本构成。

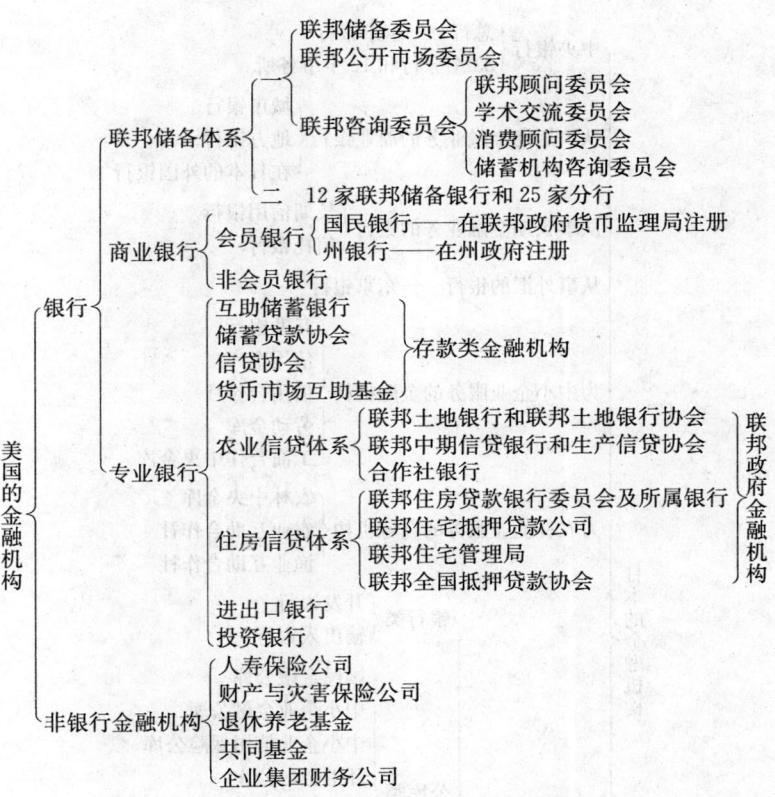

图 5－1　美国的金融机构体系

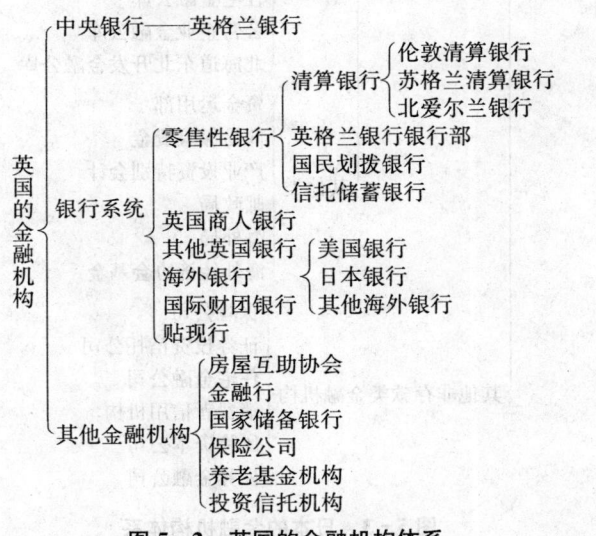

图 5－2　英国的金融机构体系

中央银行 ┤ 总行——东京银行
     └ 33 个分行和 12 个事务所

从事短期金融业务的商业银行 ┤ 城市银行
              ├ 地方银行
              └ 在日本的外国银行

从事长期金融业务的银行 ┤ 长期信用银行
            └ 信托银行

从事外汇的银行——东京银行

为中小企业服务的金融机构 ┤ 互助银行
             ├ 信用金库
             ├ 信用合作社
             ├ 劳动金库
             └ 工商合作中央金库

为农林渔业服务的金融机构 ┤ 农林中央金库
             ├ 农业互助合作社
             └ 渔业互助合作社

日本的金融机构

政府金融机构 ┤ 银行类 ┤ 开发银行
           └ 输出入银行
      ├ 公库类 ┤ 国民金融公库
           ├ 中小企业金融公库
           ├ 中小企业信用保险公库
           ├ 环卫金融公库
           ├ 农林渔业金融公库
           ├ 住宅金融公库
           ├ 公营企业金融公库
           └ 北海道东北开发金融公库
      └ 其他类 ┤ 资金运用部
           ├ 简易保险资金
           ├ 产业投资特别会计
           ├ 邮政局
           ├ 海外局
           └ 海外经济协会基金

其他非存款类金融机构 ┤ 保险公司
           ├ 证券投资信托公司
           ├ 住宅金融公司
           ├ 消费者信用机构
           ├ 风险资本公司
           └ 证券金融公司

图 5-3　日本的金融机构体系

第二节 我国金融机构体系的构成

一、旧中国的金融机构

早在一千多年前的唐代,中国就出现了兼营银钱的机构,如邸店、质库等。宋代有专营银钱交易的钱馆、钱铺;明代有钱庄、钱肆等;清代有票号和汇票庄等。这些金融机构虽然还不是真正意义上的银行,但是已经具备银行的一些性质。中国出现真正意义上的银行是在近代外国资本主义入侵之后。

1845 年(道光二十五年)管理清室财务的内务府设立了天元、天亨、天利、天贞、西天元五官银号(俗称"五天官号")。官银钱号是清政府设立的金融机构,其将发行银票和银票所得收益作为内务府的进款。在清政府的要求下各省相继设立了地方官钱局和官银号,发行银钱票在省内流通,办理存放款,经营省库,代垫公款,经管官款汇兑存拨,以多种方式接济官府,成为地方政府财政外库。辛亥革命后这些地方官银号多数改为各省的地方银行。19 世纪中叶出现的洋务运动以及甲午战争之后清政府被迫实行"新政",产生了近代军事工业和民族工业,民族资本主义产业有了较大发展。1897 年 5 月 27 日(光绪二十三年),中国通商银行成立,总行设在上海,在全国广泛设立分支行;1905 年户部银行由户部奏准正式成立,总行设立于北京,1908 年改名为大清银行;1908 年交通银行由邮传部奏准在北京成立。中国的银行适应发展的要求而兴起。

1911 年 10 月辛亥革命爆发后,大清银行停业清理。民族资本银行有了快速发展,1912~1927 年全国新设银行 186 家,平均每年有 11.6 家设立,一些著名的银行都是在此时期成立的,如上海商业储蓄银行、浙江实业银行、浙江兴业银行、金城银行、大陆银行等,使中国金融体系初步建立。

国民政府的建立和巩固得到了金融业的支持,同时银行业也在支持过程中获得了发展。1928~1936 年全国新设银行 128 家,中途停业 23 家,实存 105 家;银行资本 10 年增长了 1.1 倍,存放款业务也有了很大的增长。1927 年 10 月国民政府颁布了《中央银行条例》,1928 年 11 月 1 日中央银行在上海正式成立,采用总分行制的组织形式,总行设在上海;1935 年 6 月 4 日国民政府公布了《中国农民银行条例》,将原四省农民银行正式改组成为中国农民银行并开始营业,从而形成了国民党官僚垄断金融体系——"四行二局一库",即中央银行、中国银行、交通银行、农民银行;中央信托局、邮政储金汇业局;中央合作金库。"四行二局一库"利用它们的政治权势,使用各种手段控制民族资本银行和钱庄。1942 年 5 月 28 日四联总处颁布《中央交农四行业务划分及考核办法》，重新划分四行的经营业务，实行专业化分工。

▶ 二、新中国建立以来的金融机构体系的建立与演变

（一）新中国金融机构体系的建立

中国人民银行的建立是新中国金融机构体系诞生的标志。早在新中国建立之前，中国共产党领导下的革命根据地和解放区就先后建立了自己的银行，发行了自己的货币。1931年，中央苏区在瑞金建立了最早的苏维埃共和国国家银行。抗日战争和解放战争时期，在各主要抗日根据地和解放区，相继建立了陕甘宁边区银行、晋察冀边区银行、西北农民银行、北海银行、华北银行、华中银行、中州农民银行、南方人民银行、长城银行、内蒙银行、关东银行、东北银行等金融机构。随着解放战争的节节胜利，原来分割的解放区连成一片，原来各地分设的银行合并建立了中国人民银行，并发行人民币。随后原来各解放区的银行逐步改组为中国人民银行的分支机构，形成了大区分行体制，划分为西北区行、东北区行、华东区行、华北区行、中南区行、西南区行六大区行。

建国初期，中国的金融机构体系是以中国人民银行为核心，通过合并解放区银行，没收官僚资本银行，改造私人钱庄与银行，以及建立农村信用社等途径建立起来的。

根据对官僚资本实行剥夺的总政策，中国人民银行接管了官僚资本的银行以及其他金融机构，包括国民党政府的中央银行、省市地方银行和资本全部属于官僚资产阶级的商业银行，对其中的交通银行和中国银行，根据它们过去的业务特点被分别改组成为长期投资银行和外汇专业银行。

根据对民族资产阶级实行利用、限制、改造的总政策，国家对民族资本银行和私人钱庄采用了保存、监管和逐步改造的办法，所有的私人钱庄和银行于1952年底组成了统一的公私合营银行，完成了私人金融业的社会主义改造。

根据对农业实行社会主义改造的总政策，在农村打击高利贷活动和改造旧的信用关系的基础上，按照农民自愿互利和平等的原则，逐步建立起农村信用社，这意味着社会主义的金融体系在中国广大农村开始扎根。

这样，到1953年前后，我国已经基本建立了以中国人民银行为核心和骨干，少数专业银行和其他金融机构为辅助与补充的新中国的金融机构体系，这种体系适应了当时的革命和建设事业发展的需要。

（二）新中国金融机构体系的演变

新中国金融机构体系的演变可以分为两个阶段。

1. 1953～1978年金融机构体系由分分合合走向"大一统"模式

1953年，我国开始实施第一个五年计划，进入了大规模的经济建设时期。为集中力

量大规模进行社会主义建设,我国采用前苏联高度集中的计划经济管理模式,开始对金融体制进行改革,从而建立起高度集中的、以行政管理办法为主的单一国家银行体系,又称"大一统"的中国人民银行体系。这一体系的特征是:全国只有中国人民银行一家银行;中国人民银行执行双重职能,它既具有货币发行权、负责管理全国金融事务的金融机构,发挥中央银行的职能,又要办理普通银行的信贷业务,包揽了工商信贷、农村金融、储蓄存款、转账结算、现金出纳等具体的银行业务。中国人民银行内部实行高度统一的资金管理体制。在存贷款的管理上实行"统存统贷"的资金管理体制,即各级地方分支行吸收的存款全部逐级上交到总行,自身无权支配;各级分支行所需信贷资金由总行核批计划指标,层层下拨。

在农业合作化中,1955 年 3 月成立的中国农业银行于 1957 年撤销,1963 年 10 月再次设立,1965 年又合并于中国人民银行,直到 70 年代末。在农村虽然建立了大量的农村信用合作社,但后来都演变成为中国人民银行在农村的基层机构,在许多地方甚至直接与农村的营业所合二为一。

1954 年 9 月将交通银行改建为中国人民建设银行,其任务是在财政部领导下专门对基本建设的财政拨款进行管理和监督,实际上并不经营存、贷款业务,因而成为财政部下属机构。1949 年接管的中国银行,虽然一直保持独立存在形式,但是它只经办中国人民银行所划定的对外业务,有一段时间则直接成为中国人民银行办理国际金融业务的一个部门。

在对私人金融业改造的基础上成立的一批公私合营银行,1955 年与中国人民银行有关机构合并。

1949 年成立的中国人民保险公司,最初隶属中国人民银行,1952 年划归财政部,1959 年又转交中国人民银行国外局,全面停办国内业务,专营少量国外业务。

这样,从 1953 年至 70 年代末改革开放以前,金融机构一步步走向了中国人民银行"大一统"的道路,中国人民银行实际上成为中国唯一的银行,垄断了几乎所有的金融业务。这种高度统一的金融体系,在计划经济管理体制下发挥了一定的积极作用,有利于金融宏观控制,有利于统一调拨资金。但其消极作用也是明显的,不利于调动地方各级银行的积极性。这一体系是为适应高度集中的计划经济体制而设立的,因此一直延续到 1978 年改革开放以前。

2. 1978 年改革开放以来各类金融机构重新恢复、发展和不断完善

1978 年以后,随着我国经济体制改革的不断深入,我国金融体制进行了一系列的改革,改革的总体方向是改变延续多年的"大一统"的金融机构体系,逐步建立起一种适应市场经济体制所需要的金融机构体系。在这一阶段,金融机构体系的改革主要表现在以下几方面:

(1)在金融机构的设置上,首先打破了长期存在的只有中国人民银行一家金融机构的局面,先后恢复和建立了独立经营的国有专业银行。1979 年 2 月,恢复了中国农业银行(农村金融业务);1979 年 3 月,中国银行也从中国人民银行独立出来,实行完全独立经营;1980 年中国人民建设银行从财政部分离出来,下半年开始实行基本建设投资拨款改贷

款试点,1983年明确建设银行为全国性金融实体,除执行拨款任务外,大量开展一般银行业务,1996年改名为中国建设银行;1983年9月中国人民银行转变为专司中央银行职能,成立了中国工商银行办理中国人民银行原来办理的全部工商信贷业务和城镇储蓄业务。

（2）为配合国有专业银行的商业化改革,剥离原来由四大国有专业银行办理的政策性业务,建立政策性银行。1994年4月组建国家开发银行和中国进出口银行,11月组建中国农业发展银行。

（3）建立了综合性、股份制商业银行和地方性商业银行。1986年7月重建交通银行,这是我国按照商业银行要求建立的第一家商业银行,以后陆续组建了10多家商业银行。1995年城市信用社改建为城市合作银行,1998年以后又相继改建成城市商业银行。

（4）各类非银行金融机构也相继成立。首先恢复了国内保险业务,中国人民保险公司成为独立的经济实体。随后各种非银行类金融机构相继成立。1980年,中国人民保险公司恢复国内保险业务;1988年3月和1991年4月,中国平安保险公司和中国太平洋保险公司先后建立。1979年成立了中国国际信托投资公司,1981年12月成立专营世界银行等国际金融机构转贷款业务的中国投资银行。1983年上海成立上海市投资信托公司,自此各省市相继成立了一大批地方性的信托投资公司和国际信托投资公司。1990年12月和1991年7月,上海和深圳证券交易所相继成立,之后经营证券业的证券机构和基金组织不断增加。农村信用合作社也恢复了经营自主权,1979年河南省驻马店成立了第一家城市信用社,1984年,我国大中城市相继成立了许多城市信用社。

（5）外资金融机构的不断涌现。1979年中国第一家海外银行在北京开设办事机构以来,中国境内外资金融机构数量不断增加,设立地点从特区和沿海大中城市向内地大中城市扩散。1996年中国开始向外资银行有限地开放人民币业务。

▶ 三、我国现行金融机构体系

随着金融体制改革的不断深入,目前我国形成了以中央银行（中国人民银行）为核心,商业银行为主体,多种金融机构并存,分工协作的多种金融机构体系格局。

（一）监管类金融机构

1. 中央银行——中国人民银行

中国人民银行是我国的中央银行。1983年9月国务院决定中国人民银行专门行使中央银行的职能,中国人民银行成为国务院管理领导全国金融事业的国家机关,履行三大职能:一是享有货币发行垄断权,履行发行银行的职能;二是它代表政府管理全国的金融机构和金融活动,经理国库,履行政府银行的职能;三是中央银行作为最后贷款人,在商业银行资金不足时可向其发放贷款,履行银行的银行职能。

1995 年 3 月 18 日,《中华人民共和国中国人民银行法》出台,对中国人民银行的具体职责进行了法律界定:① 依法制定和执行货币政策;② 发行人民币,管理人民币流通;③ 按照规定审批、监督管理金融机构;④ 按照规定监督管理金融市场;⑤ 发布有关金融监督管理业务的命令和规章;⑥ 持有、管理、经营国家外汇储备、黄金储备;⑦ 经理国库;⑧ 维护支付、清算系统的正常运行;⑨ 负责金融业的统计、调查、分析和预测;⑩ 作为国家的中央银行,从事有关的国际金融活动及国务院规定的其他职责。

中国人民银行的分支机构在 1998 年以前按行政区划设置,分为总行、省级分行、地区(市)二级分行和县支行四级。中国人民银行总行对其分支机构在银行业务和干部管理上实行垂直领导,统一管理。

1997 年下半年,中国人民银行进行重大改革,撤销中国人民银行省级分行,在全国设立 9 家跨省、自治区、直辖市分行,实行总行、大区分行、中心支行和县市支行四级管理体制。现有总行 1 个,沈阳、天津、济南、上海、南京、武汉、成都、广州、西安 9 个大区分行。总行对其分支行在银行业务和人事管理上实行垂直领导,统一管理。

经过多年的金融体制改革,我国中央银行的调控手段也在不断变化,逐步从直接管理向间接调控过渡。1984 年中央银行按照国际惯例建立了法定存款准备金制度,规定了法定存款准备率,以后逐步实施了再贴现政策和公开市场业务操作等手段来调控货币供应量,调节信贷结构。到 2002 年,中央银行的货币政策调控方式基本实现了由直接调控向间接调控的转变,公开市场业务操作已经成为货币政策日常操作的主要工具。

2. 中国证券监督管理委员会

随着我国证券市场的发展,证券市场的监管也被提上日程。我国的证券监管体制也经历了从多头、分散管理到统一、集中监管的过程,这个过程基本可以分为三个阶段。

第一阶段:从 20 世纪 80 年代到 1992 年 5 月,在国务院的部署下,证券市场基本上是由上海和深圳两地地方政府管理为主。

这个阶段,我国对证券市场没有实行集中统一管理,而是在中国人民银行和中国经济体制改革委员会等部门决策下,由上海和深圳两个地方政府管理。首先,证券发行与交易限于上海和深圳两市试点,并由中国人民银行和中国经济体制改革委员会等部门共同决策。其次,在实际的运作过程中充当了主要管理者的角色,两地政府与两地中国人民银行分行相继出台了一些有关法规,对证券市场发行与交易行为进行规范。

第二阶段:从 1992 年 5 月到 1997 年年底,由中央与地方、中央各部门共同参与管理向集中统一管理的过渡阶段。

在这一阶段,1992 年 5 月,中国人民银行成立了证券管理办公室。7 月国务院设立了国务院证券管理办公室会议制度,代表国务院行使对证券业的日常管理职能。同年 10 月,国务院成立了国务院证券委员会和中国证监会,同时将发行股票的试点由上海、深圳等少数地方推广到了全国。这种制度安排,事实上是由国务院证券委代替了国务院证管理办公室会议制度,代表国务院行使对证券业的日常管理职能,由中国证监会替代了中国人民银行的证券管理办公室。

同时,地方政府仍在证券管理中发挥重要作用。上海、深圳证券交易所由当地政府归口管理,由证监会实施监督;地方企业的股份制试点由省级或计划单列市人民政府授权的部门会同企业主管部门审批。

第三阶段:1997年年底到现在,初步建立了集中统一的证券监管体制。

1997年8月,国务院决定将证券交易所由地方政府管理改为中国证监会管理。11月,国务院证券监督管理机构依法对全国证券市场实行集中统一监管,原国务院证券委员会的职能、中国人民银行履行的证券业监管职能划入到中国证监会。1998年4月,中国证监会作为国务院正部级直属事业单位,成为全国证券期货市场的主管部门;国务院证券委员会撤销,其职能归入中国证监会,中国证监会的职能得到了加强。

3. 中国保险监督管理委员会

中国保险监督管理委员会(简称"中国保监会")于1998年11月18日成立,是全国商业保险的主管部门,根据国务院授权履行行政管理职能,依照法律、法规统一监督管理全国保险市场,维护保险业的合法、稳健运行。中国保监会的主要职责是:拟定保险业发展的方针政策,制定行业发展战略和规划;起草保险业监管的法律、法规;制定业内规章;审批保险公司及其分支机构、保险集团公司、保险控股公司的设立;会同有关部门审批保险资产管理公司的设立;审批境外保险机构代表处的设立;审批保险代理公司、保险经纪公司、保险公估公司等保险中介机构及其分支机构的设立;审批境内保险机构和非保险机构在境外设立保险机构;审批保险机构的合并、分立、变更、解散,决定接管和指定接受;参与、组织保险公司的破产、清算;审查、认定各类保险机构高级管理人员的任职资格;制定保险从业人员的基本资格标准;审批关系社会公众利益的保险险种、依法实行强制保险的险种和新开发的人寿保险险种等的保险条款和保险费率,对其他保险险种的保险条款和保险费率实施备案管理;依法监管保险公司的偿付能力和市场行为;负责保险保障基金的管理,监管保险保证金;根据法律和国家对保险资金的运用政策,制定有关规章制度,依法对保险公司的资金运用进行监管;对政策性保险和强制保险进行业务监管;对专属自保、相互保险等组织形式和业务活动进行监管。归口管理保险行业协会、保险学会等行业社团组织;依法对保险机构和保险从业人员的不正当竞争等违法、违规行为以及对非保险机构经营或变相经营保险业务进行调查、处罚;依法对境内保险及非保险机构在境外设立的保险机构进行监管;制定保险行业信息化标准;建立保险风险评价、预警和监控体系,跟踪分析、监测、预测保险市场运行状况,负责统一编制全国保险业的数据、报表,并按照国家有关规定予以发布;承办国务院交办的其他事项。

4. 中国银行业监督管理委员会

根据《关于国务院机构改革方案的决定》,2003年4月28日,中国银行业监督管理委员会(简称"中国银监会")正式挂牌。银监会的成立,是我国银行监管工作的一件大事,标志着银行监管工作迈入了一个新阶段,有利于监管水平的提高。同时,将银行监管职能从中国人民银行中分离出来,有利于中国人民银行履行宏观调控职能,更好地执行货币政策。银监会的主要职责是:依照法律、行政法规制定并发布对银行业金融机构及其业务活动监督管理的规章、规则;依照法律、行政法规规定的条件和程序,审查批准银行业金融机构的设立、变更、终止以及业务范围;对银行业金融机构的董事和高级管理人员实行任职资格管理;依照法律、行政法规制定银行业金融机构的审慎经营规则;对银行业金融机构的业务活动及其风险状况进行非现场监管,建立银行业金融机构监督管理信息系统,分析、评价银行业金融机构的风险状况;对银行业金融机构的业务活动及其风险状况进行现场检查,制定现场检查程序,规范现场检查行为;对银行业金融机构实行监督管理;会同有关部门建立银行业突发事件处置制度,制定银行业突发事件处置预案,明确处置机构和人员及其职责、处置措施和处置程序,及时、有效地处置银行业突发事件;负责统一编制全国银行业金融机构的统计数据、报表,并按照国家有关规定予以公布;对银行业自律组织的活动进行指导和监督;开展与银行业监督管理有关的国际交流、合作活动;对已经或者可能发生信用危机,严重影响存款人和其他客户合法权益的银行业金融机构实行接管或者促成机构重组;对有违法经营、经营管理不善等情形银行业金融机构予以撤销;对涉嫌金融违法的银行业金融机构及其工作人员以及关联行为人的账户予以查询;对涉嫌转移或者隐匿违法资金的申请司法机关予以冻结;对擅自设立银行业金融机构或非法从事银行业金融机构业务活动予以取缔;负责国有重点银行业金融机构监事会的日常管理工作;承办国务院交办的其他事项。

(二) 商业银行

目前我国的商业银行主要包括国有商业银行、股份制商业银行和城市商业银行。

1. 国有商业银行

国有商业银行是由国有专业银行演变而来的,它们是中国工商银行、中国农业银行、中国银行和中国建设银行四家银行。1994 年,随着政策性银行的建立,原有的四大专业银行开始向商业银行转变,成为现在的四家国有商业银行。其业务范围在原有分工的基础上逐步交叉,传统分工逐渐淡化。

经中国政府批准,中国邮政储蓄银行有限责任公司于 2007 年 3 月 6 日依法成立。这样,国有商业银行由四家变为五家。中国邮政储蓄银行有限责任公司承继原国家邮政局、中国邮政集团公司经营的邮政金融业务及因此而形成的资产和负债,并将继续从事原经营范围和业务许可文件批准/核准的业务,继续使用原商标和咨询服务电话,各项业务照常进行,客户无需办理任何变更手续。

国有商业银行在我国金融体系中占有主体地位。无论是在人员、机构网点数量上,还是资产规模和市场占有份额上,五大国有商业银行在我国金融领域中均处于举足轻重的地位。1998～2001年国有商业银行与股份制商业银行相比,四大国有商业银行占据了83％以上的资产份额,说明了四大国有商业银行作为国有独资的产权主体,在中国银行业中居于高度垄断地位。但是这种趋势正在逐步发生变化,随着政府对银行业管制的放松,银行业从业家数逐步增多,不同规模、不同产权性质的银行逐渐出现,改变了银行业原有高度垄断的市场结构,到2007年国有商业银行资产份额在总资产份额的比例下降至55％左右,垄断竞争的局面正在形成。

五大国有商业银行在原有体制下形成的大量不良资产问题,是制约国有商业银行发展的一大阻碍。2000年,国家为剥离四家国有商业银行的不良资产,分别组建了四家资产管理公司,即华融资产管理公司、信达资产管理公司、长城资产管理公司和东方资产管理公司。此外,资本充足率普遍偏低、达不到国际标准8％的要求,是四家国有商业银行的另一大障碍。虽然1998年中央曾采取发行2 700亿元特别国债的办法来弥补四家国有商业银行的资本金,但到2001年年底四家国有商业银行的资本充足率仍不到7％。近几年经过不断发展,不良贷款大大降低,而且中国工商银行、中国银行、中国建设银行已经实现了股票上市,其经营状况取得了很大进步。

2. 股份制商业银行

随着金融体制改革的不断深入,我国陆续组建了一批股份制商业银行。1986年第一家股份制商业银行——交通银行组建。以后又相继成立了深圳发展银行、中信实业银行、招商银行、广东发展银行、华夏银行、中国光大银行、福建兴业银行、上海浦东发展银行、中国民生银行、烟台住房储蓄银行、蚌埠住房储蓄银行等十几家商业银行。目前已有八家股份制商业银行公开上市发行股票。它们是深圳发展银行、上海浦东发展银行、中国民生银行、招商银行、兴业银行、交通银行、华夏银行和中信银行。

从业务活动范围来看,这些商业银行在初建时分为全国性商业银行和区域性商业银行。但随着金融改革的深化,银行业务在不断延伸,区域性银行的业务范围已经超出原来指定的地域范围,如招商银行、上海浦东发展银行等,经营性分支机构已向全国发展。

3. 城市商业银行

1995年以来,我国的一些城市开始在城市信用合作社的基础上组建城市合作银行,到1996年,全国共有18家挂牌营业的城市合作银行。从1998年开始,这些银行陆续更名为以城市命名的商业银行,如北京市商业银行。这类城市商业银行主要由城市企业、居民和地方财政投资入股组建的,其功能也主要为本地区经济发展融通资金,重点为城市中小企业的发展提供金融服务。截至2007年年底,已经有北京银行、宁波银行和南京银行3家城市商业银行实现了股票上市。今后,农村信用合作社也要组建成农村合作银行。

(三)政策性银行

政策性银行是我国深化金融体制改革过程中,为实现国有专业银行向商业银行转化而成立的专门承担政策性信贷业务的银行。它们分别是 1994 年组建的国家开发银行、中国进出口银行和中国农业发展银行。这 3 家银行的分工是：国家开发银行主要为国家重点项目、重点产品和基础产业提供金融支持；中国进出口银行主要为扩大我国机电产品和成套设备出口提供政策性金融服务；中国农业发展银行主要为农业基本建设、农副产品、农业发展等提供资金支持。

政策性银行是由政府设立的，它不以营利为目的，而以贯彻国家产业政策和区域发展政策为目的。政策性银行的资金来源主要靠发行政策性金融债券及财政拨付，但要坚持银行经营管理的基本原则，力争保本微利。

（四）非银行金融机构

除上述银行性金融机构外，我国还有多种非银行性金融机构，它们经办某种专门的金融业务和金融服务，是我国现行金融体系的重要组成部分。以下介绍几种主要的非银行金融机构。

1. 保险公司

保险公司是靠投保人缴纳保费和发行人寿保单的方式筹集资金，对发生意外灾害和事故的投保人予以经济补偿，是一种信用补偿方式。

1995 年 10 月，我国颁布了《中华人民共和国保险法》（简称《保险法》）。根据《保险法》，我国保险公司的业务范围分为两大类：一是财产保险业务，具体包括财产损失保险、责任保险、信用保险等业务；二是人身保险业务，具体包括人寿保险、健康保险、意外伤害保险等业务。《保险法》规定，同一保险人不得同时兼营上述两类保险业务。对于保险公司资金的运用，除用于理赔外，目前限于银行存款、买卖政府债券、金融债券、证券投资基金和国务院规定的其他资金运用形式，而不得用于设立证券营业部和向企业投资。

改革开放以来，我国保险业得到迅速发展。保险市场初步形成了以国有商业保险公司为主，多种经济类型和中外合资保险公司并存，多家保险公司竞争的新格局。目前，在中国保险市场，保险公司从出资人划分大致有三类：中资保险公司、外资保险公司分公司和中外合资保险公司。据中国保监会的统计结果，截至 2007 年年底，中国保险市场有各类人身保险公司 59 家、财产保险公司 44 家、再保险公司 6 家，有外资保险公司代表处139 家。另外，有保险代理公司 2 083 家，保险经纪公司 370 家，保险公估公司 294 家，2006 年、2007 年全年保险业保费总收入分别达 5 641 亿元、7 035.76 亿元。

2. 信托投资公司

信托是指委托人基于对受托人（信托投资公司）的信任，将其合法拥有的财产委托给受托人，由受托人按委托人的意愿以自己的名义，为受益人的利益或者特定的目的，进行管理或者处分的行为。概括地说是"受人之托，代人理财"。信托投资公司，在我国是指依照《中华人民共和国公司法》和根据《信托投资公司管理办法》规定设立的主要经营信托业务的金融机构。设立信托投资公司,必须经金融主管部门批准,并领取《信托机构法人许可证》;未经金融主管部门批准,任何单位和个人不得经营信托业务,任何经营单位不得在其名称中使用"信托投资"字样。信托投资公司市场准入条件较严,注册资本不得低于人民币 3 亿元,并且其设立、变更、终止的审批程序都必须按照金融主管部门的规定执行。

1979 年 10 月,经国务院批准成立了建国后第一家信托投资公司——中国国际信托投资公司,从此金融信托业在全国范围内发展起来。目前我国已获准重新登记的信托投资公司共 50 家,依据每个省批准 1~2 家信托投资公司的原则,今后在相当长的一段时间内我国的信托投资公司数量不会超过 60 家。目前我国信托投资业务有以下四类:信托投资业务、代理业务、租赁业务和咨询业务。

3. 证券公司

证券公司是专门经营证券业务,具有独立企业法人地位的金融机构。它受托办理股票、债券发行业务,受托代理单位及个人的证券买卖业务,同时自己也从事有价证券的买卖经营。

国家对证券公司进行分类经营,分为综合类证券公司和经纪类证券公司。综合类证券公司可经营下列证券业务:证券经纪业务、证券自营业务、证券承销业务以及经国务院、证监会核定的其他证券业务。经纪类证券公司只允许专门从事证券经纪业务。

证券公司可以通过代理发行、承销或包销各类有价证券,使发行者能方便和迅速地筹措到长期资金。证券公司通过派驻证券交易所的代表代理买卖和自营买卖各类有价证券,从而使各类有价证券能按公平的市场价格在投资者之间自由转移。

在我国,证券公司被视为投资银行,它可以从事投资银行的各项业务,但从事投资银行的不仅有证券公司,还有以下机构:① 中国投资银行;② 中外合资金融公司;③ 1999 年 3~10 月,我国先后成立的四家注册资本均为 100 亿元的国有资产管理公司——华融、信达、东方、长城。

4. 投资基金

我国的投资基金最早产生于 20 世纪 80 年代后期。1987 年,中国银行和中国国际信托投资公司共同推出了面向海外投资的基金,1991 年,武汉成立了我国第一家面向国内投资者的"武汉证券投资基金"。较为规范的证券投资基金产生于 1997 年 11 月《证券投资基金管理暂行办法》出台之后,根据要求,中国证监会对此前的基金进行了清理整顿,同时审批新基金的设立。1998 年,6 家规模均为 20 亿元的第一批试点证券投资基金陆续发行上市,其均为封闭式基金。此后又不断有新的、规模更大的封闭式基金推出。

2000 年 10 月,中国证券监督管理委员会发布《开放式基金试点办法》,对开放式基金的公开募集、设立、运作及相关活动作出了规定,这是我国开放式基金发展的起点。2001年 9 月华安创新基金成立,开放式基金正式开始了在中国的发展史。

投资基金的发展有助于维持我国证券市场的增量资金,改善投资者结构,同时有助于提高证券市场的管理水平,有助于信息披露的规范化,并有利于促进投资理念由短期炒作转向中长期投资,从而有利于资本市场的长期、健康、稳定地发展。

5. 农村和城市信用合作社

农村信用合作社是农村集体金融组织,其特点是由农民入股,由社员民主管理,主要为入股社员和乡镇企业提供金融服务。

在计划经济体制下,农村信用合作社一度成为国家银行在农村的基层组织,并由农业银行或中国人民银行管理,相当程度上丧失了它应有的合作性质。1996 年进行了改革,一是实现农村信用合作社与农业银行脱钩,二是恢复它合作金融组织的性质。

农村信用合作社的业务与一般商业银行基本相同。根据改革发展的要求,发达地区的农村信用合作社将改组为农村合作银行。

城市信用合作社是城市集体金融组织,它主要为集体企业、民营企业、个体工商户以及城市居民提供金融服务,其业务范围与一般商业银行基本相同。城市信用合作社都是在 20 世纪 90 年代初以股份制形式建立起来的,之后逐步改组成为城市合作银行,一部分改组为城市商业银行。

6. 邮政储蓄机构

改革开放以来,随着国民经济的不断发展,城乡居民收入不断增加,储蓄事业日益受到重视。为了更有效地利用遍及全国的邮政机构的现有基础设施,并发挥它们点多、面广、相关业务联系密切和四通八达的电信网络等优势,我国于 1986 年重新恢复邮政储蓄业务,并在邮政总局下设邮政储汇局。依照规定,邮政网点吸收的储蓄全部交存中国人民银行,邮政储蓄存款成为中国人民银行的一项信贷资金来源。全国开办的邮政储蓄网点总数达 3 万多处。此外,随着邮政储蓄业务的发展,部分邮政储蓄网点还经办国债发行和兑付的代理业务以及保险的代理业务等。

经中国政府批准,2007 年 3 月 6 日邮政储汇局依法改组为中国邮政储蓄银行有限责任公司,成为我国第五家国有商业银行。

(五) 在华外资、合资金融机构

1979 年,我国拉开了银行业对外开放的序幕,允许外资银行在华设立代表处。1981年,允许外资银行在深圳等五个经济特区设立营业性机构,从事外汇金融业务,并逐步扩大到沿海开放城市和所有中心城市。1982 年 1 月,南洋商业银行在深圳设立分行,成为第一家在中国营业的外资银行。我国对外资金融机构的引进主要采取三种形式:一是允许其在我国设立代表机构(工作范围是进行工作洽谈、联络、咨询服务,而不得从事任何直接盈利性的业务活动);二是允许其设立业务分支机构;三是允许其与我国金融机构和工商企业合作设立中外合资金融机构。

经过 20 多年的发展,在华外资、合资金融机构的数量和业务规模不断扩大,已经成为我国金融体系中的重要组成部分,外资金融机构在促进我国金融业务改革与发展、支持我国经济建设方面发挥了重要作用。

（六）我国台湾和香港地区的金融机构

台湾是中国领土的一部分，由于历史的原因，目前它拥有自己独立的金融机构体系，包括"中央银行"、商业银行、专业银行、基层合作金融机构、中央信托局、邮政储金汇业局、信托投资机构和保险公司等。

香港已经于1997年7月1日回归中国，但是按照"一国两制"的原则，它仍然保留与内地不同的金融机构体系。其特点是没有专门的中央银行，中央银行的职能由金融管理局、银行同业公会和商业银行分别承担；实行银行三级制或金融三级制，即将接受存款的机构划分为持牌银行、有限持牌银行和接受存款公司三类，通称为认可机构。

经过多年的不断发展，我国金融机构不断发展、变化，形成了有中国特色的金融机构体系和监管体系。图5-4和图5-5分别是对我国内地现行金融机构体系和金融监管体系的概括。

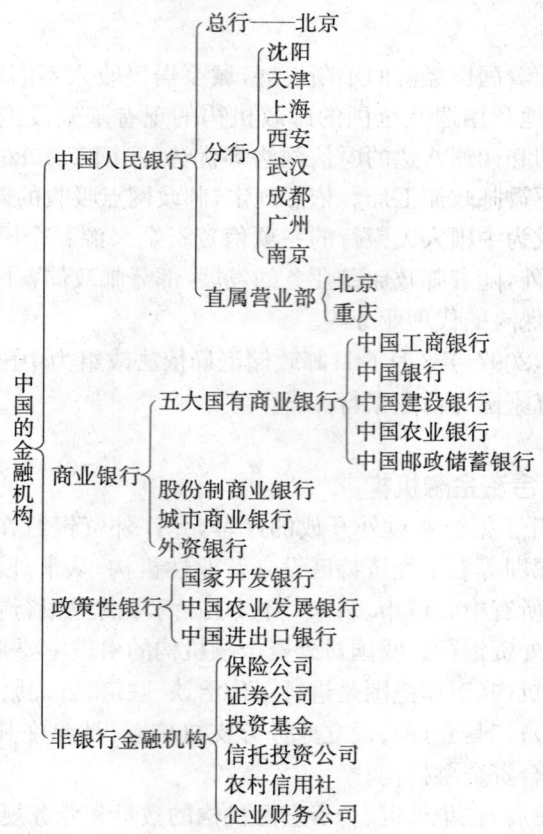

图5-4　中国的金融机构体系

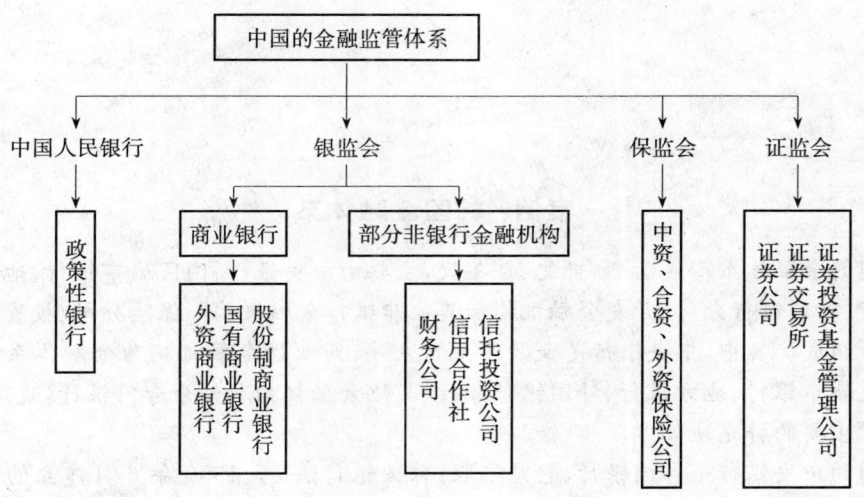

图 5 - 5 中国的金融监管体系

 本章小结

　　我国的金融机构和西方国家的金融机构相比,既有共性,也有差异。

　　西方国家的金融机构体系一般由中央银行、商业银行、专业银行和非银行金融机构、外资金融机构组成,它们各自有特定的组织机构和业务特色。

　　我国的金融机构体系经历了不同的历史变迁,现阶段我国的金融机构体系以中央银行(中国人民银行)为核心和主导,商业银行、政策性银行为主体,非银行金融机构、外资银行为补充,形成了一个多形式、多功能的金融机构体系,基本上呈现银行业、证券业、保险业三足鼎立的局面。从我国金融机构的发展史中可以看出,它与当时的政治、经济发展状况是紧密联系的。

 **复习思考题**

1. 什么是政策性银行? 它和商业银行的主要区别是什么?
2. 简述西方国家的金融机构体系的构成。
3. 简述现阶段我国金融机构体系的构成。
4. 现阶段我国的金融机构体系和西方国家相比较有什么异同点。

 案例分析

案例：韩国金融体系

韩国的金融体系形成于 20 世纪 50 年代，主要由中央银行、国民城市银行、地方银行、专门银行、外国银行分行、开发金融机构和其他非银行金融机构如保险公司、投资公司、证券公司等组成。其中，中央银行是金融体系的主导，商业性金融机构为金融体系的主体，包括国民城市银行、地方银行、外国银行分行、其他金融机构和部分专门银行，政策性金融机构处于重要的补充地位。

韩国的中央银行是韩国银行，它是依照《韩国银行法》于 1950 年 6 月建立的，主要目的是发展经济，稳定通货，管理并完善银行信用制度，制定并实施货币和信贷政策。

韩国的商业性金融机构包括：5 家国民城市银行、10 家地方银行、32 家外国银行分行组成的商业银行；韩国外汇银行、平民银行两家专门银行；长期信贷银行以及若干储蓄机构、保险公司、金融公司、证券公司、投资公司等专业性银行和非银行金融机构。

政策性金融机构包括韩国开发银行、中小工业银行、住房银行、进出口银行、国民农业合作社联合会、渔业合作社联合会等。

尽管从 20 世纪 60 年代起，韩国政府就开始注意扶持和培育金融市场的发展，不断修订和完善金融法规和金融体系，但韩国的金融体系与亚洲其他一些发展中国家相似，也因受制于政府的统治，金融体制也表现出明显的金融压抑现象。1997 年亚洲金融危机的爆发，表象上看是国际金融投机导致了外汇储备的短缺，但其根本原因是金融体系的缺陷所致。概括来讲，韩国金融体系的弊病主要表现在以下方面：

（1）官办金融色彩浓厚。韩国政府为扶植战略性工业，支持大财阀所需的信贷资金，长期以来一直实行政府积极干预控制经济发展的政策和政府主导型的资金供应体制，金融机构实际上成了政府的代理人，基本上是按照政府的指令和限定的利率把资金贷给指定的部门。从 20 世纪 60 年代到 70 年代，韩国全部贷款中政策性贷款占了 50％以上，尤其是对外金融几乎完全被政府所垄断。韩国中央银行隶属财政部，货币政策缺乏自主性。商业银行虽然自 1972 年起陆续民营化，但政府直接任命商业银行主管的陋习直到 1993 年才完全废除，以致多家全国性商业银行仍担负政策性融资的任务。

（2）银行机构缺乏风险管理意识。银行机构长期担负政策性融资任务，信贷评估与风险管理的意识不足，经营效率低下，由于政府长期主导放款，导致银行机构仅愿意对大财阀或提供担保品的中小企业贷款，忽略信贷风险防范机制的建立。

（3）财阀介入非银行金融机构经营。韩国大财阀为扩张企业经营规模，自行设立非银行金融机构，以融通所需巨额资金。20 世纪 90 年代以来，韩国非银行金融机构大幅扩增，如投资机构、储蓄机构与保险公司等相继设立，已取代银行体系成为企业资金融通的主要来源，金融体制转趋恶化。

（4）资本市场发育不健全。韩国严格限制金融机构间的购并与业务整合，加上各金融机构的业务区分十分明显，导致金融机构过多，金融市场过度分化，金融机构固定成本居高不下，获利能力相对偏低，财务状况普遍不佳。20 世纪 90 年代以来，韩国商业银行平均资产报酬率与权益报酬率大幅下跌，1996 年仅分别为 0.26％与 3.80％，1997 年转呈负值，1998 年已分别降至－3.15％与－52.53％。尤其是在资本市场，韩国上市公司信息披露标准松弛，财务报表无法反映企业与金融机构的真实营运状况，股票市场透明度低，债券初级市场利率自由化进展缓慢，债券交易指标收益率曲线无法建立，影响次级市场交易，流动性不足。

（5）资本项目开放失序。韩国自 20 世纪 80 年代初期开始推动金融自由化，对政府拥有的商业性银行实行了民营化，逐步放开存贷利率，给银行更大的经营管理自主权。尤其是从 90 年代起，大幅放松了对外国投资国内证券与债券市场的限制，并于 1992 年 1 月实施新的外汇管制法，解除金融机构境外短期借款的限制，撤除短期外资流动的障碍，但对海外长期借款等企业筹资管制仍未放宽。资本项目开放的失序促使金融机构承借巨额短期外债，融通国内企业的长期资金需求，此种以短支长、依赖外债的做法，导致企业财阀的财务结构明显恶化，金融机构呆账增加。

（6）金融监理制度不完善。韩国推动金融自由化之际，虽然也同步建立了金融监理规范，引进银行检查"骆驼"等级制度，并设立存款保险机制等，但监理事权标准不一，金融相关规范过于宽松，未能发挥金融预警的功能。

（7）银行流动性风险内部控制不佳。韩国银行计算流动性头寸时，无需计入境外资金与海外分行的流动性头寸，一旦短期外债巨额累积，易产生资产与负债到期日不对称的风险。1997 年亚洲金融危机爆发前，韩国商业银行与综合金融公司流动资产占流动负债的比率分别仅为 55％与 25％。

总之，亚洲金融危机之前，韩国的金融体制基本上以政府干预为主要特征。在这种体制框架之下，金融监管被作为宏观调节的手段之一，主要服务于短期的宏观经济政策目标。金融监管的出发点，不是为了提高金融机构自身的竞争力，而是力图通过政府提供无限担保对国内金融机构实行过度保护，并通过多元化的分业监管体制保证金融体系的安全。自 20 世纪 80 年代开始，韩国政府逐渐意识到过度干预金融市场会带来较多弊端，于是开始减少对金融机构的干预，与此同时，由于一些人误以为减少干预即是放松监管，因而造成了金融纪律松弛，监管力度不够，金融业风险逐渐加大，最终导致 1997 年在亚洲金融风暴的冲击下爆发了空前的金融危机。

1997 年的亚洲金融危机,使韩国经济遭受了沉重打击和巨大损失。韩元大幅度贬值 50%,股市暴跌 70% 以上,利率急剧上涨,外汇储备锐减至 40 亿美元,多家大企业和银行倒闭,韩国金融体系的安全受到严重威胁。

(案例来源:曹龙骐.《金融学案例分析》.北京:高等教育出版社,2005 年)

问题:

从 1997 年韩国爆发金融危机中我们有什么启发?

第6章

商 业 银 行

学习目的

■ 在商业银行产生与发展的基础上,把握其经营模式及相关职能等基本问题。
■ 熟悉并掌握商业银行传统的负债业务、资产业务及中间业务。
■ 理解商业银行的经营原则、经营管理理论演变发展的脉络。
■ 理解商业银行信用货币创造过程。

　　商业银行是以追求最大利润为目标,能向客户提供多种金融服务的信用机构。经过几个世纪的演变,现代商业银行作为金融体系的重要组成部分,既为间接融资的主体,也是直接融资的参与者,成为各国经济活动中最主要的资金集散机构,其对经济活动的影响力位于各国各类银行与非银行金融机构之首。

第一节　商业银行概述

▶ 一、商业银行的产生与发展

(一)商业银行的产生

古老的银行业,起源于公元前 2000 年古巴比伦寺庙和公元前 6 世纪希腊寺庙的货币保管和收取利息的放款业务。公元前 5 至公元前 3 世纪在雅典和罗马先后出现了银钱商和类似银行的商业机构。现代意义上的银行起源于文艺复兴时期的意大利。中世纪的意大利作为欧洲各国的商业贸易中心,携带各种货币的商人经常云集于此。由于当时欧洲的封建割据,不同国家或地区之间所使用的货币在名称、成色等方面存在着很大的差异,为了顺利实现商品交易,就必须把各自携带的各种货币进行兑换,于是在威尼斯和其他几个大城市就出现了专门从事货币兑换的商人。他们除了买卖外国货币以外,还接受客户口头通知形式的代为保管货币的业务。由于这些货币兑换商(money dealer)通常是坐在长板凳上进行交易,所以意大利人便把他们称作"banco",即"坐在长板凳上的人",英文"bank"一词就是由此而来。在这些银行当中,最早是于 1272 年在佛罗伦萨出现的巴尔迪银行,稍后于 1310 年佩鲁齐银行成立。第一家私人银行则是 1397 年成立的麦迪西银行,该银行在之后的一个多世纪里,控制了整个意大利的银行业。但是,公认的比较具有现代意义的银行则是 1580 年建立的威尼斯银行。

与此同时,在英国则出现了由金匠业演变成银行业的过程。17 世纪中叶,英国伦敦的金匠业极为发达,其拥有坚固的保险柜及其他安全措施,故金匠们经常会应客户的委托代为保管金银货币。渐渐地金匠们发现,客户一般不会在同一时间同时要求提取金币或者银币,因此,他们可以将一部分金币和银币贷放出去,而只需要保留一部分的储备量来应付客户的不定期提款要求。同时,他们还为存放金银货币的客户签发保管收据,这些收据可以兑现,更可以转让。为了转让方便,这些收据的金额渐渐地开始朝标准化方向发展,并且最终演变成整数金额的私人银行券,即由银行家发行并且可以随时兑现的流通券。

早期的商业银行,由于规模小、风险大,所以经营成本较高,相应地贷款利率也高,不能满足资产阶级工商企业对资金的巨额需求。一方面为了同英国国内的高利贷斗争,另一方面为了维护新生的资产阶级发展工商业的需要,于是由英国政府支持,于 1694 年成立了第一家股份制银行——英格兰银行,并且规定英格兰银行向工商企业发放低利率贷款(4.5%~6%)以支持资本主义工商业的发展。其成立标志着现代商业银行的诞生。

(二)商业银行的发展

商业银行是商品经济发展到一定阶段的必然产物。由于存在的社会条件和发展环境各不相同,商业银行主要通过两条途径产生:

一是从旧式的高利贷银行转变而来。早期的银行,如威尼斯银行建立之时,资本主义生产关系还没有确立。当时的贷款利率非常高,年利率在 20%~30% 之间,属于高利贷性质。随着资本主义制度的确立,高利贷因为利率过高而影响到资本家的利润收入,制约了资本主义的发展。此时的高利贷银行就面临着贷款需求锐减的困境,要么就关门大吉,要么就顺应资本主义经济发展的需要降低贷款利率,为新兴的资本主义工商企业提供流动性强的短期贷款,即转变成商业银行。为了生存与发展,不少高利贷银行均选择了后者。应该说,这种转变就是早期商业银行形成的主要途径。

二是遵循资本主义原则,以股份公司形式组建的现代商业银行。绝大多数的商业银行是按照这一方式组建的。最早确立资本主义制度的英国,建立了资本主义的第一家股份制银行——英格兰银行。当时的英格兰银行宣布以较低的利率 4.5%~6.0% 向工商企业提供贷款,由于英格兰银行募集的股本高达 120 万英镑,实力十分雄厚,很快就动摇了高利贷在英国金融领域的垄断地位,成为现代商业银行的典范。到了 18 世纪末 19 世纪初,各主要西方资本主义国家纷纷建立了规模庞大的股份制商业银行,其大量提供低息的信用资本,极大地推动了资本主义经济的发展。

▶ 二、商业银行的类型

从历史发展角度来看,商业银行按其业务经营模型大致可分为职能分工型模式与综合(或全能)型模式两大类。

(一)职能分工型

职能分工模式是指国家以法律的形式规定金融机构只能专门经营某种金融业务,即银行业务与证券投资业务相分离,不允许交叉经营,认为商业银行只宜于从事短期工商信贷业务;其余的长期信贷业务、证券投资业务、保险业务等则由专业性银行或非银行金融机构来经营。因此,这种经营模式又被称作"分业经营",即银行业与证券业、保险业的分业经营。美国、日本以及英国曾经是实行这种经营模式的代表。

20 世纪 30 年代资本主义经济大危机以前,各国政府对银行的经营活动极少加以限制,许多商业银行都可以综合经营多种业务。大危机中,银行成批破产倒闭,酿成历史上最大的一次货币银行信用危机。不少经济学家认为这是银行从事综合性业务经营,尤其是长期贷款及证券业务经营的恶果。据此,许多国家认定商业银行只宜于经营短期工商信贷业务,并以立法形式将商业银行和投资银行等金融机构的业务范围作了明确划分,以严格其分工。

(二)综合(或全能)型模式

该种模式是在德国工业革命的发展中形成的,以实践为基础。美国经济史学家格申克龙(A. Gerschenkron)认为,这种德国式的综合银行模式不仅可以提供短期商业贷款,而且能够提供长期固定资本所需的长期商业贷款。此外,这种模式还可以直接投资于公司股票和债券,帮助公司包销证券,积极参与新企业的决策和扩展过程,并且在公司技术革新、地区选择、合并增资等方面提供财力上的方便和有关咨询服务。换言之,这一模式最大的特点就是不实行商业银行业务与投资银行业务的严格区分,是综合性银行,所以也称混业经营。经验表明,综合性银行的经营模式通过全面、多样化业务的开展,可以深入了解客户的具体情况,有利于做好存贷工作;通过提供各种金融服务,有利于吸引广源的客户,增强银行的竞争地位;可以通过调剂银行各项业务的盈亏,以实现经营的稳定,等等。主张建立该银行模式的经济学家并不认为是商业银行综合性业务的弊端导致了20世纪30年代经济大危机中诸多银行的倒闭;恰恰相反,他们认为,在30年代经济大危机中,正是这种德国式综合银行的存在,利用贷款转化为投资的方式,才挽救了众多濒临破产的企业,缓解了经济危机的严重性。德国、瑞士、奥地利等国家是采用该种模式的典型代表。

以上两种商业银行类型一直是经济学家争论的焦点。事实上,无论这两种模式自身的得失如何,随着商业银行业务范围的不断扩展,即使是分工模式商业银行的业务也几乎涵盖了所有零售与批发业务,即向全能化、综合化经营的趋势发展。唯一的区别仅仅是采用分工模式的多数国家仍然在法律上对商业银行的直接融资业务有所限制。特别是1998年花旗集团的成立,不仅带来新一轮的并购浪潮,也改变了并购的性质,导致美国盛行半个多世纪、禁止金融混业经营的《格拉斯·斯蒂格尔法案》的废止。随后,美国于1999年10月通过了《金融服务现代化法案》,宣告国际上几乎所有商业银行的分业经营模式告一段落,取而代之的是综合型的经营模式——允许银行业、保险业和证券业相互渗透并在彼此的市场上进行竞争。在今天,两种模式之间的传统特征和分工界限已经逐渐消失,西方商业银行实际上已经成为"百货公司式"的全能银行。但我国商业银行的模式还应当是属于职能分工型。

▶ 三、商业银行的职能

作为传统的金融机构,商业银行主要为社会提供以下几种金融服务。

(一)信用中介

信用中介职能是指商业银行充当沟通赤字单位与盈余单位以进行资金融通的中介人的角色。商业银行通过负债业务,可以把社会上小额的闲散资金积少成多、续短为长、变死为活,将货币收入转化为货币资金,再通过资产业务以贷款或投资的方式将集中起来的货币资金运用到国民经济的各个部门,以实现有限资金的最优配置。信用中介职能是商业银行最基本的职能,在国民经济中发挥着多方面、多层次的调节作用。

(二)支付中介

商业银行在为客户办理与货币收付有关的技术性服务时,发挥了支付中介的职能。

商业银行通过客户的活期存款账户,为客户办理货币结算、货币收付、货币兑换和存款转移等业务活动。商业银行发挥支付中介职能,一方面有利于其降低筹资成本,扩大银行的资金来源;另一方面又为客户提供良好的支付服务,节约流通费用,增加了生产成本的投入。

(三)信用创造

信用创造职能是指商业银行通过吸收存款、发放贷款或从事投资业务,得以增加银行的资金来源、扩大社会信用供给总量。商业银行发挥信用创造的作用主要在于通过创造存款货币等流通工具和支付手段,不仅大大减少了现金的使用,节省了社会流通费用,而且能够满足社会经济发展对流通和支付手段的需要。

(四)金融服务

在现代经济生活中,工商企业和个人往往要求银行提供更多、更便利的金融服务。同时,随着同业间竞争日益激烈,迫使商业银行不得不继续开拓服务领域以吸引客户。发挥金融服务职能,意味着商业银行利用自身在国民经济中渗透面广、信息灵通等优势,凭借自身在发挥信用和支付中介职能过程中所获取的大量信息,运用计算机网络等先进手段和工具,为客户提供财务咨询、融资代理、信托租赁、代收代付等各种金融服务。服务性业务的开展,一方面加强了银行与客户之间的联系,拓宽了银行的利润渠道,提高了银行有关信息与信息技术的利用价值;另一方面也取得大量的佣金收入,提升了银行的盈利水平,促进了银行业务的拓展与创新。

第二节 商业银行的业务

一、商业银行的资产负债表

商业银行的资产负债表是综合反映其资金来源与运用状况的财务报表,对资产负债表内容与结构的认识,有助于更好地理解商业银行的传统业务。如表 6-1 所示,该表的左侧代表商业银行持有的各项资产,反映其资金运用的状况;表的右侧代表商业银行的负债,即为银行资金的来源。依据复式记账原理,资产负债表的左右两侧应该始终保持相等,因此,商业银行的资产、负债业务与所有者权益之间存在下列平衡关系式:

$$资产总额 = 负债总额 + 银行资本$$

表 6-1　美国 2007 年所有商业银行合并资产负债表 　　（单位：10 亿美元）

资产(assets)		负债(liabilities)	
现金(non-interest-earning assets)	1 308	核心存款(core deposits)	4 474
贷款(loans and leases)	5 853	交易性存款(transaction deposits)	704
工商业贷款(commercial and industrial)	1 132	储蓄存款(savings deposits)	2 898
不动产贷款(real estate)	3 395	定期存款(time deposits)	872
消费者贷款(consumer)	849	借款(managed liabilities)	3 904
其他贷款(other)	547	其他负债(other)	449
贷款损失准备金	−70	损益调节账户	144
有价证券(securities)	2 099	银行资本(capital account)	1 025
其他资产(other)	736		
总额	9 996	总额	9 996

资料来源：根据《Federal Reserve Bulletin》(July,2007)整理。

在不同的国家,由于各个商业银行的经营状况、所处金融环境不尽相同,其资产负债表也有区别,但主体内容差距不大。表 6-1 应该看作是一家"平均化"的商业银行的资产负债表,这样做的目的是要说明银行持有的各种资产与负债的性质,更重要的是有助于了解导致资产与负债这一特定结构的经济原因。下面先从负债方面开始分析。

▶ 二、商业银行的负债业务

负债业务是商业银行以信用形式组织资金来源的业务,是商业银行开展经营活动的基础。负债结构及成本的变化就决定了商业银行盈利水平的高低以及抗风险能力的强弱。

(一)存款业务

尽管世界各国金融市场发达程度不同,银行的负债结构也不尽相同,但是不论在哪个国家或地区,存款始终是商业银行的主要负债形式之一,是商业银行资金实力的主要标志。按照传统的存款划分方法,主要有三种：活期存款、定期存款和储蓄存款。

1. 活期存款

活期存款(demand deposits)是存款客户主要用于交易和支付用途的存款。不存在确切的期限规定,银行也无权要求客户取款时做事先的书面通知。由于活期存款可以随时存取和转让,交易数量和流通速度极为频繁,银行的服务成本也高,因此一般不支付利息。持有活期存款的客户可以通过签发支票、本票、汇票或者使用电话转账、ATM 自动柜员机等多种货币传送服务手段随时提取存款。由于各种经济交易包括信用卡零售等都是通过活期存款账户进行的,所以在美国又把活期存款称之为交易性存款。

虽然活期存款流动频繁,但仍然会形成一定量的较为稳定的资金余额,是商业银行主要的低成本资金来源。

2. 储蓄存款

储蓄存款(savings deposits)是指居民个人为了积累货币并取得利息收入而开立的一种非交易用途的存款账户,一般没有最低存款额及到期期限的要求。储蓄存款账户上的资金可以随时存取,不能签发支票,客户可以从存折、存单或者银行定期寄送的报单上知晓自己的存款余额。由于储蓄存款分散于社会上的各家各户,为了保障客户的利益,各国对经营储蓄存款业务的商业银行管理严格,并且要求银行对储蓄存款负有无限清偿的责任。

3. 定期存款

定期存款(time deposits)是指客户与银行预先约定到期期限的存款。存款期限在美国最短为 7 天,我国通常为 3 个月、6 个月和 1 年不等,期限长的可达 5 年或者 10 年。利率视期限长短而存在差异,但均高于活期存款。定期存款账户的资金不能随时提取,若在到期之前支取要蒙受利息损失,并且可以存单作为动产质押取得银行贷款。由于期限确定,其是商业银行稳定的资金来源。

除了上述各种传统的存款业务以外,为了吸收更多的存款,打破货币当局的利率管制,西方各国的商业银行还创新出多种新存款项目:可转让提款单账户(negotiable order of withdraw account,NOW)、自动转账服务账户(automated transfer service account,ATS)、货币市场存单账户(money market deposit account,MMDA)等,这些账户可以签发带息的支票,同时具备较强的流动性。

(二)借款业务

除吸收存款以外,商业银行还可以通过其他渠道借入款项,以补充存款来源的不足。

1. 向中央银行借款

当商业银行资金紧缺而又难以通过其他渠道及时补充资金来源时,可向中央银行请求资金支持,方式主要有再贴现、再抵押和信用放款。再贴现是指商业银行持有未到期的合格票据向中央银行请求贴现,以获得中央银行的信用支持;再抵押是指商业银行持未到期的抵押证券到中央银行要求获得抵押贷款;信用放款则是指商业银行无需抵押或担保,仅凭自身的信誉获取中央银行的直接贷款支持。

2. 银行同业拆借

同业拆借是银行等金融机构相互之间进行短期资金融通的行为,目的在于调剂头寸或临时性资金余缺。主要交易对象为超额准备金,在美国称联邦基金(fed funds)。同业拆借期限短,一般为1~2天,最多不过1~2周,拆借利息按日计算、实时变化;同业拆借发生量大、交易频繁,对市场反应敏感,经常作为一国银行利率的中间指标。关于银行间同业拆借在本书第4章的货币市场中已有详细介绍。

3. 发行金融债券

所谓金融债券,是由银行等金融机构作为筹资主体为了筹措资金而发行的债券。金融债券能够有效地解决银行等金融机构的资金来源不足与期限不匹配之间的矛盾。银行等金融机构发行债券时可以灵活规定期限,常用于长期投资项目的融资。其利率通常低于一般企业债券,但高于国库券收益率和银行同期存款的利率。金融债券属于银行等金融机构的主动负债,所以违约风险相对较小,具有较高的安全性。

4. 回购协议

回购协议是指银行在出售证券的同时与证券的购买者签订协议,约定在将来某一日按照原定价格或者约定价格重新购回所卖出的证券,从而获得即时可用资金的一种融资方式,相当于一个短期抵押贷款,大多数是隔夜的。

此外,商业银行还可以利用其他借款方式来弥补资金来源的不足,如发行大额存单、发售商业票据或欧洲美元借款等。

(三) 银行自有资本

银行自有资本是指商业银行从事经营活动所注入的初始资金,代表了商业银行股东的所有者权益,是银行所能够承担的最大资产损失,反映了银行经营实力及信誉的高低。主要包括以下几个方面。

1. 股份资本

股本(equity)是商业银行最原始的资本来源,是组建银行时所发行股票面值的合计金额。主要包括普通股和优先股,是银行股东持有的股权证书。银行普通股是银行一种股权证书,构成了银行资本的核心部分,代表对商业银行的所有权,而且具有永久的性质。银行普通股股东按其所持有股份比例享有对银行的决策参与权、对银行资产和利润的分享权以及银行增资扩股时的优先认股权等基本权利。优先股是相对于普通股而言的,主要指在利润分红及剩余财产分配的权利方面优先于普通股。其持有人按照固定利率取得股息,对银行的业务经营没有控制权。

股本是商业银行最原始的资本,股本的主要作用在于:① 组建银行时购置房产、设备以及开办时的其他各种费用支出;② 作为重要的信贷资金来源之一,用于发放贷款;③ 标志着银行的清偿能力和承担风险的能力,用于弥补银行的业务亏损和呆坏账损失。

2. 资本盈余

资本盈余也称资本公积(features capital),主要由投资者超缴资本和资本增值组成。资本盈余的大小与股本有着密切关系。从会计角度来看,股本等于股票发行面值与市场上流通的所有股票股数的乘积。而股票的发行价按与股票面值的关系又分为溢价、平价和折价。实际操作中,常常采用平价或者溢价的发行方式。如果采用溢价发行,则银行通过股票筹资所取得的资本金额必然大于按面值所确定的金额(股本),这一超出股本的部分就构成了资本盈余的主体。换言之,当市场上股价的变动高于发行面值时,则商业银行按当期市场价格出售股票得到的溢价盈利部分就构成资本盈余的一部分。

资本盈余除了反映超缴资本之外,还能反映商业银行资本的增值部分,如接受捐赠所追加的资本等。

3. 未分配利润

未分配利润(undistributed profits)是银行历年分配利润后,所留存的那部分尚未动用的累积税后利润,是由内源渠道所形成的盈余,主要作为银行扩大资本时所用的资金。

资本盈余与未分配利润共同构成银行权益资本的重要部分。

三、商业银行的资产业务

资产业务是指商业银行将自身通过负债业务所聚集的货币资金加以运用的业务,是银行取得收益的主要渠道。

(一) 现金业务

现金是商业银行资产中流动性最强的那部分资产,其基本上不给银行带来直接收益,但对保障银行对客户的支付、维护银行的信誉具有重要意义。因此,又把这部分资产称"一线准备"或"一级准备"。主要由以下几个部分构成。

1. 库存现金

库存现金是指商业银行为了应付客户提现和满足自身日常零星交易而保存在自己金库中的现钞与硬币。由于库存现金的盈利为零,并且保管库存现金要花费商业银行大量的保卫费用,因此从经营的角度讲,库存现金不易保存太多,以适度规模为宜。

2. 准备金存款

准备金存款是指商业银行存放在中央银行的资金,表现为中央银行的负债,是商业银行的基本准备金账户。由两部分构成:一是法定存款准备金,是指商业银行按照法律规定的比例向中央银行缴纳的那部分存款准备。规定法定存款准备金的初衷是为了保证商业银行有充足的资金以应付存款人的突发性提款,避免因流动性不足而出现支付危机。现在法定存款准备金已经演变成中央银行对银行体系进行流动性管理的一种政策手段,并且缴纳的比率具有强制性。截至 2008 年 1 月 25 日,我国普通存款类金融机构的存款准备金率已经高达 15%。二是超额准备金,狭义上是指商业银行在中央银行账户上主动多保留的、超出法定存款准备金的那部分存款。主要用于日常支付和债权债务清偿等流动性较大的业务,如应付提款、发放贷款或者购买证券等业务。

3. 银行同业存款

银行同业存款是指商业银行之间彼此持有的活期存款。在其他银行存放存款的目的在于:可以方便商业银行在同业之间开展代理及结算支付业务。因为同业存款也具有非盈利性的特点,所以其保有量要压缩到最低限度。

4. 托收中的现金

托收中的现金是指在支票清算过程中,已经计入商业银行的负债,但实际上商业银行还未收到的那部分资金。该项目的金额是不断变动的,它取决于支票的金额与支票清算所需的时间。通常在途时间比较短,所以将其归入现金资产项目。

(二)贷款业务

贷款也称放款,是商业银行将货币资金按照一定的条件,发放给借款人并约期收回资金的一种信用活动。贷款是商业银行重要的盈利资产之一,按照不同的标准可以划分为不同的种类。

1. 短期贷款、中期贷款与长期贷款

按贷款期限划分,贷款可分为短期贷款、中期贷款和长期贷款。

短期贷款是指期限在 1 年以内含 1 年的贷款。这种贷款的特点是流动性强,风险相对较小,一般用于企业的各种临时性或季节性的营运资金需求,是商业银行最主要的贷款业务之一。

中期贷款是指期限在 1 年以上(不含 1 年)、5 年以下(含 5 年)的贷款,一般用于企业的固定资产更新和技术改造。

长期贷款是指期限在 5 年(不含 5 年)以上的贷款,住房抵押贷款、基本建设贷款大都属于长期贷款。长期贷款数额大、期限长,故流动性较差,风险相对也高,需根据借款人和借款项目的调查情况来决策贷款与否。

2. 信用贷款、担保贷款与贴现贷款

按贷款有无担保划分,贷款可分为信用贷款、担保贷款和票据贴现。

信用贷款是指银行完全凭借借款人的信誉发放的贷款,其无需提供抵押品或者第三方担保人。一般银行只向与自己保持经常业务往来且信用等级较高的借款人发放该类贷款,以简化贷款手续。该种贷款的缺点是银行仅仅以客户的信誉和经济统计数据为凭据予以贷款,还款保障性低,贷款风险系数较大。

担保贷款是指依据借款人提供的履行债务的担保而发放的贷款。银行与借款人及其

第三方签订担保协议后,当借款人财务状况恶化、或违反借款合约、或无力偿还贷款本息时,银行可以通过执行担保以及时收回贷款本金及利息,以避免损失。

票据贴现是指贷款人以购买借款人未到期合格票据的方式发放的贷款。借款人将其持有的未到期合格票据经过背书转让给银行,申请贴现;银行以票面价格扣除贴现利息后的票款发放给申请人,银行在票据到期时凭票向票据付款人收取票面现款。

3. 工商业贷款、不动产贷款和消费贷款

按照贷款用途划分,贷款主要包括工商业贷款、不动产贷款和消费贷款。

工商业贷款是指银行为工商企业的生产或者销售需要而发放的贷款,是商业银行的传统业务,这种贷款大都具有短期性和可周转使用的特点。

不动产贷款是指银行向借款人发放的用于房屋建造、土地开发的贷款。这种贷款通常都以所建房屋或土地作为抵押,还款比较有保障,但是贷款期限比较长,流动性差,专业性很强。

消费贷款是指发放给消费者个人,用于购买汽车、耐用消费品以满足个人消费需求的贷款。消费贷款主要有置业、置产和信用卡透支三大类。此类贷款以借款人的稳定经济收入作为还款保证,一般以消费者所购买的商品作为抵押担保,采取分期还本付息的方式偿还,贷款规模较小。

(三)证券投资业务

投资是指商业银行购买有价证券的活动。证券投资业务的经营,不仅使商业银行通过持有多元化的证券组合或者管理证券交易账户而从中获得丰厚的利润,还为银行在流动性管理、资产优化配置以及合理避税等方面起到了积极作用。由于其兼顾了资产的盈利性与流动性,也被称作"二线准备"或"二级准备"。

另外,商业银行的其他资产主要包括其在进行经营活动时所必需的实物资产,如办公设备、办公大楼等固定资产和不动产。

四、商业银行的中间业务

虽然说商业银行的资产负债业务是其获取利润的主要手段,但除此之外,商业银行还可以利用自身在机构、资金、技术、信誉、信息等方面的优势,通过为客户提供广泛的服务即从事资产负债表以外的中间业务来获取佣金收入。在金融市场竞争激烈的今天,具有高成长性、高技术含量及高附加值等诸多特点的中间业务,不仅是商业银行竞争的焦点,也是衡量商业银行经营水平和竞争能力的主要标志。

中间业务是指不构成商业银行表内资产、表内负债,形成银行非利息收入的业务。包括支付结算类业务、银行卡业务、代理类业务、担保类业务、承诺类业务、交易类业务、基

金托管业务以及咨询顾问类业务等。

(一) 支付结算类业务

支付结算类业务是商业银行存款业务的自然延伸,是银行代理客户清偿债权债务、收付款项的一种传统的收费业务。对于商业银行来说,这是一项业务量大、风险小、收益稳定的典型的中间业务。

日常使用的结算工具主要包括银行汇票、商业汇票、银行本票及支票。银行汇票是汇款人将款项交开户银行,由银行签发给汇款人持往异地办理结算或支取现金的票据。适用于单位或个人汇拨各种款项的结算。商业汇票是指出票人签发的、委托付款人在指定日期无条件支付确定的金额给收款人或持票人的票据。按承兑人不同,可分为银行承兑汇票和商业承兑汇票。银行本票是指银行签发的、承诺自己在见票时无条件支付确定的金额给收款人或者持票人的票据。支票是指出票人签发的、委托办理支票存款业务的银行在见票时无条件支付确定的金额给收款人或持票人的票据。

按照收款人和付款人所处的地理位置不同,可以将结算分为同城结算方式和异地结算方式。所谓同城结算是指收款人和付款人在同一个城市或者地区的结算行为,主要为支票结算。随着先进通讯技术的广泛应用,更为便捷的同城结算方式则是利用现代支付系统及银行内外部网络实现的资金划拨、清算等业务。

异地结算是指收款人和付款人不在同一城市或地区的结算方式,主要有汇款、托收及信用证三种结算方式。后两种方式主要应用于国际贸易结算业务中。

(二) 银行卡业务

银行卡,是指由经授权的金融机构(主要指商业银行)向社会发行的具有消费信用、转账结算、存取现金等全部或部分功能的信用支付工具。

银行卡业务按不同的划分标准存在不同的分类方法。依据清偿方式分为贷记卡、准贷记卡和借记卡业务。借记卡可进一步分为转账卡、专用卡和储值卡。依据结算的币种不同分为人民币卡和外币卡业务。按使用对象不同分为单位卡和个人卡。按载体材料的不同分为磁性卡和智能卡(IC 卡)。按使用对象的信誉等级不同分为金卡和普通卡。按流通范围又分为国际卡和地区卡等。另外还包括商业银行与营利性机构或非营利性机构合作发行联名卡或认同卡等业务。

中国人民银行提供的数据显示,截至 2007 年年底,中国银行卡发卡总量达 14.7 亿张,同比增长 30%。借记卡发卡量达 13.8 亿张,占银行卡发卡量的 95.6%;贷记卡发卡量为 7 000 万张,同比增长 140%,其消费支付功能已初步规模。银行卡业务 135 亿笔,金额 120 万亿元人民币,同比分别增长 24% 和 67%。可见,银行卡正在逐步被公众所接受,发展成为银行零售业务的一个重要载体。

（三）代理类业务

代理类业务是指商业银行接受客户委托、代为办理客户指定的经济事务、提供金融服务并收取一定费用的业务，包括代理政策性银行业务、代理中国人民银行业务、代理商业银行业务、代收代付业务、代理证券业务、代理保险业务以及代理财政委托业务和代理其他银行的银行卡收单业务等。

代理政策性银行业务是指商业银行接受政策性银行委托，代为办理政策性银行因服务功能和网点设置等方面的限制而无法办理的业务，包括代理贷款项目管理等。代理中国人民银行业务是指根据政策、法规应由中央银行承担，但由于机构设置、专业优势等方面的原因，由中央银行指定或委托商业银行承担的业务，主要包括财政性存款代理业务、国库代理业务、发行库代理业务、金银代理业务。代理商业银行业务是指商业银行之间相互代理的业务，如为委托行办理支票托收等业务。代收代付业务是指商业银行利用自身的结算便利，接受客户的委托代为办理指定款项收付事宜的业务，如代理各项公用事业收费、代发工资、代扣住房按揭消费贷款还款等。代理证券业务是指银行接受委托办理的代理发行、兑付、买卖各类有价证券的业务，以及接受委托代办债券还本付息、代发股票红利、代理证券资金清算等业务。代理保险业务是指商业银行接受保险公司委托代其办理保险业务的业务。商业银行代理保险业务，可以受托代理个人或法人投保各险种的保险事宜，也可以与保险公司签订代理协议，作为保险公司的代表代保险公司承接有关的保险业务。现今银行代理保险公司保险单发行的业务收取的手续费收入呈上升趋势。

（四）担保类业务

担保类业务是指商业银行为客户债务清偿能力提供担保，承担客户违约风险的业务。主要包括银行承兑汇票、备用信用证以及投标保函、承包保函、还款担保函、借款保函各类保函等。

银行承兑汇票是指由收款人或付款人（或承兑申请人）签发，并由承兑申请人向开户银行申请，经银行审查同意承兑的商业汇票。多用于国际贸易结算业务。备用信用证是指开证行应借款人要求，以放款人作为信用证的收益人而开具的一种特殊信用证，以保证当借款人破产或不能及时履行义务的情况下，由开证行向收益人及时支付本利。实际上就相当于银行在借款期内将自身的信用出借给发行人，借以提升发行人的信用等级，多用于建筑项目。

（五）承诺类业务

承诺类业务是指商业银行在未来某一日期按照事前约定的条件向客户提供约定信用的业务，主要指贷款承诺，有可撤销承诺和不可撤销承诺两种。

可撤销承诺附有客户在取得贷款前必须履行的特定条款，在银行承诺期内，客户如没有履行条款,则银行可撤销该项承诺,以保护自身的利益。可撤销承诺包括透支额度等。不可撤销承诺则是指银行不经客户允许不得随意取消的贷款承诺,具有法律约束力,包括备用信用额度、回购协议、票据发行便利等。相对而言,不可撤销承诺的佣金要高一些。

(六) 交易类业务

交易类业务是指商业银行为满足客户保值或自身风险管理等方面的需要,利用各种金融工具进行的资金交易活动,主要包括金融衍生业务。

远期合约(forward contract)是指交易双方约定在未来某个特定时间以约定价格买卖约定数量的资产,包括利率远期合约和外汇远期合约;金融期货(financial futures)是指以金融工具或金融指标为标的物的期货合约;互换(swaps)是指交易双方基于自己的比较利益,对各自的现金流量进行交换,一般分为利率互换和货币互换;期权(option)又称为选择权,是指一种能在未来某特定时间以特定价格买入或卖出一定数量的某种特定商品的权利。

(七) 基金托管业务

基金托管业务是指有托管资格的商业银行接受基金管理公司委托,安全保管所托管基金的全部资产,为所托管基金办理资金清算、款项划拨、会计核算、基金估值、监督管理人投资运作等业务。包括封闭式证券投资基金托管业务、开放式证券投资基金托管业务和其他基金类托管业务。

(八) 咨询顾问类业务

咨询顾问类业务是指商业银行依靠自身在信息、人才、信誉等方面的优势,收集和整理有关信息,并通过对这些信息以及银行和客户资金运动的记录和分析,形成系统的资料及方案,并将其提供给客户,以满足其业务经营管理或发展需要的服务活动。包括委托中介类信息咨询、评估类信息咨询及综合类信息咨询业务。

此外,商业银行还可以利用自身保安系统上的优势,在银行金库内设置大小不同的保管箱,以供客户租用保藏贵重物品或重要文件。一些银行还设置有夜间保管箱,供客户在银行休息期间暂存现金。

第三节　商业银行的经营管理

商业银行是以货币资金为经营对象的金融企业,其经营活动强调对利润的追逐。合理的盈利水平,不仅是商业银行本身发展的内在动力,也是商业银行在激烈竞争中立于不败之地的激励机制。同时,商业银行又属于负债经营的金融企业,资金来源的多元化决定了其经营活动必须维持相应的流动性;并且在商业银行多种业务活动中又存在诸多经营风险,因此,科学而有效的管理对商业银行至关重要。如何保持安全性、流动性和盈利性并实现三者之间的协调统一,就成为商业银行经营管理所必须遵循的基本原则。

▶ 一、商业银行的经营原则

(一)安全性原则

银行业是一个风险高度集中的行业,安全性就成为银行在经营过程中首要考虑的问题。只有在安全性有保障的前提下,银行才有可能获取稳定的资金来源并加以运用,从而实现盈利目标。安全性是指商业银行的资产、收入、信誉以及所有的经营生存发展条件免遭损失的可靠性程度,反映了银行偿还债务的能力。安全性的反面即为风险性。商业银行实现安全性原则就是要尽可能地避免或降低风险。在日常经营活动中,商业银行经常面临以下风险。

1. 信用风险

信用风险(credit risk)也称违约风险,是指借款人因各种原因未能及时、足额偿还银行贷款而违约的可能性。发生违约时,银行必将由于未能得到预期的收益而承担财务上的相应损失。这是银行信贷业务中最基本的风险。信用风险的产生源于两种情况:一是存款人挤兑,致使银行没有足够的准备金可以支付;二是银行的贷款或投资逾期无法收回,出现了大量的呆坏账,导致银行的资产遭受损失。不管哪种情况,信用风险的出现都与贷款质量不高有关。

2. 利率风险

利率风险(interest rate risk)是指市场利率变动的不确定性给商业银行造成损失的可能性。巴塞尔委员会在 1997 年公布的《利率风险管理原则》中将利率风险定义为:利率变化使商业银行的实际收益与预期收益或实际成本与预期成本发生背离,使其实际收益低于预期收益,或实际成本高于预期成本,从而使商业银行遭受损失的可能性。换言之,就是指原本投资于固定利率的金融工具,当市场利率上升时,可能导致其价格下跌的风险;或者银行资产负债业务所使用的利率和市场利率出现偏差时可能产生的风险。利率风险是银行投资业务中最基本的风险,这种风险不仅影响银行的盈利水平,还影响其资产、负债与中间业务的经济价值。

3. 外汇风险

外汇风险(currency risk)又称汇率风险(FX risk),是指因汇率变动而使外汇资产蒙受损失的可能性。这是商业银行外汇业务及金融衍生业务中表现最明显的风险。分为两

种情况:一是买卖风险,即在外汇买卖时做多头或空头,由于汇率变动而使外汇资产遭受损失的可能性;二是存贷风险,即以外币计价的库存现金因汇率波动而升贬值的可能性。规避汇率风险的关键是要选择合理的衍生避险工具或产品。

4. 通货膨胀风险

通货膨胀风险(inflation risk)又称购买力风险,是指由于通货膨胀因素使银行成本增加或实际收益减少的可能性。通货膨胀的存在会导致银行资产的实际收益下降。资产的实际收益率就等于资产名义收益率减去通货膨胀率。通货膨胀率越高,资产实际收益率越低,当通货膨胀率高于资产名义收益率时,资产实际收益率即为负数,资产的实际购买力反而下降。

5. 操作风险

操作风险(operational risk)又称管理风险,是指由于内部程序、人员和系统的不完备或失效,或由于外部事件造成损失的风险。主要与经营管理上的漏洞有关,通常存在管理层的战略决策风险、新金融工具的创新风险、员工过失行为风险、违规操作造成的风险、信息技术系统失效产生的风险以及火灾等灾难性事件的发生所带来的风险等。

进入 20 世纪 90 年代以后,由管理风险引起的银行亏损、倒闭已经引起监管部门的高度重视。1991 年,资产高达 240 亿美元的大型跨国银行——国际商业信贷银行(BCCI),因亏损严重、有欺诈行为以及涉嫌参与犯罪活动而被 29 个国家的监管当局关闭其在当地的业务,最终倒闭;1995 年 2 月,有着 233 年历史的英国巴林银行,因其新加坡分行职员尼克·里森经营证券、期货投机失败,导致亏损 9.27 亿英镑而最终被荷兰国际集团收购;同年 9 月,日本大和银行对外宣布,因其纽约分行职员井口俊英长达 11 年的舞弊行为造成了高达 10 亿美元亏损等。致使巴塞尔委员会于 1998 年专门议定了《银行机构内控体系的框架》来防范管理风险。

6. 国家风险

国家风险(country risk)是指在国际经济活动中,由于国家的主权行为所引起的造成损失的可能性。国家风险反映在两个方面:一是主权风险(sovereign risk),是指主权政府或政府机构的行为给贷款方造成的风险;二是转移风险(transfer risk),是指因东道国政府的政策、或法规禁止、或限制资金转移而对贷款方构成的风险。另外,由于东道国政治因素而产生的社会变动所造成的风险,如战争、政变、骚乱等,这些风险对外国的贷款人或投资者的经济利益具有同样的威胁性。

在上述的六种风险当中,信用风险是银行日常业务经营中最常见的风险;市场风险在经济波动时较为明显;对于浮动利率制下从事大量外汇业务的商业银行而言,外汇风险随时存在;购买力风险在物价频繁波动、宏观金融失控时期十分突出;管理松散,人员素质参差不齐的银行显然面临较大的管理风险;政局动荡、市场无序下的政治风险对银行业的经营影响较大。正是由于商业银行面临的风险多而复杂,因而对风险的管理就显得尤为重要。

（二）流动性原则

商业银行的经营性质决定了必须保持足够的流动性。流动性是指一种在不损失价值情况下的资产变现能力，一种足以应付各种提存支付、以适当价格获取可用资金的能力。商业银行可以从资产和负债两方面实现其流动性。

1. 资产业务的流动性

资产的流动性是指商业银行持有的各种资产能够随时得以偿付或在不贬值的条件下确有销路。衡量资产变现能力的标准有两个：一是资产变现的成本，某项资产变现的成本越低，则该项资产的流动性越强；二是资产变现的速度，某些资产变现的速度越快，则该项资产的流动性越强。

为了实现资产的流动性，商业银行要建立层次化分明的流动性准备，并运用适当方法进行资产流动性管理。从保持资产流动性要求看，由于库存现金、在央行的超额准备金存款和同业存款容易变现，随时可以用于清偿支付，所以每家商业银行都必须保持一定比例的此类资产，以满足日常经营所需；对其他银行或金融机构的临时贷款、银行购买的国库券及各种短期债券等资产，由于期限短，风险低，可以随时到二级市场上出售以获取即时现金，所以绝大多数商业银行均将这类资产看作二线准备，作为保证银行后续支付能力的常用方法；同时，商业银行持有部分长期债券或发放长期贷款的目的是为了吸引潜在客户，扩大自身的业务范围，建立长期资金来源网络，以保证商业银行可获取持续充足的可用资金。

2. 负债业务的流动性

负债的流动性则是指银行能够轻易地以较低成本随时获取所需资金的能力。衡量银行负债流动性的标准也有两个：一是取得可用资金的价格，取得可用资金的价格越低，该项负债的流动性就越强；二是取得可用资金的时效，取得可用资金的时效越短，则该项负债的流动性就越强。

保持足够的流动性，需要商业银行尽可能地以合适的价格获取丰富的可用资金。一方面通过出售政府债券、收回贷款等资产变现，或者吸收存款、举借债务等负债经营，或者扩股增资的传统渠道获取稳定的资金来源；另一方面要通过主动型负债，如向中央银行再贴现、同业拆借或者发行大额存单、回购协议等手段获取成本低廉的可用资金，避免银行为增加流动性而减少贷款或投资所造成的收益损失。

（三）盈利性原则

盈利性是指商业银行在正常经营状态下获取利润的能力。实现利润最大化是任何商业银行经营活动的最终目标。能否盈利直接关系到银行的生存与发展，更是银行愿意从事各种经营活动的内在动力：

商业银行的盈利来源于银行业务收入与银行业务支出的差额。商业银行的业务收入包括：贷款利息收入，这是银行收入的传统来源，在银行全部收入中占绝大比重；投资收入，是指投资于股票、债券的股息、红利和债券利息收入，以及买卖有价证券（如国库券、公司债券等）的净价差收入；服务收入，是指银行为客户提供各种资产负债业务以外的多样化中间业务所收取的各种手续费或佣金收入。从目前发展情况看，服务收入在银行利润中的比重呈不断上升趋势。

银行的业务支出是银行在业务经营过程中的各种耗费和代价的总和，包括：吸收存款及借款的利息支出，这是银行为了获取资金来源所支付的成本，主要受市场利率与中央银行调控的制约；贷款呆坏账或者投资于有价证券的资本损失，以及银行自身运营成本和费用支出，如支付的工资、办公费用、固定资产折旧及税金支出等。

根据商业银行业务收入与业务支出的主要内容，商业银行应该从增收与节支两方面入手，以实现利润最大化的经营目标。

一方面，银行应尽量减少现金资产，扩大长期贷款、长期投资等盈利资产的比重。主动实施贷款营销，以扩大盈利资产的份额，为自身获取更多的利润来源。

另一方面，银行应注重通过为客户提供优良的服务来吸收更多的廉价资金。同时，要尽可能避免呆坏账的损失。严格操作规程，加强内部核算，完善监管机制，从根本上降低银行费用开支，不断增加银行业务效益。

对于商业银行的健康发展而言，安全性、流动性和盈利性都是其在业务经营中必须遵循的原则，三者是统一的。流动性是商业银行正常经营的前提条件，是其资产安全性的重要保证；安全性则是商业银行稳健经营的重要原则，离开安全性，银行的盈利性无从谈起；而盈利性原则是商业银行的最终经营目标，保持盈利是商业银行维持流动性、保证安全性的重要基础。作为商业银行的经营管理者，就要从自身发展的实际出发，统筹兼顾、权衡利害、协调安排，通过多样化的金融组合，寻求最佳的均衡点。

但是在商业银行的具体业务中，经营者往往要面对盈利性与安全性、流动性的矛盾。一般说来，一种金融资产的流动性越强、安全性越高，则盈利能力就越低。相反，如果具备了较好的盈利能力，则流动性较差、安全性又低。因此，如何在保持安全性、流动性的前提下实现利润最大化，就成为银行管理的主要内容。

二、商业银行经营管理理论

回顾历史，商业银行的经营管理理论经历了资产管理理论（asset management theory）、负债管理理论（liability management theory）和资产负债综合管理理论（asset-liability management theory）的演变过程。

（一）资产管理理论

从商业银行产生到 20 世纪 60 年代之前，商业银行经营管理强调的是资产管理。由于当时商业银行的资金来源以活期存款为主，故资金来源的规模与结构取决于客户的意愿，是银行自身无法控制的外生变量。因此，商业银行为了获利而能够主动加以运用的就是资产业务，即对现金、贷款和证券业务进行重点管理。在这一思想的指导下，相继产生了商业贷款理论、资产可转换性理论以及预期收入理论。

1. 商业贷款理论

商业贷款理论（commercial-loan theory）又被称作真实票据理论（real-bill theory），源自亚当·斯密于 1776 年发表的《国富论》，是在 18 世纪英国银行管理经验的基础上发展起来的。该理论认为商业银行的资金来源主要是流动性很强的活期存款，因此其资产业务应该集中于发放自偿性贷款。自偿性贷款主要是指基于商业行为、以真实商业票据作抵押的短期工商业周转性贷款。这种贷款由于和商业活动、企业产销相结合，所以偿还期限短（通常在 1 年以下）、流动性高，商业银行的安全性能够得到相应保证，并获得稳定的利润。

商业贷款理论产生于商业银行发展初期，在缺乏中央银行扮演最后贷款人角色的情况下，流动性不足的贷款会给银行的经营带来诸多麻烦，甚至导致挤兑，因而银行经营管理十分注重维护资产的流动性。同时，在商品经济不够发达、信用关系不够广泛的条件下，工商企业主要依赖于内源融资，需向银行借入的资金仅限于短期周转性资金，所以该理论又符合实际情况。

商业贷款理论明确了资产保持高度流动性以及资金期限相匹配的重要原则，这为银行进行资金配置、稳健经营提供了理论基础。但是，其对活期存款沉淀部分的忽视、对贷款需求多样化的否定，不利于商业银行中长期业务的开展。

2. 资产可转换性理论

资产可转换性理论（the shift ability theory）是美国经济学家莫尔顿于 1918 年在《政治经济学杂志》上发表的"商业银行及资本形成"一文中提出的。此理论认为，商业银行对资金来源的清偿能力取决于资产迅速变现的能力，并非依靠贷款种类来解决问题。因此，银行保持资产流动性的最好方法就是持有可转换资产。因此，就要求商业银行的管理重点不应放在贷款的形式上，而应在资产的转换能力上。这就要求银行要掌握一些能够随时转换成现金的证券资产，如短期政府债券。

资产可转换性理论突破了商业贷款理论对商业银行资产运用的狭窄局限，使银行在注重流动性的同时扩大了资产组合的范围，增加了收益。但是，如果出现了经济危机、金融恐慌，则银行持有的证券变现将非常困难。

3. 预期收入理论

预期收入理论（the anticipated-income theory）是美国金融学家普鲁克诺于 1949 年

在《定期贷款与银行流动性理论》一书中提出的。该理论认为,银行资产的流动性取决于借款人的预期收入,而不是贷款的期限长短。银行放款应当以根据借款人预期经营收入制定的还款计划为基础,只要借款人的预期收入有保障,银行即使发放一些长期贷款也不会影响其流动性。这一理论并没有否定上述两种理论,但其强调的不是贷款期限与贷款流动性之间的关系,而是贷款偿还与借款人未来预期收入之间的关系。

预期收入理论的出现,为银行拓展盈利性的新业务提供了理论依据,突破了传统理论依据资产的期限及可转换性来决定资金运用的做法,丰富了银行的经营管理思想。其不足之处在于:借款人未来收入的预测是一个变数,随着客观经济条件及经营状况的变化,借款人实际未来收入与银行的主观预测量之间会存在偏差,从而使银行根据预期收入来决策放款规模和期限时必将面临更大的风险。

综上所述,上述三种理论均侧重于资产方面的管理。它们都认为负债结构是既定的,银行只能被动地运用资金来源来应付资金运用、安排资金的用途。

(二)负债管理理论

进入 20 世纪 60 年代之后,经济高速发展,伴随而来的通货膨胀成为困扰西方各国经济的难题。而政府的利率管制政策又导致金融市场上出现较高的利率水平,对银行资金来源造成很大冲击,出现"脱媒"现象,使得商业银行面临资金来源的巨大压力。在这种情况下,商业银行若不及时调整资金配置策略,仍然一味地强调从资产方来考虑资金配置组合,将致使银行陷入严重的困境。1961 年美国花旗银行首创的大额可转让定期存单的出现,促使银行可以到货币市场上去积极购买资金,以及后来各种高利息交易性存款的出现,使得银行家们意识到,商业银行是可以控制并主动出击去寻找资金来源以丰富负债结构的。从而诱发新的银行管理思想的兴起,即负债管理理论。

最早出现的是负债管理的正统理论——存款理论(deposits theory)。该理论认为,银行存款具有被动从属性,其规模大小与结构由存款人心理偏好所决定;同时,存款又是银行最主要的资金来源,是银行资产经营活动的基础。因此,为了实现银行经营的稳定性和安全性,资金运用必须限制在存款的稳定的沉淀额度内。强调银行要遵循安全原则管理存款,根据存款的特点与结构来安排贷款,参考贷款的收益支付利息,反对盲目发展存款与贷款业务以谋取利润。在资产管理被认为是银行经营战略重点的时期,该理论曾一度盛行,但 20 世纪 70 年代后发展起来的购买理论(buying theory)和销售理论(bring to market theory)则在很大程度上否定了存款理论的保守性。购买理论和销售理论主张商业银行应主动寻找多渠道的资金来源,通过购入外界资金保持或增加资产规模,或努力推销金融产品,或主动提供金融服务,以扩大银行资金来源和盈利水平。

负债管理思想的发展促使商业银行能够根据资产的需要来动态调整负债的规模及结构,摆脱了被动负债的制约,为后来的资产负债联合管理奠定了基础。

(三) 资产负债综合管理理论

20 世纪 70 年代末 80 年代初,随着金融管制的日益放松,资金市场竞争的激烈和筹资成本的提高,使得商业银行认识到仅仅依靠对资产或者负债的管理不能满足"三性"要求,必须资产负债同时并重。这一理论实际上就是资产管理思想与负债管理思想在更高层次上的综合及发展。其基本思想是:从资产和负债两方面通盘考虑,根据银行经营环境的变化,协调各种不同的资产和负债在利率、期限、风险和现金流模式等方面的搭配,实现最优化的资产负债组合,以满足安全性、流动性和盈利性的经营要求。

资产负债管理理论是以资产负债表各项目之间的"对称原则"为基础,来缓和流动性、安全性与盈利性之间的矛盾,以实现"三性"的协调平衡。在具体操作过程中,银行常用的方法就是资金分配法和利率敏感性缺口管理法。

1. 资金分配法

资金分配法从资金来源入手,按资金在银行内部的稳定程度,确定相应的"流动性—盈利性"中心,再将每个中心的资金分配给适合的资产项目,如图 6 - 1 所示。

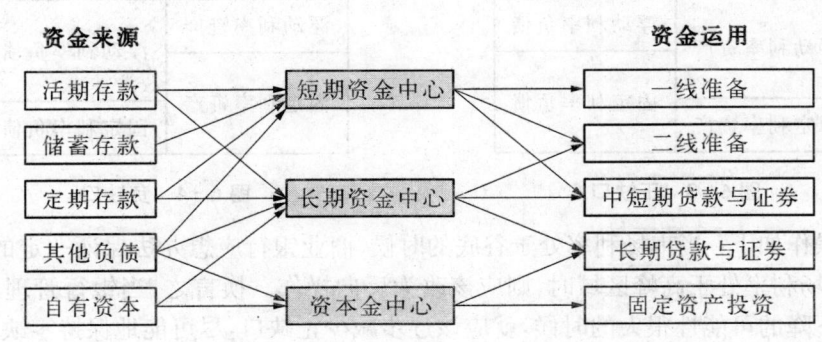

图 6 - 1 资金分配法

这种方法的特点在于从资产和负债两方面统筹安排,根据流动性的不同程度来匹配资金,即短存短贷、长存长贷,力图找出银行资产与负债各项目之间的一一对应关系。但实际上,将某项负债直接同某项资产相挂钩的做法是不妥当的,因为各项资金来源形成"资金池"后,商业银行必须从整体上才能把握其流动性。例如,活期存款中也会形成部分稳定的沉淀资金余额,从而可运用于长期贷款或投资方向。因此,该管理方法在现实操作中要灵活、丰富并且复杂得多。

2. 利率敏感性缺口管理法

在商业银行的实际经营过程中,市场利率的波动是影响商业银行传统利差收入的重要因素。因此,资产负债综合管理的另一重要表现就在于如何分析资产和负债之间的缺口,并围绕缺口探索解决途径。

图 6-2 中,浮动利率资产等于浮动利率负债,称之为零缺口,意味着商业银行的账面收支相抵。即在银行计划内的收益变动最小,无论市场利率升还是降,风险将由不同种类的资产和负债分别承担,相互抵消,恰巧消除利率波动对净收益的影响。换言之,在一家银行应用零缺口模型时,其净利息收益在整个利率变动周期内是固定不变的,可规避利率变动带来的风险。

浮动利率资产	浮动利率负债
固定利率资产	固定利率负债

图 6-2　零缺口

图 6-3 中,浮动利率资产大于浮动利率负债,称之为正缺口。在正缺口的状态下,若利率水平下降,则较多的负债利率固定在较高的水平上,而较多的资产利率必然随着不断下降的利率而下调,从而使银行净利差减少或出现亏损。

而图 6-4 恰恰相反,银行持有的浮动利率资产小于浮动利率负债,则称为负缺口。在负缺口的情况下,若利率水平上升,则负债成本会因为利率的上升而增幅较大,而资产收益上升有限,从而造成银行净利差减少或发生亏损。

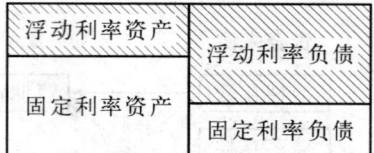

图 6-3　正缺口　　　　　**图 6-4　负缺口**

具体操作如下:当市场利率处于谷底的时候,商业银行应想办法保证一定的正缺口。相反,当市场利率处于高峰区域时,则应该改为反向操作。换言之,当银行管理人员预测到利率将下降的可能性很大的时候,就应该逐步减少正缺口,尽可能地保持零缺口状态或较小的净利差收入的负缺口。当市场利率开始下降的时候,商业银行再主动营造资金配置的负缺口即扩大负缺口,可以使更多的负债按照不断下降的市场利率来重新定价,以降低成本,从而提高银行的净利差收入并保证安全性的实现。

综上所述,根据利率的变化调整资产负债结构,是采用缺口管理的积极方式。缺口的正负、大小与准确的市场利率预测紧密相关,一旦出现失误,银行的利率风险将放大,可能遭受损失。在一个完整的利率周期内,如果商业银行能准确地把握市场利率从低谷、扩张、顶峰到收缩的动态过程,并且不失时机地及时制定战略进行缺口管理操作,不但可以实现保值避险,甚至于达到增加银行利差收益的目的。

第四节　商业银行的信用货币创造

在现代金融体系当中,商业银行最重要的特征就是:可以以派生存款的形式创造和收缩货币,从而强烈地影响货币供应量。为什么说商业银行具有创造货币的能力? 这是因为,商业银行是唯一可以经营活期存款业务的金融机构,而活期存款又是社会流通货币的主要组成部分,通过创造活期存款,商业银行可以创造货币资金。这也是商业银行与其他金融机构最重要的区别。

▶ 一、信用货币创造的基本原理

部分准备金制度和非现金结算制度构成了商业银行信用创造的基础和前提。如果不具备这两个条件就不存在存款创造的机能。

(一)部分准备金制度

部分准备金制度又称法定存款准备金制度,是指国家以法律的形式规定存款机构的存款必须按一定比例,以现金与在中央银行存款形式留有准备的制度。商业银行在经营活动中,只需要按法定比例计提小部分存款作为支付准备,剩余部分可以用于发放贷款或进行投资活动以获利。倘若商业银行对自身吸收的存款实行全部准备金制度,将完全排除银行利用吸引的存款获利的可能性,也就不可能有派生存款的存在,信用创造的过程更无从谈起。假设法律规定:商业银行必须对吸收的存款缴纳 100% 的全额准备金,作为以防提现的需要。此时,如果存款人存入 10 000 元现金,银行除了将其放入金库之外,不能再有进一步的业务活动。因此,除了存款人在银行账户上的存款额增加了 10 000 元以外,没有其他存款的增加,所以不存在存款创造。

(二)非现金结算制度

非现金结算制度是指社会公众之间的交易活动通过银行转账形式来完成货币支付和债权债务关系的建立及解除。银行之间的往来进行转账结算,可以利用银行循环信贷业务的开展而创造出新的派生存款,从而扩大货币供应量。可见,非现金结算制度也是商业银行具备信用创造能力的基础。

在现代转账结算制度下,商业银行存款的来源主要有两类:一是原始存款;二是派生存款。所谓原始存款,是指社会公众以现金形式存入银行所形成的直接存款,可以随时直接满足公众提现的需求。主要用作商业银行的存款准备金,以库存现金和在央行存款两种形式存在。所谓派生存款,相对于原始存款而言,是指商业银行通过记账或转账的方式发放贷款、从事贴现或投资等资产业务之后所引申出来的、超过原始存款的那部分存款,也被称作衍生存款。原始存款是派生存款创造的基础,派生存款是信用创造的条件。

二、信用货币多倍创造过程

为了更好地考察和理解商业银行信用货币的创造过程,事先做以下假设:① 银行体系由中央银行和至少两家以上的商业银行构成;② 活期存款的法定准备金率为20%;③ 存款准备金由库存现金和在中央银行存款两部分组成;④ 社会公众不保留现金,并且所有的货币资金全部通过银行结算;⑤ 体系中的各商业银行只保留法定准备金,其余的款项全部贷放出去,即超额存款准备金为零。

假设客户A把向中央银行出售政府债券所得的100 000元现金(或支票)收入以活期存款的形式存入其开户银行甲。按照法定存款准备金率20%的要求,甲银行只需在中央银行账户中保有20 000元的法定存款准备,其余80 000元可以全部用于发放贷款(或投资)。在经过接受客户A的活期存款和发放贷款这两笔业务之后,甲银行的T型账户如表6-2所示。

表6-2 甲 银 行   单位:元

资　　产		负　　债	
准备金	20 000	客户A存款	100 000
贷款	80 000		
总　额	100 000	总　额	100 000

假定甲银行将除去法定存款准备20 000元以外的80 000元款项全部以贷款的形式发放给B企业,B企业得到贷款后立即以原材料货款的形式偿付给企业C。C企业将收到的80 000元货款全部存入乙银行。同样地,根据20%的法定存款准备金率,乙银行只需对其新增的80 000元活期存款保留16 000元的法定存款准备,其余的64 000元可以全部贷放出去以获利。由于假定整个银行体系采用的均是转账结算的方式,因此,乙银行的账户情况如表6-3所示。

表6-3 乙 银 行　　　　　　　　　　单位：元

资　　产		负　　债	
准备金	16 000	客户 C 存款	80 000
贷　款	64 000		
总　　额	80 000	总　　额	80 000

如果得到乙银行 64 000 元贷款额的客户 D 将这笔资金全部用来购买 E 企业提供的商品，同理，企业 E 将会把收到的 64 000 元货款全部以活期存款的形式存入丙银行。存款增加的丙银行将继续上述两家银行的做法，除了保留必要的 12 800 元法定存款准备以外，剩余的 51 200 元款项将全部贷放出去。此时，丙银行的账户情况如表 6-4 所示。

表6-4 丙 银 行　　　　　　　　　　单位：元

资　　产		负　　债	
准备金	12 800	客户 E 存款	64 000
贷　款	51 200		
总　　额	64 000	总　　额	64 000

以此类推，只要满足活期存款派生的前提条件，这个过程可以无限地循环下去，如表 6-5 所示。

表6-5 商业银行体系多倍存款创造过程　　　　　　单位：元

银　　行	活期存款增加额	法定存款准备金增加额	贷款增加额
甲银行	100 000	20 000	80 000
乙银行	80 000	16 000	64 000
丙银行	64 000	12 800	51 200
丁银行	51 200	10 240	40 960
…	…	…	…
合　　计	500 000	100 000	400 000

显然，在上述派生过程中，每家商业银行的存款都在增加：甲银行的存款增加

100 000 元,乙银行的存款增加 80 000 元,丙银行的存款增加 64 000 元……即出现了一个无穷递减等比数列式的存款递增过程。这一过程一直继续下去,直到整个银行体系的超额准备金额全部被消化掉。换言之,出现了一个多倍存款的创造循环,即商业银行原始准备金的增加带来了一系列存款的增加量。可见,在法定存款准备金率为 20% 的情况下,100 000 元的原始存款会使得整个银行体系的活期存款总额增加到 500 000 元,增加了400 000 元的贷款量。商业银行体系的活期存款总额之所以超出原始存款总额的原因就在于:银行运用原始存款进行发放贷款或投资的业务,产生了派生存款,这就是商业银行信用创造能力的体现。

相应地,如果假定法定存款准备金率为 r_d,原始存款的增加额为 ΔD_d,则在前面给出的假设条件下,整个银行体系的多倍存款创造过程如表 6-6 所示。

表 6-6 商业银行体系多倍存款创造过程

银行	活期存款增加额(ΔD)	法定存款准备金增加额(ΔR)	贷款增加额(ΔL)
1	ΔD_d	$\Delta D_d \cdot r_d$	$\Delta D_d \cdot (1 - r_d)$
2	$\Delta D_d \cdot (1 - r_d)$	$\Delta D_d \cdot r_d \cdot (1 - r_d)$	$\Delta D_d \cdot (1 - r_d)^2$
3	$\Delta D_d \cdot (1 - r_d)^2$	$\Delta D_d \cdot r_d \cdot (1 - r_d)^2$	$\Delta D_d \cdot (1 - r_d)^3$
...	...	...	...
$n-1$	$\Delta D_d \cdot (1 - r_d)^{n-2}$	$\Delta D_d \cdot r_d \cdot (1 - r_d)^{n-2}$	$\Delta D_d \cdot (1 - r_d)^{n-1}$
n	$\Delta D_d \cdot (1 - r_d)^{n-1}$	$\Delta D_d \cdot r_d \cdot (1 - r_d)^{n-1}$	$\Delta D_d \cdot (1 - r_d)^n$
...	...	...	...
合计	$\Delta D = \Delta D_d \cdot \sum (1 - r_d)^{n-1}$	$\Delta R = \Delta D_d \cdot r_d \cdot \sum (1 - r_d)^{n-1}$	$\Delta L = \Delta D_d \cdot \sum (1 - r_d)^n$

由表 6-6 可以推导出:如果银行体系中的原始存款增加 ΔD_d,经过银行体系的信用扩张后,活期存款的增加额为:

$$\Delta D = \frac{1}{r_d} \cdot \Delta D_d \qquad (公式 6-1)$$

相应地有:

$$\Delta R = \Delta D_d \qquad (公式 6-2)$$

可见,法定存款准备金总额的增加就等于商业银行体系最初吸收的原始存款增加额,这也意味着由原始存款增加所引发的信用扩张过程亦即这笔原始存款全部转化为法定存

款准备金的过程。很明显,活期存款的变动显然是和原始存款的变动之间存在一种倍数关系,用 k 来表示,有:

$$k = \frac{\Delta D}{\Delta D_d} = \frac{1}{r_d} \qquad (公式 6-3)$$

商业银行的信用创造机制所决定的这个存款货币的倍数 k,称之为派生倍数,为法定存款准备金率 r_d 的倒数,表示单位原始存款的变动可能引起的存款总额的最大扩张倍数。很显然,商业银行信用货币的创造能力就决定于原始存款 ΔD_d 和派生倍数 k 的大小。法定存款准备金率越低,派生倍数就越高,相应地商业银行信用创造的能力就越强;法定存款准备金率越高,派生倍数越小,商业银行存款扩张的能力就越弱。

与信用创造相对应的是信用货币的紧缩过程。其原理和前述的累积扩张过程完全相同,所不同的是:在扩张过程中,存款的变动为正数即存款增加;而紧缩过程中,存款的变动为负数,即存款减少、提款增加。

这里所给出的派生倍数 k 仅仅是理论上的乘数,在现实经济生活中,派生倍数 k 要受到各种因素的影响而被缩减。具体而言,前面举例讲解的:在 20% 法定存款准备金率的条件下,原始存款通过派生可以达到 50 万元的活期存款总额,实际上这只是理论上的数据,现实生活中是不能够实现的。下面就对派生倍数进行修正,亦即分析一下对商业银行信用扩张能力的有关影响因素。

▶ 三、派生倍数的修正

(一) 现金漏损率 c'

前面为了分析方便,曾假定社会公众将所有的货币收入都存入商业银行,而自己手中不留存任何现金。事实上,社会公众总会把一部分货币收入以现金的形式保留在自己手中以备日常所需。显然,保留在社会公众手中的这部分现金不会回流到银行体系参与信用货币的创造过程,这就是现金漏损。现金漏损的存在使得原始存款减少,同时流通在银行体系之外的货币资金量增多,银行能够用于贷放的款项减少,从而使派生倍数降低。现金漏损量与活期存款总额之比称之为现金漏损率,用 c' 表示。因此,把现金漏损因素考虑进去,派生倍数的公式应修正为:

$$k = \frac{1}{r_d + c'} \qquad (公式 6-4)$$

现金漏损率的大小通常受社会公众的收入水平、消费习惯以及季节性因素的影响。例如,在信用制度发达的国家或地区,公众习惯于使用银行卡或支票即通过银行转账支付的形式来完成交易活动,较少使用到现金,导致现金漏损下降,从而商业银行的派生能力增强;又如,逢年过节、旅游旺季等时期,人们购物欲望增强,所以,银行总要留足资金以备客户提现之需,则流出银行系统的现金量增加,派生能力减弱。同时,物价的变动、金融市场的走势、利率水平的高低以及银行自身经营的好坏等经济因素也会影响到公众对现金的需求,从而影响到派生倍数的变化。

(二)超额准备金率 e'

出于谨慎考虑,商业银行在实际经营过程中总会多保留超出法定存款准备金要求的部分资金,用于保持银行资金充足的流动性以应付日常的存款变现及机动放款之需。当然,现金零收益率的特点显然不符合银行利润最大化的经营目的,通常商业银行持有的超额准备较少。超额准备金额与活期存款总额之比称之为超额准备金率,用 e' 表示。银行持有超额准备,意味着其放款额减少,也称为贷漏。若把 e' 也考虑进去,则派生倍数进一步修正为:

$$k = \frac{1}{r_d + c' + e'} \qquad (公式 6-5)$$

同理,由于银行保留的超额准备未进入信用货币的创造过程,超额准备金率高,则银行的信用扩张能力被削弱;超额准备金率低,则银行信用扩张倍数提高。超额准备金率 e' 对利率的变动异常敏感:当市场利率上升的时候,银行认为有利可图,会追加贷款或投资的资金量,从而使商业银行的超额准备趋于减少;相反,市场利率走低时,银行为了自身利润最大化的经营目标,会选择持有超额准备金,减少贷款或投资的放款量,等待市场利率水平的上升。

(三)定期存款准备的影响

由于企业等经济行为主体既持有活期存款,又持有定期存款。那么当企业的活期存款转化为非个人的定期存款时,尽管不致使原来持有的准备金额下降,但这种变动会对活期存款派生倍数 k 产生影响。因为银行对定期存款也要按一定比例提留法定存款准备金率。

假设银行对非个人定期存款缴纳的法定存款准备金率为 r_t,活期存款(D_d)转化为定期存款(D_t)的比例为 t',则定期存款提取的法定存款准备金率为 $r_t \cdot t'$,这部分准备金是用于支持定期存款所需要的,尽管仍保留在银行手中,属于实有准备金的一部分,但不支持活期存款的进一步创造,故这部分 $r_t \cdot t'$ 对派生倍数 k 的影响,可以视同为活期的法定存款准备金率的进一步提高,从而使得派生倍数进一步扩展为:

$$k = \frac{1}{r_d + c' + e' + r_t \cdot t'} \qquad (公式 6-6)$$

上述分析是用抽象的方法说明诸多因素对派生倍数 k 的影响。事实上,信用货币的扩张究竟能达到多少倍数,还要依据整个国民经济状况、所处的经济发展阶段而定。假如公众的支付方式发生了改变,现金漏损率也会随之出现变化,对 k 值也会产生影响。当经济处于不同的发展阶段,或者说当利率水平发生波动的时候,银行会及时调整所保留的超额准备金数额,从而 e' 会发生改变,进而影响到 k 值的大小,等等。

 本章小结

银行业起源于古代的银钱业和货币兑换业。第一家股份制商业银行 1694 年出现于英国。商业银行的经营模式主要有分业经营与混业经营两种。随着金融大环境的不断变化,两者之间的界限日渐模糊。在金融体系中处于主体地位的商业银行,在经济活动中发挥着信用中介、支付中介、信用创造等多方面的作用。

在各国金融体系中,商业银行不仅数量众多、规模最大,其经营项目覆盖面也最广,提供包括资产业务、负债业务和中间业务等多方面的金融服务,被称之为"金融百货公司"。

商业银行经营管理遵循的基本原则是安全性、流动性与盈利性。盈利性是商业银行经营的最终目标,安全性是其前提条件,而流动性是具体操作的要求,三者之间的关系体现了银行经营中风险与收益的平衡。如何有效协调三者之间的关系是商业银行经营管理的永恒主题。

"三性"原则具体体现在商业银行经营管理的整个过程中。在商业银行的发展历程中,商业银行经营管理的基本指导思想大致经历了资产管理、负债管理以及资产负债综合管理三个阶段。

商业银行不仅是一个信用的媒介者,也是一个信用的创造者。其存款扩张机制可以使银行体系产生信用存款的派生能力。商业银行信用货币创造能力的大小,主要受活期存款法定准备金率高低的影响,除此之外,还要受银行的现金漏损率、超额准备金率以及非个人活期存款转化为定期存款相关指标的影响。

 **复习思考题**

1. 商业银行作为特殊的金融企业,在国民经济活动中发挥哪些重要职能?
2. 将下列属于商业银行资产业务的项目按流动性由高到低进行排序:
(1) 大额可转让定期存单。
(2) 短期商业贷款。

（3）中央政府债券。

（4）向中央银行再贷款。

（5）公司债券。

（6）在中央银行的超额准备金。

（7）收款过程中的现金项目。

3. 商业银行的负债业务包括哪些？商业银行如何扩大自身的负债能力？

4. "中间业务的开展有利于商业银行增加利润、降低风险。"该表述正确吗？为什么？

5. 为什么说商业银行经营管理的艺术就在于维持安全性、流动性和盈利性之间的平衡？商业银行如何在其经营过程中贯彻"三性"原则？又该如何理解这三者之间既统一又矛盾的关系？

6. 回顾商业银行经营管理理论发展的脉络，扼要说明各阶段所作出的理论贡献。

7. 假定 A 银行从中央银行获得 10 000 元的贴现贷款，且活期存款的法定存款准备金率为 10%，那么在信用货币创造条件下，商业银行体系最终将创造出多少存款？如果每家银行都希望持有 5% 的超额准备，情形又将如何？如果商业银行每增加 100 元活期存款，便会有 15 元转化为通货，20 元转化为非个人的定期存款，且定期存款的法定存款准备金率为 3%，则商业银行体系最终将创造出多少活期存款、多少流通中的现金？

8. 下列变量如何影响派生倍数？

（1）银行恐慌（在银行发生恐慌的期间以及银行恐慌消失两种情况）。

（2）市场利息率。

（3）非个人定期存款的法定准备金率。

（4）流动人口比例。

（5）定期存款利率上限变动。

（6）接受信用卡消费的商家数目。

（7）银行的负债管理能力。

 案例分析

案例：我国商业银行贷款业务的季节波动

我国金融机构贷款投放存在比较明显的季节波动性。1998 年以前，金融机构贷款增长呈现上半年少、下半年多的态势，上半年新增贷款占全年贷款的比重较低，大致在 30%～40% 左右波动。主要是由于当时货币政策实行贷款规模管理的直接调控方式，商业银行往往在年底突击发放贷款，以扩大下一年贷款规模的基数。1998 年中央银行取消

贷款规模控制后,商业银行"抢基数"动机消失,上半年贷款占比上升,1999～2002 年平均为 46.5％,但贷款进度比较均衡的状态并未稳定下来,从 2003 年开始出现上半年多、下半年少的贷款投放模式,特别是集中在第一季度突击贷款。2003 年以来上半年新增贷款占比都在 60％以上,2006 年甚至达到 68％,其中仅第一季度就占近 40％。2007 年第一季度新增贷款 1.42 万亿元,同比又多增 1 678 亿元,投放仍然偏多。商业银行追求所谓"早贷款、早收益"是形成贷款季节波动模式的重要原因。目前,我国商业银行内部绩效考核及信贷管理体系存在过于强调当年利润的问题。商业银行分支行在贷款投放决策时过度放大贷款对当年利润的贡献,把增量贷款的收益局限在一个年度内考虑,忽视信贷资产在整个运行周期中的收益。特别是由于短期贷款期限在 1 年以内,商业银行年初投放的动力明显大于年底;而中长期贷款的季节波动相对较弱。

与我国商业银行"早贷款、早收益"的做法不同,成熟市场经济国家的银行更注重贷款和盈利的持续、稳定增长,绩效考核和信贷管理等制度更加科学合理,因此,在经济平稳增长的情况下,放款在年度内的分布比较均匀,一般很少存在较大的季节波动。例如,2003～2006 年,美国商业银行上半年新增贷款占全年贷款的比重大致在 40％～57％之间,平均为 47％。

商业银行适度、均衡安排贷款进度,有利于适时满足企业生产经营合理的资金需求,有利于实现企业客户利益最大化,因此从长远看也更符合商业银行自身发展的要求。而贷款增长在年度内大幅波动,不仅与实体经济部门的有效需求不匹配,影响了商业银行市场形象,不利于维护与客户的关系,而且也容易误导对宏观形势的判断。

针对贷款季节波动较大的状况,中国人民银行多次召开"窗口指导"会议,要求商业银行树立持续稳健经营理念,加强风险管理,追求适度利润,合理控制信贷投放规模和进度,均衡放款。"窗口指导"作为一种重要的货币政策工具,与其他货币政策工具结合起来可以发挥引导市场预期的作用,对商业银行长远健康发展是有利的,一些发达国家也采用类似做法。

(案例来源:根据《2007 年第一季度货币政策执行报告》整理)

问题:

1. 近 10 年来,我国商业银行贷款业务呈现哪些显著变化?
2. 商业银行贷款业务季节性大幅波动会带来哪些危害?
3. 针对这一现状,中国人民银行运用了哪些引导策略?
4. 结合商业银行经营管理理论,试分析:商业银行应采取哪些积极措施以促进自身贷款业务的均衡增长?

第 7 章

中央银行与金融监管

 学习目的

- ■ 熟悉中央银行的形式,理解中央银行的性质与职能。
- ■ 掌握基础货币与货币乘数,理解中央银行体制下的信用货币创造机制。
- ■ 理解金融监管的含义及原则,掌握《巴塞尔协议》的主要内容。
- ■ 熟悉中国金融监管的现状。

中央银行是在经济和金融发展的过程中逐步形成的,当今世界各国都普遍实行中央银行制度,其中,大多数国家实行各自独立的中央银行制度,也有一些国家实行跨国中央银行制度。

中央银行是一个特殊的金融机构,是政府的金融管理机关,它具有发行的银行、银行的银行以及政府的银行等三大职能。

在现代国家,由于各国普遍实行信用货币制度,因此,各国的货币创造都与中央银行有着极为密切的关系,中央银行在信用货币的创造、信用货币的收缩和扩张中都起着极为重要的作用。

金融监管是一个国家(地区)的中央银行或其他金融监管当局依照国家法律法规的授权,对金融业实施监督管理。在现代社会,尽管金融监管的主体不再是中央银行一家,但中央银行在金融监管中的地位仍然十分重要,金融监管要遵循一些特定的原则。

第一节　中央银行的形成及形式

▶ 一、中央银行的形成

（一）中央银行产生的客观要求

中央银行的历史起源大致可以追溯到 17 世纪中后期，在此之前，商业银行已经存在和发展了相当长的一个时期，中央银行是银行业发展到一定阶段之后的产物，资本主义商品经济的发展，以及经济危机的发生，银行信用的普及化，都为中央银行的产生奠定了基础。

1. 货币统一的需要

在中央银行产生之前，各个银行都有发行银行券的权利，许多商业银行除了办理存放款和汇兑等业务以外，都从事银行券的发行，因此市场上流通的是由不同银行发行的各种各样的银行券。对于银行来说，只要其能够保证自己所发行的银行券可以随时兑现，就能稳妥经营。但随着经济的发展、银行的增多和信用规模的扩大，这种分散发行银行券的弊端就暴露了出来。一是一些小银行由于信用能力薄弱，经营不善，或同业挤兑，小银行通常无法保证自己所发银行券的兑换，从而无法保证银行券的信誉及其流通的稳定，引起社会流通的混乱。二是由于市场上流通种类繁多的银行券，使人们必须要花费大量的时间和精力来进行辨别，这为许多不法之徒提供了欺诈的途径。三是一些银行由于实力、信用及分支机构等问题，业务被局限在一定的地区之内，使其发行的银行券就只能在国内有限的地区流通，从而给商品的生产和流通带来了困难。因此，客观上要求有一个实力雄厚，并在全国范围内有权威的银行来统一发行银行券。

2. 票据交换和清算的需要

随着银行业的发展和扩大，银行每天收授票据的数量急剧增加，各家银行之间的债权债务关系变得越来越复杂，票据交换的业务变得日趋繁重。这种债权债务关系的清理，最早是由银行自己进行的，如银行派人拿着客户送来的收款票据到付款银行进行收款。但是随着票据的增多，这种方法显得效率极低。后来，商业银行就开始聚集在一个固定的地点，让各个银行的收款人员相互交换手中的票据，并结算相互之间的差额。但是在通讯技术不发达的时代，这种方法只能进行同一个城市的票据结算，对于异地之间的票据结算无法进行。因此，为了满足商品经济活动和银行业务发展的要求，客观上需要建立一个全国统一的、有权威的、公正的清算中心，作为金融支付体系的核心，快速清算银行间各种票

据,加快资金顺畅流通。

3. 最后贷款人的需要

随着社会化大生产和商品经济的快速发展,工商企业对银行贷款的需求不断增长,不仅需求规模较大的贷款数量,而且对贷款期限的要求也在提高。为了满足借款人的资金需要,当然也是为了经营获利的需要,银行不断扩大自己的贷款业务。虽然银行在从事放款业务时,出于安全性的需要,会留出一定的支付准备金,但支付准备金留得过多会损害银行经营目标的实现,因此银行总是使其保持在一个尽可能低的水平上。但当发生存款人对银行进行挤兑危机时,银行的支付能力往往发生较大的困难。为了保证存款人的利益和银行以及整个金融业的稳定,客观上需要有一家权威性机构,适当集中各银行的一部分现金准备作为后盾,在银行出现难以克服的支付困难时,集中给予必要的贷款支持,充当银行的"最后贷款人",作为银行最后的依靠。中央银行的出现正是适应了这种客观需要。

4. 金融管理的需要

随着商品货币经济关系的发展,银行和金融业在整个社会经济关系中的地位和作用日益重要。金融业作为一个特殊的行业,它经营的好坏直接决定着一个国家经济发展的稳定与否,这就需要一个专门的机构来实施政府对银行业和金融市场的管理。因为在其他行业出现风险的时候,很难产生影响到国民经济全局的风险,只有金融领域,一旦出现了大的危机,将会给国民经济造成很大的影响,所以各国都要对货币金融活动进行严格的监管,以维持金融业的公平、效率和稳定。由于金融业监管的技术性很强,政府对金融业进行监督管理,必须依靠专门的机构来实现,不但要求具有一定的技术手段和操作手段,还要在业务上与银行等金融机构之间存在密切联系,以保证各项政策和规定能够通过其业务活动得到贯彻实施。这也是中央银行产生的重要原因。

(二)中央银行的形成

中央银行的形成有以下两种方式。

1. 由一般的商业银行演变而成

1694 年成立的英格兰银行被公认为现代中央银行的始祖,但其开始成立时是私人股份制银行,后来国家为适应资本主义商品经济的发展,就支持英格兰银行成为一个受国家保护并且拥有国家特权的公共机构,它不仅具有很大的资本权力,还获得了巨大的利润,成为代表国家的中央银行。如 1833 年英国政府规定,英格兰银行发行的银行券具有无限法偿的能力,任何人不得拒收,并且规定英格兰银行发行的货币成为全国唯一的法偿货币,结束了在英国有 279 家银行发行货币的历史。由于英格兰银行与政府的关系密切,该行作为特殊银行的地位更加突出。1854 年,英格兰银行成为英国银行业票据交换的中心,到 1872 年,充当起最后贷款人的角色,在金融危机中开始支持资金周转困难的银行,以免挤兑导致银行业的崩溃,一步一步地使英格兰银行成为一个具有现代意义上的中央银行。

2. 在政府的设计下直接为负担中央银行职能而设立

许多国家设立中央银行都是出于此目的,如美国美联储的成立。美国人一向反对权力的过分集中,因此在美国各州的反对下,美国一直没有建立自己的具有完全意义上的中央银行。为了发挥中央银行的职能,美国国会在 1791 年暂时批准了一家国民银行,即国民第一银行的成立,暂时执行中央银行的部分职能,但是该银行由于规模大大超过各个州立银行,成为州立银行的强劲对手,所以州立银行都企图扼杀它,当 1811 年国民第一银行特许期满的时候,没有获得国会的批准。接着在 1816 年获国会特许成立的国民第二银行也是同样的命运,在 1836 年宣告了中止。这种银行制度的不健全,使得美国每隔几年都发生一次比较大的金融恐慌,因此美国的政府官员和经济人士认为美国有必要像其他国家那样建立起自己的中央银行制度。但美国又崇尚自由竞争,反对权力的过分集中,因此美国就在 1913 年创立了一种自由竞争和集中管理的一种混合体,成为中央银行历史上的一个创新。美国在全国分为 12 个储备区,每区设立一个联邦储备银行,并在此基础上设立一个中央级的联邦储备理事会,在中央集权和地方分权之间取得了巧妙的折中。

(三) 中央银行的发展

一般认为中央银行的发展历史有三个阶段。

1. 初创时期

此时期(17 世纪中叶至 1843 年)的中央银行尚未完全垄断货币发行权,中央银行的职能尚不完备,中央银行多属于私人股份制银行或私人、政府合股。

2. 逐步完善时期

这时期(1844 年至 20 世纪 30 年代)以英格兰银行为典范,中央银行逐步确立了发行的银行、银行的银行的地位。尤其是进入 20 世纪,第一次世界大战以后,由于许多国家所面临的经济金融形势非常混乱,1920 年布鲁塞尔国际金融会议决定,尚未建立中央银行的国家都应尽快成立中央银行,由此掀起了建立中央银行的高潮,中央银行制度也得到发展与完善。

3. 进一步加强时期

第二次世界大战以后,国家对经济的干预开始加强,中央银行成为推行政策、干预经济的重要力量。很多国家的中央银行也实行了国有化。从目前来看,随着经济的发展,金融业的日趋复杂,经济全球化的加强,各国的中央银行都成为维护国家经济运行稳定和安全的重要的职能机构。

二、中国中央银行的产生和发展

1904 年，清政府仿照西方建立了户部银行，部分行使中央银行的职能。1908 年，更名为大清银行。

北洋政府的时候，由交通银行行使中央银行的职能。交通银行始建于 1908 年，一开始是属于纯粹商业银行的性质，但后来成了北洋政府的中央银行。1913 年，交通银行取得了货币的发行权，1914 年开始代理国库，代理国家的内外汇兑业务。

在国民党政府时期，1928 年成立中央银行为国家银行，授予其发行货币、铸造硬币、经理国库和募集公债四项特权。但是后来除了中央银行外，中国银行、交通银行和中国农民银行都具有了货币发行权，形成了金融垄断的体系，处于主宰全国金融的地位。1942 年，国民党政府发布加强管理四行的指令，规定一切中央银行业务都由中央银行承担，严格限制其他三个银行超越普通专业银行的界限，特别强调货币发行权由中央银行所有。1949 年 12 月，中央银行随着国民党政府撤往台湾。

中国人民银行的历史可以追溯到第二次国内革命战争时期。1931 年 11 月 7 日，在江西瑞金召开的"全国苏维埃第一次代表大会"上，通过决议成立"中华苏维埃共和国国家银行"（简称苏维埃国家银行），并发行货币。1948 年 12 月 1 日，以华北银行为基础，合并北海银行、西北农民银行，在河北省石家庄市组建了中国人民银行，并发行人民币，成为中华人民共和国成立后的中央银行和法定本位币。

（一）中国人民银行的创建与国家银行体系的建立（1948～1952 年）

1948 年 12 月 1 日，中国人民银行在河北省石家庄市宣布成立。1949 年 2 月，中国人民银行由石家庄市迁入北平。1949 年 9 月，中国人民银行纳入政务院的直属单位系列，接受财政经济委员会指导，与财政部保持密切联系，赋予其国家银行职能，承担发行国家货币、经理国家金库、管理国家金融、稳定金融市场、支持经济恢复和国家重建的任务。1952 年，中国人民银行建立了全国垂直领导的组织机构体系；统一了人民币发行；对各类金融机构实行了统一管理。

（二）计划经济体制时期的国家银行（1953～1978 年）

在统一的计划经济体制中，自上而下的人民银行体制成为国家吸收、动员、集中和分配信贷资金的基本手段。随着社会主义改造的加快，私营金融业纳入了公私合营银行轨道，形成了集中统一的金融体制，中国人民银行作为国家金融管理和货币发行的机构，既是管理金融的国家机关，又是全面经营银行业务的国家银行。

与高度集中的银行体制相适应，从 1953 年开始建立了集中统一的综合信贷计划管理体制,即全国的信贷资金,不论是资金来源还是资金运用,都由中国人民银行总行统一掌握,实行"统存统贷"的管理办法,银行信贷计划纳入国家经济计划,成为国家管理经济的重要手段。这就是本书第 5 章介绍的"大一统"银行体制。这种"大一统"的(高度集中的)国家银行体制,为大规模的经济建设进行全面的金融监督和服务。这种体制一直延续到1978 年,期间虽有几次变动,基本格局变化不大。

(三) 从国家银行过渡到中央银行体制(1979～1992 年)

1979 年 1 月,为了加强对农村经济的扶植,恢复了中国农业银行。同年 3 月,适应对外开放和国际金融业务发展的新形势,改革了中国银行的体制,中国银行成为国家指定的外汇专业银行;同时设立了国家外汇管理局。以后又恢复了国内保险业务,重新建立中国人民保险公司;各地还相继组建了信托投资公司和城市信用合作社,出现了金融机构多元化和金融业务多样化的局面。

1982 年 7 月,国务院批转中国人民银行的报告,进一步强调"中国人民银行是我国的中央银行,是国务院领导下统一管理全国金融的国家机关",以此为起点开始了组建专门的中央银行体制的准备工作。

1983 年 9 月 17 日,国务院作出决定,由中国人民银行专门行使中央银行的职能,并具体规定了人民银行的 10 项职责。从 1984 年 1 月 1 日起,中国人民银行开始专门行使中央银行的职能;同时新设中国工商银行,中国人民银行过去承担的工商信贷和储蓄业务由中国工商银行专业经营;中国人民银行分支行的业务实行垂直领导;设立中国人民银行理事会,作为协调决策机构;建立存款准备金制度和中央银行对专业银行的贷款制度,初步确定了中央银行制度的基本框架。

(四) 逐步强化和完善现代中央银行制度(1993 年至今)

1993 年,中国人民银行进一步强化金融调控、金融监管和金融服务职责,划转政策性业务和商业银行业务。1995 年 3 月 18 日,全国人民代表大会通过《中华人民共和国中国人民银行法》,首次以国家立法形式确立了中国人民银行作为中央银行的地位,标志着中央银行体制走向了法制化、规范化的轨道,是中央银行制度建设的重要里程碑。1998 年,按照中央金融工作会议的部署,改革中国人民银行管理体制,撤销省级分行,设立跨省区分行。2003 年,将中国人民银行对银行、金融资产管理公司、信托投资公司及其他存款类金融机构的监管职能分离出来,并和中央金融工委的相关职能进行整合,成立中国银行业监督管理委员会。12 月 27 日,第十届全国人民代表大会常务委员会第六次会议审议通过了《中华人民共和国中国人民银行法(修正案)》。

有关金融监管职责调整后,中国人民银行新的职能正式表述为"制定和执行货币政策、维护金融稳定、提供金融服务"。同时,明确界定"中国人民银行为国务院组成部门,是

中华人民共和国的中央银行,是在国务院领导下制定和执行货币政策、维护金融稳定、提供金融服务的宏观调控部门。"这种职能的变化集中表现为"一个强化、一个转换和两个增加"。

"一个强化",即强化与制定和执行货币政策有关的职能。"一个转换",即转换实施对金融业宏观调控和防范与化解系统性金融风险的方式。"两个增加",即增加反洗钱和管理信贷征信业两项职能。这些新的变化,进一步强化了中国人民银行作为我国的中央银行在实施金融宏观调控、保持币值稳定、促进经济可持续增长和防范化解系统性金融风险中的重要作用。

三、中央银行的形式

虽然目前世界各国和地区基本上都实行了中央银行制度,但其形式并不统一。大致可以分为以下四种类型:单一式中央银行、复合式中央银行、准中央银行和跨国中央银行。

(一) 单一式中央银行

单一式中央银行是指国家单独建立中央银行机构,使之全面行使中央银行职能的形式。这种类型又可以分为两种形式。

1. 一元式中央银行

这是指在一个国家内只设立一家统一的中央银行,行使中央银行的权力和履行中央银行的全部职责,中央银行机构自身上下是统一的,机构设置一般采取总分行制,逐级垂直隶属。目前世界上绝大部分国家的中央银行都采取这种形式,如英国、日本、法国、意大利等。这种形式的特点是:权力集中统一,职能完善,部门体系完整统一,分支机构较多。目前中国人民银行也采取这种形式。

2. 二元式中央银行

这是指在一国内建立中央和地方两级相对独立的中央银行机构,中央级中央银行是最高权力或管理机构,也是金融决策机构,地方级也有其独立的权力,但要接受中央级中央银行的监督和指导,它们按规定分别行使职权。这种形式的中央银行一般与联邦体制的国家体制相适应,如美国、德国等。这种形式的特点是:央行权力较为分散,银行的职能分别由不同的机构行使;各区域中央银行的权力逐渐缩小,逐渐集中到中央机构。

(二) 复合式中央银行

复合式中央银行是指国家不单独设立专门行使中央银行职能的中央银行机构,而是由一家大银行集中中央银行的职能和商业银行的职能,两种职能并存的中央银行形式。这种中央银行形式主要存在于过去的前苏联和东欧等国家,我国在 1983 年以前的中国人民银行也属于这种形式。这种形式的中央银行的特点是:央行没有权力基础,职能模糊,组织体系较为庞杂,分支机构较多。

（三）准中央银行

准中央银行是指国家不设通常意义上的完整的中央银行，而是设立类似中央银行的金融管理机构执行部分中央银行的职能，并授权某个或某几个商业银行行使部分中央银行的职能。采取这种中央银行形式的国家有新加坡、马尔代夫、利比里亚、斐济、沙特阿拉伯等。采取这种中央银行形式的国家，设立专门的金融管理机构，但各国的名称和职责存在一定的差异。例如，新加坡设立金融管理局，该局隶属于财政部，不负责发行货币，其货币发行权授予大的商业银行，并由国家货币委员会负责管理，除了不具有货币发行权，中央银行的其他职能如制定和实施货币政策、监督管理金融业、为金融机构和政府提供各种金融服务等职能都由该金融管理局负责实施。这类准中央银行通常与国家或地区较小，而同时又有一家或几家银行一直处于垄断地位有很大关系。我国的香港特别行政区在回归之前，基本上也是属于准中央银行形式。这种形式的中央银行特点是：中央银行的职能较少，一般只有发行货币、为商业银行提供最后贷款援助和资金清算等职能。

（四）跨国中央银行

跨国中央银行是指两个或者两个以上的国家设立共同的中央银行，由这家中央银行在其成员国范围内行使全部或部分中央银行职能。这种形式的中央银行一般与区域性多国经济的相对一致性和货币联盟体制相对应。例如，欧盟目前已经实现了货币同盟，组建了欧洲中央银行，发行共同的货币——欧元，执行共同的货币金融政策，来推进欧洲各国经济的发展和避免通货膨胀。欧洲中央银行是一个典型的跨国中央银行，是欧洲经济一体化逐步深化的产物。1998 年 7 月 1 日，欧洲中央银行体系和欧洲中央银行正式成立，1999 年 1 月 1 日欧元正式启动，2002 年 1 月 1 日，欧元的钞票和硬币开始流通，在欧盟国家中，法国、德国、奥地利、比利时、芬兰、爱尔兰、意大利、卢森堡、西班牙、荷兰、葡萄牙等11 个国家是首批欧元国，2001 年 1 月 1 日希腊加入，2007 年 1 月 1 日斯洛文尼亚加入，2008 年 1 月 1 日马耳他和塞浦路斯加入，目前欧元区国家为 15 个。西非货币联盟、中非货币联盟、东加勒比海货币区的中央银行也属于这种形式。

第二节　中央银行的性质及职能

▶ 一、中央银行的性质

中央银行的性质是指中央银行自身所具有的属性。中央银行的性质是由其业务活动

的特点和所能发挥的作用决定的。虽然各国的社会经济制度有很大差异,但是各国中央银行具有明显的共同性质。

(一)地位的特殊性

就中央银行所处的地位而言,中央银行是一个国家金融体系的中心环节,是统领全国货币金融的最高权力机构。通过中央银行,可以贯彻国家的金融政策意图,可以调控经济领域中的货币量,达到刺激或者抑制经济发展的目的,可以对整个金融体系进行监督和管理,实现金融业的稳健运营和规范发展,可以加强国与国之间的金融联系和合作。可见,中央银行是国家货币政策的体现者,是国家对经济生活进行干预的重要工具,是政府实现金融管理的重要职能机构。它的重要职责是维持一个国家货币领域和物价的稳定,促进经济增长,保障充分就业水平和维持国际收支平衡。

(二)业务的特殊性

1. 业务经营的目的特殊

中央银行作为一个国家机关,不以营利为目标,不和其他金融机构争利润,而是为实现国家的经济政策目标而服务的,虽然在业务经营过程中也会出现利润,但获得利润不是中央银行的目的。

2. 业务经营的特征特殊

按照国家法律规定,中央银行独占各国发行货币的权力,这是其他金融机构没有的权力。而中央银行的资金来源主要是自己发行的货币,同时也接受商业银行和其他金融机构的存款,所以它不能与商业银行和其他金融机构处于同等的地位,不可能开展平等的竞争。

3. 业务经营的对象特殊

中央银行的主要业务活动虽然同样具有银行所固有的办理"存、贷、汇"业务的特征,但是中央银行的业务活动又与一般的金融机构有所不同,因为其业务对象并不是一般的工商企业客户和居民个人,中央银行不对社会上的企业、单位和个人办理业务,只是与政府和商业银行等金融机构发生资金往来关系。

(三)管理的特殊性

中央银行具有国家机关的性质,但是它在行使金融管理权力时与一般的政府管理权力有很大不同。第一,无论中央银行实施任何管理职能时,中央银行始终都是以一个银行的身份出现,而不仅仅是一个行政管理机构。第二,中央银行行使职能时,不是凭借行政权力,而是主要通过特定金融业务进行,这使得它对金融和经济的调控管理基本上是凭借经济的、法律的手段。第三,中央银行行使职能的时候,不偏向任何一家银行,而是处于一个超然的地位,从而起到控制货币和调节信用的职能,达到稳定金融的目的。

总之,从中央银行业务活动的特点和发挥的作用看,中央银行既是为商业银行等普通金融机构和政府提供金融服务的特殊金融机构,又是制定和实施货币政策、监督管理金融业和规范金融秩序、防范金融风险和维护金融稳定、调控金融和经济运行的宏观管理部门。

▶ 二、中央银行的职能

中央银行的性质具体体现在其职能上,中央银行的职能是中央银行性质的集中反映。中央银行是发行的银行、政府的银行、银行的银行,这是对早期中央银行职能的典型概括。尽管随着各国中央银行制度的发展,现代中央银行的职能更加丰富,但这种概括,由于其简洁、形象、便于理解和记忆,仍被大多数人普遍接受。

(一)中央银行是发行的银行

中央银行是发行的银行,是指中央银行拥有国家赋予的集中与垄断货币发行的特权,是国家唯一的货币发行机构。目前世界上除少数国家的硬辅币的铸造与发行由财政部发行外,大都是由中央银行负责货币的发行。中央银行集中与垄断货币发行权是其自身之所以成为中央银行最基本、最重要的标志,也是中央银行发挥其全部职能的基础。

在当今信用货币流通的条件下,中央银行以国家信用为基础而成为垄断货币的发行机构。中央银行根据一定时期内经济发展及物价水平等多种因素,制定与实施相应的货币政策,运用多种手段有效调控货币供应量,保持货币供应量与客观需要量的相对平衡,实现货币币值的大体稳定。随着信用制度的发展和现代科技成果在金融领域中的广泛应用,货币的存在形式和结构比例发生了很大的变化,对货币供给的控制,均已扩大到存款货币,控制的最小口径已是包括通货和活期存款在内的 M_1,其中通货数量只占 M_1 的较小比例,控制的较大口径是包括通货和全部存款在内的 M_2,M_2 的状况与货币币值是否稳定有密切的关系,两者的关联度越来越高。这部分内容将在本书第 8 章详细介绍。

货币发行是中央银行重要的资金来源,也为中央银行调节金融活动和全社会货币、信用总量,促进经济增长提供了资金力量。因此,具有"发行的银行"这一基本职能是中央银行实施金融宏观调控的必要条件。

(二)中央银行是银行的银行

中央银行是银行的银行,是指中央银行的业务对象是商业银行和其他金融机构及特定的政府部门。中央银行与其业务对象间的业务往来仍具有银行固有的办理"存、贷、汇"业务的特征,中央银行为商业银行和其他金融机构提供支持、服务,同时也是商业银行和其他金融机构的管理者。该职能是中央银行作为金融体系核心的基本条件,同时也最能体现中央银行是特殊金融机构的性质。中央银行通过这项职能的行使,可以有效影响商业银行和其他金融机构的活动。具体来讲,中央银行作为银行的银行,主要表现在以下三个方面:

1. 集中存款准备金

一般来讲,为了保证各金融机构的清偿能力,各个国家都要求商业银行和其他金融机构要按照法定比例向中央银行交纳一定比例的存款准备金,即法定存款准备金,这些法定存款准备金绝大部分要交给中央银行管理,中央银行一般并不负责支付利息(我国对法定存款准备金是支付利息的)。中央银行实施法定存款准备金的本意是为了加强银行的清偿能力,当商业银行等金融机构出现资金困难时,可以通过中央银行的法定存款准备金来保证存款人的安全,又可以防止银行因为挤兑而发生倒闭。但后来,随着中央银行作用的不断强化,存款准备金的更多作用体现在通过调控法定存款准备金率来控制商业银行的信贷规模,进而可以控制全国的货币供应量,以达到调节经济的目的。

2. 作为最后的贷款人

最后贷款人是指在商业银行发生资金困难而无法从其他银行或金融市场筹措资金时,由中央银行向其提供资金支持,中央银行对商业银行提供资金支持就是承担了最后贷款人的角色。19世纪中叶前后,连续不断的经济动荡和金融危机使人们意识到,金融恐慌和支付链条的中断是导致经济危机的导火索,因此提出中央银行充当最后贷款人的责任。中央银行作为最后的放款者,如果商业银行出现资金困难的话,中央银行肯定不会坐视不管。因为单个银行的危机有可能会波及整个银行业,从而变得一发不可收拾。中央银行在向商业银行提供借款的时候,主要采用再贴现和再贷款的形式,通过为商业银行办理资金融通,使其在同业拆借方式之外增加了银行资金头寸短期调剂的渠道,为其提供最后的保障。中央银行根据宏观经济政策和金融政策的需要,可以采取降低或提高再贴现率和再贷款利率的方式,调节商业银行的信用规模。最后贷款人角色确立了中央银行在整个金融体系中处于核心和主导地位,确立了中央银行对金融机构实施监督管理的必然性。

3. 组织全国范围内的清算——作为最后清算人的银行

中央银行通过票据交换所为各商业银行及金融机构相互之间应收应付票据进行清算时,就承担了最后清算人的职责。中央银行组织、参与和管理全国的清算始于英格兰银行。由于中央银行掌握货币的发行权,集中保管准备金,所以各银行和金融机构都在中央银行设有存款往来账户,这为中央银行主持银行间的票据交换和差额清算提供了条件。各金融机构之间的清算通过其在中央银行的存款账户上进行转账、轧差,直接增减其存款金额便可完成。中央银行办理金融机构同城票据交换和同城、异地的资金清算,具有安全、快捷、可靠的特点。这不但加速了资金的周转,解决了资金在结算中的占用时间过长和清算费用较高的问题，提高了清算效率，而且中央银行通过组织、参与和管理清算，对金融机构体系的业务经营能够及时全面地把握和了解，为中央银行加强金融监管和宏观分析提供了便利的条件。随着资金清算数量的不断扩大和技术手段的不断革新，中央银行对清算方法也不断进行技术性的改进，大量采用电子数据处理系统，极大地提高了清算的准确性和时效性。

（三）中央银行是政府的银行

中央银行是政府的银行，是指中央银行是管理全国金融的国家机构，是制定和贯彻国家货币政策的综合部门。中央银行作为政府银行的主要职能包括以下几个方面。

1. 代理国库，管理政府资金

国家财政收支一般不另设机构经办具体业务，而是交由中央银行代理。政府的各项收入和支出都是通过财政部在中央银行开设的各种账户进行的。具体有：① 按国家要求代收国库库款。② 为国库办理支付和结算。中央银行根据财政支付指令，为它的供应者付款或转账，成为国库的出纳。③ 代理国库办理代收税款以及国家公债的认购、还本、付息等事项。④ 经办其他有关国库的事项。

2. 为政府提供资金融通，以弥补政府在特定时间内的收支差额

当国家出现短期财政收入不足以抵补财政支出的时候，中央银行就成为弥补政府财政赤字的重要资金供应者。但是，中央银行为政府提供的信用往往是短期的，主要是为了弥补财政收支暂时的不平衡，一般不承担向政府提供长期借款的责任。中央银行向政府提供信用的时候，主要采用国库券贴现和以国家有价证券作抵押的方式。

3. 为国家持有和经营管理包括外汇、黄金和其他形式的国际储备

世界各国的国际储备一般都是由其中央银行持有并进行经营管理。国际储备包括货币黄金、在国际货币基金组织中的储备头寸、国际货币基金组织分配的尚未动用的特别提款权以及外汇等。中央银行通过对国际储备的管理，使之符合国家经济发展的需要。

4. 代表政府参加国际金融组织和各项金融活动

一般来讲，设立中央银行的国家都授权中央银行作为国家政府的代表，在需要的时候参与国家的对外金融活动。包括：① 参加国际金融组织，如国际货币基金组织、世界银行、国际清算银行等世界性金融组织以及亚洲开发银行、非洲开发银行等区域性金融组织，还有一些国际性或区域性的各种金融论坛等。② 代表政府签订国际金融协定。③ 参与国际金融事务与活动，如出席各种国际性金融会议，参加国际金融事务的谈判、协调和磋商，办理政府间的金融事务往来及清算等。

5. 制定和实施货币政策

货币政策是中央银行为实现一定的经济目标而采取的方针和各种调节措施的总称。对于货币政策的制定和实施，世界各国一般都是通过法律赋予中央银行承担此项职责。

6. 对金融业实施监督管理,维护金融稳定

中央银行是一国的金融管理当局,必须承担其对本国辖区内的金融机构,包括本国及外国银行、内外合资银行等的监督和管理责任。中央银行对金融业的监管包括:① 制定并监督执行有关金融法规、基本制度、业务活动准则等。② 监督管理金融机构的业务活动,了解它们的业务经营状况,在必要时向它们发出政策性通告与训令,督促它们遵循有关金融政策的相关规定。③ 管理、规范金融市场。它不仅对金融市场的不同市场层次的交易进行监管,还直接参与金融市场的交易,以控制金融市场,使之服从于政府的经济决策和货币政策的要求。

7. 为政府提供经济金融情报和决策建议,向社会公众发布经济金融信息

由于中央银行处于社会资金运动的中心环节,是一国货币、信用的调剂中心、社会资金清算中心和金融业管理中心,因此,中央银行能够全面地掌握全国经济金融活动的基础资料和相关信息,并在此基础上及时反映整个经济金融运行的全貌。在政府的决策中,中央银行能够发挥重要的甚至是主导的作用。中央银行通过及时向社会发布经济金融信息,使社会公众可以更好地了解经济状况,并能够按照中央银行的预期进行相应的活动。

三、中国中央银行的性质和职能

(一) 中国中央银行的性质

中国人民银行是我国的中央银行。它享有货币发行的垄断权,是发行的银行。中央银行代表政府管理全国的金融机构和金融活动,经理国库,所以通常把它称为政府的银行。它作为最后贷款人,在商业银行资金不足时,可向其发放贷款,因而又称它为银行的银行。

根据《中华人民共和国中国人民银行法》的规定,中国人民银行在国务院领导下依法独立执行货币政策,履行职责,开展业务,不受地方政府、各级政府部门、社会团体和个人的干涉。

中国人民银行相对于国务院其他部委和地方政府具有明显的独立性。财政不得向中国人民银行透支;中国人民银行不得直接认购政府债券,不得向各级政府贷款,不得包销政府债券。

中国人民银行分支行是中国人民银行总行的派出机构,它执行全国统一的货币政策,依法对所辖范围内的金融机构进行监管,其职责的履行也不受地方政府干预。

(二) 中国中央银行的职能

1983 年 9 月,国务院决定中国人民银行专门行使国家中央银行职能。1995 年 3 月

18 日,第八届全国人民代表大会第三次会议通过了《中华人民共和国中国人民银行法》,至此中国人民银行作为中央银行以法律形式被确定下来。

根据 2003 年 12 月 27 日第十届全国人民代表大会常务委员会第六次会议修正后的《中华人民共和国中国人民银行法》规定,中国人民银行的主要职责为:

(1) 起草有关法律和行政法规;完善有关金融机构运行规则;发布与履行职责有关的命令和规章。

(2) 依法制定和执行货币政策。

(3) 监督管理银行间同业拆借市场和银行间债券市场、外汇市场、黄金市场。

(4) 防范和化解系统性金融风险,维护国家金融稳定。

(5) 确定人民币汇率政策;维护合理的人民币汇率水平;实施外汇管理;持有、管理和经营国家外汇储备和黄金储备。

(6) 发行人民币,管理人民币流通。

(7) 经理国库。

(8) 会同有关部门制定支付结算规则,维护支付、清算系统的正常运行。

(9) 制定和组织实施金融业综合统计制度,负责数据汇总和宏观经济分析与预测。

(10) 组织协调国家反洗钱工作,指导、部署金融业反洗钱工作,承担反洗钱的资金监测职责。

(11) 管理信贷征信业,推动建立社会信用体系。

(12) 作为国家的中央银行,从事有关国际金融活动。

(13) 按照有关规定从事金融业务活动。

(14) 承办国务院交办的其他事项。

第三节　中央银行体制下的信用货币创造

现代经济生活中的货币都是由银行体系创造和提供的,这里从中央银行角度考察整个经济生活中的货币是通过何种机制创造出来的。

▶ 一、基础货币

(一) 基础货币的定义

基础货币(monetary base)也称强力货币、初始货币,因其具有使货币供应总量成倍

放大或收缩的能力,又被称为高能货币(high-powered money)。根据国际货币基金组织《货币与金融统计手册》(2000年版)的定义,基础货币包括中央银行为广义货币和信贷扩张提供支持的各种负债,主要指银行持有的货币(库存现金)和银行外的货币(流通中的现金),以及银行与非银行在货币当局的存款。通常,人们认为基础货币是由商业银行在中央银行的存款准备金和流通于银行体系外的通货这两者的总和,准备金包括商业银行持有的库存现金、在中央银行的法定存款准备金以及超额存款准备金。基础货币常用以下的公式来表示:

$$B = R + C \qquad (公式 7-1)$$

式中,B 为基础货币;R 为商业银行保留的存款准备金;C 为流通于银行体系外的现金。基础货币直接表现为中央银行的负债。

(二)影响基础货币的因素

基础货币由现金和存款准备金两部分构成,其增减变化通常取决于以下四个因素。

1. 中央银行对商业银行等金融机构债权的变动

这是影响基础货币的最主要因素。一般来说,中央银行的这一债权增加,意味着中央银行对商业银行再贴现或再贷款资产增加,同时也说明通过商业银行注入流通的基础货币增加,这必然引起商业银行超额准备金增加,使货币供给量得以多倍扩张。相反,如果中央银行对金融机构的债权减少,就会使货币供应量大幅收缩。通常认为,在市场经济条件下,中央银行对这部分债权有较强的控制力。

2. 国外净资产数额

国外净资产由外汇、黄金占款和中央银行在国际金融机构的净资产构成。其中,外汇、黄金占款是中央银行用基础货币来收购的。一般情况下,若中央银行不把稳定汇率作为政策目标的话,则对通过该项资产业务投放的基础货币有较大的主动权;否则,中央银行就会因为要维持汇率的稳定而被动进入外汇市场进行干预,以平抑汇率,这样外汇市场的供求状况对中央银行的外汇占款有很大影响,造成通过该渠道投放的基础货币具有相当的被动性。

3. 对政府债权净额

中央银行对政府债权净额增加通常由两条渠道形成:一是直接认购政府债券;二是贷款给财政以弥补财政赤字。无论哪条渠道都意味着中央银行通过财政部门把基础货币注入了流通领域。

4. 其他项目(净额)

这主要是指固定资产的增减变化以及中央银行在资金清算过程中应收应付款的增减变化。它们都会对基础货币数量产生影响。

（三）基础货币与商业银行体系的货币创造

对于商业银行来讲，只有持有基础货币才能开展业务。中央银行是基础货币的创造者，公众和银行是基础货币的持有者。因此对银行总体而言，在不是初始起点的情况下，只有将公众以前提出的现金用存款的形式吸收进来，或者从央行借款以及卖给央行金融资产（如外汇、国债），才能得到基础货币。除此之外没有其他渠道。对单个银行而言，除以上两种方式外，还可以从其他银行通过同业拆借或客户存款的转账得到基础货币，银行得到了基础货币后，就可以通过贷款或买进客户的金融资产的形式扩张自身资产，与此同时存款货币被创造出来。非银行公众提现或转账都等额减少单个银行持有的基础货币，没有被动用的存款则要求银行持有的准备金满足法定比率规定。

▶ 二、货币乘数

所谓货币乘数，就是指货币供给量与基础货币之比。货币乘数的基本计算公式是：货币供给/基础货币。货币供给一般是指通货（即流通中的现金）和活期存款以及定期存款和储蓄存款的总和，即 M_2；而基础货币等于通货和准备金的总和。

完整的货币乘数的计算公式是：

$$k = \frac{1+t+c}{r+c+e+r_t \cdot t} \qquad （公式 7-2）$$

式中，r、e、c、r_t、t 分别代表活期存款的法定存款准备金率、超额准备金率、现金在活期存款中的比率、定期存款的法定存款准备金率以及定期存款与活期存款间的比率。银行提供的货币和贷款会通过数次存款、贷款等活动产生出数倍于它的存款，即通常所说的派生存款。货币乘数的大小决定了货币供给扩张能力的大小。而货币乘数的大小又由以下几个因素决定。

1. 法定存款准备金率

法定存款准备金率包括 r 和 r_t，是指活期存款和定期存款准备金在相应的活期或定期存款中的比例。不管是活期存款的法定存款准备金率还是定期存款的法定存款准备金率均由中央银行直接决定。法定存款准备金率与货币乘数呈反向变动关系，通常，法定存款准备金率越高，货币乘数越小；反之，货币乘数越大。

2. 超额准备金率

超额准备金率 e 是指商业银行保有的超过法定存款准备金的准备金与存款总额之比。显而易见，超额准备金的存在相应减少了银行创造派生存款的能力，因此，超额准备金率与货币乘数之间也呈反方向变动关系，超额准备金率越高，货币乘数越小；反之，货币乘数就越大。

3. 现金比率

现金比率 c 是指流通中的现金与商业银行活期存款的比率。现金比率与货币乘数负相关,现金比率越高,说明现金退出存款货币的扩张过程而流入日常流通的量越多,因而直接减少了银行的可贷资金量,制约了存款派生能力,货币乘数就越小。现金比率的高低与货币需求的大小正相关,因此,凡影响货币需求的因素,都可以影响现金比率。例如,银行存款利息率下降,导致生息资产收益减少,人们就会减少在银行的存款而宁愿多持有现金,这样就加大了现金比率。

4. 定期存款与活期存款间的比率

由于定期存款的派生能力低于活期存款,各国中央银行都针对商业银行存款的不同种类规定不同的法定存款准备金率,通常,定期存款的法定存款准备金率要比活期存款的低。这样即便在法定存款准备金率不变的情况下,定期存款与活期存款间的比率改变也会引起实际的平均法定存款准备金率改变,最终影响货币乘数的大小。一般来说,在其他因素不变的情况下,定期存款对活期存款比率上升,货币乘数就会变大;反之,货币乘数会变小。

总之,货币乘数的大小主要由法定存款准备金率、超额准备金率、现金比率及定期存款与活期存款间的比率等因素决定。而影响我国货币乘数的因素除了上述四个因素之外,还有财政性存款和信贷计划管理两个特殊因素。

中央银行产生之后,根据货币供给模型:货币供给量 $= B \cdot k$ 可知,货币供给量由基础货币和货币乘数 k 决定,而 k 进一步由法定存款准备金率、超额准备金率、现金比率和定期存款与活期存款间的比率等共同决定。我们发现,中央银行对货币供给量的大小产生重要影响,这主要是由于中央银行对基础货币具有主导性的影响,而且作用也比较直接。货币乘数中的法定存款准备金率则更是由中央银行直接规定。对于其他影响货币供给量的因素变量,中央银行在一定程度上也能够间接地进行调控,例如,中央银行在调整利率后,现金比率 c 和超额准备金率 e,甚至定期存款与活期存款的比率 t 都会发生一些相应的变化。而商业银行则主要通过其对超额准备金率 e 的决策来加以影响。而 c 和 t 则由公众与企业的行为决定。

第四节　金融监管

当今社会,金融作为现代经济的核心不容置疑,由于现代科技的发展和金融创新的不断涌现,金融业务之间的界限日益模糊,不同金融机构之间和不同金融工具之间的区别日益缩小,而伴随着金融的全球化,金融领域的风险急剧上升,通过金融监管保证金融业的稳健运行日益成为各国政府关注的热点。

一、金融监管的含义、目标及范围

(一) 金融监管的含义

金融监管是指一个国家(地区)的中央银行或其他金融监管当局依照国家法律法规的授权,对金融业实施监管管理。中央银行(或其他金融监管当局)是监管的主体。金融监管是一国经济监管的重要组成部分。金融监管有广义和狭义之分。广义的金融监管除了包括一国(地区)的中央银行或其他金融监管当局对金融体系的监管以外,还包括各金融机构的内部控制、同业自律性组织的监管、社会中介组织的监管等;狭义的金融监管则仅包括一国(地区)中央银行或其他金融监管当局的监管。

(二) 金融监管的目标

20 世纪 30 年代以前,金融监管的目标主要是提供稳定和有弹性的货币供给,并防止银行挤兑带来的消极影响。30 年代大危机的教训使各国纷纷将监管目标定位于维持安全稳定的金融体系,以防止金融体系崩溃对宏观经济造成严重冲击。70 年代末,由于过于严格的金融监管导致了金融机构面临效率下降和发展困境,金融监管的目标开始重新注重效率问题,近些年来,有效控制风险、注重安全和效率的平衡成为各国监管的重要目标。当今世界各国的金融监管目标是多重目标的综合,包括维护货币与金融体系的稳定,促进金融机构谨慎经营,保护存款人、消费者和投资者利益以及建立高效、富有竞争性的金融体制。

(三) 金融监管的范围

金融监管的要求涉及金融的各个领域,如对存款货币银行的监管;对非存款货币银行金融机构的监管;对短期货币市场的监管;对资本市场和证券行业以及各类投资基金的监管;对外汇市场的监管;对金融衍生工具市场的监管;对保险业的监管等。

二、金融监管的原则

金融监管的原则是监管当局在实施监管过程中遵循的行为准则,大体包括以下几个方面。

(一) 依法监管原则

尽管各国金融管理体制有所不同,但依法监管是各国金融监管当局共同遵守的一项原则。一方面金融机构必须接受金融监管当局的监督管理,要有国家法律来保证,任何机

构都不能例外;另一方面,金融监管当局实施监管必须依法进行。

(二)不干涉金融机构内部管理的原则

这要求金融监管当局要按照金融监管的客观规律进行监管,不能在监管过程中干预金融机构的内部管理。

(三)"内控"与"外控"相结合的原则

世界各国的传统不同,管理风格存在较大差异,但是要保证监管的及时、有效,客观上需要"内控"与"外控"有机结合。因为外部控制不论多么严厉,如果缺乏监管对象的配合,则外部控制也难以收到预期的效果;反之,如果只重视金融机构的"内控",则可能会使一些金融机构开展违规经营,产生金融风险。

(四)稳健运行与风险预防原则

各国政府进行金融检查的意义是保证金融机构安全稳健地经营业务。安全稳健与风险预防及风险管理是密切相连的,必须进行风险监测和管理。因此,所有的监管技术设计的指标体系都是着眼于金融业的安全稳健及风险预防管理。

(五)监管成本与效率原则

以最低的监管成本获得最佳监管效果是金融监管当局的重要原则之一。在大多数国家,金融监管的成本都由被监管者承担,这使得监管当局尽可能地减少监管成本,提高监管效率,否则,将会受到监管者的质疑和投诉。

▷ 三、金融监管的主要内容

金融监管的主要内容包括市场准入监管、金融谨慎监管和市场退出监管等三个方面。

(一)市场准入监管

市场准入监管是指对金融机构筹集、设立、经营及进入金融市场的监管。它主要包括金融机构开业登记监管和业务范围监管。各国的金融法律对于机构开业登记的审核批准都有严格的条件规定:包括法定的最低资本额,合格的经营管理人员,健全的组织机构、管理制度和章程,符合要求的营业场所、设施等。

(二)金融谨慎监管

金融谨慎监管的内容依据不同的监管对象的特性而有所差异,比如,对保险业经营过程中的监管主要包括对保险金投资方向、保险费率、保险条款和资本金的监管等,而对于证券业的监管则随一级市场、二级市场的差异而变化。在最主要的对于银行的监管中,则包括资本充足性监管、流动性监管和贷款集中度监管。

(三)市场退出监管

市场退出监管是指金融监管当局对金融机构退出金融业、破产倒闭或合(兼)并、变更等实施监督管理。

四、《巴塞尔协议》

(一)《巴塞尔协议》的历史沿革

《巴塞尔协议》是国际清算银行巴塞尔银行监管委员会自 1975 年至今所制定发布的一系列原则、协议、标准和建议的统称,是国际清算银行成员国的中央银行统一监管的有机文件体系,因此,又称为巴塞尔文件体系(Basle Framework),也是国际金融界的规则,对所有从事国际业务的银行机构有重大影响。其实质是为了完善与补充单个国家对商业银行监管体制的不足,减轻银行倒闭的风险与代价,是对成员国商业银行联合监管的最主要形式,并且具有很强的约束力。巴塞尔协议的价值得到了广泛的认同,在 20 世纪 90 年代成为一个世界性的标准,有超过 100 个国家将巴塞尔协议的框架运用于其本国的银行系统。

1974 年 9 月由国际清算银行发起,美国、英国、法国、德国、意大利、日本、荷兰、加拿大、比利时、瑞典 10 国集团及中央银行监督官员在巴塞尔开会,讨论跨国银行的国际监督与管理问题,自此形成了一系列的文件。主要有:

(1)《1975 年协议》,简称《库克协议》。该协议对海外银行监管责任进行了明确的分工,监管的重点是现金流量与偿付能力,这是国际银行业监管机构第一次联合对成员国国际商业银行实施监管。

(2)《1983 年协议》。由于各成员国的监管标准存在较大差异,东道国与母国之间监管责任划分的实际适用上也存在不同意见,致使《1975 年协议》的弱点充分暴露。为此,巴塞尔银行监管委员会于 1983 年 5 月进行修订,形成了《对银行国外机构监管的原则》。该协议的两个基本思想是:一是任何海外银行都不能逃避监管;二是任何监管都应恰如其分。该协议对《1975 年协议》的多数原则都进行了更加具体的说明。

(3)《1988 年资本协议》,该协议全称《关于统一国际银行资本衡量和资本标准的协议》,简称《旧巴塞尔资本协议》。该协议中对衡量标准和资本水平的规定,是为了通过减少各成员国规定的资本数量差异,以消除银行间不公平竞争;同时,委员会认为资本比率的高低又直接影响各跨国银行的偿债能力。

(4)《1992年7月声明》。即《国际银行集团及其跨境机构监管的最低标准》,是巴塞尔银行监管委员会针对国际商业信贷银行倒闭给国际银行业监管带来的教训而作的。声明中设立了对国际银行最低监管标准,使得各国银行监管机关可以遵循这些标准来完成市场准入、风险监管、信息取得的要求。

(5)1996年初,10国集团签署了《资本协议关于市场风险的补充规定》,其核心内容是必须对市场风险进行量化并计算相应的资本要求。

(6)1997年9月巴塞尔银行监管委员会发布《有效银行监管的核心原则》,提出了银行风险监管的最低资本金要求、外部监管和市场约束等三大原则,反映了国际银行业的变化与监管新趋势。

(7)1998年9月巴塞尔银行监管委员会的《关于操作风险管理的报告》,突出强调了操作风险对银行的影响,建议对操作风险提出设立最低资本标准,同时对利率风险的管理也提出了要求。

(8)《巴塞尔资本协议修订框架》,全称为《关于统一国际银行资本衡量和资本标准的协议:修订框架》,是2004年6月26日10国集团的央行行长们一致通过的,即《新巴塞尔资本协议》的最终稿。由于《1988年资本协议》在实际应用中日益显现出来的局限性,巴塞尔银行监管委员会决定对《1988年资本协议》进行全面修改,并于1999年6月发布了修改后的新资本协议第一稿,2001年1月16日发布第二稿,2003年4~7月底就新资本协议第三稿征求意见。原准备于2004年正式实施,但因故推迟实施。根据安排,第三稿于2006年底在10国集团国家开始实施。但是对于新协议中最高级和复杂的监管要求,巴塞尔银行监管委员会认为还需要进行为期1年的影响分析。

(二)《巴塞尔协议》的主要内容

1. 资本的定义

巴塞尔委员会将资本分为两层:一层为"核心资本",包括股本和公开的准备金,这部分至少占全部资本的50%;另一层为"附属资本",包括未公开的准备金、资产重估准备金、普通准备金或呆账准备金、带有股本性质的债券和次级债券。

2. 资产的风险权数

风险加权计算是指根据不同类型的资产和表外业务的相对风险大小,赋予它们四种不同的加权数,即0、20%、50%和100%,风险越大,加权数就越高。银行的表外业务应按"信用换算系数"换算成资产负债表内相应的项目,然后按同样的风险权数计算法计算。

3. 资本比率的标准

《巴塞尔协议》规定,到1992年底,所有签约国从事国际业务的银行其资本与风险加权资产的比率应达到8%,其中核心资本至少为4%。

（三）《新巴塞尔协议》的主要内容

《新巴塞尔协议》对资本要求仍然维持不变，即资本与风险加权资产的比率为 8％。但是新协议从更加全面的角度来评估银行风险，在评估银行风险方面有了一定的改进。新协议强调银行内部风险控制制度与管理，提出了市场和监管约束，最低资本要求、监管部门的监督检查和市场约束构成了《新巴塞尔协议》的三大支柱。

1. 最低资本要求

《新巴塞尔协议》继承了 1988 年《巴塞尔协议》以资本充足率为核心的监管思路，将资本要求视为最重要的支柱，但也有一些新变化。

（1）风险范畴的拓展。新协议在银行最低资本要求的公式中，分母由原来单纯反映信用风险的加权资本加上了反映市场风险和操作风险的内容。风险加权资产等于所有信用风险加权资产以及 12.5 倍的市场风险和 12.5 倍的操作风险之和。

（2）计量方法的改进与创新。根据银行业务错综复杂的现状，巴塞尔委员会在新协议中改造尤其是创新了一些计量风险和资本的方法，这些方法的推出在很大程度上解决了旧协议相关内容过于僵化、有失公允的遗留问题，使新协议更具指导意义和可操作性。

（3）资本约束范围的扩大。新协议对诸如组织形式、交易工具等的变动提出了相应的资本约束对策。

2. 监管部门的监督检查

《新巴塞尔协议》强化了各国金融监管当局的职责，提出了较为详尽的配套措施。巴塞尔委员会希望监管当局承担起三大职责：一是全面监管银行资本充足状况；二是建立银行的内部信用评估体系；三是加快制度化进程。

3. 市场约束

新协议强调以市场的力量来约束银行，认为市场具有内部改善经营、外部加强监管所发挥不了的作用。银行只有像其他公众公司一样建立了现代公司治理结构，理顺了委托代理关系，确立了内部制衡和约束机制，才能真正建立风险资产与资本的良性匹配关系。

▮▮▶ 五、中国中央银行与金融监管

改革开放后很长一段时间，中国人民银行承担了对各类金融机构和金融市场的监管。随着金融机构种类不断增多，以及金融业务品种日趋多元化，货币市场、证券市场、保险市场逐步形成了分业经营格局，这使得原有的金融监管体制无法适应新的金融格局和加强金融监管的要求。1992 年，中国证券监督管理委员会成立，专门负责对证券行业进行监督；1998 年，中国保险监督管理委员会成立，专门负责对保险业的监督；同时，中国人民银行对证券业和保险业的监管职责分别移交给中国证券监督管理委员会和中国保险监督管理委员会，从而正式确立了中国银行业、证券业和保险业分业监管体制。2003 年 3 月，我

国的金融监管体制再次进行改革。将银行监管职能从中国人民银行中分离出来,成立直接隶属国务院的中国银行业监督管理委员会。

 本章小结

中央银行的产生是基于货币统一的需要、票据交换和清算的需要、最后贷款人的需要和金融管理的需要。中央银行的形成有两种方式:一是由一般的商业银行演变而成;二是在政府的设计下直接为担负中央银行职能而设立。中央银行的形式有单一式中央银行、复合式中央银行、准中央银行和跨国中央银行。中央银行在其地位、业务和管理方面都具有特殊性,是特殊的金融机构和国家宏观管理部门。中央银行的职能有发行的银行、银行的银行和政府的银行三项。

基础货币是由商业银行在中央银行的存款准备金和流通于银行体系外的通货这两者的总和构成。影响基础货币的因素通常有:中央银行对商业银行等金融机构债权的变动,国外净资产数额,对政府债权净额和其他项目净额。货币乘数是货币供应量与基础货币之比。货币乘数的大小取决于法定存款准备金率、超额准备金率、现金比率和定期存款与活期存款间的比率。

金融监管是指一个国家(地区)的中央银行或其他金融监管当局依照国家法律法规的授权,对金融业实施监督管理。金融监管的原则有依法监管原则、不干涉金融机构内部管理的原则、"内控"与"外控"相结合的原则、稳健运行与风险预防原则和监管成本与效率原则等。金融监管的主要内容包括市场准入监管、金融谨慎监管和市场退出监管等三个方面。

《巴塞尔协议》是国际清算银行成员国的中央银行统一监管的有机文件体系,是对成员国商业银行联合监管的最主要形式,并且具有很强的约束力。

 **复习思考题**

1. 中央银行产生的原因有哪些?
2. 中央银行有哪些形式?
3. 中央银行的性质是什么? 它有哪些职能?
4. 什么是基础货币与货币乘数? 中央银行体制下信用货币创造的机制有什么特点?
5. 什么是金融监管? 它有哪些原则?
6. 金融监管的主要内容是什么?

7.《巴塞尔协议》及《新巴塞尔协议》的主要内容是什么？

案例：英国金融监管概况

英格兰银行(Bank of England)为历史最悠久的中央银行。根据英格兰银行法,其经营目标为：维护金融体系健全发展,提升金融服务有效性,维持币值稳定。就首要目标而言,最终为强化保障存款户与投资者权益,这与金融机构业务经营良莠密切相关。依据1987年银行法规定,金融监管业务系由英格兰银行辖下的银行监管局掌管。随金融市场的进步与发展,银行与金融中介机构的传统分界线日趋模糊。因此,英国首相布莱尔于1997年5月20日宣布,英国金融监管体系进行改制,将对在资金供需与支付清算系统中居枢纽地位的银行体系及隶属证券投资委员会的各类金融机构的监管业务整合,成立单一监管机构,即金融服务总署(Financial Services Authority,简称FSA)。

FSA有下列九个业务监管机构：建筑融资互助社委员会、互助社委员会、贸易与工业部保险业委员会、投资管理监管组织、个人投资局(主管零售投资业务)、互助社设立登记局(主管信用机构监管)、证券期货管理局(主管证券及衍生性信用商品业务)、证券投资委员会(主管投资业务,包括票据清算与交换)及英格兰银行监管局(主管银行监管,包括批发货币市场)等。法律赋予FSA权力如下：一是对银行、建筑互助社、投资公司、保险公司与互助社之授权与审慎监管;二是对金融市场与清算支付系统之监管;三是解决对影响公司企业、市场及清算支付系统之问题,在某些特殊状况下,如英格兰银行未能贯彻其利率政策且影响危及经济体系稳定性时,FSA将与英格兰银行协商合作。

FSA掌管所有金融组织,目的在于提升监管效率,保障消费者权益,并改善受监管单位的金融服务。受FSA监管的金融产业对英国经济重要性如下：金融服务占国内生产毛额70%,约占FTSE 100总值30%,近100万人服务于金融产业,相当于5%的英国劳动人口。大部分成年人均为金融产业的消费者：80%家庭拥有银行或建筑互助社之账户,约70%购买人寿保险或养老年金,超过1/4成年人投资股票或单位信托。

问题:

请选择一个国家,查找其金融监管的资料,并与我国的金融监管进行对比分析。

第 **8** 章

货币供求与货币均衡

学习目的

■ 熟悉货币需求的概念,理解主要的货币需求理论和货币需求的影响因素。
■ 掌握货币的范围和货币层次的划分。理解主要的货币供给理论和模型。
■ 理解货币供求的均衡与非均衡状态,熟悉央行对货币非均衡的调控方法。

在现实生活中,我们会听到中国人民银行实施诸如提高或降低利率、提高或降低法定存款准备金率之类的经济政策。如果我们要了解中国人民银行制定这些货币政策的背景和目的,及此类政策将对我们的生活和国家的经济会造成怎样的影响,我们就必须对货币供给理论和货币需求理论进行系统深入的学习和研究,了解货币需求和供给如何相互作用并影响到均衡的价格水平,又如何通过价格水平影响到名义利率、产出、国民收入的分配、消费和资本的积累等经济因素,从而促进或制约一国的经济发展。

第一节 货币需求

在现代高度货币化的经济社会里,社会各部门需要持有一定的货币作为媒介进行交换、支付费用、偿还债务、从事投资或保存价值等经济活动,因此便产生了货币需求。货币需求量受制于客观经济发展的状况。但是社会经济本身是一个不断发展变化的过程,客观经济过程对货币的需求受多种因素的制约,因此,客观经济中需要的货币量难以界定。故我们需要对微观个体持有货币的动机、经济中影响货币需求的因素及这些因素又是如何影响到货币需求量等问题进行深入讨论。

一、货币需求的概念

所谓货币需求,是指社会各部门在既定的收入或财富范围内综合权衡各种资产的收益和成本之后,所愿意持有的货币数量。由于货币的流动性最强但其回报率最低,其他金融资产的流动性较弱但回报率较强,因此,公众必须考虑各种资产的流动性和回报率,选择一个机会成本最低的货币持有量。

对货币需求的理解应注意以下几点:

(1) 货币需求是一个存量的概念。它考察的是在某个时点上社会各部门在其拥有的全部资产中愿意以货币形式持有的数量或份额。因此,货币需求是个存量概念,但是货币存量的多少与流量的大小和速度密切相关,因此,在货币需求的研究中,需要把存量与流量结合起来考察,作静态与动态的全面分析。

(2) 货币需求量是在既定的收入或财富范围内的需求。因此,构成货币需求需要同时具备两个条件:一是有能力获得或持有货币;二是愿意以货币形式保有其财产。两者缺一不可,有能力而不愿意持有货币不会形成对货币的需求;有愿望却无能力获得货币也只是一种不现实的幻想。

(3) 现实中的货币需求不仅是对现金的需求,也包括对存款货币的需求,并且随着金融市场的发展,货币的范围在逐渐扩大。

(4) 人们对货币的需求既包括了执行流通手段和支付手段职能的货币需求,也包括了执行价值贮藏手段职能的货币需求。

(5) 必须区分名义货币需求和实际货币需求。名义货币需求是指社会各经济部门在一定时点所实际持有的货币单位的数量,与物价水平正相关,随物价的上升而上升。实际货币需求是指名义货币数量在扣除了物价变动因素之后那部分货币余额,它等于名义货币需求除以物价水平。区分并研究名义和实际货币需求对于判断宏观经济形势和制定并实施货币政策具有重要意义。

二、货币需求理论的演变

货币需求理论是研究社会对货币需求的动机、货币需求的影响因素和数量决定机制的学说。经济学家们对货币需求理论的研究有着悠久的历史,形形色色的货币需求理论可谓不胜枚举。下面将对具有代表性的几种货币需求理论加以阐述。

(一) 马克思的货币需求理论

马克思在总结前人对流通中货币数量广泛研究的基础上,将货币需求理论简要概括为货币必要量公式:

在完全的金币流通条件下,马克思作出了如下论证:

(1) 商品价格取决于商品的价值和金币的价值,而商品价值取决于生产过程,所以商品是带着价格进入流通的。

(2) 商品价格是多少,就要有多少金币来实现它。

(3) 商品与金币交换后,商品退出流通,金币却留在流通领域用于其他商品的交换,从而一定数量的金币流通几次后,就可以完成几倍于它的商品的交换。

基于以上论证,马克思得到了货币必要量的公式:

执行流通手段职能的货币必要量＝商品价格总额/货币的流通次数 　　　(公式 8-1)

公式表明,货币量取决于价格水平、进入流通的商品数量和货币的流通速度这三个因素,并与商品价格和进入流通的商品数量成正比,与货币流通速度成反比。但要注意的是马克思的货币必要量公式是以完全的金币流通为条件和基础的,因此不适用于纸币流通。

(二) 传统的货币数量论

传统货币数量论是指 20 世纪 30 年代以前的货币需求理论。主要代表理论是 20 世纪初美国经济学家欧文·费雪与英国经济学家马歇尔和庇古在前人的基础上分别建立的货币需求的现金交易说和现金余额说。

1. 费雪的现金交易说

1911 年,美国经济学家欧文·费雪在他出版的那本颇具影响的《货币的购买力》一书中,对古典数量论作出了最清晰的阐述,提出了现金交易方程式:

$$MV = PT \quad 或 \quad P = MV/T \qquad (公式 8-2)$$

式中,M 为货币总量;V 为货币流通速度;P 为价格水平;T 为商品和劳务的交易总量,则 PT 为经济中出售商品和劳务所得到的货币总额。该方程式表明:货币数量乘以给定年份中货币被使用的次数必定等于名义收入(即该年度花费在商品和劳务上的名义总量)。

费雪认为,货币流通速度(V)取决于人们的支付习惯、信用的发达程度、运输与通讯条件及其他与流通中货币量无关的社会因素。由于经济中的制度和技术特征只有在较长时间里才会对流通速度产生轻微影响,故在短期内货币流通速度相当稳定,可以将其视为一个常数。

由此，就将交易方程式转化为了货币数量论。由于古典经济学家们相信名义工资和价格是完全弹性，因此，在市场完全出清的条件下，总产出等于充分就业时的产出量，商品和劳务的交易总额（T）短期内可以看作是常数。这样就可以得到货币需求的表达式：

$$M = PT/V \qquad\qquad （公式8-3）$$

上式蕴涵的意思是，名义交易总量决定了人们的货币需求，由于 T 和 V 都是常数，因此，公式（8-3）表明价格水平的变动仅源于货币数量的变动，并且货币供应量的变化引起一般物价水平的同比例变化，且利率对货币需求没有任何影响。若仅从交易媒介的功能来考察，全社会一定时期一定价格水平下的总交易量与所需要的名义货币量具有一定的比例关系，这个比例是 $1/V$。这意味着在货币流通速度比较平稳时期，可以用它来预测货币需求。

2. 剑桥方程式

在费雪发展货币需求现金交易学说的同时，包括阿尔费雷德·马歇尔和 A. C. 庇古在内的一批英国剑桥大学的古典经济学家也在研究同样的问题。他们不仅将交易水平和影响人们交易方式的制度作为研究货币需求的关键性决定因素，还探讨了在不同环境中人们愿意持有的货币数量。因此，剑桥学派货币需求理论的最大特点在于重视了人的行为因素——微观主体的持币动机对货币需求的影响，为货币需求理论的发展提供了新思维。

剑桥学派认为，人们的财富要在三种用途上进行分配：一是用于投资取得收益；二是用于消费取得享受；三是用于现金获得便利。第三种选择，即把货币保持在手中，便形成货币需求。因此，处于经济体系中的个人的货币需求问题，实质上是选择以怎样的方式保持自己的资产问题。

在此基础上，他们得出了剑桥方程式：

$$M_d = kPY \qquad\qquad （公式8-4）$$

式中，k 为以货币形式保有的财富占名义总收入的比例，又称作剑桥系数；Y 为总收入；P 为价格水平，则 PY 代表了货币形式的财富收入的总额。M_d 为名义货币需求。它说明，人们保持在手中准备用于购买商品的货币数量，是真正的货币需求量。决定货币需求量的因素是手持现金占总财富的比例 k、物价水平 P 和总收入 Y。

根据剑桥学派的分析，在短期内，k 和 Y 都是相对稳定的；同时，货币数量的变动不会对这两个变量产生影响。因此，与费雪的基本结论一样，剑桥学派也认为，货币数量的任何变动必将使一般物价水平作同方向、等比例的变动。但是剑桥学派同时认为，由于人们在决定以货币形式保有的财富的比例时，除受名义收入的影响外，还受到其他资产的收益率和期望回报率的影响，因此，无法排除利率对货币需求的短期影响。

若把 k 换成 $1/V$，Y 换成 T，费雪方程式与剑桥方程式看起来似乎是相同的。其实，这两个方程的经济意义大不相同。费雪方程式与剑桥方程式的不同主要体现在以下几点：

（1）对货币需求分析的侧重点不同。费雪方程式强调的是货币的交易手段功能，把货币需求与支出流量联系在一起，重视货币支出的数量和速度；而剑桥方程式则重视货币作为一种资产的功能，是从货币形式保有资产存量的角度考虑货币需求，重视这个存量占收入的比重。所以费雪方程式又称为现金交易说，剑桥方程式又称为现金余额说。

（2）费雪交易方程式重视影响交易的金融制度支付过程，忽视人的作用；剑桥方程式则重视保有货币的成本与保有货币的满足程度的比较，重视人的意识及其对经济形势的判断力。

（3）两个方程式所强调的货币需求决定因素有所不同。费雪方程式认为决定货币需求的因素在于名义收入水平 PT 引致的交易水平、经济中影响人们的交易方式、决定货币流通速度 V 的制度等宏观经济因素。并认为货币需求仅为收入的函数，利率对货币需求没有影响。而剑桥方程式不仅从宏观因素——收入来讨论货币需求，也从微观角度——个人选择多少货币进行价值储存时受到其他资产收益率和期望回报度的影响来讨论货币需求。因此，剑桥方程式中货币需求的决定因素多于费雪方程式的决定因素。

（4）费雪的交易方程式没有对货币供给与货币需求所起的作用作明显的区分；剑桥方程式则对货币供给和货币需求同样重视，并以之作为决定价格水平的分析基础，使货币价值的决定与商品供求决定规律相吻合。

（三）凯恩斯的流动性偏好理论及其发展

1. 凯恩斯的流动性偏好理论

约翰·梅纳德·凯恩斯 1936 年在他的《就业、利率和货币通论》一书中，对人们持有货币的各种动机进行了详尽的分析，并得出实际货币需求不仅受实际收入影响，而且受利率影响的结论。由于凯恩斯将人们持有货币的动机称为流动性偏好（所谓流动性偏好，是指人们愿意持有名义收益为零但可以灵活周转的货币的心理倾向），因此，凯恩斯的货币需求理论又被称为流动性偏好理论。直到今天，这一理论依然是经济学家解释人们货币需求动机的重要理论。

在流动性偏好理论中，凯恩斯全面讨论了微观个体持有货币的三个动机：

（1）交易动机，是指个人或企业为了应付日常交易需要而产生的持有货币需要。这一动机是由于人们收支在时间上的不同步而产生的。与古典经济学家一样，凯恩斯认为交易需求是收入的增函数。收入越多，此项货币需求就越大；收入越少，此项货币需求也就越小。

（2）预防动机或称谨慎动机，是指人们为预防意外支出而持有一部分货币的动机。

这一动机产生主要是因为未来收入和支出的不确定性。凯恩斯认为,这部分货币需求依赖于个体对未来交易水平的预期,而后者与个体的现期收入正相关,因此,预防性货币需求与收入亦成正比关系。

(3) 投机动机,是指人们为了抓住有利的购买有价证券的机会而持有一部分货币的动机。这也是凯恩斯货币需求理论中最有特色的内容。

凯恩斯假定人们保存财富的方式只有两种:货币或债券,持有货币的名义回报率为零,持有债券的回报由两个部分构成,即利率收益和由债券价格变化所带来的预期资本收益。在一般情况下,市场利率与债券价格反向变动。而债券市场价格是经常波动的,因此,如果当前利率高于正常利率,投机者就会预期利率下降,将抛出货币而持有债券以期日后以更高的价格卖出;如果当前利率低于正常利率,投机者就会预期利率上升,将抛出债券而持有货币以备日后债券价格下跌时再买进。虽然投机者心目中的正常利率水平因人而异,但是从整个经济的发展来看,如果当前利率较高,就会有较多的人预期利率下降,从而用货币买进债券以期日后以更高价格出售获得资本收益的个体增加,货币需求将增加;而当前利率较低就会有较多的人预期利率上升,则会卖出债券保存货币以备日后债券价格下跌时再买进的个体增加,因此货币需求将减少。可见,投机性货币需求与利率成反方向变化。所以,投机动机的货币需求是当前利率水平的减函数。

由于凯恩斯认为由交易动机和预防动机决定的货币需求取决于收入水平;基于投机动机的货币需求则取决于利率水平,因此货币需求函数可表示为:

$$M = L_1(Y) + L_2(r) \qquad \text{(公式 8 - 5)}$$

式中,$L_1(Y)$表示由交易动机和预防动机引起的货币需求是收入的函数,并与收入水平正相关;$L_2(r)$表示投机性货币需求是利率的函数,并与利率水平负相关。

由这个判断出发,凯恩斯还提出了著名的"流动性陷阱"假说:当一定时期的利率水平降低到很低时,人们就会产生利率上升从而债券价格下跌的预期,货币需求弹性就会变得无限大,即无论增加多少货币,都会被人们储存起来。凯恩斯认为,一般情况下,由流动性偏好决定的货币需求在数量上主要受收入和利率的影响。其中交易性和预防性货币需求是收入的增函数;投机性货币需求是利率的减函数,所以,货币需求是有限的。但是当利率降到一定低点之后,由于利息率太低,所有的人们都会预期利率上升,人们不再愿意持有没有什么收益的生息资产(债券),而宁愿以持有货币的形式来持有其全部财富。这时,货币需求便不再是有限的,而是无限大了。这时,不论中央银行增加

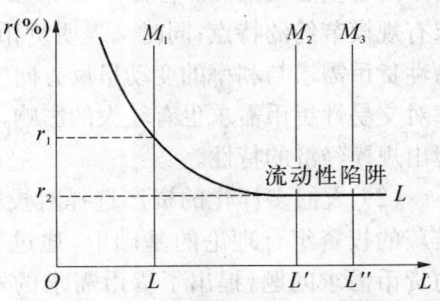

图 8 - 1　凯恩斯理论的货币供求均衡

多少货币供给量,都将被人们无限大的投机性货币需求所吸收,将其储藏起来,利率不会再下降,这就像存在着一个大陷阱,中央银行的货币供给都落入其中,在这种情况下,中央银行试图通过增加货币供给量来降低利率的意图就会落空。如图 8-1 所示,当利率 r_1 降到 r_2 时,货币需求曲线 L 就会变成与横轴平行的直线,后人把这一直线部分称作"流动性陷阱"。所谓"流动性陷阱"是凯恩斯分析的货币需求发生不规则变动的一种状态。对于这种情形是否真的存在,经济学界存在广泛的争论。

2. 凯恩斯货币需求理论的发展

第二次世界大战后,凯恩斯的后继者们鲍莫尔、托宾等一批经济学家进一步修正了凯恩斯的货币需求理论。研究从两方面取得进展:一是关于交易性货币需求和预防性货币需求同样受利率影响的问题。主要代表是鲍莫尔—托宾的存货理论和惠伦模型。二是关于人们多样化的资产选择对投机性货币需求的影响问题,主要代表是托宾的资产选择理论。

(1) 交易性货币需求和预防性货币需求受利率影响的理论。我们将主要以鲍莫尔模型为主来介绍这一结论。鲍莫尔认为,如果企业或个人(微观经济主体)的经济行为都以收益最大化为目标,就不会将所有用于交易的货币都以现金的形式持有,因为现金不会给持有者带来收益。因此,只要买卖生利资产所带来的收益大于买卖生利资产所造成的成本就有利可图,并且利率越高,收益越大,生利资产的吸引力也就越强,人们就会把现金持有额压到更低的限度。根据这样的思路,在每次卖出生利资产的费用相等并以之作为持有生利资产的成本,和在一个给定的时间长度内个体将平稳地支付 Y 元货币的假定条件下,鲍莫尔提出了保留最佳货币量的平方根法则:

$$M = (2bY)^{1/2} r^{-1/2} \qquad \text{(公式 8 - 6)}$$

式中,b 为每提取一次现金需要支付的成本(即卖出生利资产的成本);r 为利率;M 为个体的交易性货币需求;Y 为收入。

这个公式表示:交易性货币需求是收入 Y 的函数,随着用于交易的收入数量的增加,货币需求量随之增加。但是 Y 的指数 1/2 又说明了其增加的幅度较小,即交易性货币需求有规模节约的特点;同时又表明货币需求是利率 r 的函数,而 r 的指数 $-1/2$ 说明,交易性货币需求与利率的变动呈反方向变化,其变动幅度较利率的变动幅度要小。因此,利率对交易性货币需求也有较大的影响,而且相对于交易数量而言,货币的交易性需求也呈现出规模经济的特性。

(2) 人们多样化的资产选择对投机性货币需求的影响理论。1958 年,托宾在马克维茨的投资组合理论的基础上,通过引入非货币资产的风险,研究了个体投资组合中的货币需求问题,提出了货币需求的资产选择理论,弥补了凯恩斯理论的缺陷。他认为,人们可以选择货币和债券的不同组合来持有财富,在选择不同比例的组合时,将考虑到资产的期望回报率和风险。在每一位个体都是理性的并且是风险回避者的假定下,人们进行资产组合的基本原则是在风险相同时选择预期报酬高的组合,在预期报酬相同时选择风险低的组合。人们可以选择债券和货币不同的组合来持有资产,不同风险好恶的人(风险回避者、风险爱好者、风险中立者)会有不同的资产组合选择。

托宾还认为,当市场利率上升时,债券收益率和其他风险资产的收益率通常都随之上升,而各种资产的风险并没有相应上升,因此,个体将增加风险资产的持有量,减少货币的持有,反之,个体将减少风险资产的持有量,增加货币在投资组合中的份额。

(四) 弗里德曼的现代货币数量理论

20 世纪 50 年代中后期,西方经济形势发生了变化,通货膨胀成为经济中的头号问题。尤其是 70 年代,简单的通货膨胀问题又变为更复杂的滞涨问题。在这种经济环境下,凯恩斯的理论受到了挑战,其中现代货币供给学派的米尔顿·弗里德曼成为当时占主流的凯恩斯主义的强劲对手。

1956 年,在著名的《货币数量论:一种新的阐释》一文中,他一方面继承了传统的货币数量论的长期结论,即非常看重货币数量与物价水平之间的因果关系;另一方面也继承了凯恩斯以及后来的剑桥学派把货币视为一种资产的观点,即把货币需求作为财富所有者的资产选择行为加以考察。得出了现代货币数量理论。

1. 弗里德曼的货币需求函数

弗里德曼对各种情况下人们想持有多少货币的决定因素进行了仔细的分析。他认为,人们对货币的需求受三个因素的影响:收入或财富的变化;持有货币的机会成本;持有货币给人们带来的效用。据此,弗里德曼列出货币需求函数:

$$M/P = f(Y, W; r_m, r_b, r_e, 1/P \cdot dP/dt; U) \qquad (公式 8-7)$$

式中,M 为个人财富持有者保有的货币量,即名义货币需求量;P 为一般价格水平;M/P 为个人财富持有者保有的货币所能支配的实物量,即实际货币需求量;Y 为恒久性收入,这是弗里德曼所提出的概念,可以理解为预期平均长期收入,它与货币需求呈正相关关系;W 为物质财富(非人力财富)占总财富的比率,由于人力财富很不容易转化为货币,所以,在总财富中人力财富所占的比例越大,出于预防性货币需求也就越大,非人力财富占个人总财富的比率与货币需求呈负相关关系;r_m 为预期的名义货币收益率;r_b 为固定收益的债券收益率;r_e 为非固定收益的证券(股票)收益率;$1/P \cdot dP/dt$ 为预期物价变动率;r_m、r_b、r_e、$1/P \cdot dP/dt$ 均为机会成本变量,这些变量与货币需求呈负相关关系;U 为收入以外的可以影响货币效用的其他因素,是代表各种因素的综合变数,可能从不同方向对货币需求产生影响。

2. 弗里德曼货币需求函数的特点

弗里德曼货币需求函数的最主要特点就是强调恒久性收入对货币需求的主导作用。他认为,货币需求也像消费需求一样,主要由恒久性收入决定。在长期中,货币需求必定要随恒久性收入的稳定增加而增加。他将一个较长时期的周期收入的平均值看作是恒久性收入的近似值。尽管恒久性收入在周期内也发生波动,但其波动幅度比现期收入要小得多,故货币流通速度比较稳定,货币需求也比较稳定。

弗里德曼货币需求理论的另一个特点是强调货币需求通过货币数量影响总支出和实际产量,他认为现金余额的变化将影响广义的资产和利息率,从而将货币数量的变动传导至对产成品的需求上,因此弗里德曼主张采取稳定货币供应的货币政策,以防止货币本身成为经济波动的原因,只有避免采取剧烈的和反复无常的改变货币政策的调节方向,才能给经济提供一个稳定成长的条件。

3. 凯恩斯和弗里德曼的货币需求理论的异同

(1) 货币需求量的决定因素不同。凯恩斯主义的货币需求理论认为,人们持有货币的动机可以分为交易动机、预防动机和投机动机。决定前两个动机的是收入水平,而决定投机动机的是利率的高低。在短期内,收入的稳定决定货币需求的变化主要为利率所影响,而利率经常变动决定货币需求的不稳定。弗里德曼的现代货币主义则认为,决定货币需求量的主要因素是恒久性收入,利率对货币需求量的影响很小。由于恒久性收入是指人们在长期中的正常收入,相对比较稳定,因此货币需求相对比较稳定。

(2) 货币供给量变化对经济的影响方式及影响力不同。凯恩斯主义认为货币供给量的变动能够影响国民收入,其影响国民收入的传导变量是利率。因为货币供给量的变动将影响利率的高低,导致投资变动以投资乘数的方式影响到国民收入。但由于未来的竞争形势、技术变革、需求大小、政治情况,甚至资本家的情绪和信心都对投资有影响。因此,货币供给量对国民收入的影响只能是间接的、次要的。

弗里德曼的现代货币主义则认为,从长期看,货币供给的变化不影响国民收入,只影响价格;但在短期中,货币供给的变化既引起价格的变化,也引起国民收入的变化。货币供给增加在短期中的产出效应最后都转化成价格效应。所以,货币供给是决定国民收入变动的主要因素。而且利率变动对货币供给的影响比其他资产预期回报率的影响要小,所以货币供给本身就是影响国民收入的重要变量。因此,货币供给量对国民收入的影响是直接的、重要的。

(3) 对货币政策的选择不同。由于凯恩斯主义认为货币供给量对国民收入的影响是间接的、次要的,因此重视财政政策而轻视货币政策。因为财政政策是政府当局的主动性行为,而货币政策则要通过影响人们的投资消费欲望再影响他们的支出,其方式迂回,效果较差,更因为在危机时期,人们的货币需求趋于无穷大,货币供给的增加都可能进入流动性陷阱,而无法对国民收入产生积极的影响。

而弗里德曼的现代货币主义主张依靠自由市场的调节作用,取消国家对经济活动的人为干预,因此轻视财政政策效果。加之他们认为货币供给量对国民收入的影响是直接的、重要的,所以认为货币政策更有效。但是,他们在货币政策的运用中,认为货币政策只能在短期中增加产出,而在长期中只会造成物价水平的上涨。

由于前面的货币需求理论是从纯理论的角度出发,并不能精确地得到真实经济中的具体货币需求函数形式。因此,随着计量经济学的发展,西方学者将货币需求研究重点更多地放在实证模型的建立与检验上,采用计量的方法对真实经济中的时间序列和截面数据进行研究,以得到具体的货币需求函数。如局部调整模型(PAMs)、缓冲存货模型(BSM)和协整理论的误差修正模型(ECM),被越来越多地运用来研究货币问题。

▌▌▶ 三、货币需求的影响因素

货币需求依赖于人们持有货币的动机,凡是影响或决定人们货币持有动机的因素,就是影响和决定货币需求的因素。这些因素包括人们的收入水平、市场利率、信用的发达程度、消费倾向等,其中有些因素只影响一种货币需求动机,有些因素则影响几种货币需求动机。

(一) 从宏观角度分析货币需求的决定因素

1. 全社会商品和劳务的总量

在现代货币经济中,整个经济的所有产出几乎都进入流通领域,以货币作为媒介进行商品交换。因此,一国一定时期内生产出来的商品和劳务的数量越大,则流通中的交易量越大,对货币的需要量就越多;反之,则越少。

2. 市场商品供求结构变化

商品供给一方面决定于产出的效率和水平;另一方面又受制于人们对它的需求,只有真正满足人们需要的商品供给,才会产生真实的货币需求。商品供求结构在经常发生变化,因而货币需求也随之发生变化。

3. 一般物价水平

名义货币需求依赖于通货膨胀率和物价水平。由于对商品和劳务的货币支付总是在一定的价格水平下进行的。当物价水平上升时,一方面,相应提高了公众收入和支出的名义值,因此提高了公众的名义货币需求;另一方面,将促使人们改变所持有的财富的结构,减少货币资产的持有而增加实物资产的持有量。上述两种效应是反向的,最终取决于哪一种效应占优势。

4. 社会各阶层的消费结构和消费倾向

通常,消费倾向越大,则个体将现期收入用于消费的比例越大,相应地用于交易的货币需求也越大,因此,消费倾向与出于交易动机的货币需求成正比例;另一方面,消费倾向越大使得收入中储蓄的部分就越少,相应降低了以货币形式持有的财富量,因此,出于投机动机的货币需求与消费倾向负相关。因此,在讨论消费倾向与货币需求之间关系时,需要考虑这两种效应哪一种占优势。在金融业比较发达的经济中,通常第一种效应占优势,货币需求与消费倾向呈正相关;但在金融业比较落后的经济中,个体储蓄主要以货币形式持有,即通过现金窖藏或活期存款的方式持有,从而第二种效应占优势,货币需求与消费倾向负相关。

5. 货币流通速度

货币流通速度是指一定量的货币在一定时期内的平均周转次数。通常,整个经济中的货币需求量与货币流通速度负相关,即在其他条件不变的假定下,货币流通速度越快,单位货币所实现或完成的交易量就越多,完成一定的交易量所需要的货币就越少;反之,货币流通速度越慢,需要的货币量就越多。

6. 金融业的发达程度

通常,金融业的发达程度与货币需求负相关。个体之所以愿意持有收益为零的货币资产,是因为交易时需要货币,持有货币可能起到预防作用,作为一种较安全的资产,货币在投资组合中可以降低风险。在一个信用制度健全、金融业发达的经济中,相当一部分交易可能通过债权债务的相互抵消了结和清算,从而减少了作为流通手段和支付手段的货币需求量;另外,在这样一种成熟经济中,人们可以将收入中暂时不用的部分购买短期债券、股票等资产,需要支付时迅速出售以换回现金。但在金融业比较落后的经济中,往往缺乏适当的短期证券可供购买,即使能购买到,在需要时也无法快速地变为现金,并且交易成本也比较高,因此,人们通常会将收入中准备用于支付的货币较长时间地保存在手中,特别在一些边远地区,人们甚至于以窖藏现金的形式进行储蓄。

7. 人口数量、人口密集程度、产业结构、城乡关系及经济结构、社会分工、交通运输状况等客观因素

人口密集地区,货币需求量就大,人口的就业水平提高,货币需求就会增加;生产周期长的部门占整个产业部门的比重大,资金周转慢,对货币的需求量就大;社会分工越细,进入市场的中间产品越多,经营单位也越多,货币需求就越大;交通、通讯等技术条件越好,货币支付所需的时间越短,货币周转速度越快,对货币的需要量就越少,等等。

(二)从微观角度分析货币需求的决定因素

1. 个体的收入状况

货币需求不仅依赖于个体收入水平的高低,还依赖于个体收入的支付方式、收入结构和收入的不确定性。

一般来说,较高的收入水平意味着较高的货币需求。人们的收支在时间上具有不同

步性,因此,人们必须持有一定数量的货币以随时用于支付。在收入水平一定的条件下,货币需求与人们取得收入的时间间隔和个体每次获得收入的具体数量正相关。在同等收入水平下,当个体支出或收入存在较大不确定性时,其货币需求量也较大。此外,在收入量既定时,收入的分配结构不同,将影响持币者的消费与储蓄行为,由此对交易和贮藏的货币需求发生一定影响。例如,一个家庭或个人,原来以工薪为主要收入来源,后又加进了额外劳动报酬等其他收入,使其收入结构发生变化,这种变化就可能使他原来的货币需求数量和结构发生变化,如减少用于购置商品的货币需求,增加用于预防或投资谋利的货币需求等。

2. 预期价格水平

这一般是市场供求状态的反映,即商品供不应求时,价格趋于上升;供过于求时,价格趋于下降。这种市场供求状态对货币需求的影响,主要是通过改变人们的预期而产生的。例如,商品供应短缺,会使人们产生物价上涨预期,要求以实物代替货币,用于贮藏的货币需求减少。

3. 利率和金融资产收益率

银行存款利率、债券利率、股票收益率等金融资产收益率的存在,使持有货币产生了机会成本,利率和各种资产的收益率越高,持有货币就越不划算,因而会减少货币需求;反之,货币需求会增加。

4. 心理和习惯等因素

货币需求在相当程度上还受到人们的主观意志和心理活动的影响,特别是受到人们对未来经济情况的预期以及对各种金融资产的偏好的影响。人们对未来经济的预期主要包括对市场利率的预期、对物价水平的预期和对其他资产收益率的预期;人们对各种金融资产的偏好则主要是指对货币和其他非货币金融资产的爱好程度,这种偏好取决于人们对高期望回报率和低风险的相对重视程度。

由于人们心理活动的复杂性,导致了对货币需求影响的复杂性。一般来说,人们的心理活动与货币需求之间存在着以下关系:预期市场利率上升,则货币需求增加,预期市场利率下降,则货币需求减少;预期物价水平上升,则货币需求减少,预期物价水平下降,则货币需求增加;预期投资收益率上升,则货币需求减少,预期投资收益率下降,则货币需求增加;人们偏好货币,则货币需求增加,人们偏好其他金融资产,则货币需求减少。

第二节 货币供给

在现实生活中,货币供给与货币需求是相伴而生的。但是在理论研究中,几乎由于

20 世纪 60 年代之前所有的经济学家都认为货币供给是外生变量,是货币当局或中央银行意志的体现,是一个货币当局或中央银行能够绝对控制的变量。因此,对于货币供给理论的研究远远滞后于对货币需求理论的研究。直到 20 世纪 60 年代初,一些经济学家通过实证分析,才意识到货币供给可能是一个内生变量,亦受制于客观经济规律。从那时起,才逐渐产生了现代意义上的货币供给理论。

货币供给理论主要研究由谁来提供货币、提供什么货币、怎样提供货币和提供多少货币等问题,从而引出了货币供给的主体、货币供给机制、货币供给的控制等诸多理论与实际问题。

▌▌▶ 一、货币供给的概念和货币层次的划分

(一) 货币供给的概念

货币供给可以从动态和静态两方面理解。静态意义上的货币供给是指一国在某一时点上为社会经济运转服务的货币量,它由包括中央银行在内的金融机构供应的存款货币和现金货币两部分构成。动态意义上的货币供给是指银行通过其业务活动向生产和流通过程提供货币的过程。

对这一定义,我们应从下面几点来理解:① 由于目前经济理论界对货币的定义并没有一个统一的认识,因此货币供给的范围有所差异。② 货币供给是一个存量概念,是指一国在某一时点上的货币存量。③ 货币供给量可以通过中央银行和商业银行的资产负债表中的负债总额来反映。④ 研究货币供给的目的,是为了达到货币供求均衡。⑤ 对于货币供给目前存在着是外生变量还是内生变量的争论。

(二) 货币供给的层次划分

货币的定义是货币供给理论的基础,不同的货币定义将会产生不同的货币供给理论。因此,在对货币供给进行分析之前,我们有必要对本书第 1 章所介绍的货币定义做一个回顾。

根据马克思的货币理论,货币是固定地充当一般等价物的特殊商品,它必须是价值尺度和流通手段的统一。因此,马克思认为凡是同时具备这两个职能的东西就是货币。但在西方经济学界,货币的定义却是一个争议颇多的问题,争议的根本原因在于人们对货币的本质和职能有着不同的认识。概括起来,货币的定义可分为广义和狭义两种。

1. 狭义的货币

所谓"狭义的货币",通常是由流通于银行体系之外的,为社会公众所持有的现金(即通货)及商业银行的活期存款所构成。如果以 M_1 表示狭义的货币量,以 C 表示社会公众所持有的通货,以 D 表示商业银行的活期存款,则:

$$M_1 = C + D \qquad\qquad (\text{公式 } 8-8)$$

持有这一观点的经济学家都强调货币的交易媒介职能。他们认为,货币区别于一切其他东西的最本质的特性,就在于货币能够充当商品交易的媒介,而任何其他东西则不能。

2. 广义的货币

广义的货币定义主要分为以下两种:

一种是由弗里德曼、施瓦茨和卡甘等人提出的。这种货币定义强调货币的价值贮藏职能。因此他们认为,除了 M_1 以外,商业银行的定期存款和储蓄存款也应包括在货币的范围中。他们的这一货币定义通常以 M_2 来表示。若以 T 表示商业银行的定期存款和储蓄存款,则:

$$M_2 = M_1 + T \qquad\qquad (\text{公式 } 8-9)$$

另一种广义的货币定义是由格利、肖和托宾等经济学家及《拉德克利夫报告》所提出的,他们强调货币作为一种资产而具有的高度流动性的特征。因此,除了 M_2 所包括的通货及商业银行的各种存款以外,货币还应包括一些同样具有高度流动性的其他金融资产。所以这种货币定义比 M_2 更广。目前,多数经济学家都接受狭义的货币定义 M_1 和较广义的货币定义 M_2。我国近几年按不同货币层次统计的货币供给量如表 8-1 所示。

表 8-1　我国按不同货币供给口径统计的货币供给量　　　单位:亿元

年　　份	M_0	M_1	M_2
1999.12	13 455.50	45 837.30	117 638.10
2000.12	14 652.65	53 147.15	132 487.52
2001.12	15 688.80	59 871.59	152 888.50
2002.12	17 278.43	70 882.19	183 246.94
2003.12	19 746.23	84 118.81	219 226.81
2004.12	21 468.49	95 971.01	250 802.79
2005.12	24 032.82	107 279.91	296 040.13
2006.12	27 072.62	126 028.05	345 577.91
2007.12	30 334.32	152 519.17	403 401.30

资料来源:中国人民银行网站。

二、货币供给形成的机制

货币供给作为一个经济过程(即银行系统向经济中注入货币的过程)是从中央银行初始供给的基础货币开始,经过第6章所介绍的商业银行的信用货币创造过程(存款货币银行的业务活动),从而在一定时点上形成一定的货币数量,即货币供给量。由上述过程可知,一国的货币供给量来自两条途径:一是中央银行投放的基础货币;二是商业银行等金融机构创造的存款货币。

(一)中央银行投放基础货币的过程

1. 基础货币的概念

基础货币,又称高能货币和强力货币,是由公众持有的现金和商业银行的准备金(包括库存现金和在中央银行的存款——准备金存款和超额准备)构成。它是商业银行存款货币扩张的基础。其用公式表示为:

$$B = C + R \qquad\qquad (公式 8-10)$$

式中,B 为基础货币;C 为流通中的现金;R 为商业银行保有的准备金存款。

从基础货币的来源来看,它是货币当局的负债,是由货币当局投放并为货币当局所能直接控制的那部分货币。

2. 中央银行投放基础货币的途径

由于基础货币是中央银行的负债业务,因此,如果中央银行的资产总额增加,则基础货币增加,反之,中央银行资产总额的减少会引起基础货币的减少。具体来说,中央银行的资产业务对于基础货币增减的影响主要表现为以下几个方面:

(1)中央银行对商业银行的债权规模。中央银行对商业银行的债权表现为中央银行对商业银行提供信用支持,主要是以向商业银行提供贷款和票据再贴现这两种方式进行的。中央银行对商业银行的债权规模越大,基础货币的投放量就越多;反之,基础货币的投资量就越少。

(2)中央银行对财政的债权规模。中央银行是以向财政贷款或购买财政债券的形式构成对财政的债权。当财政部支用国库的资金时,就将它们在中央银行的存款转移到商业银行,造成商业银行在中央银行的准备金增加,基础货币会增加。反之,基础货币会减少。

(3)中央银行的公开市场业务的方向及规模。中央银行可以向银行或向企业和个体来买卖有价证券。当中央银行在公开市场购买有价证券时,无论是向银行还是向个体或企业购买,其结果都是基础货币增加。反之,基础货币会减少。

（4）中央银行收兑黄金、外汇的规模。由外汇、黄金等构成的储备资产,是中央银行通过注入基础货币来收购的。当中央银行在市场上收购外汇或黄金时,无论是向银行还是向个体或企业购买,其结果都是基础货币增加。反之,基础货币会减少。

(二) 商业银行等金融机构创造存款货币的过程

本书第 6 章在商业银行的信用货币创造一节中已详述了这一过程。

▶ 三、货币供给理论的演变

(一) 信用创造学说和货币供给理论的形成

信用创造学说的产生构成了货币供给理论形成的理论基础。它的特点在于它反对传统的信用媒介学说。信用媒介学说认为银行的功能仅是为信用提供媒介,银行只是在接受存款的基础上才能发放贷款;信用创造学说则相反,它认为银行的功能在于为社会创造信用,银行能够超过它所吸收的存款发放贷款,并且能够先发放贷款,然后创造出存款。所以,银行通过信用创造,能够为社会创造出新的资本,推动国民经济的发展。其代表人物有约翰·劳、麦克鲁德和阿伯特·韩。

(二) 凯恩斯的外生货币供给理论

凯恩斯认为,货币是国家的创造物。货币这种票券或符号之所以能被流通所接受,是因为其依靠国家的法令规定强制流通。货币供给的控制权由政府通过中央银行牢牢掌握在手中,中央银行可根据经济形势的变化,通过调控货币供给量直接影响利率的高低,而利率的高低则会引起投资的增减,通过乘数效应从而影响有效需求和国民收入。因此,货币供给是由中央银行控制的外生变量,中央银行可以通过货币政策调节经济,货币政策是有效的。

(三) 内生货币供给理论

内生货币供给理论认为货币供给量主要是由银行和企业行为所决定的,而银行和企业的行为又取决于经济体系内的许多变量,中央银行不可能有效地限制银行和企业的支出,更不可能支配他们的行动。因此货币供给量主要是一个受经济体系内诸多因素影响而自行变化的内生变量。即货币供给量主要是由经济状况决定的,而不是主要由中央银行决定的。因此,中央银行难以通过货币政策控制货币供给量,货币政策可能是无效的。

(四) 货币供给理论的新发展

所谓"新发展"是指 20 世纪 50 年代末出现的被西方经济学家称之为"新观点"的货币

供给理论。这一理论最初在英国的拉德克利夫委员会的研究报告中提出,后来又被格利和肖在两人合著的《货币金融理论》一书中倡导,最后经美国耶鲁大学托宾教授发展和完善而形成一种系统的理论。

该理论将货币供给的范围由狭义的货币供给扩大到广义的货币供给,强调决定货币供给的不仅是商业银行,而是包括商业银行和非银行金融机构在内的整个金融系统。提出货币与各种非货币的金融资产之间具有一定程度的类同性与替代性,运用资产选择理论和避免风险理论分析商业银行的决策行为。认为利率及货币需求对货币供给具有极强的影响力,因此,把货币供给看作由中央银行绝对控制的外生变量是错误的,货币供给应该是内生性很强的外生变量。

货币供给理论的演变过程实际上是货币供给的外生性和内生性之争。其争论的实质在于:货币当局能否控制货币供给。简单地说,主张货币供给外生性的经济学家认为货币当局可以完全控制货币供给,货币存量能够决定价格水平、利率、产出等,从而货币当局可以通过货币政策实现对宏观经济运行的控制和调节;而主张货币供给内生性的经济学家认为货币供给是内生变量,货币当局不能控制货币供给,因此,货币当局无法通过货币政策来决定货币供给,从而对宏观经济运行实施有效的控制和调节。

四、货币供给模型

根据现代货币供给理论,货币存量是基础货币与货币乘数之积。若 m 为货币乘数,M 为货币总额,B 为基础货币,则:

$$M = B \cdot m \qquad \text{(公式 8 - 11)}$$

从上式我们可以看出,基础货币是决定货币供给的一个重要因素,但不是唯一因素。在基础货币一定时,货币乘数的变动将引起货币供给的变动。一般来说,经济学家们认为中央银行在很大程度上能够直接控制基础货币量,但对于货币乘数是否能由中央银行进行控制的看法并不统一。所以,在现代货币供给理论中,人们往往较多地致力于货币乘数及其决定因素的研究,所得出的各种货币供给模型,实际上是货币乘数模型。

(一)简单乘数模型及局限性

在第 6 章中,我们通过分析已经推导出一个简单的存款乘数模型:

$$D = R/r \qquad \text{(公式 8 - 12)}$$

式中,D 为存款总额;R 为原始存款;r 为法定存款准备金率。

很显然,这一模型中的存款乘数是由唯一的一个因素所决定的,而这个唯一的因素就是中央银行所规定的法定存款准备金率 r。根据这一简单乘数模型,我们很自然地会得出这样的结论：中央银行能够对货币供给实施完全的控制，因为在该模型中，决定存款总额的两个因素——准备金和法定存款准备金率，中央银行都能加以直接而有效的控制。因此，货币供给是外生变量。但是在现实的经济运行中，除了法定存款准备金率这一因素之外，还有许多比较复杂的其他因素，如提现率、超额准备金率、定期存款准备率等，也会影响着存款货币的乘数。因此，这一模型并不能对现实的货币供给情况加以说明。

（二）货币学派的货币乘数模型

由于货币学派非常重视货币供给问题，对货币乘数有着较深入的分析。因此，目前常见的货币乘数模型均来自货币学派。以下主要介绍几种他们提出的货币乘数模型。

1. 弗里德曼—施瓦茨货币供给模型

弗里德曼和施瓦茨在 1963 年出版的《1867～1960 年美国货币史》一书中，通过对美国近百年货币史的实证研究，提出了一种货币供给决定模型，分析了各种主客观因素对货币供给的影响。

若 M 为货币存量（定义为广义货币 M_2），H 为高能货币（即基础货币），R 为商业银行的存款准备金，C 为非银行公众所持有的通货，D 为商业银行的存款。则有：

$$m = M/H = (C+D)/(C+R) = (1+D/C)/(1+R/C)$$
$$= D/R(1+D/C)/(D/R+D/C) \qquad \text{（公式 8-13）}$$

货币乘数 m 的公式 8-13 说明，弗里德曼和施瓦茨认为决定货币存量的因素分别是：由中央银行决定的基础货币 H，由商业银行决定的 D/R，由公众决定的 D/C，这三个变量均与货币供给量呈同方向变动。由于弗里德曼和施瓦茨认为货币当局能直接而有效地控制 H，而 H 对于 D/R 与 D/C 具有决定性的影响，因此货币当局可以有效地控制货币供给，故货币供给是一个外生变量。

2. 卡甘的货币供给模型

卡甘的货币供给决定模型和弗里德曼—施瓦茨货币供给模型是同时提出的，也是对美国货币史实证分析的结果，只是在形式上与弗里德曼—施瓦兹的模型略有不同。卡甘的模型公式如下：

$$M = H/(C/D + R/D - C/M \cdot R/D) \qquad \text{（公式 8-14）}$$

在卡甘模型中，决定货币供给的因素也是三个：高能货币 H、通货比率 C/M 和存款准备金比率 R/D，只是卡甘模型比弗里德曼—施瓦茨模型更能直观地看出存款准备金比率和通货比率对货币乘数的影响。

3. 乔顿货币乘数模型

1969 年，美国经济学家乔顿对卡甘模型和弗里德曼—施瓦茨模型进行了改进和补

充,导出了一个比较简洁明了的货币乘数模型。乔顿模型自提出以后,得到了大多数经济学家的认可或接受,因此,乔顿模型被看作是货币供给决定机制的一般模型。

(1) M 定义为狭义的货币 M_1 的乔顿货币乘数模型。若将上面公式 8-11 中的 M 定义为 M_1,m 相应定义为 m_1,则由上述公式 8-8、公式 8-10 和公式 8-11,得:

$$m_1 = M_1/B = (D+C)/(R+C) = (D+C)/(r_d \cdot D + r_t \cdot T + E + C)$$

（公式 8-15）

式中,r_d 为活期存款的法定存款准备金率;r_t 为定期存款的法定存款准备金率;R 为商业银行的存款准备金;D 为商业银行的活期存款;C 为流通中的现金;T 为商业银行定期存款;E 为商业银行的超额准备金。

将公式 8-15 分子和分母同除以 D,设 $k = C/D,t = T/D,e = E/D$,则有:

$$m_1 = (1+k)/(r_d + r_t \cdot t + e + k)$$

（公式 8-16）

(2) 货币定义扩展到 M_2 层次的乔顿货币乘数模型。货币的范围就扩展为:

$$M_2 = D + C + T$$

（公式 8-17）

乔顿货币乘数模型就变为:

$$M_2 = B \cdot m_2 = B(1+k+t)/(r_d + r_t \cdot t + e + k)$$

（公式 8-18）

由以上分析可知,乔顿货币乘数模型中的货币乘数是由多种复杂因素共同决定的,而这些因素又分别受到货币当局、商业银行及社会公众等不同经济主体的行为影响。其中,r_d、r_t 由货币当局所决定,e 由商业银行所决定,而 k、t 则由社会公众的资产选择行为所决定。与弗里德曼、施瓦茨和卡甘的看法不同,乔顿认为货币当局只能对决定货币乘数的部分因素具有控制能力。商业银行和社会公众等其他经济主体的行为也将对货币乘数产生一定甚至比较重要的影响。因此,货币供给并不是一个完全决定于货币当局的主观意志而不受经济运行内在规律影响的外生变量。

▶ 五、货币供给的决定因素

由乔顿的货币供给模型可知,货币供给量的大小取决于两个因素:基础货币和货币乘数。因此,影响货币供给量的因素可分为两大类:一类是影响基础货币的因素;另一类是影响货币乘数的因素。

(一)基础货币的影响因素

前面我们已经指出,基础货币由两个部分组成:流通于银行体系之外的现金(即公众持有的纸币和硬币)和银行体系的储备金(包括商业银行持有的库存现金、在中央银行的法定存款准备金和超额存款准备金)。由于基础货币是货币当局的负债,因此影响货币当局资产负债业务的行为都会影响到基础货币。

从中央银行的资产负债业务,我们可以看出基础货币的决定因素主要有以下几个方面。

1. 中央银行的公开市场业务

当中央银行从银行、公司或个体那里买入有价证券时,虽然作用的过程不太相同,但都会造成基础货币的增加。反之,基础货币会减少。

2. 中央银行的黄金、外汇储备业务

当中央银行在市场上收购外汇或黄金时,基础货币将增加。反之,基础货币会减少。

3. 中央银行对商业银行的再贴现或再贷款业务

这一业务对于基础货币的影响,主要体现在当中央银行的再贴现率和再贷款率提高时,商业银行所能从中央银行获得的资金量就较少,商业银行的存款准备金增加就较少,基础货币增加的幅度就较小;反之,基础货币增加的幅度就较大。

4. 中央银行的财政类业务

主要表现为两种业务:中央银行作为国家的银行,政府的收入和支出均通过财政部在中央银行内开立各种账户进行。同时,中央银行在国家财政出现赤字时,一般负有向国家提供信贷支持的义务。当中央银行向财政贷款或购买财政债券,或政府存款减少时,基础货币会增加;反之,基础货币会减少。

除此之外,中央银行的应收账款、外国存款等其他资产负债业务也会影响到基础货币的增减。

(二) 货币乘数的影响因素

在基础货币一定的条件下,货币供给量则由货币乘数决定。货币乘数越大,则货币供给量越多;货币乘数越小,则货币供给量也就越少。由于货币乘数的变动会引起货币供给量的数倍扩张或收缩,所以,货币乘数对于货币供给量的影响力甚至于超过了基础货币。

由上述的乔顿货币乘数模型可知,货币乘数的影响因素共有五个:通货比率 k、活期存款的法定存款准备金率 r_d、定期存款的法定存款准备金率 r_t、定期存款比率 t、超额准备金率 e。除法定存款准备金率外,其他因素都不能由货币当局的行为决定,而是由商业银行或社会大众的行为所决定。下面我们依次对货币乘数的这些决定因素进行比较具体的分析。

1. 通货比率

通货比率是指社会公众所持有的现金对商业银行活期存款的比率。这一比率的变动也主要决定于社会公众的资产选择行为。影响人们资产选择行为从而影响通货比率的因素主要有以下几点：

（1）社会公众的流动性偏好程度。通货是一种流动性最高的金融资产，人们持有通货的主要目的就是满足自己的流动性偏好，因此，在其他情况不变时，若人们的流动性偏好增强，则 k 上升；若人们的流动性偏好减弱，则 k 就下降。

（2）其他金融资产的收益率。这就说明，除通货以外的其他各种金融资产的收益就是人们持有通货的机会成本，所以成反比。

（3）银行体系活期存款的增减变化。通货比率是通货对活期存款的比率。在社会公众持有的通货不变时，若银行体系的活期存款增加，则 k 下降；若银行体系的活期存款减少，则 k 上升。因此，凡是影响银行体系的活期存款的因素，都会对 k 产生一定的影响。

（4）收入或财富的变动。当收入增加使人们的流动性偏好增加时，k 将上升；当收入增加使人们增加对高档消费品和生息资产的需求时，则 k 将下降。在上述两种相反的影响中，负的影响可能是主要的，而正的影响通常会被负的影响所抵消。这种特点将随着一国经济的发展和金融制度的完善而显得越来越明显。

（5）其他因素。如信用的发达程度、人们的心理预期、各种突发事件以及季节性因素等，也会对 k 产生一定的影响，有时甚至会产生重大的影响。

2. 法定存款准备金比率

法定存款准备金比率是指中央银行所规定的、商业银行（包括接受存款的其他金融机构）必须保有的存款准备金对其存款负债总额的比率。

法定存款准备金分为活期存款准备金和定期存款准备金。由于定期存款较活期存款相对稳定，因此，一般来说，定期存款的法定存款准备金比率较低，而活期存款法定存款准备金比率较高。

在现代市场经济中，中央银行一般根据一国经济形势和由此确定的货币政策目标调整法定存款准备金比率。在其他情况不变的条件下，中央银行可通过提高或降低法定存款准备金率而直接地改变货币乘数，从而达到控制货币供给量的目的。

3. 定期存款比率

定期存款比率是指商业银行的定期存款对活期存款的比率。这一比率的变动主要决定于社会公众的资产选择行为。影响这种资产选择行为的因素主要有以下三个：

（1）定期存款利率。定期存款利率决定着人们持有定期存款所能取得的收益。因此，在其他情况不变的条件下，若定期存款利率上升，则 t 也上升；而若定期存款利率下降，则 t 也下降。

（2）其他金融资产的收益率。其他金融资产的收益是人们持有定期存款的机会成本。因此，若其他金融资产的收益率提高，则 t 就下降；若其他金融资产的收益率下降，则 t 就上升。

（3）收入或财富的变动。收入或财富的增加往往引起各种资产持有额的同时增加，但是各种资产的增加幅度却未必相同。收入或财富的变动一般引起 t 的同方向变动。

4. 超额准备金比率

超额准备金比率是指商业银行保有的超过法定存款准备金的那部分准备金对活期存款的比率,这一比率主要决定于商业银行的经营决策行为。影响这一比率大小的因素主要有:

(1)市场利率。市场利率决定着商业银行贷款和投资的收益水平,从而也反映着商业银行持有超额准备金的机会成本。因此,若市场利率上升,则商业银行将减少超额准备金而相应地增加贷款或投资,以获得较多的收益,于是这一比率将下降。

(2)借入资金的难易程度及资金成本的高低。如果商业银行在急需资金时能较容易地从中央银行或市场上借入资金,且资金成本上升较低,则商业银行可减少超额准备金。

(3)社会大众的资产偏好及资产组合的调整。如果大众比较偏好通货,则较高的提现率将使得商业银行为防止清偿力不足而增加超额准备金。

(4)社会对资金的需求程度。商业银行贷款或投资的规模,归根结底要受经济社会对资金需求程度的制约。如果社会对资金的需求较大,借款人愿意支付较高的利率,则商业银行将增加贷款或投资,从而相应地减少超额准备金。反之,如果社会对资金缺乏需求,则纵使商业银行希望减少超额准备金,也会因社会贷款需求缺乏而被迫将资金闲置于银行,从而形成超额准备金。

综上所述,货币供给量是由中央银行、商业银行及社会公众这三个经济主体的行为共同决定的。简单来说,B、r_d、r_t 这三个因素基本上代表了中央银行的行为对货币供给的影响,e 代表了商业银行的行为对货币供给的影响,t 和 k 则代表了社会公众的行为对货币供给的影响。这说明,在现代经济中货币供给并不完全地由中央银行所决定和控制,它在一定程度上也要受到商业银行和社会公众行为的影响,而商业银行和社会公众行为又要受到经济运行的内在规律的影响。由此可见,决定货币供给量的因素很多,也很复杂,特别是其中有些因素显然不是中央银行所能决定和控制的。

第三节 货币均衡

在前面,我们研究货币需求和货币供给的最终目的就在于讨论如何达到均衡状态。货币的均衡状态是指货币供给与货币需求的大体相等。由于在现代商品经济条件下,一切经济活动都必须借助于货币的运动,所有的社会需求都必须通过货币才能实现。因此,如果社会的货币供给量不能满足或超过客观经济对货币的需求量,客观经济的运行将受到影响。如货币需求大于货币供给,经济运行中的商品流通将受到制约,最终会使国民经济萎缩;而货币供给大于货币需求,将会引起通货膨胀,若通货膨胀严重,则会使国民经济的发展受到破坏。

因此,我们需要考察货币均衡问题,了解哪些经济变量会对货币供求均衡过程产生重大的影响和制约作用,并解决货币在宏观经济运行过程中与其他经济变量的综合平衡问题。

一、货币均衡的内涵

(一)货币均衡的概念

货币均衡是指在货币的运动过程中社会实际的货币供给量与客观经济对货币的实际需求量基本上相适应。因此,这种均衡是一种非瓦尔拉斯均衡,是指货币供求及各经济变量之间存在的一种大致趋同的动态过程。应从以下几个方面理解货币均衡。

1. 货币均衡是一种相对状态,而非绝对状态

货币均衡是一种相对状态,要求的是社会的货币供给量与客观经济中要求的货币需求量大体一致,而不是要求货币供给量在数量上绝对等于货币需求量。

2. 货币均衡是一个动态过程

货币均衡本身是一个由均衡到失衡,再由失衡到均衡的不断进行的货币运动的过程。因此,在这一运动过程中,短期内货币供求不一致是必然性的,只要两者的偏离在一定范围内都是可以接受的。但是在长期内货币供给量必将趋同于货币需求量。

3. 货币均衡不仅要求货币供求在总量上的均衡,还要求货币供求在结构上保持均衡

如果货币供给与货币需求在总量上大体保持均衡状态,而货币的供给结构不同于与之相对应的货币需求结构,将会造成货币市场上局部货币短缺与局部货币供给过剩并存的现象,形成结构型货币失衡。

4. 货币均衡在一定程度上能反映国民经济的总体均衡状况

在现代信用经济社会,任何社会需求都表现为有货币支付能力的需求。因此,只有通过货币所具有的价值尺度和流通手段职能,才能实现社会基本的消费需求和投资需求。因此,一定时期内的当期的社会总需求可以且只能通过社会的货币收支流量体现出来。这样,货币收支就把整个经济过程有机地联系在一起,其均衡与否将直接反映并制约该时期的国民经济运行的全过程及其均衡状况。

(二)货币均衡的层次

1. 简单的货币均衡

简单的货币均衡是指在市场经济条件下,当仅考虑货币市场本身时,由于货币运

动的内在均衡机制,使得货币供求能够在利率的作用下自动保持货币均衡状态。如图 8-2 所示。

当利率为 r' 时,货币需求小于货币供给,此时人们手中持有的货币量超过人们所需货币量,一方面,考虑到持有货币的机会成本,人们将增加购买生利资产,使得债券价格上升,利率降低;另一方面,此时的利率高于市场均衡利率水平,人们预期利率水平将下降,债券价格将上升,使得人们投机性货币需求增加。同时,从货币的供给方——商业银行来看,由于公众购买债券等生利资产,减少了对银行的存款,商业银行的准备金减少,即基础货币减少。由货币供给理论可知,货币的

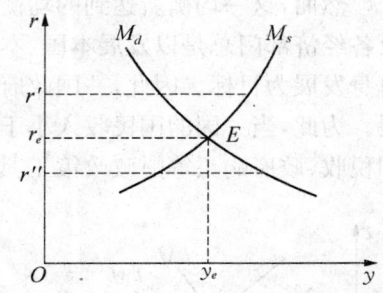

图 8-2 简单的货币均衡模型

供给量将减少。最终,利率下降的幅度使得货币需求增加和货币供给减少而趋于一致,在 E 点,社会所供给的货币量正好可以满足人们愿意且能够保有的货币需求量,货币供求就达到了均衡。

因此,在简单的货币均衡中,由于货币运动过程内部机制具有自我调节的作用,货币供给与货币需求在利率的作用下能够自动保持或恢复均衡。

2. 社会总供求均衡下的货币均衡

在实际经济过程中,如果考虑到货币供求的实质时,我们将意识到货币的供求是为满足社会对于商品的生产、消费而进行交换时的需要而产生的,货币需求的增长来自发展经济的需要。这样货币均衡就不仅仅是货币市场本身的均衡,而要求货币市场和产品市场同时达到均衡。我们称这种均衡状态为总供求均衡下的货币均衡。这种均衡的实现过程可以 IS—LM 模型来表现。

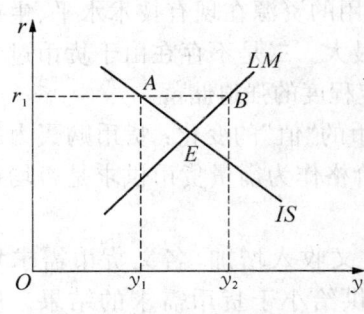

图 8-3 社会总供求均衡下的货币均衡

如图 8-3 所示。在 A 点,虽然产品市场达到了均衡,即在产品市场上,厂商所供给的产品数量与居民所需求的产品数量相等。但由于此时在货币市场上,社会所需的货币量小于货币当局所提供的货币量,出现了超额的货币供给,故利率下降。而利率的下降会引起投资的上升,即厂商的投资需求增加,产品市场出现供不应求的状况,无法保持均衡状态。

在 B 点,因 B 点在 LM 曲线上,即货币市场达到了均衡,此时货币的需求量等于货币的供给量。但是由于在 B 点,产品市场没有达到均衡,表现为投资大于储蓄引致收入上升。而收入的上升将改变货币的需求,使得货币的需求上升,使得货币需求大于货币供给,因而货币市场无法保持均衡状态。

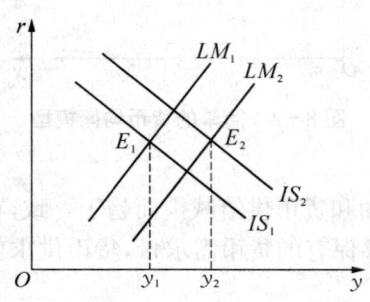

因此,只有在 E 点,货币市场和产品市场才能同时达到均衡状态。

然而,这一均衡所达到的均衡国民收入不一定是最佳状态的均衡国民收入。而政府及各经济部门总是以发展本国、本部门及本地区的经济为己任,企业乃至个人也均以求得自身发展为目标。因此,一国政府的宏观经济目标的核心就是促进该国经济持续稳定发展。为此,当一国的国民收入小于或大于充分就业时的国民收入时,中央政府可以通过诸如税收、政府购买等财政政策工具影响 IS 曲线的移动及通过诸如调整法定存款准备金率、公开市场业务操作等货币政策工具影响 LM 曲线的移动的方式加速经济发展或制约经济过快增长。如图 8-4 所示,在 E_1 点,经济处于较低的均衡水平,此时存在资源的闲置,若政府增加政府购买而扩大投资,政府发展经济的导向效应将会自上而下递增,形成投资需求膨胀的局面,刺激了人们对货币资金的需求,而货币的自身均衡机制又决定了货币的供求双方总会趋于一致,其结果会使得产品市场和货币市场在更高的国民收入水平(E_2)上同时实现均衡,使得国民经济得以增长。

图 8-4　财政政策和货币政策对国民经济的影响

Ⅲ▶ 二、货币供求均衡的条件

(一) 货币供求均衡的判断标准

一般情况下,判定货币供求均衡与否可以从两方面进行:一是商品生产和流转过程中不存在由于货币量过少而造成的资源闲置。本期可使用的资源在现有技术水平、生产能力条件下已得到充分合理的利用,再生产规模已扩至最大。二是不存在由于货币过多造成的物价持续明显上涨,不存在由于货币过多造成一定程度的强迫储蓄。

由于在市场经济中,货币的均衡和非均衡表现为货币的"值"的变化:货币购买力的变化(即物价的变化)和利率的变化,所以可以将利率和价格作为衡量货币供求是否均衡的指标。

对于价格这一指标而言,如果物价水平提高,则名义收入增加,名义货币需求增加。如果名义货币供应不能随之调整,则会带来货币供给小于货币需求的结果。反之,物价水平下降,名义收入减少,名义货币需求减少。如果名义货币供应不能随之调整,必然出现货币供过于求的结果。由此看出,货币的非均衡就表现为价格水平的变化。

对于利率这一指标而言,如果利率提高,由于利率与社会公众的货币需求成负相关关系,公众的货币需求将减少,若货币当局没有及时调整货币供给量时,必然出现货币供给大于需求,货币供求失衡。反之,如果利率降低,公众的货币需求将增加,若货币当局没有及时调整货币供给量时,必然出现货币供给小于需求,从而货币失衡。因此,利率变化的结果就是货币失衡。

但是,利率和价格作为反映货币均衡与否的信号的作用有所不同,利率波动对于短期内货币供求关系变化的反应更为灵敏,而价格变动趋势则更能反映长期内货币供求从失衡走向均衡的运动过程。因此,利率多作为衡量短期内货币均衡与否的指标,而在衡量长期内货币均衡与否的指标则多用价格这一指标。

(二)实现货币均衡的条件

在市场经济条件下,货币的自身均衡机制能够使得货币的供求总会趋于一致,而货币的自身调节又依靠于利率和物价的调节器作用。

1. 利率对货币供求的调节作用

如果货币供给大于货币需求,货币的需求方——公众手中持有的货币量超过用于交易性需求、预防性需求和投机性需求的货币量,由于货币本身无收益,人们将购买生利资产,使得债券等生利资产的需求大于供给,债券等生利资产的价格上升,利率下降。而利率的下降使得人们的投机性货币需求增加。同时,货币的供给方——商业银行,由于公众购买债券等生利资产引起银行的存款的减少,导致商业银行的准备金减少,即基础货币减少。同时,商业银行也因为利率的下降减少了贷款的意愿,由货币供给理论可知,货币的供给量将减少。最终利率下降使得货币的需求和货币的供给趋于一致。反之,货币供给小于货币需求,利率上升,将减少货币需求,增加货币供给,最终使得货币供求达到均衡。

2. 价格对货币供求的调节作用

货币供给大于货币需求,意味着名义收入将增加,名义货币需求增加。在社会总供给不变的情况下,会导致物价水平提高,货币的实际购买力下降,从而要求更多的名义货币需求。最终货币需求趋同于货币供给。反之,货币供给小于货币需求,物价水平下降,货币购买力提高,名义货币需求减少,货币供求实现均衡。

3. 市场经济条件下货币实现均衡应具备的条件

在完全市场经济条件下,若要利率和物价能够发挥对于货币供求的调节器作用,必须具备两个条件:健全的利率机制和发达的金融市场。

(1)要有健全的利率机制。前面我们已经指出,在市场经济条件下,货币均衡最重要的实现机制就是利率机制。因此,健全利率机制就是在社会资金供求关系中,形成以基准利率为中心,市场利率为主体,既具有市场自我调节功能,又具有国家宏观调控功能的一种利率管理系统。只有形成这样的利率机制,利率通过储蓄、消费和投资的流向和流量,对货币供求进行调节,实现货币均衡。

（2）要有发达的金融市场，尤其是活跃的货币市场。金融市场上汇集了代表金融需求的各类市场行为主体和金融工具，形成各类金融价格，并通过金融市场上的各种交易活动及由此带来的资金运动反映和影响实体经济的运行。因此，没有一个发达的金融市场，利率机制就没有了调节资金供求的场所，其作用也就无法发挥出来。

除这两个条件之外，中央银行宏观调控的有效性，一国财政收支的平衡与否，一国的生产部门结构是否合理，国际收支是否保持平衡等因素，都在一定程度上也会影响货币的供求关系，从而制约货币达到均衡。

▶ 三、货币失衡

在研究货币供求关系问题上，由于货币需求受多种客观经济因素的影响，因而社会经济本身不断发展变化决定了货币需求是不断变化的，这样我们就很难界定客观经济中所需要货币的数量。加之在纸币流通条件下，再多的货币都会被流通所吸收，因此，不管社会的货币需求状况如何，货币供给量与货币需求量在名义上始终都是相等的。但是这种名义上的货币供求均衡关系，并不一定就是实际的货币供求均衡的实现。因为从社会的角度看，名义货币总量并不一定就代表了社会经济过程所要求的货币需要量。所以，我们在分析货币供求均衡与否时，必须深入分析实际的经济过程，研究实际的货币需求量和货币供给量的关系。

货币失衡是同货币均衡相对应的概念，是指在货币流通过程中，货币供给量较大且较长时间地偏离实际的货币需求量，从而使两者之间呈现出不相适应的货币流通状态。

在现实经济生活中，货币失衡大致可划分为以下三种类型。

1. 货币供给量小于货币需求量

此时客观的货币需求得不到满足，物价下跌，经济运行中出现通货紧缩，致使整个经济处于萎缩或萧条状态，资源大量闲置，企业生产不足，社会经济的发展因需求不足而受阻。其产生的原因主要有：

（1）由于经济发展，商品生产和交换的规模扩大了，但货币供给量并没有及时增加，从而使经济运行中货币量显得紧张。这种情况在金属货币流通条件下比较常见，在纸币流通条件下出现的概率较小。

（2）在经济运行中的货币供给量和货币需求量大致相等的情况下，中央银行实施紧缩性的货币政策，减少货币供给量，从而导致流通中的货币紧缺，国民经济的正常运转受到了抑制，使本来供求均衡的货币运行趋向供给小于需求的货币失衡状态。

（3）在经济危机阶段，由于经济运行中的信用链条断裂，正常的信用关系遭到破坏，社会经济主体对货币的需求急剧增加，中央银行的货币供给量却相对地滞后于货币需求的增加,从而导致货币供求的失衡。

2. 货币供给量大于货币需求量

此时整个经济必然会处于过度膨胀的状态,生产快速发展,各种投资急剧增加,市场商品物资供应不足,物价上升,出现通货膨胀。这是信用货币制度下经常出现的一种失衡现象。其产生的原因主要有:

(1) 政府由于出现财政赤字向中央银行透支或中央银行购买政府债券。政府财政赤字无论是直接向中央银行透支或向中央银行发行政府债券,都会使中央银行增发货币,从而导致货币供给量增加过度,造成货币供求失衡。

(2) 经济发展中,若政府推行的高速经济增长政策需要货币政策支撑,在中央银行无足够的货币资本实力的情形下,银行信贷规模将出现不适当扩张,造成货币供给大于货币需求的货币失衡现象。

(3) 中央银行在实行扩张性货币政策时,由于力度把握不当,导致银根过度放松,货币供给的增长速度超过了经济发展的需要,从而形成过多的货币供给,结果引发通货膨胀。

(4) 在开放经济条件下,经济落后、结构刚性的发展中国家往往出现货币条件相对恶化和国际收支失衡,当出口换汇无法满足时,将导致汇市崩市,本币大幅贬值,造成货币供给量急剧增长。

3. 货币供求的结构性失衡

这是指货币供给与货币需求在总量上大体保持均衡状态,货币的供给结构却与货币需求结构不相适应,造成货币市场上货币短缺与局部货币供给过剩并存。一些部门由于需求不足,商品积压,生产受阻;另一些部门则需求过度,商品供不应求,价格上涨。整个经济结构失调,发展畸形。这种货币失衡多发生在发展中国家。

其产生的原因主要有:由于社会经济结构的不合理及在此基础上形成的供求刚性,产品市场和生产要素市场的需求结构与供给结构不对称,一部分产品和生产要素供过于求,另一部分产品和生产要素则出现供不应求。

▐▶ 四、货币均衡与社会总供求平衡

前面我们指出,在现代信用经济条件下,仅仅是货币供求达到均衡是不够的,客观经济的发展要求货币市场与产品市场同时达到均衡。而产品市场的均衡表现为社会总需求与总供给之间的均衡。社会总需求是指经济社会对产品和劳务的需求总量,由消费需求、投资需求、政府需求和国外需求构成。通常以国民收入来表示。社会总供给是指经济社会在一定时期内所提供的总产量,通常以产出水平来表示。

社会总需求与货币的总供求有着密切的联系,表现为:一方面,社会总供给需要一定

量的货币来媒介其实现,从而提出对货币的需求;另一方面,社会总需求表现为社会货币购买力的总额,只有通过货币才能实现。因此,一定量的社会总需求的形成,离不开相应的货币供给。如图8-5所示。

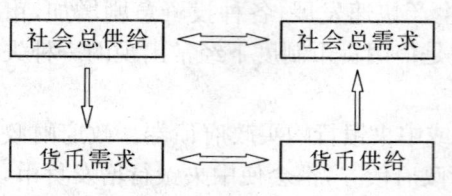

图8-5 社会总供求与货币供求的关系

图8-5包括了几层含义:一是社会总供给决定货币需求;二是货币需求决定货币供给,货币供给影响货币需求;三是在货币周转速度不变的情况下,一定时期的货币供给决定当期的社会需求水平;四是总需求必须与总供给保持平衡。

(一)社会总供给与货币需求的关系

社会总供给是指经济社会在一定时期内所提供的总产量。由于在现代信用经济条件下,任何商品都需要货币来表现或衡量其价值量的大小,并通过与货币的交换实现其价值。因此,从准备生产开始,就需要有货币购买原料和设备以及劳动力;在生产过程中需要有货币来组织生产;当商品生产出来进行销售时,需要有货币来完成交换和消费;如果是扩大再生产,更需要追加货币量来扩大生产规模。由此可见,社会商品供给规模是制约货币需求量的重要因素,有多少商品供给,必然就需要相应货币量与之对应。因此,社会总供给的大小决定货币需求的多少。

如果货币需求小于社会总供给所需要的货币量,则必定有一部分商品无法进入流通渠道完成交换和消费,其结果是商品积压,厂商的生产规模萎缩,国民经济的发展受制。

(二)货币需求与货币供给的关系

货币供求之间是相互联系、相互影响的,货币供给的变动可在一定条件下改变货币需求;而货币需求的变动,也可以在一定程度上改变货币的供给。但就货币的供求关系而言,客观经济过程的货币需求是基本的前提条件,货币的供给必须以货币的需求为基础。因此,货币需求决定货币供给,货币供给影响货币需求。

例如,当货币供给小于货币需求时,经济运行中的货币需求得不到满足,致使社会的总需求减少,生产下滑,总供给减少。由于商品供给的减少,致使货币需求量减少,最终使货币供求在一个较低的国民收入水平上得以均衡。当货币的供给大于货币需求时,典型的情况是通货膨胀,在这种情况下,存在着两种可能:一是有生产潜力可挖,需求增加和物价上涨可以刺激生产的发展,即在物价上涨的同时产出增加,从而导致实际的货币需求增加,使货币供求恢复均衡。二是随着生产的发展,生产潜力在现有条件下已挖尽,则产量达到最大值,此时只有物价上升,产出不变,但物价的飞涨使得人们对名义货币的需求增加,从而导致货币供求在一个更低的利率水平上恢复均衡。

（三）货币供给与社会总需求的关系

货币供给是社会总需求的载体。社会总需求是人们在一定收入水平约束下对商品的需求，收入水平决定了人们的总需求，而货币供给又决定了人们的收入水平。所以货币供给和社会总需求的关系是，货币供给决定社会总需求。货币供给增加时，名义国民收入增加，各部门的名义收入也增加，社会总需求增加。社会总需求是一定时期内社会货币购买力总额，由该时期内货币供给量与货币流通速度之积构成。在货币流通速度不变的情况下，货币供给量决定社会总需求。

（四）社会总需求与总供给的关系

社会总需求与总供给保持均衡是客观经济的要求。所谓社会总供给与总需求均衡，是指一个国家一定时期内社会总供给与总需求在总量和结构上的协调和平衡。

如果在数量上总供给大于总需求，将出现供给过剩（也可称之为需求不足），意味着全社会生产的商品和劳务不能够被全部购买，导致企业开工不足，商品生产和销售萎缩，失业率增加，经济增长乏力，物价持续走低，甚至出现经济危机。而总需求大于总供给将出现需求膨胀（也可称为供给不足），社会再生产处于扩张状态，失业率下降，利率上升，由于社会生产的商品和劳务数量不足，无法满足居民的购买需求，导致物价持续上涨。此时由于商品短缺，居民心理预期受到影响，产生抢购现象，社会经济各个领域都被虚假的繁荣景象所笼罩，致使经济信号失真，为下一次经济危机奠定了基础。

如果在结构上总需求与总供给不相匹配，则一些部门出现供不应求，价格上涨，生产扩张；另一些部门出现供过于求，产品积压，生产和销售萎缩。国民经济的发展受到影响。

通过以上的分析可知，货币供求与社会总供求存在着某种对应关系。

在货币供给量等于货币需求量的情况下，根据公式：

$$货币需要量＝待销售商品数量×商品平均价格/$$

$$单位货币流通速度 \qquad （公式 8-19）$$

可得下式：

$$货币供给量×单位货币流通速度＝待销售商品数量×单位商品价格$$

$$＝待销售商品价格总额 \qquad （公式 8-20）$$

公式 8-20 左边即表示社会总需求，右边正好表示社会可供商品总量，即社会总供给，此时两方处于真正的平衡状态。这就是说，如果货币供求处于平衡状态，社会总供求也可取得真正的平衡。在这种情况下，货币供给的意义就是保证社会可供商品价值的顺利实现，使可能的扩大再生产成为现实。

如果是货币供给量大于或小于货币需要量，则按上述同样道理可得下式：

$$货币供给量 \times 单位货币流通速度 > 待销售商品价格总额 \qquad (公式 8-21)$$

$$货币供给量 \times 单位货币流通速度 < 待销售商品价格总额 \qquad (公式 8-22)$$

公式 8-21 说明,当货币供给量大于货币需求量时,会发生社会总需求大于社会总供给,引发通货膨胀,冲击市场和经济的稳定。公式 8-22 说明,当货币供给小于货币需求时,将会形成社会总需求小于社会总供给,由于货币供给不足,社会可供商品的价值难以实现,物价下降,生产收缩,从而影响生产的增长。

所以,正确组织货币供给使之与货币需求保持协调,是宏观经济调控的一个重要课题。

▌▌▶ 五、中央银行对货币供求的调节

由于货币均衡直接影响社会总供求的均衡,因此如何保持货币均衡就成为促进一国经济发展的重要问题。在完全的市场经济中,价格和利率可以通过市场机制自动对非均衡的货币供求进行调节。但由于市场失灵,就需要中央银行对货币的非均衡状况进行宏观调控。中央银行调控货币供求的目标是在短期内把货币供给和货币需求的差额维持在一个可以接受的幅度内,尽可能地追求较小差额,在长期内保持货币供给和货币需求在数量和结构上大致相等。

考虑到货币需求主要取决于企业、个人的行为,中央银行对其影响较小,而中央银行对货币供给的控制能力较强,因此,中央银行主要针对具体的货币供求状况采用不同的货币政策工具,如利率、法定存款准备金率、再贴现率、公开市场业务等,来调节货币供给量,从而实现货币供求的均衡。前面我们已经指出价格和利率的变动都可以使货币趋于均衡,但物价水平是中央银行无法掌控的,因此,中央银行调控货币供求的最重要的手段就是利率手段。例如,中央银行可以通过调整基准利率影响市场利率的变化,提高利率,货币供给就会扩大,货币需求将下降,从而货币供不应求的缺口缩小;降低利率,货币供给会收缩,货币需求扩大,货币供大于求的缺口会缩小。

一般而言,中央银行对货币供求的调节手段主要分为以下几种。

(一)需求型调节

需求型调节是指在既定的货币供应量下,中央银行针对货币供求总量和结构失衡的情况,运用利率、信贷等措施,调节社会的货币需求的总量和构成,使之与既定的货币供给量相适应,以保持货币供求的均衡。

例如,当货币供给不足以满足客观的货币需求时,由于市场上商品交换受阻,生产受到制约,资源大量闲置,整个经济必然会处于萎缩或萧条状态。此时,中央银行通过降低利率,刺激公众消费和厂商投资,从而增加社会总需求,促进生产的恢复和发展,使得货币

的供求趋于一致。

（二）供给型调节

供给型调节是指根据客观的货币需求状况，在货币供给量大于货币需求量，或小于货币需求量，或供求结构不相适应时，中央银行通过对货币供给总量和构成进行调节，达到实现货币均衡的目标。

例如，当货币供给量超过货币需求量时，由于各种投资急剧增加，市场商品物资供应不足，太多的货币追逐太少的商品，通货膨胀出现，整个经济处于过度膨胀的状态。这时中央银行将采取紧缩性的货币政策，如提高法定存款准备金率，缩减货币供给量，从而使货币供给量趋近于货币需求量。

（三）混合型调节

混合型调节是指中央银行对货币供求总量和结构失衡的状况，不是单纯地调节货币的供给量，或单纯地调节货币需求量，而是双管齐下，同时改变货币的供给和需求量，以尽快达到货币供求均衡的效果。

例如，当出现货币供求的结构型失调时，由于货币供求的结构不相适应，出现局部货币过剩、局部货币短缺的情况。中央银行将采取有松有紧的货币政策组合，通过调整货币供给的构成和流向，对那些货币过剩的部门和产业采用紧缩的货币政策，对那些货币短缺的部门和产业采用扩张的货币政策，以便改变这种供求结构不相适应的状况，促使供求结构趋于协调，使得整个经济协调发展。

（四）逆向型调节

逆向型调节是指中央银行面对货币供给量大于货币需求量的失衡状况，不是采取收缩货币供给量的政策，而是用以毒攻毒的办法，通过不同途径的货币供给量的增加不同，调整货币供给结构，增加货币需求，从而促使货币供求恢复均衡。

采取这种办法的关键，就是增加的货币要适度，投向要合理，能在短期内促进生产的发展，通过商品供给量的增加来消化多余的货币，从而使货币供求实现均衡。

 **本章小结**

货币需求理论、货币供给理论和货币均衡理论是一国中央银行进行宏观经济调控的理论依据。在本章，我们先从货币需求理论入手，了解了货币需求理论的演变历史，在讨论传统货币数量理论、凯恩斯的流动性偏好理论和弗里德曼的现代货币数量理论的异同

的基础上,分析了影响人们货币的需求的主要因素是收入和利率,并指出金融业的发达程度、人们的消费倾向、一国货币的流通速度、物价水平等因素也会影响到货币需求的大小。紧接着我们从货币供给的角度讨论了货币这一概念的外延,指出由于人们对货币外延的理解不同,造成了对货币供给理论研究的差异。并在简述中央银行和商业银行提供货币供给的过程的基础上,讨论了货币供给的来源,介绍了几种货币供给模型,指出货币供给的两大决定因素是基础货币和货币乘数。对于货币需求理论和货币供给理论的讨论是为讨论货币均衡服务的,由于货币需求不等于货币供给时,会对客观的经济发展造成影响,且负面影响往往大于正面影响,因此,我们在对货币均衡的状态、衡量标准及实现条件、货币失衡的原因及危害进行分析的基础上,指出货币供求对于社会总供求的具体影响,提出中央银行对调控货币非均衡状态的主要手段。为下面学习通货膨胀及货币政策打下了基础。

复习思考题

1. 试简要分析收入状况和市场利率对货币需求的影响。

2. 简述费雪方程式与剑桥方程式的区别。

3. 试述弗里德曼的货币需求理论与凯恩斯的流动性偏好理论有何不同。

4. 如果中央银行规定的法定存款准备金比率为 10%,有人将 10 000 元现金存入一家商业银行,在没有任何"漏损"的假设下,试说明存款货币的多倍扩张与多倍收缩(包括过程与结果)。

5. 什么是基础货币?它对货币供给量有什么重要作用?

6. 什么是货币乘数?简要分析货币乘数的决定因素。

7. 试根据乔顿货币供给模型分析货币供给的决定因素。

8. 简述货币失衡的类型及产生的原因。

9. 试述货币供求与社会总供求之间的关系。

10. 简述中央银行如何对货币失衡进行调控。

案例分析

案例:2007 年中国货币供求概况

2007 年,国民经济保持平稳快速发展,金融平稳运行。在各项宏观调控措施作用下,货币信贷增长加快的势头有所减缓,但扩张压力仍然较大。

一、广义货币供应量增速较快，年末高位回落

2007 年年末，广义货币供应量 M_2 余额 40.3 万亿元，同比增长 16.7%，增速比上年低 0.2 个百分点。狭义货币供应量 M_1 余额 15.3 万亿元，同比增长 21%，增速比上年高 3.5 个百分点。流通中现金 M_0 余额 3 万亿元，同比增长 12.1%，增速比上年低 0.6 个百分点。全年累计现金净投放 3 303 亿元，比上年多投放 262 亿元。

二、金融机构存款平稳增长，活期化趋势明显

2007 年年末，全部金融机构（含外资金融机构，下同）本外币各项存款余额 40.1 万亿元，同比增长 15.2%，增速比上年低 0.7 个百分点，比年初增加 5.3 万亿元，同比多增 3 356 亿元。其中，人民币各项存款余额 38.9 万亿元，同比增长 16.1%，比年初增加 5.4 万亿元，同比多增 4 599 亿元；外汇存款余额 1 599 亿美元，同比下降 0.9%。

从人民币存款的部门分布看，居民户存款增加明显放缓，非金融性公司存款增加较多。居民户存款增加明显放缓主要是因为居民户金融资产选择趋于多元化，存款意愿下降；非金融性公司存款增加较多，主要是因为企业利润上升及市场筹资较多，资金较为充裕。与资本市场活跃、通胀预期上升相适应，居民和企业存款继续呈现活期化态势。

三、金融机构贷款增长偏快，居民户贷款增加较多

2007 年年末，全部金融机构本外币贷款余额 27.8 万亿元，同比增长 16.4%，增速比上年高 1.9 个百分点，比年初增加 3.9 万亿元。其中，人民币贷款余额 26.2 万亿元，同比增长 16.1%，增速比上年高 1 个百分点，比年初增加 3.6 万亿元，按可比口径同比多增 4 482 亿元。全年人民币贷款投放继续呈现前多后少、逐季减少的格局，一至四季度分别新增贷款 1.4 万亿元、1.1 万亿元、8 178 亿元和 2 721 亿元。外汇贷款余额 2 198 亿美元，同比增长 30.2%，比年初增加 511 亿美元，同比多增 327 亿美元。

从人民币贷款的部门投向上看，居民户贷款增速明显快于非金融性公司及其他部门贷款。2007 年居民户贷款增加 1.2 万亿元，余额同比增长 30.4%，增速比上年高 9.3 个百分点，同比多增 5 466 亿元。居民户贷款中，消费性贷款比年初增加 8 686 亿元，其中 80% 以上是住房消费贷款，经营性贷款比年初增加 3 111 亿元。非金融性公司及其他部门贷款增加 2.5 万亿元，余额同比增长 13.1%，增速比上年低 0.8 个百分点，同比少增 983 亿元，其中，短期贷款增加 1.3 万亿元，票据融资减少 4 414 亿元，中长期贷款增加 1.7 万亿元。分机构看，2007 年各类金融机构贷款普遍增多。

表 8-2　2007 年分机构人民币贷款情况　　　　单位：亿元

	2007 年新增额	2006 年新增额
政策性银行	4 280	3 418
国有商业银行	13 055	12 199

（续表）

	2007 年新增额	2006 年新增额
股份制商业银行	7 716	7 358
城市商业银行	2 978	2 773
农村金融机构	5 085	4 246
外资金融机构	1 704	969

注：农村金融机构包括农村合作银行、农村商业银行、农村信用社。
数据来源：中国人民银行。

人民币中长期贷款主要投向基础设施行业。2007 年，主要金融机构（包括国有商业银行、政策性银行、股份制商业银行和城市商业银行）人民币中长期贷款比年初增加 2.4 万亿元，同比增长 22%，其中投向基础设施行业（交通运输、仓储和邮政业，电力、燃气及水的生产和供应业，水利、环境和公共设施管理业）7 983.6 亿元，投向房地产业 3 337.5 亿元，投向制造业 1 794.9 亿元，分别占新增中长期贷款的 33.2%、13.9% 和 7.5%。

四、扣除存款准备金率调整因素后，基础货币增长平稳

2007 年年末，基础货币余额 10.2 万亿元，同比增长 30.5%。比年初增加 2.37 万亿元，同比多增 1.03 万亿元。基础货币同比增长较多，主要是由于全年 10 次上调存款准备金率共计 5.5 个百分点，因为按照现行统计口径，法定存款准备金计入基础货币，而中央银行票据不计入基础货币。如果 2007 年由法定存款准备金率上调所冻结的流动性改由发行央行票据进行对冲，基础货币增速将低于 5%。2007 年年末货币乘数（广义货币供应量/基础货币）为 3.97，是 2003 年以来的最低点。2007 年年末，金融机构超额存款准备金率为 3.5%，比上年末低 1.3 个百分点。其中，四大国有商业银行为 2.0%，股份制商业银行为 3.7%，农村信用社为 8.9%。

五、金融机构贷款利率趋于上行

2007 年，金融机构人民币贷款利率持续走高。第四季度 1 年（含）以内、1～3 年（含）、3～5 年（含）和 5 年以上金融机构贷款加权平均利率分别为 7.93%、8.07%、7.62% 和 7.35%，比上季度分别提高 0.43、0.27、0.19 和 0.19 个百分点，比第一季度分别提高 1.07、1.03、0.83 和 0.7 个百分点。商业银行 1 年期贷款加权平均利率为 7.25%，比第三季度上升 0.1 个百分点，比第一季度上升 0.74 个百分点。金融机构发放的全部贷款中，下浮利率贷款占比较第三季度下降 0.52 个百分点，基准利率贷款占比较第三季度上升 1.04 个百分点，上浮利率贷款占比较第三季度下降 0.52 个百分点。

〔案例来源：中国人民银行货币政策分析小组.中国货币政策执行报告(二〇〇七年第四季度)〕

问题：

(1) 从我国 2007 年货币供给和需求的状况入手,分析 2007 年我国是否达到了货币均衡。

(2) 从资料中我国的利率体系,分析我国目前的利率机制对货币供求的调节作用是否有效。

第9章

通货膨胀与通货紧缩

学习目的

■ 认识通货膨胀现象，熟悉关于通货膨胀的理论，掌握通货膨胀的成因、类型、效应及治理通货膨胀的对策。

■ 认识通货紧缩问题，熟悉通货紧缩的含义、标志，掌握造成通货紧缩的原因危害及其治理对策。

第一节　通货膨胀的含义

▶ 一、对通货膨胀的不同认识

在现代经济生活中，通货膨胀已经成为世界各国的一种普遍现象，它对各国经济和人们的生活有着明显的影响。因此，通货膨胀一直是学者们研究的课题，普通民众对通货膨胀的概念似乎也不陌生，但对于通货膨胀的定义，经济学家们却未取得一致的认识。

改革开放以前，我国有关通货膨胀的定义大多引自前苏联。前苏联的有关教科书中对通货膨胀的定义有三个特点：一是在纸币流通下衡量纸币是否过多采取金属货币流通下的货币必要量为标准。二是过多发行货币往往归咎于财政赤字，似乎只有财政赤字才能引起过多的货币发行。三是断言通货膨胀是阶级剥夺的手段,是资本主义特有的现象,社会主义社会不可能发生通货膨胀。通货膨胀是"引起货币符号贬值的过度发行,这种过度发行被剥削阶级用来把国家支出的负担转嫁到劳动人民肩上,用来实现有利于自己而有害于劳动大众的国民收入再分配"。我国学者的传统定义与前苏联学者一样,认为通货膨胀是资本主义经济特有的现象,同剥削阶级、资本主义政府存在不解之缘,而与社会主义无关。但是,我国及前苏联都不同程度地遭到过通货膨胀的困扰,虽然我们只说是"票子过多",而不说存在通货膨胀,但将通货膨胀视为资本主义制度下特有经济现象的说法事实上不成立。

通货膨胀并非从资本主义社会开始的,更不是资本主义制度特有的经济现象。我国是使用纸币最早的国家,也是发生通货膨胀最早的国家。早在 10 世纪末,我国产生了最早的纸币。当时叫"交子",以后还有"关子"、"会子"等名称。纸币的大量流通始于南宋,当时官方发行的纸币叫"会子"。由于同时还有白银和铜钱流通,通过兑换,一般还能保值。后因战争、灾荒、官宦奢侈无度等原因,国家财政入不敷出,靠发行纸币维持,结果出现了严重的通货膨胀。而早在斯大林时代的前苏联,一直因基建战线过长,使卢布发行量大大超过商品可供量,结果货币贬值,物价上涨,几次发生通货膨胀。匈牙利、波兰、前南斯拉夫等许多原社会主义国家,都曾出现过一定程度的通货膨胀。由此可见,只要货币符号的发行失去控制,就会产生货币贬值、物价上涨,诱发通货膨胀。

改革开放以后,我国经济理论界对通货膨胀问题进行了长期深入的探讨,取得了比较一致的看法,认为通货膨胀是在货币符号流通条件下,由于货币供给量过多,使有支付能力的货币购买力大于商品可供量,从而引起货币贬值、物价上涨的经济现象。

西方学者对通货膨胀的解释不尽相同。自由主义经济学家 F·哈耶克认为,"通货膨胀一词的原意和真意是指货币数量的过多增长,这种增长合乎规律地导致物价上涨。"哈耶克的意思是:物价上涨并不一定是通货膨胀,物价上涨可能有很多原因,如供给不足、政府政策等,但只有货币供给增长过多导致的物价上涨,才能说是通货膨胀。琼·罗宾逊认为,通货膨胀是由于同样经济活动的工资报酬率的日益增长而引起的物价上升变动。她强调的是物价上升来源于工资报酬率的增长。

有的经济学家从通货膨胀表现形式的角度进行定义。例如,新古典综合派的代表人物保罗·萨缪尔森认为,"通货膨胀的意思是:物品和生产要素的价格普遍上升的时期——面包、汽车、理发的价格上升;工资、租金等等也上升。"又如,莱德勒和帕金认为,"通货膨胀是一个价格持续上升的过程,也等于说,是一个货币价值持续贬值的过程。"这种定义侧重于通货膨胀的表现形式,强调物价的上升。

▶ 二、通货膨胀的定义

综上所述,虽然关于通货膨胀的定义有很多,但一个能够得到普遍认可的描述性的定

义是：通货膨胀是指在一定时期内，由于货币供给过多而引起的货币贬值、物价总水平持续上涨的现象。通货膨胀的这一定义可以从以下几个方面来理解。

（一）通货膨胀与纸币流通相联系

通货膨胀是纸币流通的一种特有现象。任何一个国家，不管其社会制度如何，只要实行信用货币制度，就存在货币供给量超过货币必要量的可能。如果货币供给量大于经济生活中的客观需要量，就会导致货币贬值、物价上涨，出现通货膨胀。

在金属货币流通的情况下，由于金属货币具有内在价值，能够发挥贮藏手段职能，当流通中的金属货币过多时，多余的金属货币会自动退出流通进入贮藏阶段，即马克思所说金属货币流通下的"蓄水池"功能，从而自发地调节流通中的货币量，一般不会发生通货膨胀。但在纸币流通的情况下，一方面，纸币无限制供给的技术障碍已经清除，超量的纸币可以通过供给权力强制流通；另一方面，这些纸币只是一种价值符号，本身没有价值，进入流通后就不会发挥贮藏手段职能退出流通领域，因而流通中的货币量无法自动得到调节，这就产生了货币供给量的无限性与货币容纳量的有限性之间的矛盾。其必然的结果就是过多的纸币只能通过降低单位纸币的价值含量来与经济生活中的客观需求量相适应，这就意味着货币贬值、价格上涨，形成了通货膨胀。

认识到通货膨胀与纸币流通存在天然的联系，并不是说纸币流通必然产生通货膨胀，而是提醒我们必须认识并尊重货币流通规律，在客观需求量的限度内供给货币，避免通货膨胀的出现。

（二）通货膨胀与物价总水平上升相联系

通货膨胀最为明显的标志就是物价总水平的上涨。因为货币供给量超过客观需求量意味着过多的货币追逐着相对有限的商品，商品供不应求，商品的价格就要上升。

这里有两个问题需要注意：① 货币供给量的动态增加。从静态的角度看，其他条件不变时增加货币供给量显然会引起物价上涨的通货膨胀。但从动态的角度看，如果货币供给量是在商品和服务数量增加的同时保持大致同步增长的，则不会出现通货膨胀。因为增加的货币仍然有足够的价值量与之相对应，此时如果不增加货币供给量，反而会出现以物价下跌为主要标志的通货紧缩。所以，实践中各国一般是保持货币供给量增长率与经济增长率以某个比率同步增长的。② 价格保持不变的通货膨胀。在市场经济条件下，货币供给量超过客观需求量都会引起物价上涨、通货膨胀，但在高度集中的计划经济体制下，货币供给量超过客观需求量却不一定引起物价上涨，而可能发生计划经济体制下的隐蔽性通货膨胀。

隐蔽性通货膨胀是指货币工资水平没有下降，物价总水平没有上升，但居民实际消费水平却下降的一种情况。形成隐蔽性通货膨胀的条件大致有：① 经济体系中已经积累了难以消除的过度需求压力;② 存在着严格的价格管制,这种管制包括对生产企业定价管理和流通企业的销价管理两方面的内容;③ 实行排斥市场机制的单一行政管理体制。隐蔽性通货膨胀主要以非价格形式表现出来:① 官方定价与自由市场价或黑市价之间的巨大价差;② 实行凭票证供应的配给制;③ 消费者不得不忍受恶劣的服务、接受质量下降的产品,还可能被索取价外报酬,等等。

(三) 通货膨胀与物价的持续上升相联系

通货膨胀一旦出现,物价的全面上涨就表现为一个不间断的运动过程,在这个过程中,物价具有上涨的基本倾向,而且这种上涨能够持续一段时间。季节性、暂时性或偶然性的物价上涨并不是通货膨胀。比如,农产品价格的季节性波动就不能认为是通货膨胀。因此,通货膨胀一般以年度来进行考察,使用年通货膨胀率来表示。

(四) 通货膨胀与物价的显著上升相联系

物价的显著上升是指商品和劳务的价格有明显的上升,要达到一定的程度。但所谓"显著"上升的标准是多少却没有一个绝对的数值,这取决于各国人们对通货膨胀的敏感程度和心理承受底线,是一个主观性的概念。一般认为物价上涨率在 2% 或 3% 以内属于正常的增长,人们不会认为是通货膨胀。

▐▶ 三、通货膨胀的分类

在经济分析过程中,人们还以不同的标准对通货膨胀进行了分类。具体分类大致可以归纳为如表 9-1 所示。

表 9-1　通货膨胀的分类

分类标准	类　　别	分类标准	类　　别
市场机制作用	公开型通货膨胀	通货膨胀预期	非预期通货膨胀
	隐蔽型通货膨胀	通货膨胀原因	需求拉上型通货膨胀
价格上涨速度	爬行通货膨胀		成本推动型通货膨胀
	温和通货膨胀		供求混合推进型通货膨胀
	恶性通货膨胀		结构性通货膨胀
通货膨胀预期	预期通货膨胀		体制性通货膨胀

关于公开型与隐蔽型通货膨胀上面已有论述；至于按照通货膨胀的成因分析通货膨胀将是本章第二节的内容。预期通货膨胀与非预期通货膨胀之分在于考察通货膨胀的效应，第 10 章阐述货币政策的时候将有所讲述。此处就按照价格上涨速度区分通货膨胀说明如下。

所谓爬行通货膨胀，意味着价格上升速度非常缓慢，人们几乎察觉不到。而温和通货膨胀是指价格上升速度已经达到了使人们确知已经发生了通货膨胀的程度，但此时的价格上升速度还在人们勉强可以忍受的程度以内，或者说已经引起了强烈不满但还没有突破人们的心理底线。而恶性通货膨胀是指已经突破了人们的心理底线，引起了经济运行和社会秩序的混乱，人们不满情绪的爆发甚至可能导致政府更迭和引发社会危机。从价格上涨速度角度对通货膨胀的状态进行区别，关键在于说明爬行、温和及恶性通货膨胀三者的具体数量界线。而这是一个至今没有解决的问题，其困难如同上面阐述通货膨胀一定是价格的"显著"上升一样，价格上升是否"显著"取决于各国人们对通货膨胀的敏感程度和心理承受底线，是一个主观性的概念。就像上面说明爬行、温和及恶性通货膨胀只能使用主观性的、描述性的语言一样。在 20 世纪 60 年代，工业化国家的公众一般认为年价格上升速度超过 5％就是难以忍受的了，就认为是严重的通货膨胀了。如果年物价上涨率达到两位数，则认为发生了恶性通货膨胀。20 世纪 70 年代由于石油危机所造成的世界范围内的通货膨胀，使得人们对恶性通货膨胀的度量标准在看法上有所提高。而进入 20 世纪八九十年代，无论是出于拉美债务危机，还是前苏联等社会主义国家的激进式改革，以及再后来的亚洲金融动荡等具体原因，相当一部分国家频频出现 3 位数以上的通货膨胀。在这种情况下，任何按照价格上升速度界定通货膨胀状态的数量标准，至今仍是一个没有解决的问题。

四、通货膨胀的度量

通货膨胀表现为物价的上涨，所以一般用物价上涨幅度来表示通货膨胀的程度。物价指数成为度量通货膨胀的指标。物价指数是报告期物价水平与基期物价水平的比率，被用来反映价格水平的变动。一般人们将基期物价水平定为 100，用报告期的物价水平除以基期物价水平，再乘以 100，则得到报告期的物价指数。如果报告期物价指数大于 100，则表示报告期的物价相对于基期来说上升了；如果小于 100，则表示报告期物价相对于基期来说下降了。目前，被世界上普遍用来度量通货膨胀的物价指数有零售物价指数、批发物价指数和 GDP 平减指数。

零售物价指数又称消费物价指数，是根据商品的零售价格编制的指数，用于反映居民个人消费的商品和劳务价格的变动。它由居民消费的食品、服装、居住、交通、教育、医疗、娱乐等生活必需品和服务项目的价格加权平均计算得到，因为与社会公众的生活密切相关而被许多国家广泛采用，成为世界范围内度量通货膨胀的最主要指标。该指标具有资料收集相对比较容易、公布及时，能够迅速反映人们的消费价格变化等优点。但它反映的范围只是最终消费品，缺失反映生产资料价格和劳务费用的变动情况。

批发物价指数又称生产者物价指数，是根据大宗商品包括最终消费品、中间产品和进口商品的批发价格加权平均计算得到的物价指数。原材料、零部件以及燃料和动力的交易往往是大宗商品交易，因此，该指数反映了企业生产经营成本的变动，受到企业的广泛应用。同时，批发价格也是最终消费品成本的重要组成部分，它的变动也会导致最终消费品价格的变动，在一定程度上反映最终消费品的未来价格变动。但由于生产的过程性以及传导的时滞，批发物价指数的波动幅度往往小于最终消费品价格的变动幅度。另外，该指数没有包括劳务价格变化，因而没能反映整个经济社会的物价变动，如果使用它来判断整个社会的总供求关系，可能产生信号失真。

GDP 平减指数也称国内生产总值折算指数，是指以报告期最终产品价格计算的报告期国内生产总值与以基期最终产品价格计算的报告期国内生产总值的比率。使用 GDP 平减指数度量通货膨胀的优点在于其涵盖的范围广，能够全面反映社会总体物价水平的变动情况。但编制该指数所需要的资料收集困难，一年只能编制一次，不能及时反映物价的变动状况。

第二节　通货膨胀的成因及类型

▌▌▶ 一、通货膨胀成因的不同理论见解

关于通货膨胀成因，西方学者有不同的见解，并形成多种多样的通货膨胀理论。大致有凯恩斯主义的通货膨胀理论、货币主义的通货膨胀理论和通货膨胀预期理论，其中前两种见解影响较大。下面作一简单介绍。

（一）凯恩斯主义的通货膨胀理论

凯恩斯主义的通货膨胀理论是需求决定论。该理论认为，当总需求超过充分就业条件下的总供给时，过多需求的存在会引起通货膨胀。

凯恩斯的过度需求通货膨胀分析使用了"通货膨胀缺口"这个概念。中心思想是社会需求过多增长，使得总需求超过社会潜在总供给，导致通货膨胀。经济社会存在一个潜在产出，也就是社会最大总产出。当社会总需求大于社会最大总产出时，总需求与总供给之

间就存在一个缺口,使得产品供不应求,从而物价上涨。供求之间的这个缺口被称之为通货膨胀缺口。

凯恩斯的过度需求通货膨胀理论的一个明显缺陷是通货膨胀要在充分就业后才产生,无法解释经济没有达到充分就业之前也会发生通货膨胀的现象。后来,凯恩斯主义的支持者对这个理论进行改进,他们认为,在产出将要达到充分就业时,由于社会闲置资源减少,总供给的增加能力有限,此时,为了满足总需求的增加而扩大产量也会引起价格上升,结果也会产生通货膨胀。

凯恩斯主义的通货膨胀理论特别强调,能够引起通货膨胀的是总需求而不是货币量。这就是本书下面将要介绍的"需求拉上说"。另外,后凯恩斯主义经济学派还使用"成本推进说"解释通货膨胀,即工资的增长率超过了劳动生产率的增长速度,结果提高了产品成本,使得物价上涨,产生了通货膨胀。

(二)货币主义的通货膨胀理论

货币主义与凯恩斯主义恰恰相反。以弗里德曼为代表的货币主义学派认为,通货膨胀完全是一种货币现象。其原因是货币数量的增长超过了生产增长幅度。货币数量的过度增长是通货膨胀的唯一原因,减少货币供给量是医治通货膨胀的唯一药方。如果没有货币量的过度增长,就不会出现总需求膨胀。总需求膨胀只是货币供给量过大的结果。他们的理论以货币数量论为理论基础,出发点是如下的交易方程式:

$$MV = PY \qquad\qquad\text{(公式 9 - 1)}$$

式中,M 为货币供给量;V 为货币流通速度;P 为价格水平;Y 为实际国民收入。

他们认为充分就业是一种常态,所以实际国民收入 Y 不变;货币流通速度 V 与社会经济制度和交易规则、习惯有关,短期内也不发生变化。这样,货币供给量就是影响物价的唯一因素:当货币供给量增加时,要使得等式两边相等,价格水平就必须上升;货币供给量减少,价格水平就会下降。

(三)通货膨胀预期理论

这是理性预期学派提出的一个关于通货膨胀的理论,该理论吸收萨伊定律和货币主义理论,强调通货膨胀预期的作用,否定菲利普斯曲线的有效性,从而否定了凯恩斯主义的经济理论和政策主张的有效性。预期理论可以分为以下两种。

1. 适应性预期理论

这种通货膨胀理论认为,人们会根据过去的物价变动预测将来的物价变动。当过去的通货膨胀率上升时,人们预测将来的通货膨胀率也会上升;当过去的通货膨胀率下降时,人们预测将来的通货膨胀率也会下降。

2. 理性预期

理性预期理论认为,人们在决策之前,不仅会参考过去的价格水平,还会收集有关的经济信息,并且运用经济知识加以分析,经过周密的考虑和判断,形成符合实际的预期。因此,理性预期具有如下政策含义:

(1) 政府宏观经济政策无效。因为经济形势要求政府进行调控时,人们会通过掌握的信息和知识预测到政府会实施的调控政策,从而提前进行行为决策和调整,使得经济政策无效。

(2) 通货膨胀与失业不存在替代关系。

(3) 预期会使得通货膨胀加剧。劳资双方都对未来有一个通货膨胀率预期,为了保持实际收入不减少,就会预先提高工资或者价格,结果通货膨胀被提前或者被加剧。

无论是凯恩斯主义的通货膨胀理论,还是货币主义的学说,都只是揭示了通货膨胀的表层原因或直接原因。然而过多的货币供给是如何生成的,又是如何演进成通货膨胀的,这个问题还应该进一步研究。

(四) 过多的货币供给是如何生成的

1. 银行发票子弥补财政赤字

财政收支表面上是货币的收支,实质上却代表着实物的分配。财政发生赤字,就意味着财政支出形成的购买力大于财政收入代表的实物,使得过多的货币追逐较少的商品,出现供不应求,这是形成货币过多的重要原因。当然,财政赤字并不一定引发通货膨胀,问题的关键在于采取什么方法弥补财政赤字。如果财政赤字是采取发行国债的方法弥补,相当于商业银行、企业和居民个人把钱暂时借给财政,一般不会扩大货币总量。如果财政赤字是采取直接向中央银行透支或借款的方法弥补,迫使中央银行增加发行货币时,就会导致货币的财政发行,从而引起通货膨胀。

2. 银行信用膨胀

银行信用膨胀是指银行系统向社会提供的信用量超过了有实物保证的客观需要量。在不兑现的信用货币制度下,流通中的一切货币量都是通过信贷渠道投放的。因此,银行信用膨胀实质上就是通货膨胀的同义语。

3. 基本建设投资过度

基建项目投资多,建设周期长,短期内不但不能为社会提供商品和劳务,反而要从流通中吸收大量的商品和劳务。在我国,投资过度增长最有可能造成煤、电、油、运的紧张局面。因此,基建规模必须同国家的财力物力相适应,否则就可能导致原材料供应紧张,引发结构性的通货膨胀。

4. 国际收支长期积累顺差

国际收支大量顺差主要是由于贸易顺差和外资大量流入引起的。如果长期呈现大量

顺差,就很可能引起国内通货膨胀。因为外贸顺差意味着商品的出口大于进口,一方面减少了国内市场的商品供给量,另一方面银行要投入大量本国货币购买外汇,必然造成国内市场货币流通量过多。外资大量流入,对于流入国来说,外汇收入是增加了,但为购买外汇投入的本国货币也增加了,从而更加大了国内货币流通量。

二、通货膨胀的主要类型

通货膨胀是一种复杂的经济现象,从其形成原因的角度划分,通货膨胀可以有以下几种类型。

(一)需求拉上型

价格总水平受到供求关系的影响。社会总需求过度增加,超过社会总供给时,一般价格水平就会持续显著上涨,产生通货膨胀。其表现为消费需求和投资需求过度增长,而社会商品和服务的总供给增长速度跟不上总需求的增长速度,结果导致物价上升。由于在现实生活中,供给表现为市场上的商品和服务,而需求则体现在用于购买和支付的货币上,所以,需求拉上型通货膨胀的通俗解释就是:"过多的货币追逐过少的商品"。

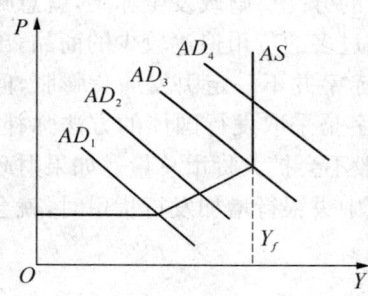

图 9-1 需求拉上型通货膨胀

上面的分析是以总供给不变为前提的。如果需求的增加能够引起总供给同步增长,价格水平可以不变;如果总供给不能同步增长,价格水平就可能缓慢上升;如果需求的增加丝毫不能引起总供给的增长,需求的拉动将完全作用于价格水平上。需求拉上型通货膨胀可以通过图 9-1 来说明。

在图 9-1 中,横轴代表总产出或国民收入(Y),纵轴代表价格水平(P)。社会总供给曲线 AS 可按社会的就业状况而分成水平、向右上方倾斜和垂直三个阶段。① 在开始阶段,总供给曲线呈水平状态,供给弹性无限大,这表示社会存在大量的闲置资源,总供给的增长有巨大潜力。在社会总需求增加的过程中,总供给可以随着同比例增加,价格水平没有变化。② 当总需求进一步增加时,进入总供给曲线的向右上倾斜的阶段。这表示社会逐渐接近充分就业,意味着社会上闲置的资源越来越少,故总供给增加的能力也越来越小,供给增加会遇到生产过程中的瓶颈现象。此时总需求增加也能够使总供给有所增加,但增幅下降,同时生产要素的价格上涨,价格水平上升。这种现象被凯恩斯称之为"半通货膨胀"。③ 总供给再增加,就进入到总供给曲线垂直阶段,此时供给完全无弹性。表示社会已经没有闲置资源,各种生产资源都得到了充分利用,已经达到了充分就业条件下的国民收入。在这一阶段,如果总需求增加,总供给已经没有可能再增长,只会导致价格水平的上涨。这阶段的价格上涨现象被凯恩斯称之为"真正的通货膨胀"。

经济学家们认为,总需求的过度增长无论来自消费需求、投资需求,还是来自政府需求、国外需求,都会导致需求拉上型通货膨胀。

(二)成本推动型

在没有过度需求的情况下,由于生产成本的提高,同样会导致一般价格水平持续上涨,形成通货膨胀。造成生产成本提高的原因有工资的上升和利润增加两种情况。

(1)工资推动型通货膨胀是指在不完全竞争的劳动市场中,工资的过度增长导致一般价格水平的持续上涨。工资是生产成本的重要组成部分,其增长必然导致产品价格的上升。在不完全竞争的劳动市场中,存在强大的工会控制劳动力供给,操纵工资,迫使厂商提高工资,工资不再是完全竞争条件下形成的反映劳动生产率的工资。由于工资增长率超过劳动生产率,导致产品成本提高,物价上涨。而且物价上涨后,工人又进一步要求提高工资,从而进一步推动物价上涨。这在西方经济学中被称之为工资—价格螺旋。

需要注意的是,尽管工资的提高有可能成为价格水平上涨的原因,但不能由此认为,任何工资的提高都会导致工资推动型通货膨胀。如果货币工资率的增长没有超过边际劳动生产率的增长,则工资推动型通货膨胀就不会发生。并且即使货币工资率的增长超过了劳动生产率的增长,如果这种结果并不是由于工会的作用,而是由于市场对劳动力的过度需求所致。那么它也不是通货膨胀的推进原因,原因是需求的拉上。

(2)利润推动型通货膨胀是指在不完全竞争产品市场上,垄断企业和寡头垄断组织利用其市场势力牟取高额利润所导致的一般价格水平的持续上涨。在垄断市场和寡头市场,垄断企业和寡头企业可以操纵价格,使价格上涨速度超过成本支出的增加速度,以赚取垄断利润。如果这种行为的作用大到一定的程度,就会形成利润推动型通货膨胀。

无论是工资推动型还是利润推动型通货膨胀,提出这种理论模型,目的在于说明:不存在需求拉上的情况下也能够产生价格上涨。所以该分析是以总需求给定为假设前提的。既然总需求假设是既定的,当价格水平上涨时,取得供求均衡的条件就只能是实际产出的下降,相应地则必然是就业率的降低。因而这种情况下的均衡是非充分就业的均衡。成本推动型通货膨胀可以用图 9-2 来说明。

成本推动型通货膨胀旨在说明,在整个经济还未达到充分就业的情况下价格水平上涨的原因,这种理论也试图解释"滞胀"的成因。

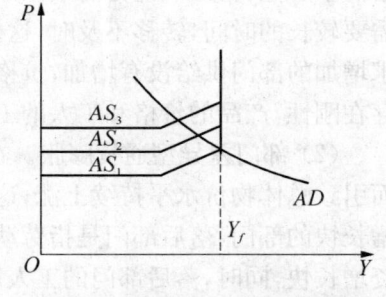

图 9-2　成本推动型通货膨胀

（三）供求混合推动型

供求混合推动型通货膨胀的观点是将供求两个方面的因素结合起来,认为通货膨胀是由需求拉上和成本推进共同作用而引起的。这种论点认为,在现实经济生活中,通货膨胀的原因究竟是需求拉上还是成本推进很难分清,既有来自需求方面的因素,又有来自供给方面的因素,即所谓"拉中有推、推中有拉"。这里有以下两种情况:

（1）通货膨胀由过度需求开始。社会需求过度增长,供给满足不了需求,价格上升;价格上升,工人要求增加工资,工资提高使得产品成本提高,引起价格水平进一步上升。这样,由于供给和需求两个方面的共同作用,一般物价水平持续上涨,形成通货膨胀。

（2）通货膨胀由成本上升开始。或因为工会操纵工资,或因为垄断企业赚取超额利润,产品成本上升,供给减少,价格上升。但如果不存在需求和货币收入的增加,这种通货膨胀过程是不可能持续下去的。因为工资上升使得失业增加,产出减少,结果将会使成本推动型通货膨胀过程终止。"成本推动"只有加上"需求拉上"才有可能产生一个持续性的通货膨胀。实际经济生活中,非充分就业均衡的严重存在往往是政府所不愿意面对的局面,为了减少失业,政府往往会采取需求扩张政策以期缓解矛盾,则社会需求增加,拉动价格进一步上涨。这样,成本推进与需求拉上并存的混合型通货膨胀就会成为经济生活的现实。供求混合推进型通货膨胀可以用图9-3来说明。

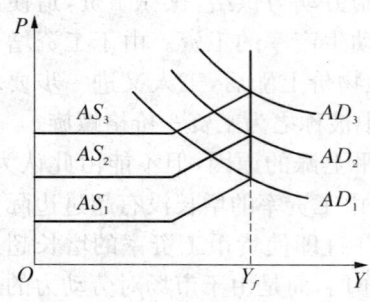

图9-3　供求混合推进型通货膨胀

（四）结构型通货膨胀

在社会总需求与总供给处于均衡的状态下,由于经济结构方面的因素变动,使得不同的行业之间、不同的部门之间存在差异,同样会导致通货膨胀。这种通货膨胀被称之为结构型通货膨胀。根据变动因素不同可以分为以下三种情况:

（1）需求结构转移型通货膨胀。在总需求不变的情况下,如果需求结构发生变动,社会需求产生转移,一部分需求从一个部门转移到另一个部门,但劳动力等生产要素的转移需要较长的时间,转移不及时,这样原来的供给结构就不能与新的需求结构形成均衡。需求增加的部门供给没有增加,价格上涨,工资上升;而在需求减少的部门,由于价格、投资存在刚性,产品的价格和工人的工资没有下降,结果社会整体价格水平上涨。

（2）部门差异型通货膨胀。在国民经济中,先进部门和落后部门要求相同的工资,从而引致总体物价水平持续上涨,这就是部门差异型通货膨胀。先进部门是指劳动生产率增长快的部门,落后部门是指劳动生产率增长慢或没有增长的部门。先进部门的工人工资增长快,同时,落后部门的工人也要求与生产率增长快的部门的工资看齐,结果导致整个经济社会的产品成本上升,推动总体物价水平上涨。

（3）斯堪的纳维亚型通货膨胀。又称输入型通货膨胀,是北欧经济学派提出的以实行经济开放的小国为背景的理论。实行经济开放的小国存在着开放经济部门和不开放经济部门两个部门,而且小国在国际市场上是价格接受者。当国际市场发生通货膨胀时,物价上涨通过贸易等一系列机制传递给小国的开放经济部门,使得开放经济部门的通货膨胀率与国际通货膨胀率看齐。开放经济部门的价格、工资上升,又引起不开放经济部门的价格和工资上涨,结果导致小国全面的通货膨胀。

第三节　通货膨胀的经济社会效应

一、通货膨胀对经济增长的影响

通货膨胀对经济增长是怎样的影响,学者们有着不同的论点。大体上可以归纳为以下三种,即促进论、促退论和中性论。

（1）促进论。就是认为通货膨胀具有正的产出效应,即适当的通货膨胀可以促进国民经济增长。持这一观点的学者认为,资本主义经济长期处于有效需求不足、实际经济增长率低于潜在经济增长率的状态。因此,政府可以实施通货膨胀政策,使用增加赤字预算、扩张投资支出、提高货币供给增长率等手段来刺激有效需求,促进经济增长。20 世纪 70 年代以前,促进论非常流行。不难看出,促进论的基本理论依据显然是凯恩斯的有效需求不足理论。

不少经济学家认为,对发展中国家来说,通货膨胀促进经济增长的效应尤其明显。① 发展中国家的政府,其税收来源有限,但可向中央银行借款作为财政的主要融资来源。财政向中央银行借款,会增加流通中的货币供给。只要政府将这种借款用于增加实际投资,同时采取一定的措施保证私人部门的投资不因政府投资增加而相应减少,那么这种膨胀性的财政和货币政策就会由于增加了实际投资而促进经济增长。② 一般情况下,通货膨胀是一种有利于富裕阶层的收入再分配。富裕阶层的边际储蓄倾向比较高。因此,通货膨胀会通过提高储蓄率而促进经济增长。③ 通货膨胀出现后,公众预期的调整有一个过程。在这个时滞中,物价上涨了,名义工资依然未发生变化,企业利润率则会相应提高。这会刺激私人投资的积极性,从而促进经济增长。

（2）促退论。正好与促进论相反,促退论认为通货膨胀会破坏市场运行效率,损害经济增长。促退论者认为,相对较低的或中度的通货膨胀可能不会使经济增长速度当期下降,但可能导致更高的通货膨胀,最终导致经济的低增长甚至负增长。他们的根据是：首先,通货膨胀造成实际利率低于名义利率,投资成本降低,投资资金需求增加。资金需求的过度增加往往会使货币当局加强信贷管理,从而削弱金融体系的运行效率。其次,通货膨胀造成价格信号失真,价格体系扭曲,导致资源配置失调,经济效率下降。再次,通货膨胀引起工资和利率的上涨,生产经营性的投资成本和风险加大,投资者不愿意进行生产性投资。同时,纷纷抢购实物资产、黄金、外汇以及进行房地产投机活动,结果生产性投资不足,经济活动严重扭曲,经济效率大大降低。最后,在通货膨胀期间,政府部分或全面实施价格管制等措施,降低市场的运行效率,经济活力被削弱,结果经济增长降低。

(3)中性论。这是一种认为通货膨胀对产出、对经济增长既无正效应也无负效应的理论。这种理论认为,由于公众预期,在一段时间内他们会对物价上涨作出合理的行为调整。因此,通货膨胀各种效应的作用就会相互抵消。

二、通货膨胀的收入再分配效应

由于社会各阶层的收入来源、收入方式不同,通货膨胀对他们的影响也会不同。有些人的收入可能会因为物价的上涨而下降,这种由于物价上涨造成的收入分配变动效应称之为通货膨胀的收入再分配效应。主要有以下几种情况:

(1)固定收入者的收入水平下降,变动收入者的收入水平上升。在发生通货膨胀的情况下,对固定收入阶层来说,虽然名义收入没有减少,但实际收入因为价格水平的上升而降低了。一般而言,工资是具有刚性的,其调整滞后于物价的变动。因此,当物价上涨时,工资劳动者的实际收入就会下降。相反,对浮动收入阶层来说,收入随着物价的上涨而上升,实际收入会增加。如产品价格上升使得企业利润增加,在工资滞后调整的情况下,利润上升速度高于价格上涨速度,实际利润上升,使得那些依靠利润收入的阶层的实际收入就会上升。因此,通货膨胀使收入从固定收入者向浮动收入者转移。

(2)债务人得利,债权人受损。利率是根据借贷合同签订时或债券发行时的实际状况确定的。在合同期间,如果发生了通货膨胀,在名义利率不变的情况下,实际利率下降。因此,债权人的实际利息收入减少,债务人的实际利息负担下降。

(3)政府收入增加,居民可支配收入减少。政府往往是通货膨胀的最大受益者。首先,各国普遍实行累进所得税的税收制度,随着收入的增加,税率增高。当发生通货膨胀的时候,人们的名义收入提高,进入更高一级的纳税等级,税负增加则可支配收入减少,而政府的实际收入则增加。其次,对于以流转税为主体的发展中国家来说,由于流转税一般以商品的价格或服务的营业额为计税依据,所以在通货膨胀来临之时流转税的税收收入将随着价格水平的上涨而"水涨船高"。相对于通货膨胀状态下实际收入下降的居民而言,政府的实际收入上升了。由于通货膨胀可以使政府的收入增加,使政府有动力有可能通过增加财政赤字来增加需求,从而增加收入。通货膨胀实际上带来了政府的赋税收入,西方经济学将这种因为通货膨胀而增加的税收称之为"通货膨胀税"。最后,政府为了弥补财政赤字,往往发行大量债券。在通货膨胀之时政府的债务负担变轻了,而居民购买国债的收益减少了。因此,通货膨胀使得收入由居民向政府转移。

▶ 三、通货膨胀的资产结构调整效应

资产结构调整效应也称之为财富分配效应。一个家庭的财富或资产由两部分构成:实物资产和金融资产。许多家庭往往还有负债,如汽车贷款、房地产抵押贷款和消费贷款等。因此,一个家庭的财产净值是它的资产价值与债务价值之差。

在通货膨胀环境下,实物资产的价值会随着物价上涨而上升,有的价格上升幅度大于通货膨胀率,有的价格上升幅度小于通货膨胀率,总体来说,实物资产的货币值大致与通货膨胀率同步变化。金融资产的情况要复杂一些。在其中占有相当大份额的股票,它的行市是可变的,在通货膨胀时会呈上升趋势。但影响股市的因素极多,所以股票绝非通货膨胀中稳妥的资产保值形式,尽管有些股票在通货膨胀之中使其持有者获得大大超出保值的收益。至于货币债权债务的各种金融资产,其共同特征是具有确定的货币金额,这样的名义货币金额并不会随着通货膨胀率的变化而变化。显然,物价上涨,货币的实际金额减少;物价下降,货币的实际金额上升。防止通货膨胀损失的办法,通常是提高利息率或采用浮动利率。但在严重的通货膨胀条件下,这样的措施往往难以弥补损失。所以,一般情况下,通货膨胀有利于债务人而不利于债权人。

▶ 四、通货膨胀与经济社会危机

当价格水平的持续上涨超过一定的限度而形成恶性通货膨胀时,就有可能引发社会经济危机。

恶性通货膨胀使得正常的生产经营难以进行。在物价飞涨时,产品销售收入往往不足以维持简单再生产的循环。在物价飞速上涨的过程中,地区之间上涨幅度不均衡是必然现象,这就会造成原有商路的破坏,流通秩序的紊乱。迅速上升的物价使得债务的实际价值下降,如果利息率的调整难以弥补由物价上涨所造成的货币债权损失,正常的信用关系就会极度萎缩。恶性通货膨胀只是投机盛行的温床。

恶性通货膨胀会引起突发性的商品抢购和银行挤兑。它所造成的收入再分配和人们生活水准的急剧下降则会导致阶级冲突,其后果往往是政治动荡、政府倒台。所以,各国政府在一般情况下总是把控制通货膨胀作为施政的一个主要目标。

第四节　通货膨胀的治理

通货膨胀破坏社会生产，扰乱流通秩序，引起分配不公，导致社会动荡和政局不稳，因而引起世界各国的高度重视。由于在理论上对引起通货膨胀的原因有着不同的观点，故而经济学家们对如何治理通货膨胀也存在意见分歧。但就实践中看，由于各国政府都在积极寻求治理通货膨胀的良策，自然就积累了许多实践经验。各国治理通货膨胀的措施主要集中在以下几个方面。

一、紧缩需求的政策

一般认为，通货膨胀是由于社会总需求过度增长、超过社会总供给而产生的。因此，压缩需求的政策就成了治理通货膨胀的最常用措施。治理通货膨胀的需求政策主要有紧缩性的财政政策和紧缩性的货币政策。

（一）紧缩性的财政政策

紧缩性的财政政策的基本内容是增加税收和减少政府支出。紧缩性的财政政策是直接从限制社会支出、减少需求方面来抑制通货膨胀的。

1. 减少支出

减少政府支出，一是减少政府购买性支出，包括政府投资和行政支出。减少政府购买的作用是直接减少了社会需求，缓解供求紧张的状况。二是削减转移性支出，即减少各种社会救济和补贴，包括削减各种福利开支、财政补贴等。转移性支出的减少，使得人们的可支配收入减少，消费需求减少。

2. 增加税收

增加税收的通常做法是提高税率和设立新税种或者扩大原税种的征税范围。增加税收可以减少个人和企业的可支配收入，抑制个人消费需求和企业投资需求，从而压缩社会总需求。同时，增加税收可以减少政府的财政赤字或财政向中央银行的借款量，从而减轻因为财政赤字造成的通货膨胀压力。

3. 发行国债

发行国债可以将资金从个人与企业手中转移到政府手中，减少个人与企业的消费与投资。而政府取得了国债收入后的适当使用，可以兼有上面的增加税收和减少政府支出之功效,抑制社会总需求。

(二)紧缩性的货币政策

紧缩性的货币政策是一种间接控制社会总需求的经济政策。这是通过使用各种货币政策工具,减少流通中的货币量,从而减少社会经济主体的货币拥有量,从而压缩了总需求,抑制通货膨胀。紧缩货币在我国习惯称之为抽紧银根。很多经济学家认为,通货膨胀是由于货币供给量过多所引起的,是一种货币现象,所以紧缩性的货币政策是治理通货膨胀的有效措施。各国货币当局的货币政策工具或手段主要有以下几个方面。

1. 法定存款准备金率

中央银行通过提高法定存款准备金率,可以缩小货币乘数,降低商业银行的信用货币创造能力,使得信用规模和货币供给量减少,降低投资需求和消费需求,进而抑制总需求。

2. 再贴现率

提高中央银行的再贴现率,可以提高商业银行和其他金融机构向中央银行融资的成本,从而在一定程度上减少借款量和流通中的货币量。同时,随着中央银行再贴现率的提高,商业银行也会提高贷款利率和贴现率,从而市场利率提高,抑制企业的资金需求和投资支出。另外,中央银行提高再贴现率具有很强的信号作用,可以改变人们的通货膨胀预期,缓解通货膨胀的压力。

3. 公开市场业务

公开市场业务是中央银行进行宏观调控最常用的一种货币政策工具,是指中央银行在金融市场上公开买卖国债、外汇及其他有价证券,以调节货币量和利率的交易行为。当发生通货膨胀时,中央银行可以在公开市场上出售一定数量的国债、外汇或者其他有价证券,以减少金融机构、企业和个人手中的货币量,缩减信用规模,抑制总需求。

4. 其他政策工具或手段

实践中,中央银行还可以采用道义劝告、窗口指导甚至行政手段实施宏观调控。这主要是利用中央银行的权威地位和强大实力,影响金融机构紧缩信用规模,以减少流通中的货币量。

中央银行通过以上政策工具或手段控制流通中的货币量,降低货币供给增长率,进而间接抑制社会总需求,促使货币供给量增长率与经济增长率相适应。

▌▌▶ 二、增加有效供给的政策

发展生产、增加有效供给,是稳定币值、消除通货膨胀的根本出路。供给学派的观点是,紧缩政策等反通货膨胀政策过分关注需求而忽视供给方面,他们认为通货膨胀和经济波动都是由于产品供给不足所导致。因此,只要刺激生产、增加有效供给,就能够遏制通

货膨胀。改善供给的措施一般有以下几种。

（一）减税

实施减税措施，一方面人们的可支配收入增加，劳动供给增长；另一方面企业的税负减轻，投资增加。因此，减税可以同时增加社会总供给和降低失业率。20 世纪 80 年代，美国里根政府为治理通货膨胀，就采取了在压缩需求的同时用 3 年的时间逐步降低所得税 16％的措施，取得了成功的经验。另外，政府还可以通过加速折旧的办法鼓励投资，以促进生产发展，增加有效供给。

（二）削减福利开支

削减福利开支意在降低人们的劳动惰性，激发人们的竞争性，从而促进生产发展，提高有效供给。但削减福利开支在实践中往往阻力很大，政府很难实施。

（三）实行松紧搭配、区别对待的信用政策

在压缩总需求的同时，政府还可以实行产业倾斜政策。对国民经济的"瓶颈"部门、事关国计民生的主要产业，应当实行宽松的信用政策。并且降低某些产业的准入门槛，取消对某些产业的种种管制，可以刺激投资，依靠市场的竞争机制降低物价；对那些产品积压、投入产出效益差的产业，则应当紧缩信用。只有这样，产业结构、产品结构才能得到优化，资源才能得到合理流动、合理配置，货币流通状况才能得到根本好转。对我国而言，还可以走出"一放就乱、一紧就死"的怪圈。

（四）通过对外贸易改善供给状况

通过对外贸易，不但可以增加供给总量，而且可以改善供给结构。当国内供求矛盾比较尖锐时，政府应该动用外汇进口商品，增加供给总量。当国内供求结构出现问题时，则可以通过进出口贸易来调节供给结构。

▶ 三、收入政策

收入政策主要是针对成本推动型通货膨胀所采取的措施。政府通过对工资和物价的干预，限定物价和投资的上涨幅度，从而达到抑制通货膨胀的目的。收入政策可以有强制性的和非强制性的两种。强制性的收入政策是指政府通过立法程序规定工资和物价的增长幅度，甚至冻结工资增长和物价上升。非强制性的收入政策是指政府采取道义劝告方式，要求劳资双方主动约束工资增长和物价上升。从各国的实践看，收入政策主要有：

（1）工资—物价管制。即政府通过立法程序，强制实施对全社会劳动者工资、物价增

长幅度进行限制的措施,包括在通货膨胀的非常时期实施工资、物价冻结政策。美国在20 世纪 60 年代中期以前和 70 年代初期分别实施过控制工资增长的"工资—物价指标"方案和冻结工资政策。

（2）工资—物价指导线。即政府根据长期劳动生产率的增长速度制定一个工资和物价的增长率标准,并要求社会各部门将工资和物价的增长控制在这个标准之内。工资—物价指导线可以使工资增长率与劳动生产率的增长率保持同步,维持整个社会每单位产出的成本稳定,从而有利于抑制价格总水平的上涨。但指导线是以自愿为原则,不能实施强制干预,因此其效果可能不够理想。

（3）以税收为基础的收入政策。即政府规定一个恰当的工资和物价增长率,然后运用税收方式来惩罚物价或工资增长超过恰当增长率的企业和个人。如果工资和物价增长保持在政府规定的幅度内,政府就以减少所得税来奖励企业和个人。这种政策在 1967～1968 年的英国、1977～1978 年的澳大利亚实施过,但还只是一种尝试。

▶ 四、指数化方案

指数化方案的含义是指收入指数化。收入指数化是按照物价变动情况自动调整收入的一种分配方案。指数化的范围包括工资、利息等一些货币性收入部分或全部与物价指数相联系,实施的办法是使各种收入按照物价指数滑动或根据物价指数对各种收入进行调整。所以,收入指数化政策是一种适应性的通货膨胀政策,它使人们的收入适应通货膨胀而不受到过多的损失。这种政策有如下好处：① 能够借此剥夺政府从通货膨胀中所获得的收益,杜绝其制造通货膨胀的动机;② 可以借此抵消或缓解物价波动对个人收入水平的影响,克服由于通货膨胀所造成的分配不公;③ 稳定通货膨胀情况下的微观主体行为,避免出现抢购商品、储物保值等使得通货膨胀加剧的行为。

瑞典经济学家还认为,收入指数化方案对面临世界性通货膨胀的小国更有积极意义。因为在开放经济条件下,小国很难阻止世界性通货膨胀的输入,常常会发生结构性通货膨胀。在世界性通货膨胀没有得到抑制之前,正确的选择只能是寻求与通货膨胀适应或共处的手段,收入指数化就是可用的办法之一。20 世纪 20 年代的比利时就实行过收入指数化政策,甚至 60 年代初的美国也曾实施过。

否定收入指数化方案的意见是：① 指数化政策只能使人们的收入适应通货膨胀,但并不能解决通货膨胀问题本身;② 收入指数化政策强化了物价—工资相互推进、交替上升的机制,形成工资—物价的螺旋上升,进一步加剧通货膨胀;③ 指数化方案有很高的技术性要求,包括选择哪一种物价指数、不可能对所有货币性收入实行指数化、物价上涨与物价指数的编制再到工资调整之间的时滞问题,等等。因此,任何政府都难以实施包罗万象的指数化政策。

五、货币改革

当一国的通货膨胀已经非常严重、货币体系已经无法正常运行、货币制度已经处于或接近于崩溃的边缘时,就只能是进行币制改革了。中央银行发行新币代替旧币,按照规定的比率强制兑换。同时制定和实施严厉的政治、经济措施,如冻结工资和物价、严厉打击投机行为等,以保证新币制的稳定,从而走出恶性通货膨胀的泥潭。

第五节 通货紧缩

通货膨胀与通货紧缩是影响现代经济发展的两大难题。因为中外历史上多次发生通货膨胀,人们对它的研究较为深入、系统,也有了相对比较完善的理论体系和一定的治理经验。对于通货紧缩,人们相对还比较陌生。1997 年以来,国外一些权威人士和机构不断发出"全球通货紧缩"的警告,并且指出,今后"威胁全球经济的不再是通货膨胀,而是通货紧缩"。我国学术界在 20 世纪末也有过对于中国经济是否发生了通货紧缩的讨论。因此,我们有必要了解通货紧缩。

一、通货紧缩的含义

与通货膨胀的定义存在分歧一样,经济学家们也没有就通货紧缩的定义达成一致。保罗·A·萨缪尔森和威廉·D·诺德豪斯在他们合著的《经济学》中认为,通货紧缩表示价格和成本正在普遍下降。美国经济学家斯帝格利茨在其编写的《经济学》中指出,通货紧缩表示价格水平的稳定下降。货币主义经济学家 D·莱德勒认为通货紧缩是一种价格下降和货币升值的过程,它与通货膨胀相对。

从现象上看,通货紧缩是一种宏观经济现象,其含义与通货膨胀正好相反。既然通货膨胀是指商品和服务价格水平的普遍持续上涨,货币不断贬值,通货紧缩则应当是商品和服务价格水平的普遍持续下跌,表明单位货币所代表的商品价值在增加,货币在不断升值,即通货在收缩。因此,通货紧缩与通货膨胀一样,也是一种货币现象。国外发生的通货紧缩,往往伴随着经济萧条、失业率上升。

按照引起通货紧缩原因的不同,也有学者把通货紧缩分为狭义与广义通货紧缩。狭义的通货紧缩是指由于货币供给量的减少或者由于货币供给量的增长滞后于生产的增长,致使对商品和服务的总需求小于总供给,从而出现物价总水平的下降。此种通货紧缩出现时,市场银根趋紧,货币流通速度减慢,最终引起经济增长率的下降。广义的通货紧缩产生的原因则还包括许多非货币因素,如生产能力过剩、有效需求不足,资产泡沫破裂以及新技术的普及和市场开放度的不断加快等,它们使商品和劳务价格下降的压力不断增大,从而可能形成物价的普遍持续下跌。

关于通货紧缩的定义,国内的观点大致可以归纳为以下三种:第一种观点认为,通货紧缩就是指物价的普遍持续下跌;第二种观点认为,通货紧缩是物价持续下跌,货币供给量持续下降,并与经济衰退相伴随;第三种观点认为,通货紧缩是经济衰退的货币表现,因而必须同时具备三个特征:① 物价持续下跌,货币供给量不断下降;② 有效需求不足,失业率上升;③ 经济全面衰退。

综合国内外学者对通货紧缩的理解,我们可以从现象、原因与结果这三个方面来全面把握通货紧缩。通货紧缩是一种商品和劳务价格普遍下跌的现象,其主要原因是货币供给量少于客观需求量,致使社会总需求小于总供给。通货紧缩的后果是有效需求不足,失业率上升,最终导致经济的全面衰退。

▶ 二、通货紧缩的标志

这里不准备像本章第一节那样讨论通货紧缩的度量,因为通货紧缩表现为物价水平的普遍、持续下降,与通货膨胀是相对的,所以衡量通货膨胀的指标也可以作为度量通货紧缩的指标。这里阐述的通货紧缩的标志是因为人们对于通货紧缩相对比较陌生,怎样去判断和把握通货紧缩的问题。

从通货紧缩的概念可以看出,通货紧缩的基本标志是一般价格水平的持续下降。但要全面考察通货紧缩,则还要看是否出现货币供给量的减少以及经济的衰退。典型意义上的通货紧缩往往具有以下三个标志:

(1) 一般价格水平持续下跌。一个典型的例子就是大萧条,1929~1933 年美国的经济危机期间,严重的通货紧缩与经济大萧条相伴随。大萧条期间,美国股市暴跌了85%,消费价格指数下降近 25%,农副产品批发价格指数下降 54%,企业投资下降85%,工业生产下降 47%,国民生产总值下降约 30%,货币供给量年均递减 10%。大批工厂、银行倒闭,失业人数激增,居民收入锐减。严重的通货紧缩使美国经济遭受沉重打击。

(2) 货币供给量持续下降。货币供给量小于客观需求量,既包括客观需求量一定时,货币供给量减少的情况;也包括货币供给量一定时,客观需求量增加的情况。

此外,在一定时期内,虽然物价水平的持续下降可能会与货币供给量的适度增长并存,但这种情况还需要进一步分析。首先要把货币供给量的增长率与经济增长率进行对

比,看两者的增长状况是否相适应。如果货币供给量的增长率长期滞后于经济增长率,货币供给量指标的持续下降就是通货紧缩的标志。其次要观察货币供给量的层次结构,分析货币供给的流通性是否在下降。如果货币供给的流通性持续下降,则是一种结构性的通货紧缩。最后要研究货币流通速度的变化,分析货币流量的变化情况。如果现金和存款货币的流通速度持续下降,从而引起货币流量逐年萎缩,则仍然是一种通货紧缩的标志。

(3)经济增长率持续下降。通货紧缩虽然不是经济衰退的唯一原因,但它对经济增长的危害是显而易见的。通货紧缩使得商品和劳务的价格持续下降,但由于这种价格的下降并非出自于生产效率的提高和成本的降低,则势必会减少经营者厂商的收入;厂商不得不压缩生产规模,又会导致失业上升;人们收入下降又必然会影响社会消费,消费的下降反过来再加剧通货紧缩;由于通货紧缩,人们对经济前景必然是悲观的态度,反过来又影响投资;消费和投资双双下降最终会使社会经济陷入困境难以自拔。

▌▶ 三、通货紧缩的成因

引起通货紧缩的原因较多,既有货币因素,又有非货币因素;既有生产方面的原因,又有管理方面的原因。根据世界各国发生过的通货紧缩的情况分析,大致可以归纳为以下几个方面的原因。

(一)货币因素

货币供给不足会引起通货紧缩。这里的货币供给不足是指货币供给增长跟不上劳动生产率的增长和经济增长。由于劳动生产率提高和经济增长,国民收入增多,货币需求增加;同时,也需要有更多的货币来满足产品的流通。如果货币供给量增长落后于经济增长,货币供给量相对产出显得不足,满足不了对货币的需求,就会导致过少的货币追求过多的商品,使得价格水平下降。货币供给不足,也会使人们的消费下降;同时,由于价格下降,利润减少,投资也会减少,则失业增加,经济衰退。

弗里德曼和舒瓦茨认为,美国1920~1921年出现的严重的通货紧缩完全是货币紧缩的结果。在1919年4月到1920年6月期间,联邦储备银行曾经多次提高贴现率,先后从4%提高到7%。大萧条期间出现的通货紧缩也是同样的原因。当然,货币紧缩往往是货币政策从紧的结果。货币当局为了追求价格稳定,中央银行往往把货币政策目标定位于零通胀,从而采取提高利率等手段减少货币供给量。这样的政策效果可能从一个极端走向另一个极端,即在治理了通货膨胀的同时引起了通货紧缩。因为紧缩性的货币政策往往容易导致物价的下降、有效需求的不足以及经济的衰退。因此,不少学者认为,把货币政策目标定位于零通胀是非常危险的。

（二）需求不足

有效需求不足是通货紧缩的根本原因。通货紧缩是供求不均衡的表现之一，由于需求不足，正常的供给相对过剩，当总需求持续小于总供给时，物价就会持续下降，由此形成了通货紧缩。有效需求不足有以下四方面的内容：

（1）消费需求不足。由于预期未来收入的不确定或者未来支出的增加，人们就会减少当期消费，提高储蓄率，从而造成有效消费需求不足。

（2）投资需求不足。当预期未来投资收益率下降或者缺乏新的投资机会时，就会引起企业投资下降。另外，利率提高加重了企业的投资成本，企业也会减少投资，并引起投资需求不足。投资需求不足同样会造成物价下跌，经济紧缩。

（3）政府支出减少。政府支出是总需求的一个组成部分，当政府支出减少时，有可能导致需求不足。

（4）国外需求不足。出口也是总需求的一个组成部分。如果国外经济增长减缓，消费、投资需求不足，则自然会减少进口，于是会造成本国出口下降，总需求下降。对于出口导向型的国家来说，国外需求不足引起通货紧缩的可能性更大一些。

（三）供给过剩与结构失衡

上面谈了需求因素可能导致通货紧缩，但供给方面的原因同样会造成通货紧缩。这主要有两种情况：

（1）总供给过剩。随着技术进步、劳动生产率的提高，有可能使得社会产品供给在总体上超过总需求，导致物价下跌。由于价格下降，利润减少，企业会缩减生产和投资，因而引起失业增多，国民收入下降，人们收入减少又会使消费需求下降，并导致又一轮价格下降，因此形成通货紧缩和经济衰退。

（2）经济结构失衡。即使供给与需求在总量上达到平衡，但供求内部的结构失衡也会导致通货紧缩。一些产业开始时需求很大，价格上涨，利润丰厚，因而吸引大量投资进入，此时投资增多并且收入增加。但当进入该产业的投资过多时，供给就会大大超过需求，导致价格下跌，利润减少，生产下降，形成局部通货紧缩。这时候资源的转移往往不能够及时进行，造成社会资源闲置，于是社会总体生产下降，收入减少，从而使得总需求不足，形成全面的通货紧缩。

（四）泡沫破裂

导致通货紧缩的另一个原因是资产泡沫破裂。1986～1989 年间，日本的经济泡沫泛滥成灾，股票和房地产价格扶摇直上。但当 1990 年 5 月经济泡沫破灭之后，便迅速引起股市狂泻，汇率大跌，企业和银行大量倒闭。从此日本经济陷入长期的通货紧缩困境。

（五）流动性陷阱

凯恩斯把货币供给量的增加不能带来利率的相应降低,只是引起人们手持现金增加的现象称之为"流动性陷阱"。在正常情况下,货币供给量的增加会引起债券价格的上升,人们会使用多余的现金购买资产,从而使货币需求减少、利率下降。但是一旦人们认为目前的证券价格过高,今后可能下跌,而利率则太低,今后可能升高时,就会放弃购买证券而保持现金。如果此时货币当局再增加货币供给量,就只会使人们手持现金增加(即被流动性陷阱吸收),而不能使利率改变,货币政策将不起作用。货币供给量增加既然对利率没有影响,也就无法改变投资和消费,增加总需求。

流动性陷阱的出现,使过量的现金转化为公众的手持现金或银行储备,并未使利率降低,不能刺激投资和消费的增加,从而使经济萧条更趋严重,并且增加了通货紧缩的治理难度。我国在世纪之交曾经有过关于中国经济是否掉入了"流动性陷阱"的讨论。

四、通货紧缩的效应

长期以来,人们对通货紧缩的效应认识不深,通货紧缩的危害也往往被人们忽视。事实上通货紧缩与通货膨胀一样会对经济发展造成严重危害。而且通货紧缩一旦发生,其治理难度更大,决策者很难制止通货紧缩或者使通货紧缩的趋势逆转。一些人正是在这个意义上认为,通货紧缩的危害要大于通货膨胀。

（一）通货紧缩的经济衰退效应

通货紧缩的主要标志是物价的普遍持续下降,物价的下跌会造成经济紧缩,引起经济衰退。通货紧缩既是经济衰退的结果,又是经济进一步衰退的原因。

1. 物价下跌,利润下降

物价的持续、普遍下降,使企业收入减少,但由于工资的刚性,工资不能随着物价的下跌而下降,导致厂商的利润下降。厂商的利润下降打击厂商的生产积极性,会使产出下降。另外,物价的下跌还提高了货币的购买力,使得人们愿意更多地储蓄、更少地消费,如果再考虑消费者"买涨不买跌"的心理因素,投资和消费的双双下降,则必然使经济增长乏力甚至是经济衰退。

2. 实际利率上升

通货紧缩时,如果名义利率随着物价的波动能够同步进行调整,则实际利率不变,而事实上这是很难做到的。这样,由于物价的持续下降而使实际利率上升。利率上升加重了企业的投资成本,迫使企业减少投资,从而导致经济增长下降。

3. 失业增加,居民收入减少

物价持续下降,实际利率上升,则必然使产出减少。而生产的下降必将造成失业增加,从而使人们收入减少。居民收入的减少会使消费需求下降,从而加重需求不足的局面,并使经济陷入衰退。

(二) 通货紧缩的收入再分配效应

与通货膨胀一样,通货紧缩也产生收入再分配效应,但其效应与通货膨胀正好相反。

1. 固定收入者受益,非固定收入者受损

在通货紧缩时,固定收入者的收入不随物价的下跌而下降,其收入的名义货币代表更多的价值。而非固定收入者的收入随着物价的下降而减少,而且减少的速度快于物价下降的速度,从而引起实际收入下降。

2. 财富由债权人向债务人转移

这种效应与通货膨胀正好相反。由于厂商一般是非固定收入者和债务人,而居民常常是固定收入者和债权人,所以以上两种收入再分配效应主要发生在企业与居民之间。通货紧缩有利于债权人而有损于债务人。通货紧缩使货币越来越昂贵,这实际上加重了债务人的债务负担,使借款人无力偿还贷款,从而导致银行形成大量不良资产,甚至使银行倒闭,金融体系崩溃。因此,许多经济学家指出:"货币升值是引起一个国家所有经济问题的共同原因。"

3. 财富在政府和公众之间的再分配

与通货膨胀的效果相反,原理相同:物价下降,公众的税收进入更低的等级,税负减轻;而政府的税收收入将减少,并且减少的幅度大于物价下降的幅度,税收实际收入降低。这样通货紧缩使财富从政府向公众转移。

(三) 通货紧缩的财富缩水效应

社会总财富包括企业财富、居民财富和政府财富。通货紧缩将会使社会各方的财富下降。

1. 企业财富下降

一是物价下降使企业的资产价格下降,以货币计量的资产代表的财富减少了。二是物价下降使企业产品价格下降,利润减少,从而使以盈利能力为标准的企业价值下降。三是物价下降导致实际利率上升,企业债务负担增加,净资产减少,从而企业财富缩水。

2. 居民财富减少

同企业一样,居民的资产价格也下降了。更重要的是,工资收入是居民的主要收入来源。在通货紧缩时,经济衰退、失业增加会导致居民整体收入减少。因此,通货紧缩也导致居民财富缩水。

3. 政府财富缩水

政府拥有大量的各种资产,通货紧缩同样会使政府拥有的使用货币计量的财富量缩

水。另外,在通货紧缩的情况下,政府税收减少的同时福利救助等支出还需要增加,这同样导致政府财富缩水。

总之,通货紧缩在使货币变得越来越昂贵的同时,使得商品和资产的价格下降,特别是房地产市场的下滑和股市的狂泻,都将产生巨大的负面财富效应。

五、通货紧缩的治理

从上述通货紧缩的效应可以看出,通货紧缩对经济的危害不逊于通货膨胀。近 20 年来,经济衰退、物价下降在世界各地频频出现,各国由此开始重视通货紧缩,并致力于寻求治理之策。

对付通货紧缩,除少数经济学家仍然相信经济的自动恢复能力之外,许多经济学家认为政府应该出面进行干预,采取相应的政策措施实行宏观调控。其中较为重要且较为完善的是凯恩斯主义的政策主张。凯恩斯以其完备的理论体系和与众不同的经济思想引起了西方国家决策者的重视,他提出的理论也成为政府当局制定反通货紧缩政策的依据。此外,货币主义者也提出了扩大货币供给量、降低利率等反通货紧缩、振兴经济的主张。

(一)凯恩斯主义的政策主张

1. 背景

历史上出现过的最严重的通货紧缩当数 20 世纪 30 年代世界性的大萧条。针对资本主义世界广泛存在的生产过剩、商品过剩、价格总水平持续下降、生产大幅度下滑、贸易空前萎缩、失业率急剧攀升的现实情况,凯恩斯在 1936 年适时推出了他的具有划时代意义的经典巨著《就业、利息和货币通论》。这部著作深入、系统地分析了西方世界通货紧缩、经济萧条产生的原因,认为通货紧缩下广泛存在的失业等现象根源于有效需求不足。这种有效需求的不足可以通过人为的办法加以刺激。人为刺激有效需求不仅可以缩短经济复苏的周期,减少资源的闲置与浪费,而且可以恢复经济、增加就业、缓解社会矛盾。因此他提出政府应该全面干预经济生活,通过政府制定一系列政策措施对国民经济进行宏观调控。凯恩斯的这一理论成为凯恩斯主义的核心内容,也成了指导各国解决通货紧缩问题的理论和思想基础。

2. 内容

凯恩斯的上述理论是从有效需求分析开始的。有效需求是指社会对消费品和生产资料有支付能力的需求。只有这种需求与社会总供给相互均衡,经济才能均衡发展。因为需求与供给相均衡意味着需求能够得到满足,供给能够实现价值,商品的总供给价格等于商品的总需求价格。这时,厂商既不缩减生产、减雇工人,也不扩大生产、增雇工人。只有在有效需求不足、总需求价格小于总供给价格时,厂商才会缩减生产、辞退工人。因此,解决物价下跌、失业增加、经济萧条的关键就在于增加有效需求。

然而由于三大心理因素的作用,有效需求不足的情况经常出现。这三大心理因素是:① 边际消费倾向递减。即随着收入的增加,人们的消费总量也在增加,但消费的增长不及收入的增长那么多。或者说,新增加的收入中用于消费的数量在减少,用来储蓄的部分在增加。这意味着人们对消费品的需求相对不足。② 资本边际效率下降。资本边际效率是指每增加一个单位的投资所预期可能得到的利润收入。厂商一般认为,随着投资的增加,投资品的价格会上涨,而全社会的生产规模扩大后,产品的价格则会因为产品数量的增长而下降。投资品价格的上涨和产品价格的下跌,结果就是厂商利润的减少,即资本边际效率递减。资本边际效率递减规律反映出投资者对未来的发展缺乏信心,这种心理如果普遍存在,则会导致全社会投资不足。③ 流动性偏好规律。即人们愿意以货币形式保持自己的收入或财富的心理动机。人们偏好货币,或者是为了日常生活的方便,或者是为了应付意外开支,或者是为了满足投资的需要。而要放弃这种偏好,就必须得到相应的补偿。利息就是人们在特定时期放弃对流动性偏好的报酬。利息率则由货币供给和货币需求两个因素共同决定。在货币供给既定的情况下,需求越多则利息率越高;而当流动性偏好推动货币需求增加时,利息率又会进一步上升,最终结果就是厂商的投资意愿下降,投资相对不足。

在三大心理因素中,凯恩斯尤其重视资本边际效率递减这一因素,认为它造成投资的不足,也就是对生产资料的需求不足,而这正是失业增加、经济萧条的根本原因。如果增加投资,则不仅能够增加即期对投资品的需求,而且由于投资乘数的作用,会使国民收入总量成倍增加。凯恩斯认为,在最初的投资量和最后所增加的总就业量、总收入量之间,存在着一种乘数关系。一笔投资使用后,无论是用于购买消费品还是购买投资品,都会使商品所有者获得销售收入,有了销售收入后,他们再去购买其他商品,必然会使其他商品的生产扩大,就业与收入也会随之而增加。这样一步步扩散下去,最后增加的总就业量、总收入量就会是最初投资量的若干倍。这个倍数就是所谓的投资乘数。边际消费倾向越大,投资乘数就越大,这意味着新增投资量所能够带来的就业量和收入量就越多。

3. 政策主张及效果

凯恩斯认为,增加有效需求不能仅仅依靠市场的自发作用来进行,因为市场这只看不见的手已经失灵。必须实行国家干预经济的方针,由政府出面采取措施实行宏观调控。凯恩斯为此提出了相应的扩张性财政政策和货币政策主张,力求通过国家干预来解决问题。这些政策主要有:① 膨胀性的货币政策,即增加货币供给量,降低利率,刺激投资与消费;② 赤字财政政策,即政府使用发行国债的方法发展经济,扩大有效需求。不过,凯恩斯认为应该以财政政策为主,以货币政策为辅。其理由是货币政策的局限性,即存在流动性陷阱。

凯恩斯主义的经济政策是刺激经济增长的扩张性财政政策和扩张性货币政策,对付因为通货紧缩带来的经济萧条和失业增加十分有效。以美国为例,20世纪30年代中期失业率最高曾达到24.9%,1942年实行凯恩斯主义的膨胀性经济政策后,当年政府开支比上年增长了1倍,而失业率则从上年的9.9%下降到了4.7%。此后30年间美国经济一直保持平衡增长的势头,失业率也基本在4%左右徘徊。于是,许多凯恩斯主义者把这段岁月称之为"凯恩斯时代",凯恩斯理论的重要性也被赞誉为"凯恩斯革命",凯恩斯本人也被尊为"战后繁荣之父"。

(二) 货币主义的政策主张

初看起来,货币主义对付通货紧缩似乎无能为力。但有学者认为,治理通货紧缩,货币主义的政策主张也是非常重要的。

货币主义产生于20世纪50年代中期,是在批判凯恩斯主义的过程中发展起来的。因此,凯恩斯主义的衰落过程就是货币主义的兴盛时期。货币主义在猛烈抨击凯恩斯主义经济理论与政策主张的同时,提出了坚持经济自由主义、反对国家干预以及货币最重要、货币政策最重要的经济思想,提出以稳定货币、反通货膨胀为中心的政策主张。

由于货币主义的政策主张是以稳定通货、反对通货膨胀为前提条件的,是以经济自由化和反对政府干预为思想基础的,因此,似乎看不出货币主义在反通货紧缩中有何作为。但仔细分析货币主义的政策主张,至少有两点值得重视:一是认为货币数量是经济中唯一起支配作用的经济变量,货币政策是一切经济政策中唯一重要的法宝;二是扩张性的财政政策如果没有相应的货币政策相配合,就只能产生"排挤效应",而不可能产生"乘数效应"。从这个意义上讲,货币主义实际上是主张通过扩大购买政府债券、降低法定存款准备金率等手段扩大货币供给量,从而压低市场利率,配合扩张性财政政策以达到刺激消费与投资,振兴经济的目的。因而绝不能认为货币政策对付通货紧缩无能为力。

(三) 各国的实践

第二次世界大战以后,由于采用凯恩斯主义的政策主张,西方各国进入了一个快速的经济发展时期,失业率大大下降,经济繁荣维持的时间也比较长。

但从20世纪60年代末、70年代初开始,西方各国又普遍出现物价上涨与经济停滞并存的局面,也就是出现所谓滞胀。许多人认为,这是各国毫无节制、长期实行凯恩斯主义的赤字财政政策和扩张性货币政策所致。后来各国针对通货紧缩采取了一系列的经济政策和措施,取得了较好的成效,并积累了较为丰富的经验。这些措施主要有以下几个方面。

1. 扩大内需

国内有效需求包括投资需求和消费需求。增加投资需求主要依靠两种方法:一是政府增加公共投资,主要用于基础设施建设,以刺激投资品市场的需求,增加就业;二是刺激私人部门和民间投资,主要通过降低税率、利率,增加货币供给量等措施,提高投资回报,增加投资额。

　　增加消费需求主要是增加政府采购、提高公共消费水平以及刺激居民个人消费。特别是居民个人消费需求的增长才是扩大消费需求的长久之道,而刺激居民消费增长恰恰是比较困难的。在通货紧缩的情况下,由于失业增加,人们收入预期下降而支出的不确定性增强,消费者普遍会缩减支出、增加储蓄。因此,要刺激居民个人的消费,就要一方面增加人们的收入,另一方面建立完善的社会保障制度消除人们的后顾之忧。良好的社会保障体系至少在两个方面起到缓解通货紧缩的作用:一方面是社会保障制度的自动稳定器作用。自动稳定器就是经济的一种自稳定机制,能在经济高涨时自动抑制通货膨胀,在经济衰退时自动减轻通货紧缩。在经济衰退、收入下降时期,符合失业救济、福利救助的人数自然增多,社会保障制度的存在使得低收入阶层的收入不至于因经济衰退而减少太多,从而自动使消费需求的减少程度降低,这在一定程度上可以自动缓解通货紧缩的局面。另一方面是社会保障制度既能减轻人们对将来收入下降的担心,又能免除医疗、养老等支出的后顾之忧,缓解居民减少当期消费或者不敢消费的压力。

　　2. 增加外需

　　在通货紧缩的情况下,许多国家都采取本币贬值的策略,在国际贸易中争取有利的条件增加出口,同时限制进口,以消化国内相对过剩的产品,保持较高的就业水平。

　　3. 改善结构

　　通货紧缩虽然表现为总需求不足,即总需求小于总供给,造成物价水平的下跌,但从供给的角度看,却可能同时存在供给结构不合理的情况。即产业结构与产品结构与需求结构不对称,造成供给的相对过剩,同时一部分需求又得不到满足。从各国的实践看,导致市场供过于求、物价水平下降的往往是那些低水平简单重复、缺乏市场卖点、缺乏技术含量和功能的老式产品。这就必须进行生产结构的调整,推动产业结构和产业组织结构的优化和升级。就产业结构调整而言,主要是推动产业结构的升级换代,培育新的经济增长点,形成新的消费热点;对产业组织结构的调整来说,在生产能力过剩的情况下,要促使一些行业退出市场,一些行业需要在内部进行兼并和重组。目的是避免恶性的市场竞争和价格大战,从而促进资源合理配置,推动经济发展。

 本章小结

　　通货膨胀与通货紧缩是货币失衡的两种市场状态。本章首先对通货膨胀现象进行了理论概括,给出了一个能够得到普遍认可的描述性的定义:通货膨胀是指一定时期内,由于货币供应过多而引起的货币贬值、物价总水平持续上涨的现象。接着介绍了学者们的不同意见,然后深入分析了通货膨胀的成因,归纳了通货膨胀的类型,本书特别介绍了集中计划经济体制下隐蔽性通货膨胀的条件和非价格方式的表现,然后总结了通货膨胀的各种经济社会效应,并从理论上和实践中介绍了各国治理通货膨胀的对策。

本章第五节介绍了通货紧缩。其含义与通货膨胀正好相反。通货紧缩是指商品和服务价格水平的普遍持续下跌,表明单位货币所代表的商品价值在增加,货币在不断升值,即通货在收缩。回顾近代世界经济发展史,不难发现很多通货紧缩与通货膨胀交替出现的经济周期。但相当于通货膨胀而言,人们明显忽视了通货紧缩这种也许是更具有危害性的经济现象。相对于通货膨胀而言,走出通货紧缩的困境或许比治理通货膨胀的难度更大,所需时日更长,当然在理论上人们对通货紧缩的研究还不及通货膨胀的理论丰富。

本章对通货紧缩问题进行了适度的分析和介绍,主要涉及通货紧缩的含义、通货紧缩的三大标志、从五个方面探讨了通货紧缩的成因、比较全面地介绍了通货紧缩的效应以及治理通货紧缩的理论和实践经验。

 **复习思考题**

1. 怎样理解通货膨胀的含义?
2. 凯恩斯主义、货币主义和预期学派各是怎样解释通货膨胀的?
3. 简述过度需求导致通货膨胀的过程。
4. 简述成本推进导致通货膨胀的过程。
5. 简述供求混合导致通货膨胀的过程。
6. 什么是通货紧缩?
7. 简述通货紧缩的效应。
8. 请概括通货紧缩的治理。

 **案例分析**

案例:2005 年中国存在通货紧缩吗?

一、今年中国只出现通货紧缩迹象,不存在通货紧缩

最近,不少机构、不少人都判断中国经济的通货紧缩即将到来。因为在他们看来,从 2005 年 2 月份以来,国内居民消费价格指数(CPI)一路走低,特别是到了 9 月份,CPI 更是回落到 0.9%,低于 1%,为 2003 年 9 月份以来最低水平。而近来工业品出厂价格、原

材料购进价格等重要价格指数的涨幅逐渐趋缓,国内企业利润增长快速下降,及国内有 11 个行业产能过剩,因此,2006 年通货紧缩基本成为定局。但是在我看来,2006 年中国并不存在通货紧缩,只是出现通货紧缩迹象。

首先,从经济增长的周期性变化来说,不仅连续几年中国的 GDP 保持增长 9％以上,如果以普查后修正过的数据,其增长为双位数,而且 2005 年 GDP 增长将达 9.8％,预计 2006 年增长速度仍然不会低于 9％。还有,从国内固定资产投资来看,1～11 月份也增长了 27.8％,比第一季度 25.3％增长快。煤炭开采、天然气、电力及运输等瓶颈行业的投资增长比钢铁、建筑材料及房地产等以前的过热行业投资增长强劲。个人收入上升带动了个人消费及国内商品零售业的增长。同时,进出口快速增长的势头并没有减弱。也就是说,整个经济没有出现周期性变化,更没有出现经济周期性的衰退。

从货币供应量的情况来看,尽管 M_2 增长率 2005 年 11 月份为 18.3％,其年增长率远远超过了年初制定的 15％的增长目标。对于 M_1 来说,11 月份已经达到 12.7％。还有,从银行的贷款信贷来看,9 月末同比增长了 13.8％,在政府既定目标之内。也就是说,尽管 M_1 与银行信贷的增长不及 M_2 增长,在一定程度上表示了货币整体的流动性在下降,但并没有出现货币严重紧缩状况。

现在最为重要的是未来物价水平如何。如果从目前国家统计局数据看,CPI 涨幅回落后趋稳。如 2005 年 1～11 月份 CPI 累计同比上涨 1.8％,比 2004 年同期回落了 2.2 个百分点。再看 PPI(工业品出厂价格),PPI 同比涨幅基本上继续回落态势,但 PPI 的分类价格走势差别大。如 1～11 月份累计同比上涨 5.1％,其中生产资料价格累计上涨 7.0％。从月环比价格看,PPI 总水平在下降。还有,原材料、燃料等生产要素的价格仍然同比上涨 5.4％,有些要素上涨幅度仍然较高。

从国内资产的价格来看,尽管 2005 年房价的增长速度有所放缓,但仍然在高位运行。如 2005 年房屋销售价格指数一季度同比上涨 9.8％,二季度上涨了 8.0％,三季度上涨了 6.1％,特别是在 10、11 月份同比分别上涨 6.6％、6.8％,涨幅比 9 月份分别提高了 1.1 和 1.3 个百分点。也就是说,近期内房价涨幅有所回升。

也就是说,从 CPI 的一般情况来看,当前国内经济只是出现通货紧缩的迹象,但是并没有出现通货紧缩。

二、产能过剩将是增长方式转变动力

因为中国物价体系的复杂性,如果仅用一种发达市场体系下的衡量标准来看中国经济通货膨胀或通货紧缩都是没有根据的,更无法用现行的 CPI 来断定中国经济。还有,我们退一万步说,我们假定中国的物价水平真的出现了全面下跌,或中国经济出现了通货紧缩,也不能据此来说明中国经济将出现下行。

因为,通货紧缩有两种形式,一种是好的通货紧缩。它是指新的投资领域不断开发和生产率不断提高从而造成产品供给大规模增加,导致物价普遍下跌。比如近几年,国内家电、手机、汽车及互联网等领域,产品的扩张完全是技术水平及生产率提高的结果。

另一种是坏的通货紧缩。它是指由于旧技术以及旧产品仍然在经济生活中占主导地位,投资领域不断缩小,生产效率也难以提高,由此导致产品大量过剩。

可以说,无论是上面哪一种通货紧缩的情况出现,它们都是市场中的一种常态。市场能够通过其合适的方式来调整过剩的产能关系。特别是在中国,由于计划向市场转轨的经济中,不少产业结构严重失衡,更是需要这种产能过剩来深化企业的市场竞争,促进企业的整合与技术进步,淘汰缺少竞争的生产能力,提高产能供给的质量。有人说,产能过剩是中国经济增长方式转变的根本途径。我基本上同意这个观点。

也就是说,技术进步、生产率提高、人民生活水平提高是衡量好坏通货紧缩的标准,即使是坏的通货紧缩也不是什么了不起的事情(只要整个经济没有出现全面衰退),它同样可能成为国内产业结构调整、经济增长方式转变的动力。

(案例来源:易宪容.今年中国存在通货紧缩.《中国证券报》,2006-01-24)

问题:

请查找经济萧条的案例,分析是否伴着通货紧缩?

第10章

货 币 政 策

 学习目的

■ 了解货币政策目标的演变,理解各目标之间的关系。
■ 理解货币政策各中介指标的选择及其优缺点。
■ 掌握货币政策工具体系的组成,理解货币政策的传导机制。
■ 理解货币政策效应的含义及其衡量,并能结合实际进行分析。

货币政策是一国宏观经济政策的重要组成部分,是指中央银行为实现特定的经济目标,通过对货币和信用的控制和调节来改变总需求,进而影响宏观经济运行的经济管理政策。它的制定和实施将直接影响整个国民经济的运行和发展。货币政策是经济和社会发展到一定阶段的产物,其重要性随着纸币的发行而日益突出。货币政策一般涉及货币政策最终目标、货币政策工具、货币政策中介指标、货币政策传导机制和货币政策效应等内容。

第一节 货币政策目标

货币政策目标有广义和狭义之分。广义的货币政策目标包括货币政策的最终目标和

中介指标;狭义的货币政策目标仅指最终目标。本节从广义的角度对货币政策目标进行分析。

一、货币政策的最终目标

(一) 货币政策最终目标的含义及演变

货币政策的制定与实施,首先必须确定货币政策最终要实现的目标。货币政策的最终目标是指中央银行通过实施货币政策,调节货币和信用所要达到的最终目的。由于一国中央银行制定和实施的货币政策是国家宏观经济政策的重要组成部分,所以其最终目标一般应与国家的宏观经济目标相适应。货币政策最终目标的具体内容因国家而有所不同,但主要有四个方面:稳定物价、充分就业、经济增长和国际收支平衡。上述目标的确立随着社会经济的发展经历了漫长的演变过程。

从中央银行成立到 20 世纪 30 年代之前,亚当·斯密"看不见的手"的思想和"萨伊定律"为多数西方学者和行政当局所信奉,认为市场有自发调节经济的功能,这一功能的正常发挥必须具备一个前提条件,即币值稳定;由于当时西方各国普遍实行金本位制这一相对稳定的货币制度,货币本身对经济具有自动调节功能,因此各国中央银行货币政策的目标就是稳定币值的单一目标。

20 世纪 30 年代爆发的经济危机对传统经济理论和金本位制都产生了巨大的冲击,各国的金本位制先后崩溃。经济危机使得资本主义国家失业人数剧增,经济发展和社会稳定受到严重影响,因此解决失业问题就成为政府的当务之急;加上凯恩斯主义国家干预经济的主张日益盛行,为国家加强经济干预提供了理论依据,所以这一时期货币政策目标就被多数资本主义国家确立为充分就业。

20 世纪 40 年代到 50 年代,由于战争的影响,凯恩斯主义的廉价货币政策和赤字财政政策导致战后严重的通货膨胀。许多国家都采取了一定程度的紧缩政策以稳定物价,消除通货膨胀,但同时也造成失业率的上升。因此,当时各国政府就将货币政策最终目标由原来的单一目标转化为稳定币值和充分就业的双重目标。

20 世纪 50 年代到 60 年代,整个世界经济得到飞速发展。但各国经济的发展非常不平衡,因此许多国家为保持自身的经济实力和政治地位,纷纷把经济增长当作货币政策的主要目标。此时,各国中央银行的货币政策最终目标已演变为稳定币值、实现充分就业和促进经济增长三大目标。

20 世纪 60 年代到 70 年代,特别是进入 70 年代以后,由于以前长期推行凯恩斯主义的宏观调控政策,使得一些国家出现了程度不同的通货膨胀和国际收支的失衡。特别是美国,经济实力明显削弱,国际收支出现逆差,使得以美元为中心的战后国际货币体系的稳定性受到影响,加上 1971 年和 1973 年的两次美元危机,使得各国将注意力放在了国际收支平衡上。因此,各国中央银行的货币政策最终目标就演变成了四个,即稳定币值、实现充分就业、促进经济增长及国际收支平衡。随着 1972 年美元与黄金脱钩,黄金失去了作为货币价值实体的功能,许多国家的中央银行就把稳定币值的目标改为稳定物价。

需要说明的是,20 世纪 90 年代以后,一些国家先后采用了"通货膨胀目标制"的货币政策,核心是将未来一定时间内确定的通货膨胀率或目标区作为货币政策最终目标,并根据对未来中长期通货膨胀的预测实施适当的货币政策,来实现长期的价格稳定。通货膨胀目标制是一种长期货币政策目标,以其为目标的国家的中央银行也会在特殊情况下以充分就业和经济增长等短期货币政策目标为重心,允许短期内偏离长期通货膨胀的目标。这时中央银行必须向公众作出解释。目前,已有英国、加拿大、新西兰、瑞典、澳大利亚等二十多个国家实施了通货膨胀目标制。

(二)货币政策最终目标的具体内容

1. 稳定物价

这一目标是绝大多数国家货币政策目标中的首要目标,也是最早出现的货币政策目标。其含义是指通过实施适当的货币政策,将一般物价水平的变化控制在一个比较小的范围内,在短时间内不发生大的波动。至于一般物价水平的变动幅度究竟控制在多大为宜,不同的国家以及不同的经济学者有不同的看法,一般要根据一个国家的具体情况和公众对物价的承受能力而定。一般认为,通货膨胀率在 5%左右即可视作物价稳定。

从稳定物价本身的要求看,是既要防止物价上涨,又要防止物价下跌。但从历史上各国货币政策的实践来看,稳定物价主要是解决物价上涨的问题,因此在许多国家货币当局的最终目标中只提反对通货膨胀。可是前几年全球性通货紧缩的出现,特别是我国从 1997 年以来出现的严重的通货紧缩,已引起各国货币当局的高度重视,许多国家已经把反对通货紧缩列为与反对通货膨胀同等重要的货币政策目标。所以这里强调的稳定物价是一种相对稳定,即抑制过高的通货膨胀和避免通货紧缩两个主要内容。由于稳定物价与稳定币值是对同一现象的两种表述,因此这一目标又可称为币值稳定目标。

2. 充分就业

西方国家之所以将充分就业作为货币政策最终目标之一,是因为一国劳动力是否达到充分就业,是衡量该国各种资源是否达到充分使用、经济发展是否正常的重要标志。实现了充分就业,就可以认为该国的各种资源已经达到了充分利用,经济发展是正常的。西方经济理论中所说的充分就业不是指所有的社会劳动力都有工作的状态,而是指任何愿意劳动且有劳动能力的人都可以找到一个有报酬的工作。

对充分就业的衡量一般通过失业率来体现。失业率为零在实际中不可能实现,因为即使在正常情况下,一部分劳动力也会因为不愿意工作而自愿失业,也有一部分劳动力是因为市场需求和经济结构的变化而暂时失业,这种失业是正常的。由于不同的国家、不同的社会对失业率的承受能力受多种因素的影响而不同,所以很难制定一个统一的标准作为合理的失业率水平。其实,不管合理的失业率水平具体是多少,充分就业目标的实质就是力争使失业率降低至一个社会所能容忍的水平。国际上通常将不超出 4%~5% 的失业率视作充分就业。

3. 经济增长

作为货币政策最终目标的经济增长是指发展速度加快、结构优化和效率提高三者的统一。经济增长是所有经济政策的目标,因而也是货币政策的目标。作为宏观经济目标的经济增长应是长期稳定的增长,过度追求短期的高速甚至超高速增长,可能会导致经济比例的严重失调和经济的剧烈波动。

经济增长一般以国民生产总值或人均国民生产总值扣除价格变动因素后的年增长率来衡量。由于有些时候出于宣传的目的,统计数字的背后可能有一定的虚假成分,或者即便统计数字是准确的,但在产值增长的背后可能存在着环境污染、资源浪费等现象,所以这一指标并不总是能准确地衡量实际经济的变化。但由于经济增长这一目标主要关注的是一个时期的经济增长是否比另一个时期好一些,整体经济是否处于稳定的增长状态中,所以在没有更科学的指标之前,各国中央银行仍将国民生产总值或人均国民生产总值的增长作为衡量依据。

4. 国际收支平衡

这一货币政策目标确立于 20 世纪 70 年代。国际收支平衡是指一国或地区在一定时期内与其他国家或地区之间全部经济交往的收支平衡、略有顺差或逆差。保持国际收支平衡是保持国民经济持续稳定增长和国家安全稳定的重要条件。一国的国际收支如果在某一年出现失衡,不一定就是坏事。但不管是出现顺差还是逆差,如果数额过大、时间过长就会对经济的正常运行和发展产生不利影响。因此改善国际收支状况、实现国际收支平衡,现在已成为许多国家的货币政策最终目标之一,特别是对对外开放程度高、对国际市场依赖性强的国家而言,这一目标的重要性更为突出。

国际收支平衡作为一个货币政策目标,其内容并没有完全一致的标准。从全世界的范围看,每个国家都实现国际收支顺差是不可能的事。这样,如果能做到在短期内允许国际收支略有顺差或略有逆差,而在较长的时期内,不同年份的国际收支失衡可相互弥补,就可以视作已经实现了国际收支平衡。

(三)货币政策各最终目标之间的关系

货币政策各最终目标之间是既统一又矛盾的关系。从长期来看,这些目标之间是统一的、相辅相成的;但从短期来看,这些目标之间存在着矛盾和冲突。所以就要求不同的国家要根据本国社会经济发展的具体状况和需要,在这些目标之间进行选择。

1. 各目标之间的统一

从根本上说或是从长期来看,中央银行货币政策的上述四个最终目标也是国家所有宏观经济政策所追求的目标,因此货币政策各最终目标之间是相互依存、相互促进的。体现在:

(1) 只有持续、稳定、协调的经济增长,才可能有商品市场和货币市场的均衡,有助于实现物价的稳定和金融市场的稳定。

(2) 物价稳定是经济增长的前提条件。因为只有稳定的物价水平,才能给经济提供准确的价格信号,从而有合理的经济结构,有助于实现经济的持续、稳定、健康发展。

(3) 充分就业意味着资源的充分利用,从而可以促进经济增长;而大规模失业的存在则会严重阻碍经济的增长,所以这两个目标之间的关系非常密切。

(4) 国际收支平衡有利于国内物价稳定,有利于充分利用国外资源,从而扩大国内生产能力,改善国内经济结构,促进经济更好地增长;也有利于维持利率和汇率的稳定,促进金融市场和外汇市场的稳定发展。

2. 各目标之间的冲突

从一个时期的实施效果看,货币政策各最终目标之间大都存在着矛盾冲突,很难同时兼顾。

(1) 物价稳定与充分就业之间。这两者之间的矛盾通常被认为是货币政策各种目标间相互矛盾的集中体现。因为根据菲利普斯曲线,物价上涨率与失业率之间存在此消彼长的关系,即为了稳定物价,必要的措施是紧缩银根和信用,以降低通货膨胀率,但结果会使经济衰退和失业率上升;相反,如果为了增加就业,就要采取信用扩张的措施,使银根和信用放松,以增加就业人数,但结果会导致物价上涨、通货膨胀加剧。所以,要降低失业率,就要以承受较高的通货膨胀率为代价;要降低通货膨胀率,就要以承受较高的失业率为代价,两者不能同时兼顾。

(2) 物价稳定与经济增长之间。物价稳定和经济增长是货币政策最终目标的核心内容。关于这两者之间是否存在矛盾,西方学者有不同的看法。一般而言,这两个目标是可以相辅相成的,即物价稳定,可以为经济发展提供良好的金融环境和稳定的货币尺度,从而能促进经济稳定增长;经济的增长又使物价的稳定有了坚实的物质基础。因此可以通过稳定物价来发展经济,也可以通过发展经济来稳定物价。但从世界各国的经济发展史来看,特别是在短期内,两者往往存在冲突。比如,在经济发展较快时,总是伴随着物价较大幅度的上升,而为抑制通货膨胀采取紧缩的货币政策,又会阻碍经济的发展并使就业机会减少。因此,很多时候国家政策和中央银行只能在这两者之间进行协调,即在可承受的物价上涨率内发展经济,在不妨碍经济最低增长需要的前提下稳定物价。

(3) 物价稳定与国际收支平衡之间。在世界经济一体化的趋势下,开放型经济国家国内的经济状况与其他国家的经济状况有着非常密切的联系。如果国内物价上涨,表明

国内货币贬值,必然会引起进口增加、出口减少,导致国际收支出现逆差。即使在本国国内物价稳定的情况下,也会发生国际收支的失衡。如本国物价稳定,同时外国出现通货膨胀,将导致本国出口增加,进口减少,国际收支发生顺差,而顺差过大也是国际收支失衡的表现。可见一国物价的稳定并不能保证本国国际收支的平衡。只有在世界各国都能保持大致相同的物价水平,同时贸易形态不发生变化的情况下,这两个目标可以同时实现,而这在实际上是不可能的。

(4) 充分就业与经济增长之间。一般而言,就业人数增加,经济增长速度越快;经济增长速度加快,为劳动者提供的就业机会越多。但这里要注意一个劳动生产率的变化。如果就业率的上升带来的是社会平均劳动生产率的下降,那就意味着这一时期的经济增长浪费了更多的资源,同时还会妨碍后期的经济增长,是不可取的。只有在就业增加的同时所带来的经济增长伴随着社会平均劳动生产率的提高,才是可取的。

(5) 充分就业与国际收支平衡之间。一般而言,就业的增加会导致货币工资的增加,使得有支付能力的需求扩大,从而要求增加国内商品的可供量。如果此时货币工资的增加与国内产出的增加同步,就不会影响国际收支;如果两者在动态上不一致,就需要通过增加进口来满足扩大的市场需求,在进口大于出口的情况下,就会出现国际收支的逆差。而为了减少逆差采取紧缩的经济政策来抑制国内需求又会导致失业的增加。所以在短期内,充分就业时国际收支可能并不平衡,而在国际收支平衡时可能存在大量的失业。

(6) 经济增长与国际收支平衡之间。在经济增长较快时,国家经济实力也相应增强,会在扩大出口的同时减少进口,有利于国际收支的平衡;但经济的较快增长也会伴随着对各种生产要素需求的增加,这往往又会使进口增加,导致国际收支逆差的出现。在国际收支出现逆差时,通常必须通过紧缩的政策抑制国内的有效需求,从而使国际收支状况得以改善,但同时又会带来经济的衰退。

正是由于货币政策各最终目标之间有矛盾冲突,因此同一国家的货币政策在不同时期可能会有不同的最终目标,各国应根据本国经济发展的实际情况来作出合理的选择。

(四) 我国货币政策的最终目标

在我国,1984 年中国人民银行独立行使中央银行职能之前,并没有严格意义上的货币政策目标。货币政策为适应当时的计划经济体制,以实现经济计划目标为最高目标。在 1984～1995 年《中华人民共和国中国人民银行法》颁布之前,我国事实上奉行经济增长和币值稳定的双重目标。

1995 年 3 月 18 日第八届全国人民代表大会第三次会议通过了《中华人民共和国中国人民银行法》,确定中国人民银行的"货币政策目标是保持货币币值的稳定,并以此促进经济增长",由此可以认为我国中央银行的货币政策目标是币值稳定和经济增长的双重目标。

在很多场合,尤其是经济发展的非正常时期,两者的矛盾尤为突出。因此,近年来我国理论界对我国货币政策目标一直存在争论。主要观点有以下几种。

1. 单一目标说

持这种观点的人又可以分为两种意见。一种从稳定物价乃是经济正常运行和发展的基本前提出发,强调物价稳定是货币政策的唯一目标;另一种从货币是再生产的第一推动力的角度出发,认为以最大限度的经济稳定增长作为货币政策的目标,并在经济发展的基础上稳定物价。

2. 双重目标说

持这种观点的人认为,货币政策的目标不应该是单一的,而应当同时兼顾发展经济和稳定物价两方面的要求。强调两者的关系是:就稳定货币而言,应是一种积极的、能动的、稳定,即在经济发展中求稳定;就经济增长而言,应是持续、稳定、协调的发展,即在稳定中求发展。如果不兼顾双重目标,那么两者的要求均不能实现。

3. 多重目标说

持这种观点的人认为,由于我国经济体制改革的进一步深化和对外开放的加快,就业和国际收支问题对我国宏观经济的影响越来越大。因此我国的货币政策目标就必须包括充分就业、国际收支均衡、经济增长和稳定物价等诸方面,也就是说,目标是多重的。

▶ 二、货币政策中介指标

所谓货币政策中介指标,是指中央银行为实现其货币政策的最终目标而设置的可供观察和调整的指标。它是货币政策工具和货币政策最终目标之间的桥梁,在货币政策传导中起着承上启下的传导作用。

概括而言,设置中介指标的作用在于:表明货币政策的实施进度;为中央银行提供一个追踪监测的指标;便于中央银行随时调整。中央银行启动货币政策后,并不能直接决定最终目标的实现,中央银行并不能直接控制最终目标本身。从动用货币政策工具开始到最终目标发生变化,需要一段相当长的时间差,西方国家货币政策的时间差一般是 9 个月至 1 年左右。如果等到货币政策最终目标发生变化再来调整货币政策工具,可能已经于事无补。同时由于最终目标是一些长期的、非数量化的目标,所以它们只能为中央银行制定货币政策提供指导思想,并不能为中央银行提供现实的操作依据。所以各国中央银行都会设置一些能在短期内显现出来、并与货币政策最终目标和货币政策工具高度相关的指标作为自己随时观察和控制的对象,以实现对最终目标的控制。

(一)货币政策中介指标选择的标准

货币政策中介指标的选择是货币政策运行中的重要环节,它直接关系到货币政策执

行的效果。一般来讲,货币政策中介指标应符合以下几个标准。

1. 可测性

即中央银行能迅速准确地获得所选择的中介指标的各种资料,而且能被社会各界理解、判断和预测。如果中介指标不具有可测性,就可能导致中央银行必须获得的资料无法及时准确地获取,势必会影响中央银行的判断和决策的效果,进而影响最终目标的实现。

2. 可控性

即中央银行对所选择的中介指标能够施加有效的控制,而且不会遇到麻烦和障碍。如果可控性较差,当中介指标的运行出现偏差时,中央银行就难以通过调整相关操作以保证最终目标的实现。

3. 相关性

即作为中介指标的变量必须与货币政策最终目标之间存在密切、稳定和统计数量上的关系。这样,中央银行才能根据这些中介指标来判断最终目标的变化情况,才能较为准确地通过货币政策工具的实施达到预期的目的。

4. 抗干扰性

即作为中介指标的金融变量应该能够较为准确地反映政策效果,较少受到外来因素的干扰。

当然,可行的货币政策中介指标还必须符合一国当时的经济管理体制、市场发育程度和经济发展水平等客观条件。根据上述标准,货币政策中介指标可以进一步分为操作目标和中间目标两类。

(二) 操作目标

操作目标是近期中介指标,是中央银行货币政策工具的直接作用对象,间接影响货币政策的最终目标。从西方国家的实践来看,经常被当作操作目标的有短期货币市场利率、存款准备金和基础货币等。

1. 短期市场利率

通常被选作操作目标的短期市场利率是银行同业拆借利率或西方国家中央银行的贴现率。银行同业拆借市场作为货币市场的基础,其利率是整个货币市场的基准利率。中央银行可以通过对同业拆借利率的调控来影响长期利率,并使货币供应量有所改变。

从可测性上讲,中央银行可以很方便地获得有关货币市场利率水平和结构的变化情况信息,在收集这些资料时不会有太大的困难;从可控性上讲,当中央银行根据既定的目标认为有必要维持或改变现有的利率水平和结构时,就可以通过相应的公开市场操作及对贴现率的规定,来调控市场利率;从相关性上讲,作为货币市场基准利率的同业拆借利率,其变化会进一步引起金融市场其他利率的变化,并最终影响到货币供应量及其他经济活动。

短期货币市场利率作为操作目标的最大问题在于利率对经济活动产生作用存在时滞,且利率的变化是顺周期的,容易造成货币供应的周期性增加或紧缩。而且利率也容易受到通货膨胀、市场供求、心理预期等非货币因素的影响,不利于中央银行作出正确判断并采取相应的行动。

2. 存款准备金

存款准备金是指商业银行和其他金融机构在中央银行的准备金存款及其持有的库存现金,是中央银行的负债的一部分,也是中央银行通过各种货币政策工具影响中间目标的主要传递者。存款准备金作为操作目标常常与银行同业拆借利率相联系。其操作原理是:通过调节准备金供给,影响银行同业拆借市场利率,再进一步影响货币总量。

中央银行对存款准备金的调控主要通过公开市场业务和贴现窗口来进行,即通过调控非借入准备金和借入准备金来完成。就可测性而言,无论是总准备金、法定准备金、超额准备金还是借入准备金和非借入准备金,中央银行都可以很方便地通过有关的记录和报表获得,或通过估测得到;由于中央银行可以通过公开市场业务来改变准备金数额,所以可控性也较强;从相关性来说,由于基础货币由流通中的现金和银行准备金构成,那么通过调控存款准备金就可以使基础货币发生变化,进而改变货币供应量。

虽然存款准备金可控性较强,但对于超额准备金部分,中央银行难以准确控制。因为每家银行愿意持有多少超额准备金是由商业银行根据自身的业务状况、财务状况、对经济形势的判断分析和预测决定的。在法定存款准备金率一定的条件下,商业银行愿意持有的超额准备金是决定信贷规模和货币供应量的基本因素。从这一点上看,存款准备金的可控性仍不够理想。

3. 基础货币

基础货币一般被看成是较好的操作目标。基础货币又称高能货币,是流通领域中为公众持有的现金和商业银行的准备金之和。

从可测性上看,基础货币是中央银行的负债,其数额随时反映在中央银行的资产负债表上,所以很容易被中央银行掌握。从可控性上看,基础货币中的通货可以由中央银行直接控制;银行准备金中的非借入准备金可由中央银行通过公开市场业务加以控制,借入准备金虽不能完全控制,但可以通过贴现窗口进行目标设定和预测,因此可控性也较强。从相关性上看,由于基础货币与货币乘数之积即为货币供应量,所以只要中央银行能控制住基础货币的投放,货币供应量就可以得到间接的控制,进而影响到利率、价格和国民收入,以实现最终目标。

由于基础货币的投放和回流构成了货币供应量倍数伸缩的基础,因此中央银行把基础货币作为操作目标具有十分重要的意义。

（三）中间目标

中间目标是远期中介指标，它间接接受货币政策工具的作用，但直接作用于货币政策最终目标。常见的中间目标有以下几个方面。

1. 货币供应量

中央银行应以货币供应量作为中间目标是以弗里德曼为代表的现代货币主义者提出的主张。

从可测性上看，组成货币供应总量的各货币层次均有明确的定义，分别反映在中央银行、商业银行及其他金融机构的资产负债表上，可以很方便地进行量的测算和分析。

从可控性上看，由于货币供应量是基础货币和货币乘数之积，所以中央银行对基础货币和货币乘数的控制力就直接关系到货币供应量的可控性。从逻辑上讲，如果一国的中央银行对基础货币能够施加有效的控制，同时货币乘数相对稳定，而且中央银行也能够准确地预测，那么中央银行就可以通过控制基础货币间接地控制货币供应量，货币供应量的可控性就较强；反之，如果中央银行对基础货币的控制力较弱，货币乘数也不稳定，那么货币供应量的可控性就较差。由此可见，货币供应量的可控性在很大程度上取决于特定的货币制度、金融环境及经济发展阶段。

从相关性上看，一定时期的货币供应量代表当期的社会有效需求总量和整个社会的购买力，其变化可以直接影响经济活动，对货币政策最终目标有直接的作用，因而与最终目标之间有很强的相关性。

货币供应量作为中间目标的缺陷主要是：一方面，货币供应量会受到一些非政策性因素的影响，如公众手持现金比例的变化、财政政策的变化等，从而使中央银行难以准确地予以控制；另一方面，以货币供应量作为中间目标，首先遇到的难题是以哪一层次的货币供应量作为中间目标，是现金，还是 M_1，或是 M_2。从发展趋势看，已经有越来越多的国家把控制的重点从 M_1 转向 M_2。进入 20 世纪 90 年代以后，一些发达国家先后放弃以货币供应量作为货币政策的中间目标。主要原因是 80 年代末以来的金融创新、金融管制放松和全球金融市场一体化的发展，使得各层次的货币量之间的界限日益模糊和不确定，进而使得货币供应量与最终目标之间的关系也变得不确定，使中央银行失去了对货币供应量的有力控制。

2. 长期利率

主要指中长期债券利率。从可测性上看，金融市场上的各种利率水平和利率结构的信息容易为中央银行获取，符合可测性的要求。从可控性上看，在间接调控体系下，中央银行可以借助于公开市场操作来影响银行的准备金供求，改变短期利率，进而实现对长期利率的控制。从相关性上看，凯恩斯主义者认为，长期利率作为货币政策的中间目标，与最终目标之间存在很强的相关性，原因在于长期利率对投资有着显著影响。

虽然长期利率作为中间目标合乎上述标准，但仍存在一些问题，主要是：

（1）利率的数据虽然容易获得，但从中选出一个代表利率并不容易。

（2）名义利率与预期的实际利率之间有差别，直接对经济运行产生影响的是实际利率，而中央银行只能盯住名义利率，而无法确切地知道社会公众的预期实际利率。因此如果中央银行不能准确地对公众的预期作出预测，就无法准确判断货币政策的效果，也无从掌握货币政策的松紧。

（3）利率是顺经济周期的，即经济繁荣时利率上升，经济衰退时利率下降。同时，作为政策变量，经济过热时应该上调利率，经济疲软时应将利率降低。即利率作为内生变量和政策变量往往很难区分，这就会使政策效果和非政策效果相混合，从而使中央银行作出误判。

（4）作为中间目标的长期利率必须通过短期利率来传递信息，但由于证券的期限结构、流动性和风险各不相同，使短期利率与长期利率之间存在复杂的关系，给中央银行的操作带来不确定性。

需要说明的是，在实际选择时，货币供应量与利率一般不能被同时作为中间目标，两者之间存在冲突，很难同时兼顾。如果中央银行以稳定利率为中间目标，则必然会允许货币供应量的波动；反之，如果要稳定货币供应量，则可能以利率的不稳定为代价。另外，从上述分析可以知道，货币供应量和利率都在一定程度上符合中介指标的选择标准，因此，单从选择标准上很难直接得出这两者哪个更适合作为中间目标的结论。一般来说，各国都是依据一定时期的经济状况和中央银行操作的方便程度进行选择。很多时候，如果把通货膨胀当成主要的控制对象，往往会把货币供应量当作中间目标；而如果经济增长是主要目标时，一般会选择利率作为中间目标。

3. 银行信贷规模

银行信贷规模是指银行体系对社会公众及各经济单位的存贷款总额。从数量构成看，包括存、贷款总额两大部分。由于信贷规模与货币供应量密切相关，因此改变信贷规模就成为改变货币供应量的一条重要途径，会对货币政策最终目标产生直接影响。

从可测性上看，中央银行通过统计银行和其他金融机构资产负债表上各有关项目及其构成，就可以及时迅速地得到银行信用总量和结构的信息。

从可控性上看，中央银行可以采用直接信贷管制和间接调控的方式对银行信贷规模进行控制。直接信贷管制无须赘述。就间接调控而言，主要指中央银行可以通过改变存款准备金率、贴现率及公开市场业务的进行，来改变银行准备金，从而控制其信贷规模。也可以通过调整利率水平，使存、贷款人的相对收益发生变化，达到间接控制银行信用总量的目的。

从相关性上看，银行信贷规模的变化会直接导致货币供应量的变化，进而影响社会总需求的规模。所以银行信贷规模与最终目标之间有很强的相关性。

4．汇率

目前，有一些国家把汇率作为货币政策的中间目标，特别是一些实行开放经济的小国。这些国家的中央银行确定本国货币与某一较强国家货币的汇率，并通过货币政策的实施钉住这一汇率水平以实现最终目标。将汇率作为中间目标最突出的优点在于限制了过多的货币发行，有助于控制通货膨胀。但汇率目标也使得汇率不能轻易发生变动，外汇市场的信息难以反映货币政策的真实意图。

（四）我国货币政策的中介指标

20 世纪 80 年代，我国中央银行主要采取行政命令式的直接调控手段，货币政策主要以贷款规模和现金发行作为中介指标。此后，随着金融体制改革的进行，货币政策实施的基础和环境均发生了根本性变化，这两种中介指标也日益显示出与经济发展的不相适应。因此，中国人民银行加速了对货币供应量的统计分析和研究，从 1994 年第三季度开始按季度向社会公布货币供应量，1996 年开始正式将货币供应量确立为货币政策的中介指标。但货币供应量作为中介指标的作用如果要充分发挥，必须有三个必要条件，即中央银行能有效控制基础货币、货币乘数和货币流通速度相对稳定并可以预测。但近几年，随着金融体制改革的深化和金融创新的发展，再加上汇率制度和外汇管制的影响，货币供应量的可控性、可测性和相关性大大降低，货币供应量作为中介目标受到挑战。

就利率而言，由于中国利率市场化程度较低，利率水平和结构基本上是由中央银行统一规定的，即使允许各家银行在一定范围内浮动，浮动幅度也是由中央银行严格控制的。在企业和银行缺乏约束机制和竞争机制的情况下，利率既不能起到约束与激励投资和储蓄的作用，也不能反映资金的实际供求，从而使利率中介目标的作用弱化。因此，目前我国还无法用利率取代货币供应量作为货币政策的中介指标。当然，随着市场机制的健全和利率市场化的形成，利率也将成为我国货币政策的一项重要的中介指标。

第二节 货币政策工具

货币政策最终目标是通过运用货币政策工具实现的。货币政策工具是指中央银行为了实现货币政策目标而采取的各种措施和手段。中央银行需要强有力的货币政策工具以实现货币政策最终目标。

货币政策工具通常可分为一般性政策工具、选择性政策工具等。

一、一般性政策工具

一般性政策工具是指中央银行从总量的角度,通过对货币供给总量或信用总量进行调控,从而对整个经济产生普遍性影响的货币政策工具。作为传统的、一般的政策工具,其特点是经常使用且对整个经济运行产生影响。这类工具主要有三个:法定存款准备金政策、再贴现政策和公开市场业务。人们习惯上将其称为中央银行货币政策的"三大法宝"。运用一般性政策工具的主要目的在于影响信贷成本和信贷规模,以调控货币供应量。

(一)法定存款准备金政策

1. 法定存款准备金政策的内容

存款准备金是为限制金融机构的信贷扩张、保证客户提取存款和资金清算需要而准备的资金。法定存款准备金政策是指中央银行在法律赋予的权限内,通过调整商业银行对其存款所必须保持的最低储备水平,来控制商业银行的信用创造能力,以达到调节货币供应量的目的。

目前,所有实行中央银行制度的国家一般都实行法定存款准备金制度。该制度的主要内容包括规定和调整存款准备金率、规定准备金的构成、规定存款准备金的计提基础和提取时间等。确定和调整法定存款准备金率则是现代银行制度下存款准备金制度的核心。其中作为中央银行货币政策工具的内容主要是就法定存款准备金率的制定和调整而言。法定存款准备金率是指中央银行以法律形式规定商业银行等金融机构必须将所吸收的存款按一定比例将其中的一部分上交中央银行作为法定存款准备金,该比例即为法定存款准备金率。

实行存款准备金制度的最初目的是为了防止商业银行盲目发放贷款,以保证其清偿能力,并保护客户存款的安全,从而维持整个金融体系的正常运行。从 20 世纪 30 年代初开始,美国和欧洲一些国家的政府通过法律,赋予中央银行自由调节法定存款准备金率的权利,从而使法定存款准备金率成为控制银行体系信用创造能力和调节货币供应量的重要工具。

2. 法定存款准备金政策的作用过程

调整法定存款准备金率之所以能起到调节信用和货币量的作用,并达到调节经济的目的,是因为该比率变动后会产生一些能引起信用量和货币量变化的效应,主要有:

(1)货币乘数发生改变。货币乘数与法定存款准备金率呈反向变化关系,结果会使得货币供应量发生极大的改变。

(2)超额准备金发生变化。超额准备金与法定存款准备金率也呈反向变化关系,从

而使商业银行的行为发生调整,进而对货币供应量产生影响。

（3）社会公众的预期行为发生变化。调整法定存款准备金率具有强烈的"告示"效应,会对社会公众的心理预期产生重大影响。

比如,当中央银行提高法定存款准备金率时,商业银行应上交中央银行的法定存款准备金增加,超额准备金相应减少,货币乘数也变小,从而降低了整个商业银行体系扩大信用规模的能力,结果是银根收紧,货币供应量减少,适合在通货膨胀时期采用。

3. 法定存款准备金政策的优缺点

法定存款准备金政策作为货币政策工具,其优点表现在:它对所有存款银行的影响是平等的,对货币供应量会产生极强的影响力,并且效果明显、收效迅速。但同时也有突出的缺陷:

（1）其变动对经济的震动过大且缺乏弹性。由于银行存款基数大,并且在存款乘数的作用下,即使是法定存款准备金率的轻微调整也会引起货币供应量的大幅变化;而且在银行只保有少量超额准备金的情况下,容易导致银行资金周转严重失灵,经营陷于困境。人们通常认为这一政策能量过大,效果过于猛烈,因此不宜作为中央银行日常调控的工具,中央银行对准备金率的调整一般也持谨慎的态度。

（2）其政策效果在很大程度上受制于商业银行的超额准备金。进入 20 世纪 90 年代以来,许多西方国家,如美国、加拿大、瑞士等国的中央银行都降低或取消了法定存款准备金率,一方面是由于该制度本身的原因,另一方面是西方国家的金融市场高度发达和开放,货币当局想控制商业银行的准备金来源很困难,再加上很多国家改用利率作为中介指标,这些都使得准备金制度在实际操作中难以奏效。

4. 我国的法定存款准备金政策

中国人民银行自 1983 年开始行使中央银行职能后,于 1984 年首次规定了各专业银行交存存款准备金的办法。此后一直将法定存款准备金政策作为宏观调控的重要工具。1984 年法定存款准备金制度建立之初,中国人民银行按照存款种类规定了法定存款准备金率,企业存款是 20%,储蓄存款是 40%,农村存款为 25%。1985 年将法定存款准备金率调整为这几项存款和其他存款总额的 10%,以克服法定存款准备率过高带来的负面影响。1988 年 9 月 1 日又将法定存款准备金率提高到 13%,以适当集中资金满足重点产业和项目的资金需求,此后近十年未作变动。这样,自 1989 年以来,中国存款机构的各类存款的法定存款准备金率为 13%,此外还要保持 5%～7% 的备付金,两者之和达到了 20% 左右。

1998 年,经国务院同意,中国人民银行决定从 3 月 21 日起对法定存款准备金制度进行改革,主要内容是将原来各金融机构在中国人民银行的"准备金存款"和"备付金存款"两个账户合并,称"准备金存款"账户;将法定存款准备金率下调至 8%。这一改革意味着我国的法定存款准备金制度从一个中央银行集中资金的手段转化为一项重要的间接调控工具。1999 年 11 月 18 日再次宣布自该年的 11 月 21 日起,将法定存款准备金率下调至 6%。

2003 年 9 月 21 日,中国人民银行宣布将法定存款准备金率上调至 7%;2004 年 4 月 25 日起,将法定存款准备金率提高 0.5 个百分点,即法定存款准备金率由 7% 提高到 7.5%。但同时,不同的金融机构执行差别法定存款准备金率制度。对金融机构实行差别法定存款准备金率制度,有利于防止金融宏观调控中出现"一刀切",有利于促进我国金融的平稳运行和健康发展,也有助于货币政策传导机制的完善和货币政策有效性的提高。

2006 年以来,针对日益突出的流动性过剩及信贷投放过多的问题,国家综合运用财政、货币政策以缓解这一矛盾。年中 3 次上调法定存款准备金率至 9%,2007 年更是 10 次上调了法定存款准备金率,法定存款准备金率升至 14.5%。进入 2008 年后,为进一步控制信贷的过快增长,回收银行流动性,分别于 1 月 25 日、3 月 25 日和 4 月 25 日三次上调存款类金融机构人民币存款准备金率各 0.5 个百分点,法定存款准备金率升至 16% 的新的历史高位,以落实从紧的货币政策,加强银行体系流动性管理,引导货币信贷合理增长。

(二)再贴现政策

1. 再贴现政策的内容

再贴现是相对于贴现而言的。商业银行或其他金融机构在资金不足时,又将已贴现过的未到期的商业票据再出售给中央银行从而获得中央银行的贷款,称为再贴现,这是中央银行向商业银行提供资金的一种方式。中央银行在贴现过程中向商业银行收取的利息率就称为再贴现率。再贴现政策就是中央银行对商业银行用持有的未到期票据向中央银行融资所作的政策规定,一般包括再贴现率的调整和再贴现的资格条件两方面的内容。它不仅会影响商业银行的筹资成本,限制商业银行的信用扩张,而且可以按照国家产业政策的要求,有选择地对不同种类的票据进行融资,促进结构调整。

2. 再贴现政策的作用过程

调整再贴现率主要着眼于短期政策效应。主要表现在:

(1) 利率会发生变化。如中央银行提高再贴现率,商业银行可有两种选择:面对提高的利率,筹资成本增加,从而减少从中央银行的借款,这样会直接导致信用紧缩;或者按同样的幅度上调对工商企业的贷款利率,以保持其盈利水平,这样工商企业的贷款需求会受到抑制,从而间接起到紧缩信用的效果。

(2) 可以产生"告示效应",以影响商业银行及大众的预期。如中央银行提高再贴现率,就是发出一个紧缩经济的信息,这种"告示效应"会在很大程度上加强对金融市场的直接影响,商业银行一般会提高对工商企业的贷款利率。

(3) 防范金融恐慌。再贴现是中央银行作为最后贷款人而发挥作用的主要形式。当

某些金融机构发生流动性不足甚至支付危机时,中央银行可以通过再贴现途径给予流动性支持,以免由于金融机构倒闭而引发的整个金融体系的动荡。

中央银行对再贴现资格条件的规定则着眼于长期的政策效用,以发挥抑制或扶持作用,并改变资金流向。

3. 再贴现政策的优缺点

再贴现作为一种政策工具,其最大的优点在于中央银行可利用它来充当"最后贷款人"的角色,通过再贴现率的变动和再贴现资格条件的规定来达到既调节货币供应量又调节信贷结构的效果。其缺陷主要是:

(1)中央银行缺乏主动权。再贴现率调整以后,其效果如何取决于商业银行的反应。如中央银行下调再贴现率而商业银行不愿增加借入资金,或是上调再贴现率后,商业银行有其他的筹资途径而不必依赖于再贴现时,那么中央银行就不能有效地控制货币供应量。因此,从调控货币供应量上看,再贴现政策并不是一个理想的工具。

(2)其"告示效应"是相对的,即存在出现负面效应的可能。如中央银行上调再贴现率,此时公众可能会认为这一调整是因为经济已经出现了较为严重的通货膨胀,于是会产生通胀预期,相应地就会在当前多借入资金,以期在更高的通胀出现时再还,那么中央银行上调再贴现率就不会减少公众的资金需求,预期的目标就难以实现。

(3)再贴现率调整的灵活性和伸缩性有限。由于再贴现率的调整主要通过利率的变化来发挥作用,而利率的经常波动不利于商业银行和社会公众形成正常的心理预期,不利于经济的正常运行,所以在正常情况下,再贴现率不宜经常变动。

从目前的发展来看,随着金融工具的多样化和融资成本的不断下降,再贴现政策已经是一种较为次要的工具。

4. 我国的再贴现政策

再贴现作为一项中央银行业务,在我国始于1986年。1989年4月,中国人民银行开始正式在全国推行再贴现货币政策工具。但由于我国商业信用不发达,票据承兑贴现量小且不规范,再加上再贴现业务在中国人民银行的资产中所占比重很小,所以,再贴现作为政策工具在我国的作用一直不明显,在各类货币政策工具中处于次要地位。目前,中国人民银行根据金融宏观调控和结构调整的需要,不定期地公布再贴现优先支持的行业、企业和产品目录,由中国人民银行各一级分行和计划单列城市分行设立的授权再贴现窗口(即授权窗口)据此选择再贴现票据,安排再贴现的资金投向,并对有商业汇票基础、业务操作规范的金融机构和跨地区、跨系统的贴现票据优先办理再贴现。

在我国,与再贴现类似的再贷款曾经是中央银行的一项重要政策工具。再贷款是指中国人民银行对商业银行等金融机构发放的贷款。从推出这项政策工具开始的很长一段时间,再贷款在人民银行的资产中占有最大的比重,是我国基础货币吞吐的主渠道,也是调节贷款流向的重要手段。这项政策工具在金融宏观调控过程中,特别是在其他政策工具的功能尚未得到应有发挥的情况下,确实起到了调节信贷规模与结构、控制货币供应量的重要作用。但由于存款准备金制度的扭曲,中央银行对再贷款工具的运用往往缺乏自主性。1994 年以后,随着外汇占款在中央银行资产中所占比重大幅上升,再贷款的比重开始下降,其他货币政策工具在各项改革力度加大的情况下作用开始加强。

(三) 公开市场业务

1. 公开市场业务的内容

公开市场业务,也称公开市场操作或公开市场政策,是西方中央银行经常使用的货币政策工具。最早在 19 世纪初被英格兰银行采用。在美国,公开市场业务已成为改变商业银行超额准备金从而实现货币政策目标的主要方法。其基本含义是中央银行通过在公开市场上买卖有价证券,直接决定基础货币的变动,从而达到调节和控制商业银行信用、利率和货币供应量的目的。

公开市场业务按照其操作目的可以分为两种:主动型和防御型。主动型公开市场业务是中央银行为实现货币政策的转变而进行的操作。通过在公开市场上连续同向操作,买进或卖出有价证券,以达到紧缩或扩张的政策效果。防御型公开市场业务是中央银行为维持既定的货币政策而进行的操作。当某些中央银行不能直接控制的外在因素如外汇储备的变化、公众持有通货量的变化等影响到了银行准备金,为保证市场货币流通量的稳定和既定货币政策目标的实现,中央银行就必须被动地在公开市场上通过反向操作来抵消其变化的影响。

2. 公开市场业务的作用过程

中央银行在公开市场业务中买卖的主要是政府短期债券,交易对象主要是商业银行。因此公开市场业务的作用机制主要是通过买卖商业银行持有的政府债券,改变其超额准备金,从而影响其信用创造能力,达到扩大或收缩货币供应量的目的。这一政策工具之所以会达到调节货币和信用的目的,是基于以下两个作用:

(1) 改变基础货币。当中央银行从商业银行买进一笔政府债券时,商业银行或者将支票兑现以增加其库存现金,或者将款项存入中央银行准备金账户。第一种行为会使流通中的现金增加,第二种行为会使商业银行的准备金存款增加,两者都表现为基础货币的增加。相反,当中央银行向商业银行出售一笔政府债券时,会使基础货币收缩。

(2) 改变利率水平和结构。从利率水平的角度来说,一方面,当中央银行从商业银行买进政府债券时,会直接导致市场对政府债券的需求增加,从而推动政府债券价格上升,使利率水平反向变化,市场其他利率水平也相应受到影响;另一方面,中央银行从商业银行买进政府债券时,会使商业银行的准备金相应增加,贷款供给意愿增强,可能下调利率。

从利率结构的角度来说,如果市场上债券种类丰富,中央银行可以在公开市场上进行

长短期债券的转换操作,即在买进一定数量的政府短期债券的同时卖出等量的政府长期债券,这样货币供应总量不变,但长短期债券的市场价格会发生变化,进而使得长短期利率水平发生反向变动。

3. 公开市场业务的优缺点

在中央银行的一般性政策工具中,公开市场业务通常被认为是最重要、最常用和效果最理想的工具。其优点在于:

(1) 运用公开市场业务进行操作的主动权在中央银行,可以连续、经常地进行操作,而且具有较大的弹性,操作规模完全由中央银行自己控制。

(2) 公开市场业务的操作可以灵活安排,可进行微调,用较小的规模和步骤进行操作,可以较为准确地达到货币政策最终目标,避免对经济产生巨大的冲击。

(3) 公开市场业务具有较强的可逆转性。当中央银行在公开市场业务的操作中发现错误或经济形势发生变化时,可以立即通过逆向使用该工具进行纠正,以避免出现过大的损失。

(4) 公开市场业务可迅速进行。当中央银行决定进行公开市场操作时,只要向有关交易商发出买入或卖出的指令,交易就可以很快执行。

当然,公开市场业务也有缺陷,主要是:

(1) 其操作较为细微,技术性较强。

(2) 可能会因金融市场上其他民间债券的增加而削弱其影响力。

(3) 该政策工具对商业银行的强制影响力和对大众的预期影响力较弱,政策意图的告示作用较弱。从对大众的预期方面看,虽然从中央银行买进或卖出债券的行为中能大致看出中央银行的意图,但因为公开市场业务是在持续进行,随时会改变,而且很难判断此时的操作是主动型还是防御型,所以其告示效应有限;至于对商业银行的强制影响,即使中央银行决定买进或卖出债券,但仍受商业银行自身意愿的影响。

(4) 公开市场业务作为一种方便、灵活的货币政策工具,其作用的充分发挥需要具备几个前提条件:要有发达的金融市场,证券种类必须齐全且要达到相当的规模;中央银行要有强大的、足以干预和控制整个金融市场的金融势力;必须有其他政策工具的配合,如法定存款准备金率和再贴现政策,如果没有这两种政策工具的配合,公开市场业务也难以发挥作用。

4. 我国的公开市场业务

我国公开市场操作包括人民币操作和外汇操作两部分。外汇公开市场操作始于1994 年 3 月,调控目标是为了保持人民币汇率的相对稳定。人民币公开市场操作于 1998 年恢复交易,规模日益扩大,并于 2004 年 6 月正式建立了金融体系流动性预测分析体系,根据收集的数据进行流动性分析,得出流动性的操作目标,通过每周四场的公开市场操作,调控每日的银行体系流动性供求,实现流动性目标。

从交易品种看,目前中国人民银行公开市场业务交易主要包括回购交易、现券交易和发行中央银行票据。回购交易分为正回购和逆回购两种:正回购为中央银行从市场收回流动性的操作,正回购到期则为中央银行向市场投放流动性的操作;逆回购是中央银行向市场投放流动性的操作,逆回购到期则是中央银行从市场收回流动性的操作。现券交易也分为现券买断和现券卖断两种:前者通过中央银行直接从二级市场买入债券一次性投放基础货币;后者则通过中央银行直接卖出持有的债券一次性回笼基础货币。中央银行票据即人民银行发行的短期债券,中国人民银行于 2003 年 4 月 22 日正式通过公开市场操作发行了金额 50 亿元、期限为 6 个月的央行票据。中央银行发行中央银行票据可以回笼基础货币,中央银行票据到期则是投放基础货币。目前,央行票据已成为央行日益重视的常规性货币政策工具。

▶ 二、选择性政策工具

上述一般性政策工具都属于通过对货币总量的控制以调节整个宏观经济。在这些工具之外,中央银行还可以借助于其他一些工具,即选择性政策工具来对经济领域进行有针对性的调节。选择性政策工具是指中央银行对某些特殊的经济领域或特殊用途的信贷所采用的信用调节工具。主要有以下几种。

(一) 间接信用控制

这类调控工具主要通过市场供求的变动或资产组合的调整间接地起作用。主要有以下几个方面。

1. 消费者信用控制

消费者信用控制是指中央银行对不动产以外的各种耐用消费品的销售融资予以控制。主要内容有:规定用分期付款形式购买消费品时首次付现的最低限额;规定消费信贷的最长期限;规定可用消费信贷购买的耐用消费品的种类等。

2. 证券市场信用控制

证券市场信用控制是指中央银行对有关证券交易的各种贷款进行的限制,其目的在于限制证券市场上的过度投机。如规定证券保证金率,并随时根据证券市场的状况加以调整;规定以信用方式购买股票或债券时首付款的额度等。

实践证明,中央银行对证券市场进行信用控制十分必要。有效的信用控制可以抑制证券市场的过度投机、稳定金融市场、控制信贷资金流向,而且在控制证券市场的同时可以避免对其他领域的负面影响。

3. 不动产信用控制

不动产信用控制是指中央银行对金融机构在房地产放款方面进行的限制,其目的是为了限制房地产的过度投机,抑制房地产泡沫。如规定金融机构房地产放款的最高限额、最长期限及首次付现的最低限额等。

2007年,针对房价上涨过快的问题,国家相关部门采取了多种措施进行调节。在货币政策方面,主要有提高贷款利率;对已利用贷款购买住房又申请购买第二套(含)以上住房的,首付款比例提高(不得低于40%)、贷款利率提高(不得低于同期同档次基准利率的1.1倍)等,对抑制房价的过快上涨起到了明显效果。

4. 优惠利率

优惠利率是指中央银行对国家经济政策和产业政策要求重点发展的经济部门或产业,制定较低的贴现率或放款利率,以促进这些部门或产业的发展。这种方法不仅在经济较为落后的国家使用,在经济发达国家也普遍采用。主要有两种方式:一是对这些需要重点扶持发展的行业、企业和产品,由商业银行执行较低的贷款利率;二是对这些行业、企业的票据规定较低的再贴现率,以引导商业银行的资金投向和数量。

5. 预缴进口保证金

预缴进口保证金是指中央银行为保证国际收支平衡,限制进口的过度增长,要求进口商按进口商品总值的一定比例,预缴进口商品保证金,以增加进口商的进口成本。中央银行可以根据国际收支的情况调整预缴保证金的比例。

(二)直接信用控制

直接信用控制是指采取行政命令或其他方式,从质和量两方面,直接对金融机构特别是商业银行的信用活动进行的控制。主要包括以下几个方面。

1. 利率最高限制

利率最高限制是指规定商业银行存贷款最高利率限制,这是最常用的直接信用控制。其目的是为了限制商业银行竞相用抬高利率的办法吸收存款和为了谋取更高的收益而进行高风险贷款。

我国在计划经济时期实行严格的利率管制,随着金融体制改革的深入进行,对利率的管制不断放松。目前,我国的利率主要有中央银行基准利率、金融机构存贷款利率和金融市场利率三个层次。利率管制的作用迅速直接,但也有突出的缺陷,主要是利率很难准确反映资金市场的供求状况,也难以随着资金供求变化自动调整。随着我国金融体制改革步伐的加快,利率市场化将是一种必然趋势。

2. 信用配额

信用配额也称信贷分配,是指中央银行根据金融市场状况及客观经济需要,分别对各商业银行的信用规模进行分配,以限制其最高数量。由于在大多数发展中国家,资金供给相对于资金需求而言极为不足,所以这种方法在这些国家被广泛采用。

这一措施曾是我国计划经济时期和从计划经济向市场经济转轨初期主要的信用控制手段。随着社会主义市场经济体制的逐步完善、金融市场的逐步发展和金融工具的日益增加,其作用不断下降。1998 年,中国人民银行取消对国有商业银行的贷款规模限额控制,中央银行对货币供应总量的控制转变为通过对基础货币的控制来实现。

3. 流动性比率规定

流动性比率规定是指规定商业银行的流动性比率即流动性资产与流动性负债的比率,也是一种限制商业银行信用扩张的直接管制措施。由于流动性比率与收益率一般成反比关系,所以商业银行为保持流动性比率,就必须采取压缩长期放款、扩大短期放款和持有一部分流动性较强的资产的措施,从而使商业银行的风险贷款受到限制,经营的安全性提高。

4. 直接干预

直接干预是指中央银行对商业银行的信贷业务、放款范围等直接加以干预。直接干预的方式主要有:直接限制放款的额度;直接干预商业银行对活期存款的吸收;对经营不当的银行拒绝再贴现或执行高于一般利率的惩罚性利率等。

(三) 间接信用指导

间接信用指导是指中央银行利用各种间接措施影响商业银行的信用创造。主要包括以下两个方面。

1. 道义劝告

道义劝告是指中央银行利用其声望和地位,对商业银行和其他金融机构发出通告、指示或与各金融机构的负责人面谈,以劝告其遵守政府政策并自动采取相应的措施来贯彻。目前世界上很多国家的中央银行都采用道义劝告手段来加强金融管理。在我国主要体现为各种工作会议、"吹风会议"等。

2. 窗口指导

窗口指导是指中央银行根据产业情况、物价走势和金融市场动向,规定商业银行贷款的重点投向和数量变动,并要求其执行。如果商业银行不按规定执行,中央银行可采取削减对该行的贷款额度或停止提供信用等措施进行制裁。第二次世界大战后,窗口指导曾一度是日本货币政策的主要工具。我国在取消贷款规模控制以后,更加注重窗口指导的作用,在 1998 年颁布了产业投资指导政策,引导商业银行的贷款方向,并定期对国有商业银行下达贷款增量的指导性计划,指导其控制贷款规模。

间接信用控制的优点是较为灵活,但其作用是否能充分发挥取决于中央银行在金融体系中是否有较强的地位、较高的威望和是否拥有控制信用的足够的法律权利和手段。

第三节 货币政策的传导机制

一国货币政策的实现与其传导过程密切相连。货币政策传导机制是指中央银行动用货币政策工具后,通过对货币政策中介指标的观测和操作,最后对一国实际经济运行产生影响、实现货币政策最终目标的整个过程。

一、货币政策传导过程

通过研究货币政策的最终目标、中介指标和货币政策工具,可以发现三者是相互联系、相互依存的。中央银行确定货币政策的最终目标以后,必须根据最终目标的要求制定出一些在短期内能实现的经济指标,即中介指标,并运用相应的货币政策工具来实现这些目标,以进一步实现货币政策最终目标。货币政策的传导过程如图10-1所示。

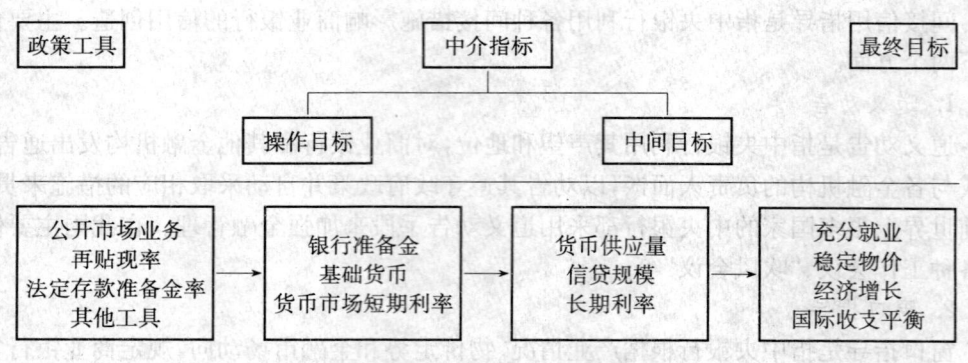

图10-1 货币政策的传导过程图

二、货币政策传导机制理论

货币政策对经济的调节作用不仅取决于货币政策本身的松紧,而且与其传导机制密切相关。一定的货币政策工具怎样引起社会经济生活的某些变化并最终实现预期的货币政策目标就是货币政策的传导机制。对货币政策传导机制的分析,在西方主要有凯恩斯学派的传导机制理论和货币学派的传导机制理论。

(一) 凯恩斯学派的货币政策传导机制理论

现代经济学家对货币政策传导机制的研究起始于凯恩斯。这种理论最初是就货币市场对商品市场的影响进行的分析,被称为局部均衡分析。其思路可归结为:通过货币供给 M 的增减变动影响到利率 r,利率的变化再通过资本边际效率的影响使投资 I 以乘数的方式增减,投资的变化会进一步影响总支出 E 和总收入 Y。即货币政策对经济活动产生影响的传导过程是通过利率和有效需求的变动来完成的。这一传导过程可简写为:

$$M \rightarrow r \rightarrow I \rightarrow E \rightarrow Y$$

在这个传导过程中,利率发挥了关键的作用,是最主要的环节,货币供给量的变化首先影响利率的升降,然后使投资、总支出发生变化。凯恩斯学派认为,货币政策在影响国民收入上的效果主要取决于投资的利率弹性和货币需求的利率弹性。总之,凯恩斯学派非常重视利率在货币政策传导机制中的作用。

这种局部均衡分析从货币市场的变化分析到商品市场的变化就停止了,只显示了货币市场对商品市场的初始影响,并未反映出两者之间的循环往复的作用。因此,考虑到货币市场与商品市场的相互作用,又作了进一步的分析,凯恩斯学派称之为一般均衡分析。其基本思路是:

(1) 假设货币供给增加,若产出不变,利率会相应下降;利率下降使投资增加,并导致总支出增加,进而推动产出量上升。这与原来的分析相同。

(2) 但产出量的上升超过了原来的货币需求,如果没有新的货币供给投入经济生活,货币供求的对比会使原来下降的利率回升。这是商品市场对货币市场的作用。

(3) 利率的回升会使总需求减少、产量下降,产量的下降又会使货币需求下降、利率回落。这是一个循环往复的过程。

(4) 最后会接近一个均衡点,这个点同时满足了货币市场供求和商品市场供求两方面的均衡要求。在这个点上,利率可能较原均衡水平低,而产出可能较原均衡水平高。

当然,货币政策的实际传导过程非常复杂,所以凯恩斯学派对传导机制的分析不断增加新的内容,主要集中在对货币供给变化到利率变化之间、利率变化到投资变化之间的更具体的传导机制及一些约束条件的分析上。但不论有何进展,凯恩斯学派传导机制理论的特点是对利率这一环节的特别重视。

(二) 托宾的 q 理论

以托宾为首的经济学家沿着一般均衡分析的思路扩展了凯恩斯的模型,把资本市场、资本市场上的资产价格,特别是股票价格纳入传导机制。认为沟通货币和金融机构一方与实体经济一方的是资产价格以及关系资产价格的利率结构等因素,而不是货币数量或

利率。其传导过程是：货币是起点，直接或间接影响资产价格（主要是股票价格），资产价格的变化引起实际投资的变化，并最终影响实体经济和产出。他们认为，股票价格是对现存资本存量价值的评估，是评价企业市场价值的依据，而企业的市场价值与资本的重置成本的比较将影响投资行为。托宾将 q 定义为企业市场价值与资本重置成本之比，q 值较高，意味着企业市场价值高于资本的重置成本，在生产要素价格未上涨时，企业家愿意增加投资支出，追加资本存量，此时会使投资需求增加，总需求上升，国民收入增加。因此，q 值是决定投资的主要因素。这一过程可以表示为：

$$M \rightarrow r \rightarrow P_E \rightarrow q \rightarrow I \rightarrow Y$$

式中，P_E 为股票价格；其他符号的含义同上。

（三）早期货币学派的货币政策传导机制理论

与凯恩斯学派不同，以弗里德曼为代表的货币学派认为利率在货币政策传导机制中不起重要作用，他们强调货币供给量在整个传导机制上的直接效果。货币学派论证的传导机制如下所示：

$$M \rightarrow E \rightarrow I \rightarrow Y$$

$M \rightarrow E$ 表明货币供给量的变化直接影响支出，原因在于货币需求有内在的稳定性。货币主义将货币供给视为外生变量，因此货币需求函数中不包含任何货币供给的因素，货币供给的变化也不会直接引起货币需求的变化。当作为外生变量的货币供给变化后，比如增加，由于货币需求并不变动，公众手持货币量必然会超过其愿意持有的货币量，从而使支出增加。

$E \rightarrow I$ 指变化了的支出用于投资的过程，货币主义认为这是资产结构的调整过程：超过意愿持有的货币可能被用来购买金融资产、非金融资产，直至人力资本的投资；不同的投资取向会相应引起不同资产相对收益率的变化，从而引起资产结构的调整；在这一调整过程中，不同资产收益率的比又会趋于相对稳定状态。

最后是名义收入 Y，是价格与实际产出之积。由于 M 作用于支出，导致资产结构调整，并最终引起 Y 的变化，那么这一变化究竟在多大程度上反映了实际产量的变化，又有多大比例反映在价格水平上？货币主义认为，货币供给的变化在短期内对两方面均可产生影响，长期而言，只会影响到物价水平。

（四）信贷传导机制

信贷传导机制理论强调信贷传导具有独立性，不能由利率传导、货币数量传导的分析所取代，要专门考察，而且侧重于紧缩效应。这方面的研究主要从两方面展开。

1. 对银行传导机制的研究

由于银行贷款不能全部由其他融资形式所取代,因此作为小企业和普通消费者这样的特定的借款人,其融资需求只能通过银行贷款来满足。这样,中央银行如果能通过货币政策的操作影响贷款的供给,那么就能进一步影响总支出。

假设中央银行决定实施紧缩性的货币政策,如在公开市场上出售债券,那么商业银行的可用准备金 R 会减少,存款货币 D 的创造也会相应减少,在其他条件不变的情况下,银行贷款 L 的供给就会相应削减,结果就会使那些依赖银行贷款融资的特定借款人不得不削减投资和消费,导致总支出下降。这一过程可表示为:

$$公开市场的紧缩操作 \rightarrow R \rightarrow D \rightarrow L \rightarrow I \rightarrow Y$$

这一过程的特点是不必通过利率机制,而且商业银行所提供的信用数量并不一定受中央银行行为的制约,有时商业银行会根据自己对经济形势的判断和经营策略的要求,主动地改变其信用规模。

2. 对资产负债表渠道的研究

20 世纪 90 年代,一些经济学家从货币供给对借款人资产负债状况的影响的角度来分析信贷传导机制。他们认为,货币政策会影响借款人的资产状况,特别是现金流的情况,进而影响其投资支出。以紧缩性货币政策为例,这种影响主要体现在:紧缩的货币政策会使利率上升,利率上升将直接导致利息等费用支出增加,使净现金流减少;同时下游企业和消费者支出的减少将间接引起销售收入的下降,也会减少净现金流;利率的上升还会导致股价下跌,使企业净值下降,可用作借款担保品的价值减少。由于上述影响,使贷款的逆向选择和道德风险问题趋于严重,并促使银行减少贷款投放。一部分资产状况恶化和资信状况不佳的借款人不仅难以从银行获得贷款,也很难从金融市场直接融资。结果会导致投资和产出的下降。这一过程可表示为:

$$M \rightarrow r \rightarrow P_E \rightarrow NCF \rightarrow H \rightarrow L \rightarrow I \rightarrow Y$$

式中,NCF 为净现金流;H 为逆向选择和道德风险;其他符号同上。

(五)开放经济条件下的货币传导机制

在开放经济条件下,净出口成为总需求的一个重要组成部分。货币政策可以通过影响国际资本流动,改变汇率,并在一定的贸易条件下影响净出口。在实行固定汇率制的国家,中央银行可直接调整汇率;在实行浮动汇率制的国家,中央银行必须通过公开市场业务的操作来改变汇率。当中央银行实行紧缩的货币政策时,利率上升,外国对该国生息的金融资产的需求会增加,而该国对外国类似资产的需求会减少。因此,外国人会通过购买该国货币来达到购买该国金融资产的目的,这样就会使该国货币因需求的增加而在外汇市场上升值,本币的升值将导致该国出口减少,进口增加,使该国的贸易收支恶化,净出口

下降。这一机制可表示为：

$$M \rightarrow r \rightarrow r_e \rightarrow NX \rightarrow Y$$

式中，r_e 为汇率；NX 为净出口。

在金融全球化的趋势下，国际资本流动对本国货币政策的操作具有抵消作用。如当本国要提高利率以限制总需求时，利率的上升却会因为外国资本的流入而受到抑制。

三、货币政策传导渠道

一般认为，货币政策的传导渠道主要有以下两条。

(一) 商业银行

商业银行也可称为机构传导途径，是指中央银行动用了货币政策工具后，可以改变商业银行从中央银行的融资成本，使商业银行的准备金头寸发生变化；然后商业银行会通过调整信贷规模、利率、贷款期限等使其他社会公众的消费、储蓄和投资活动受到影响，进而使全社会的总支出和总产出量发生变化，以实现货币政策的最终目标。

在间接金融占统治地位的情况下，这是货币政策的主要传导渠道。

(二) 金融市场

金融市场也可称为市场传导途径，是指中央银行实施了货币政策工具后，会使金融市场的货币供给和货币需求发生变化，引起各种金融资产的收益和价格的变动。这种变动同样会影响到企业、居民等经济主体的消费、投资和储蓄，并最终关系到货币政策最终目标的实现。

从上述两条传导渠道可以看出，货币政策的传导顺序一般是由中央银行首先作用于商业银行和金融市场，再由商业银行和金融市场作用于企业、居民等经济主体，最后由各经济主体作用于各宏观经济变量。

四、我国的货币政策传导机制

我国的货币政策传导机制随着金融体制改革的深化不断发生变化，经历了从直接调控向间接调控的转变。改革开放之前，由于我国实行"大一统"的金融体系，货币政策的传导机制也相当简单：人民银行→人民银行分支机构→企业，这一传导机制有效，但整个金融体系缺乏活力。

改革之后,原来高度集中的金融体系被打破,市场机制逐步建立,在 1998 年取消贷款规模控制之前,货币政策仍是计划性的,中央银行通过贷款规模控制和利率管制直接推行货币政策,传导机制是:中央银行→金融机构→企业。

1998 年以后,货币政策初步建立起间接调控机制,但目前我国金融体系的市场化进程依然滞后,货币市场和资本市场发育不充分且相互脱节严重,各种金融工具价格之间的比例关系不合理,而价格的扭曲会制约货币政策的效果;国有商业银行的垄断经营使得货币政策的效果在一定程度上取决于四大商业银行的执行力度;各类企业对银行贷款的依赖仍然很强;利率和汇率的市场化形成机制尚未建立等因素都使得中央银行的货币政策在利率、汇率和资本市场上的传导受到限制。因此,目前我国货币政策传导的主渠道仍然是信贷传导机制。

第四节　货币政策效应

▶ 一、货币政策效应的定义与衡量

货币政策效应即货币政策的有效性问题,是指货币政策的实施对社会经济生活所产生的影响。

货币政策效应的衡量包括两方面:一是效应发挥的快慢,也可称之为货币政策的时间效应,这方面将在下文中有关货币政策的时滞分析中体现;二是效力发挥的大小,也可称之为货币政策的数量效应,这可能是更主要的方面。

对货币政策效应大小的衡量一般着眼于所实施的货币政策取得的效果与所要达到的预期目标之间的差距。以评估紧缩政策为例,如果是需求拉上型通货膨胀,货币政策是以纠正供求失衡为目标,那么这项紧缩性货币政策效应的大小、是否有效就可以从以下几方面考察:

(1) 通过货币政策的实施,如果紧缩了货币供给,平抑了物价水平的上涨,或者在促使价格水平回落的同时又没有影响产出或供给的增长率,那么可以说这项紧缩性货币政策的有效性最大。

(2) 如果通过紧缩货币供给量在平抑物价水平上涨或促使物价水平回落的同时,抑制了产出的增长,那么紧缩性货币政策有效性的大小要视物价水平变动率与产出变动率的对比而定。如果产出数量虽有所减少,但减少规模还不算大,而抑制物价水平的目标接近实现,那么可以认为紧缩性货币政策的有效性大;如果产出数

量的减少非常明显,而物价水平目标的实现并不理想,可以认为紧缩性货币政策的有效性较小。

(3) 如果紧缩性货币政策无力抑制物价上涨或促使物价回落,却使产出的增长率大大下降,说明紧缩性货币政策是无效的。

对其他货币政策效应的衡量也可采用类似的思路。

▶ 二、影响货币政策效应的因素

在货币政策的实施过程中,要受多种因素的影响,因此货币政策效应是一种综合结果。影响货币政策效应的因素主要有以下几方面。

(一)货币政策时滞

货币政策时滞是指货币政策从研究、制定到实施后发挥实际效果的全部时间过程。时滞是影响货币政策效应的重要因素,因为中央银行的货币政策需要经过多长时间才能见效、这一时间是否可以进行预测,都关系到货币政策目标能否实现。

对于货币政策的时滞可以从两方面来理解:一是时滞的性质,二是时滞的长度及其变异程度。就时滞的性质而言,货币政策时滞可分为三类:内部时滞、中期时滞和外部时滞,如图 10-2 所示。

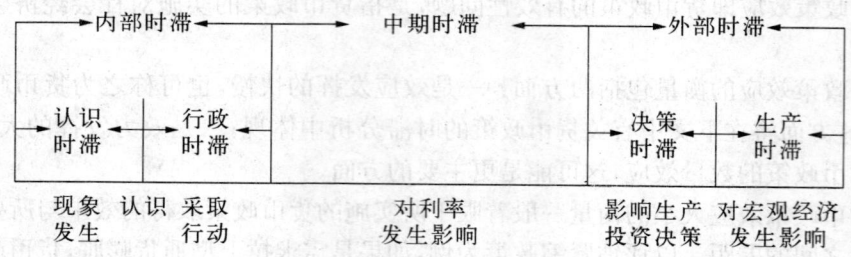

图 10-2 货币政策时滞

1. 内部时滞

内部时滞是指从经济现象发生变化、需要采取对策加以矫正开始,直至中央银行实施货币政策工具为止的时间。内部时滞又可以分为两部分:

(1) 认识时滞,是指从经济现象发生变化开始到中央银行获取准确资料、取得明确认识、决定开始研究对策的时间。

(2) 行政时滞,是指中央银行明确经济形势变化的性质及其将产生的影响后,即进行对策研究,在决定实施何种政策工具之前的时间即为行政时滞。

内部时滞的长短,取决于中央银行对经济形势变化和发展的敏感程度、预测能力及收集资料、研究形势和采取行动的效率,这又与决策人员的素质、中央银行的独立性以及经济体制的制约程度等密切相关。

2. 中期时滞

中期时滞,严格地讲应属于广义外部时滞的一部分,因其情况特殊,所以单列出来进行解释。所谓中期时滞是指从中央银行采取行动以至对金融机构产生影响、使金融机构的利率及信用情况发生变化、再对整个社会产生影响的时间过程,有时也称为信用市场时滞。中期时滞的长短取决于金融机构的反应及金融市场的敏感程度,不是中央银行可以操纵的。

3. 外部时滞

外部时滞是指从金融机构改变其利率和信用供给量开始,直至对实质经济产生影响的时间过程。外部时滞又可分为两部分:

(1) 决策时滞,指个人和厂商面对变化的利率和信用供给量,改变自己的投资或支出决策,在采取行动之前的这段时间。

(2) 生产时滞,即个人和厂商决定其支出意向后,对整个社会的生产和就业产生影响的时间过程。

由于经济结构及行为因素是不稳定和不可预测的,所以外部时滞的时间长度变异很大,各经济部门对货币政策的反应不一,所受的影响也不相同,因此外部时滞是整个货币政策时滞中最复杂的问题。

货币政策时滞究竟有多长,这在很大程度上是一个实证经济学问题。自 20 世纪 60 年代开始,西方经济学家对货币政策时滞有很多实证研究,由于研究方法、各国具体情况不同,因此得出的结果差异很大。基本情况是:货币政策的中期时滞比较稳定,是可测的,一般认为在 2 个月左右;内部时滞较短,但不同的经济学家得出的结果差别很大,一般在 2~6 个月之间;外部时滞最长,一般在 4~20 个月之间。

货币政策的时滞还有一个重要问题,即变异性,从半年到 20 个月不等,因此使得中央银行的相机抉择政策常常不能实现预期目标,甚至会出现相反的结果。因此,弗里德曼主张用"简单规则"取代相机抉择的货币政策,即消极地维持一定的货币供给增长率,以避免人为的错误造成经济的不稳定。也有学者认为可以采取将货币政策与财政政策混合使用的方法来弥补时滞不稳定的问题。

(二)货币流通速度

影响货币政策效应的另一个主要因素是货币流通速度。对于货币流通速度的一个微小变动,如果政策制定者未能预料或在估算变动幅度时出现小的差错,都可能使货币政策效应受到严重影响,甚至有可能使原本正确的政策走向反面。但在实际生活中,因为货币流通速度受到的影响因素太多,所以对它的估算很难做到不发生误差,这也就限制了货币

政策的效应。

（三）微观经济主体的预期

这也是影响货币政策效应的一个因素。当一项货币政策提出时，各微观经济主体会立即根据可能获得的各种信息来预测政策的后果，以便尽快研究对策，而且少有时滞。货币当局推出的政策在面对微观经济主体广泛实施的抵消其作用的对策时可能归于无效。鉴于微观经济主体的预期对货币政策的消极作用，似乎只有在货币政策的取向和力度没有或没有完全为公众知晓的情况下才能生效或达到预期效果，但这种做法的可能性较小。货币当局不可能长时间不让社会公众知道它要采取的政策，即使采取非常规的货币政策，不久之后也会落在人们的预期之内，而长期采取非常规的政策会使微观经济主体作出错误判断，导致经济混乱。其实，即便微观经济主体的预期非常准确，对策实施也很快，但其效应的发挥也要有一个时间过程，货币政策仍可奏效，但微观经济主体的预期会使其效应打很大的折扣。

（四）其他经济政治因素

除上述因素外，货币政策效应还会受到其他因素的影响。

如在货币政策出台后的一段持续期间内，如果客观经济条件发生变化而货币政策又难以作出及时的调整，就有可能出现货币政策效应下降甚至失效的情况。例如，中央银行实施紧缩的货币政策以期改善市场供求的对比状况，但在实施过程中出现企业开工率低、经济效益下滑过快的现象，这就说明在紧缩需求的同时，供给也减少，改善市场供求对比的目标也不能实现。

除了经济因素以外，政治因素也会对货币政策效应产生巨大影响。因为任何一项政策的实施都会对不同的阶层、集团、部门或地方的利益带来影响，这些利益主体如果在自身利益受损时做出较强烈的反应，就会形成一定的政治压力，当这些压力足够有力时，就可能会迫使货币政策做出调整。

对我国而言，还有一些特殊因素会影响货币政策的有效性。根据相关学者的分析，主要有以下几个方面：

第一，金融制度的变迁，这是影响货币政策效应的一个长期因素。我国在转型时期的改革必然会涉及各项制度的变革，特别是金融体制的改革，将会对经济主体的预期和行为产生重要影响，进而对货币政策的实施带来一定影响。这里主要包括金融机构、金融工具和金融市场的发展变化。

第二，社会信用体系的不完善。我们都知道，现代市场经济是信用经济，市场经济是货币政策实施的基础。而与西方发达的市场经济国家相比，我国社会信用体系相当不完善，已经严重影响到货币政策的有效实施。

第三,经济发展的区域差异。我国各地区的经济基础和发展水平存在极大差异,而货币政策在操作时没有体现出这种地域差异,实行无差别管理,使得一些货币政策与区域经济发展不协调,容易导致结构性的矛盾,在执行中也可能会遇到地方政府的不配合或行政干预,从而影响到货币政策的有效性。

三、货币政策有效性的评价

西方经济学对货币政策有效性的看法是西方经济学在货币金融领域的具体体现。西方学者对货币政策效应的理论探讨主要集中在货币政策能否影响产出,也就是货币是否中性的问题上。西方学者对货币政策总体效应的理论评价经历了以下的演变过程。

(一)新古典学派的"面纱论"

该学说产生于金币本位制盛行的 19 世纪末 20 世纪初,其代表人物有费雪、马歇尔、庇古等。该学派的基本思想是货币数量的增减必然会引起物价的升降,认为货币仅是笼罩在实质经济上的一层"面纱",实质经济可以自行其是,与"面纱"大小无关。即不管货币如何变动,经济始终处于充分就业状态,因此货币政策完全无效。

(二)凯恩斯的货币政策有效性理论

1929~1933 年的大萧条从实践上否定了古典经济学的理论假说后,凯恩斯根据边际消费倾向递减、资本边际效率递减和流动性偏好三大假说提出有效需求不足理论。他认为有效需求不足必须由国家干预经济生活予以弥补。国家干预可以采用财政政策和货币政策,就货币政策而言,增加货币供给量在一定条件下能降低利率、扩大投资,并通过乘数的作用提高总支出水平。但货币政策可能会受到流动性陷阱的制约。据此,凯恩斯对货币政策的有效性作出了理论说明。

凯恩斯主义在第二次世界大战后有进一步的发展,就其政策主张看,认为财政政策和货币政策两者的配合使用有可能熨平资本主义的周期波动、消除危机,并实现成长、就业和稳定诸目标的协调一致。但第二次世界大战后一些年代的实践说明,国家干预的结果是经济增长与通货膨胀并存,到 20 世纪 70 年代出现"滞胀"的局面。

(三)货币主义的短期有效理论

以弗里德曼为代表的货币学派根据对历史数据的分析,说明货币供给的变化对产出有显著影响,货币供给量的变化是经济波动的根源,得出"货币最重要"的结论;又依据自然失业率假说提出附加预期的菲利普斯曲线,并根据稳定的货币需求函数和广泛的货币政策传导机制,从理论上说明货币政策长期无效,得出货币短期非中性和货币长期中性的结论。货币学派认为凯恩斯学派主张的国家干预阻碍了市场自我调节机制的发挥，促成了经济紊乱。就货币政策而言，货币学派的政策主张是保持货币供给按"规则"增长。

（四）理性预期学派的货币政策无效理论

以卢卡斯等人为代表的理性预期学派号召重新确认古典经济学关于经济生活中的主体是"理性人"的假设，将理性预期引入货币政策效应。该学派认为，在短期内，厂商的价格信息和货币供给量信息不充分，当货币当局增加货币供给量时，厂商可能会将总体价格上涨带动的自身价格上涨视为市场对自身产品需求的增加，从而增加产出；但厂商是理性的，理性的厂商会在学习过程中不断修正对货币供给和相对价格的错误预期，并据此不断调整产出水平。长期来看，实际产出将处于潜在产出的均衡水平。理性预期模型的政策含义是被预期到的货币政策是无效的，只有超出微观主体预料之外的货币政策才会影响实际产出。因此货币当局必须准确把握公众的预期程度，不断制造超出微观主体预期程度的意外，才能保证货币政策产生效果。而事实上，货币当局很难准确把握社会公众的预期。因此，货币当局必须坚定地依规则行使货币政策，以稳定公众的预期。

四、货币政策与其他经济政策的配合

货币政策一般应与其他宏观经济政策进行合理的搭配以发挥更大的作用。

（一）货币政策与财政政策的配合

货币政策与财政政策是国家宏观经济政策中的两大政策。货币政策主要调控机制是货币供应的变化，财政政策的主要调控机制是财政收支。由于两者的调节手段和侧重点以及作用过程、政策时滞均不同，因此仅使用其中的一个可能不会达到理想的效果，将两者结合在一起使用是当前世界各国的最佳选择。货币政策与财政政策的搭配主要有双松双紧和松紧搭配的两种模式。

1. 双松双紧

这包括松的货币政策与松的财政政策搭配，或紧的货币政策与紧的财政政策的组合。

双松的组合中，松的财政政策一般是减税、扩大政府财政支出、增加补贴等。松的货币政策一般体现为降低法定存款准备金率或再贴现率、在公开市场上大量买进有价证券等行为。这些措施的实施会刺激经济增长，同时也会出现财政赤字和信用膨胀的后果。这种搭配主要适用于社会总需求严重不足，经济处于严重萧条的情况。

双紧的组合中，紧的财政政策一般要实施增税、削减政府开支、减少补贴等措施；紧的货币政策一般会实施提高法定存款准备金率或再贴现率、在公开市场上大量卖出有价证券等措施，以收紧银根、减少货币供应量。这些措施的采用会在控制总需求、缓解通货膨胀、稳定货币流通的同时,降低经济增长速度。这种搭配方式主要适用于社会总需求大于社会总供给,经济出现过热和通货膨胀的时候。

2. 松紧搭配

即松的财政政策与紧的货币政策组合,或是紧的财政政策与松的货币政策组合。实施松的财政政策,即减税或是增加政府开支,同时收紧银根,实施紧缩的货币政策,这种组合可以在减少货币供应量的同时刺激有效需求,使经济在增长的过程中不至于出现通货膨胀;相反,在增税、削减政府开支实施紧缩的财政政策的同时,放松银根,实施扩张的货币政策,一方面使得财政赤字减少,另一方面刺激有效需求的增加,促进经济增长。

从上述分析中可以看出,双松双紧的政策组合会在短期内带来经济的巨大震荡,因此适合在经济严重失衡时采用;而松紧搭配的政策组合则可以根据经济运行情况和货币供求状况及时进行调整,使货币供求与社会总供求同时达到均衡,但其政策导向不甚明确,作用力度较弱,作用时滞较长。

(二)货币政策与产业政策的配合

产业政策是政府出于促进国民经济协调发展的目的,对产业结构和产业组织结构进行干预的政策。

由于经济决定金融,而金融又反作用于经济,所以产业政策与货币政策也有类似的关系,即产业政策决定货币政策,而货币政策又反作用于产业政策。经济中既有的产业结构需要相应的资产供应,对不合理的产业结构要通过货币政策的实施加以矫正。因此在实施过程中需要产业政策与货币政策两者的配合。合理的产业政策可以进一步实现资源的有效配置,促使经济平稳发展,进而为实施稳定的货币政策奠定基础;完善的货币政策有利于保持社会总供求的总量平衡,保证货币流通的稳定,为产业政策的实施创造有利条件。

 本章小结

货币政策是中央银行宏观调控的核心,是国家宏观经济政策的重要组成部分。货币政策主要由货币政策最终目标、中介指标和货币政策工具三部分组成。

货币政策最终目标是中央银行通过实施货币政策工具要实现的经济目标,主要有稳定物价、充分就业、经济增长和国际收支平衡。各目标之间既有统一性,又有矛盾冲突。从长期来看,这些目标之间是统一的、相辅相成的;而从短期看,则很难同时兼顾。不同国家在不同时期的最终目标不尽相同。

货币政策中介指标是为了实现最终目标而设置的可供观察和调整的指标,可以分为操作目标和中间目标，一般应具备可测性、可控性、相关性和抗干扰性等四个条件。操作目标直接受货币政策工具的作用，主要包括短期货币市场利率、存款准备金和基础货币；中间目标是货币政策的远期中介指标，直接作用于最终目标，主要包括货币供应量、长期利率和银行信贷规模。

货币政策工具是中央银行为实现最终目标而采取的手段和措施，一般可分为一般性政策工具、选择性政策工具两大类。一般性政策工具主要有法定存款准备金政策、再贴现政策和公开市场业务三种；选择性政策工具包括间接信用控制、直接信用控制和间接信用指导。

货币政策传导机制是中央银行运用货币政策来影响中介指标进而实现最终目标的途径和过程的机能。不同的学者对此有不同的认识。货币政策效应指货币政策的实施对社会经济生活产生的影响，即货币政策的有效性问题。影响货币政策效应的因素主要有：货币政策时滞、货币流通速度、微观主体预期及其他经济政治因素。

 **复习思考题**

1. 什么是货币政策？由哪些要素构成？
2. 试述货币政策各最终目标的具体含义及相互之间的关系。
3. 什么是货币政策中介指标？哪些变量可以充当中介指标？为什么？
4. 简述货币政策的一般性政策工具的作用机制及优缺点。
5. 试述凯恩斯学派和货币学派的货币政策传导机制理论。
6. 分析影响货币政策效应的因素。

 **案例分析**

案例：美联储货币政策中介目标的演变

1913年，美国国会通过的《联邦储备法》创建了美国的中央银行。在1951年3月，美联储和财政部达成历史性协议，开始独立制定和实施货币政策。到20世纪70年代末长达30年的时间里，美联储以凯恩斯主义为其政策的理论基础，把利率作为货币政策的中介目标。第二次世界大战后，为了刺激经济增长和就业，实行低利率政策，在促进经济增长的同时也加剧了通货膨胀。此后又转向高利率政策，结果是在通货膨胀得到治理的同时，经济步入滞胀阶段。

随着货币主义的兴起,把货币供应量作为中介目标的观点开始盛行。1970 年,美联储开始引入货币供应量 M_1 作为中介目标,与联邦基金利率配合使用。1979 年,正式宣布不再把利率作为中介目标,货币政策将更加注重控制银行体系的准备金,并通过准备金进而控制货币供应量。20 世纪 80 年代,货币供应量正式取代利率成为美联储货币政策的中介目标。以货币供应量为中介目标的货币政策的操作成功地治理了通货膨胀,但随着时间的推移,金融管制的放松和金融创新的加快,使得货币供给中增加了许多新的因素,导致货币供应量与经济增长和价格水平之间的联系不再紧密。在此情况下,美联储不断根据形势的变化来修正货币供应量层次的划分,如 1971～1986 年美联储曾 6 次对货币层次的划分进行修正。尽管如此,在诸多不确定因素的影响下,美联储对货币供应量各层次的定义及统计仍十分困难。因此,美联储不得不调整货币供应量的监测重点,从 1987 年开始将监测重点从原来的 M_1 过渡到 M_2。

到了 20 世纪 90 年代初期,M_2 与经济活动的稳定关系也开始破裂,这样,以货币供应量作为货币政策的中介目标就失去了现实基础。1993 年 7 月,美联储主席格林斯潘在参议院作证时表示,美联储决定放弃以任何货币总量作为中介目标,改以调整实际利率作为对经济实施调控的主要手段。理由是,随着经济主体投资方式的改变,社会上充满了大量的流动资金,这些资金没有也很难被包括在货币供应量之内,而用实际利率作为中介目标并加以监测,可将金融市场上的所有资金包括在内。1994 年 2 月,格林斯潘在国会银行委员会作听证时进一步指出,美联储将以新的"中性"的货币政策取代过去较为激进的相机抉择的非中性货币政策,即利率水平保持中性,对经济既不起刺激作用也不起抑制作用,从而使经济在低通货膨胀的条件下以自身的潜力持久稳定地增长。这表明,美联储将以潜在经济增长率为标准来确定和调整利率。

美联储近年来实行了一种隐含的货币政策中介目标,即不再明确地把货币供应量或利率作为中介目标,在日常的货币政策操作中,以联邦基金利率为操作目标。美联储公开市场委员会每年召开 8 次会议,每次会议根据宏观经济运行情况来确定货币政策取向,决定联邦基金利率是否变动及变动的幅度。联邦基金利率的水平及变动方向就成为美联储货币政策的风向标。

(案例来源:尹继志.美联储货币政策传导和操作特点评析.《金融教学与研究》,2006 年第 2 期)

问题:

1. 美联储货币政策中介目标调整的依据是什么?

2. 美联储货币政策中介目标调整对我国有何启示? 我国现阶段的货币政策中介目标在选择时应考虑什么?

第**11**章

金融与经济发展

学习目的

- 理解金融与经济之间的一般关系。
- 了解发展中国家货币金融发展的特征,能正确辨析金融压抑论和金融深化论的主要观点。
- 了解金融创新的含义、表现与特征,理解当代金融创新的成因、利弊与作用。

20世纪,尤其是第二次世界大战以后,人们并未将金融政策视为促进经济稳定与经济增长的重要工具。西方主流的经济发展理论与金融理论基本上是相互脱离的。经济发展理论侧重于分析各种实物因素,如资本、劳动力、技术及自然资源在经济发展中的作用,忽视货币、金融因素的作用。另外一些理论则将金融置于被动和从属的地位,从而将金融部门的发展视作实际经济发展的副产品。还有一些理论则将金融部门的发展视作经济发展的障碍,从而主张实行抑制金融。受此影响,发展中国家制定发展战略时大多也漠视金融因素,或对金融部门采取抑制的政策。

1973年后,情况开始有所改变。同时出版了两本有影响的论述金融与经济发展的著作。一本是爱德华·肖的《经济发展中的金融深化》,另一本是罗纳德·麦金农的《经济发展中的货币与资本》。两著作提出了关于"金融压抑"和"金融深化"的理论,其理论以发展中国家为主要分析对象,从一个全新的角度对金融发展和经济发展的关系展开研究,考察了发展中国家货币金融的特殊性,以有说服力的证据深刻论证了金融发展与经济发展的辩证关系,提出了与传统货币理论大不一样,甚至截然相反的主张。他们认为发展中国家经济之所以不能取得令人满意的成就,其抑制性的金融政策是一重要原因。因此必须采取金融深化政策,逐步解除对金融部门的限制和不合理干预,以促进金融部门规模的扩大和效率的提高。该理论在经济学界引起了强烈反响,引发了一场研究金融发展的浪潮。

第一节　金融与经济发展的一般关系

"发展是硬道理"。金融发展从根本上说是一个经济发展问题。金融作为现代经济的核心,它广泛而深刻地渗透到经济和社会的方方面面,并推动其向前发展。在新形势下,金融问题已成为影响各国经济发展和国家安全与稳定的重大问题。

一、金融发展的含义与衡量指标

(一) 金融发展的含义

金融发展(financial development)作为一个专用术语,按照戈德史密斯的解释,是指金融结构的变化,而金融结构是指一国或地区金融工具与金融机构的规模和组合。一个社会的金融体系是由众多的金融工具、金融机构组成的。不同类型的金融工具与金融机构组合,构成了不同特征的金融机构。有的社会金融体系中的金融工具种类多、数量大、流动性强;同时,金融机构的规模大、数量多、服务范围广,具有较强的竞争力。而有的社会金融体系中的金融工具种类少、数量小、流动性也差;同时,金融机构的规模小、数量少、服务范围有限,服务效率低下。一般来说,金融工具的数量、种类、先进程度以及金融机构的数量、种类、效率等的综合,形成具有不同发展程度的金融结构。因此,金融发展程度越高,金融工具和金融机构的数量、种类就越多,金融服务的效率就越高。

(二) 金融发展的衡量指标

衡量金融发展程度,有五个需要考虑的方面:金融资产总额与实物资产总额的比重;金融资产与负债在各金融机构间的分布;金融资产与负债在金融机构与非金融机构之间的分布;各经济部门拥有的金融资产与负债总额;由金融机构发行、持有的金融工具总额。一般地,用金融相关比率和货币化率来作为衡量金融发展的基本指标。

1. 金融相关比率

金融相关比率(financial interrelation ratio,FIR)是一定时期内社会金融活动总量与经济活动总量的比值。其中金融活动总量一般用金融资产总额表示,而经济活动总量则用国内生产总值来表示。戈德史密斯认为,金融相关比率的变动反映的是金融上层结构与经济基础结构之间在规模上的变化关系,它大概可以被视为金融发展的一个基本特点。因为在一定的国民财富或国民产值的基础上,金融体系越发达,金融相关系数也越高,所以人们推断出,在经济发展的过程中,金融相关比率必然会逐步提高,而且可以根据金融相关比率来衡量金融发展达到何种水平。这是衡量金融上层结构相对规模的最广义指标。一般地,

$$FIR = \frac{(D+L+S)}{GDP}$$ （公式 11-1）

式中,D 为金融机构的各类存款,包括企业存款、城乡居民存款等;L 为各类贷款,包括短期贷款和中长期贷款;S 为有价证券,包括企业债券、政府债券、金融债券、股票、保险费等。

对所有的金融工具(或者说所有的金融资产),戈德斯密斯将其分为金融部门发行的金融工具和非金融部门发行的金融工具,这是按照金融工具的来源进行了划分。实际上金融部门的发行额度主要就是对金融机构的总债权(包括现金、商业银行吸收的各项存款、非银行金融机构吸收的各项存款、金融债券、准备金等)、商业银行和非银行金融机构提供的各种贷款。非金融部门的总发行是对非金融部门的总债权(包括政府债券、企业债券等)、政府向银行借款和股票等。

戈德史密斯认为,在一国经济中,不同的金融相关比率总是与不同类型的金融结构相关联。根据金融相关比率的高低及其他有关特征,戈德史密斯将金融结构大致分为三种类型:一是金融相关比率较低(约在 1/5～1/2 之间),债权凭证远远超出股权凭证而居于主导地位,在全部金融资产余额中金融机构所占比例较低,商业银行在金融机构中占据了突出地位,这也就是金融发展初级阶段的特点;二是金融相关比率仍然较低,债权凭证仍然大大超过股权凭证,银行仍然在金融机构中居于主导地位,但这种金融结构中,政府和政府金融机构发挥了更大作用。同时,大型的外资股份公司出现。根据戈德史密斯的考察,20 世纪上半叶,大多数非工业化国家的金融结构属于这一类型;三是金融相关比率较高,约在 1 左右(即金融资产总额与国民财富相等)。然而,金融相关比率有一个相当大的变动幅度,同时债权仍然占金融资产总额的 2/3 以上。但股权凭证对债权凭证的比率已有大幅度上升,金融机构日趋多样化,银行体系的地位下降和储蓄机构、私人及公共保险组织地位上升,戈德史密斯指出,这种金融结构在 20 世纪初期以来的工业化国家较为常见。

从纵向看,一国随着经济的发展金融相关率有提高的趋势,但达到一定水平时则趋于稳定;从横向看,发达国家的金融相关率要远高于发展中国家。

2. 货币化率

货币化率,是指一定经济范围内通过货币进行商品与服务交换的价值占国民生产总值的比重,主要用来衡量一国的货币化程度。随着商品经济的发展,使用货币作为商品与服务交换媒介的范围越来越广,这种现象表明社会的货币化程度不断提高。由于货币是金融资产的一部分,所以货币化率是反映了一个社会的金融发展程度的重要指标。在使用货币化率时,要注意使用的是哪个层次的货币统计量。一般地可以用 M_2/GDP、M_1/GDP、M_0/GDP 等来表示。

还可以根据研究的实际需要构造适宜的金融发展指标,如流动性负债即金融体系的负债与 GDP 的比值来衡量货币化程度;可以用商业银行—中央银行比率衡量商业银行与中央银行在配置社会储蓄中的相对规模;用私人信贷比率衡量信贷在私人部门与公共部门之间的分配;用股票市场成交量比率以及换手率来衡量股票市场的发展程度等。

▐▶ 二、金融发展与经济发展的相互作用

金融与经济发展的关系可表达为:两者紧密联系、相互融合、互相作用。具体来说,经济发展对金融起决定作用,金融则居从属地位,不能凌驾于经济发展之上;金融在为经济发展服务的同时,对经济发展有巨大的推动作用,但也可能出现一些不良影响。

(一)经济发展对金融的决定作用

经济发展对金融的决定性作用集中表现在两个方面:一是金融在商品经济发展过程中产生并伴随着商品经济的发展而发展。二是商品经济的不同发展阶段对金融的需求不同,由此决定了金融发展的结构、阶段和层次。经济的发展使社会的收入水平不断提高,因而提高人们对金融投资和理财服务的需求。经济的发展是金融发展的原动力。经济发展为企业规模及类型带来变化,这是金融工具、金融机构多样化和金融效率迅速提高的直接原因。

(二)金融对经济的推动作用

金融对经济的推动作用是通过金融运作的特点、金融的基本功能、金融机构的运作以及金融业自身的产值增长这四条途径来实现的。① 通过金融运作为经济发展提供各种便利条件;② 通过金融的基本功能为经济发展提供资金支持;③ 通过金融机构的经营运作来提高资源配置和经济发展的效率;④ 通过金融业自身的产值增长直接为经济发展作贡献。金融发展有助于实现资本的积聚与集中,可以帮助实现现代化的大规模生产经营,实现规模经济的效益;有助于提高资源的使用效率,从而提高社会经济效率;有助于提高用金融资产进行储蓄的比例,因而有助于提高社会的

投资水平。

在经济发展中,金融对经济可能产生不良影响,表现在很多方面,如因金融总量失控出现信用膨胀,导致社会总供求失衡;因金融运作不善使风险加大,一旦风险失控将导致金融危机,引发经济危机;因信用过度膨胀而产生金融泡沫,膨胀虚拟资本,刺激过度投机,破坏经济发展。

正确认识金融与经济发展的关系,充分重视金融对经济发展的推动作用,积极防范金融对经济的不良影响。摆正金融在经济发展中的应有位置,使金融在促进经济发展过程中获得自身的健康成长,从而最大限度地为经济发展服务。

第二节 金融压抑

针对发展中国家金融市场的普遍落后状态,不少发展经济学家努力研究导致这种落后的原因以及摆脱落后的对策。美国经济学家肖和麦金农在这方面取得了突破性的进展,系统地研究了发展中国家金融市场与经济发展的关系,提出了"金融压抑"和"金融深化"的理论,该理论十分强调"金融深化",关注金融资产比非金融财富更快的增长。

▶ 一、金融压抑的含义

所谓金融压抑,就是政府当局对金融活动的强制干预,人为地压低利率和汇率等金融变量,从而错误地选择金融政策和金融制度的现象。肖和麦金农认为,金融变量和金融制度对经济成长和经济发展来说,并不是中性的,它既能起到促进作用,也能起到阻滞作用。关键在于政府政策和制度的选择。

过多的金融压抑主要表现为政府对金融行业的过多干预。一方面表现在利率管制上。当货币当局硬性规定存贷款利率的上限时,利率就无法准确反映资金供求状况和资金短缺程度。由于多数发展中国家都存在比较高的通货膨胀,所以,硬性规定的只能是名义利率的上限,实际利率因此成了负数。在实际利率为负值的情况下,储蓄者不愿意增加储蓄,借款者的借款需求却格外强烈,这就必然导致资金的需求严重大于资金供给,金融机构就只能以配给方式授信。其中能够获得贷款的大多是享有特权的国有企业,或者是与官方金融机构有特殊关系的私营企业单位,这就必然会滋生腐败。而大量民营企业只能向传统的非组织市场和高利贷者求贷,加上金融机构主要集中于大城市,广大农民和小工商业者的贷款需求就更加难以得到满足。

金融压抑另一方面表现在外汇市场的管制上。高估本国货币的官定汇率,低估外国货币的币值。这样必然导致发展中国家外汇严重短缺,因为本币的高估阻碍了这些国家的商品出口,也不利于其他国家资本的流入。外汇的供不应求决定了只有享受特权的机构和阶层才能以官方汇率获得外汇,这就必然助长外汇的黑市交易。高汇率阻碍本国商品的出口,但是享受特权的进口商仍然能够赚取超额利润。而许多国家实行的"进口替代"政策更加剧这些国家对重工业的关注及对农业和轻工业的轻视。

▐▶ 二、金融压抑模型

由于麦金农和肖对金融抑制和金融深化的观点大致相同,因而一般情况下将他们二人的理论归结为同一金融发展模型。

如图 11 - 1 中,横轴表示储蓄和投资的数量,纵轴表示实际利率 r。$S(g_i)$ 表示经济增长率为 g_i 时的储蓄,它是实际利率的增函数。I 表示投资,它是实际利率的减函数。假定储蓄可以全部转化为投资,而且没有国外融资来源。这样,投资总额 I 等于一定利率水平上所能形成的储蓄总额 S。

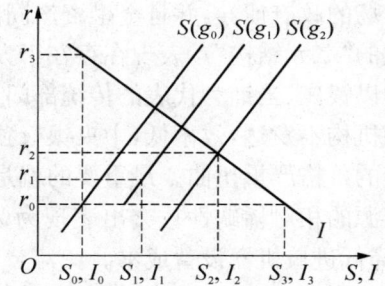

图 11 - 1 金融抑制

如果实际利率被限制在 r_0 上,那么储蓄总额为 S_0,实际投资总额也只能是 I_0。但是根据投资曲线可知,在实际利率为 r_0 时,愿意投资的总额(即贷款需求)为 I_3,这样就形成了资金供求的较大缺口($I_3 - I_0$)。由于可贷资金严重不足,这就必然导致非价格性的信贷配给,大多数发展中国家实际上都存在这种状况。非价格性的信贷配给又往往导致投资效率的大幅度下降。所以,肖和麦金农认为,发展中国家实行低利率政策,不仅不能加快经济发展,反而会导致经济发展速度的下降。所以,为了促进经济发展,至少应适当提高利率。

若将利率由 r_0 提高到 r_1,则会使储蓄和实际投资总额随着存款利率的上升而提高。同时,原来那些收益率高于 r_0 但低于 r_1 的投资项目出现亏损,从而被排除在投资选择外,取而代之的是那些收益率高于 r_1 的投资项目,投资的平均效率将会有明显的提高,经济增长率由 g_0 上升至 g_1,储蓄曲线由 $S(g_0)$ 移到 $S(g_1)$。根据肖与麦金农的分析,实际利率的提高既能增加资本形成的数量,又能提高资本形成的质量,从两方面推动经济的增长和发展。

当实际利率为 r_2 时,储蓄曲线移到 $S(g_2)$,投资总额为 I_2,储蓄总额正好等于贷款需求,经济增长率达到 g_2,因此 r_2 是最为理想的利率水平。这个利率也就是肖和麦金农所说的资本市场上的均衡利率。按照这里的理论逻辑,政府当局也应该彻底地废除一切对利率的干预和管制,并采取积极措施,遏制通货膨胀率的上升,减少名义利率对物价上涨的影响,以使实际利率等于或尽可能接近于均衡利率。肖与麦金农模型的核心思想就是实行金融自由化,允许实际利率在市场利率机制的作用下自动地趋于平衡,从而加快发展中国家经济增长的速度。

三、发展中国家普遍存在金融压抑

(一) 发展中国家金融体制的一般特征

发展中国家的金融体制比较落后,主要表现有:

第一,金融资产形式单一,数量有限。金融资产仅限于现金、活期存款、定期存款及初级市场的政府债券,并且金融资产同国民收入的比率处在很低水平。第二,金融体系存在明显的"二元结构"。表现在存在于大城市的以现代大银行为代表的现代部门和存在于农村的以钱庄、当铺为代表的传统部门。第三,金融结构单一。商业银行居绝对主导地位,金融机构不发达,效率低,中央银行独立性差。第四,直接融资市场极其落后。第五,金融资产的价格严重扭曲。最重要的就是对金融资产价格(利率)实行严格管制,使其无法反映资源的相对稀缺性。突出表现为为降低工业化成本,压低实际利率、高估本国货币币值、降低进口机器设备成本。

(二) 发展中国家的金融压抑政策及其后果

在麦金农和肖等人看来,发展中国家落后的金融体制已经构成了发展中国家经济发展的严重制约因素。这种落后的金融体制一方面源于发展中国家落后的经济现实,但更主要的还是在于发展中国家政府所实行的抑制金融发展的政策,他们称之为金融压抑。发展中国家政府认为这种干预和管制是不可或缺的,甚至将其作为推动经济发展、实施发展战略的一种重要手段。为了实现所谓的经济发展的目的,它们大都采取了以下可能导致不利后果的措施。

1. 通过规定存贷款利率人为地压低实际利率

为了降低公共部门的融资成本,阻止私有部门同公共部门竞争资金,发展中国家通常以设定存贷款利率上限的方式来压低利率水平,结果是发展中国家的存贷款利率通常很低,有时甚至是负数。这一结果严重脱离了发展中国家资金稀缺的现实。过低的实际利率使得货币持有者的实际收益十分低下,从而降低了人们对实际货币的供给,金融资产的规模也就无法得到发展。

2. 对金融机构实施严格的控制

这种控制表现在以下几个方面：严格限制金融机构的资金流向；严格限制某些种类的金融机构的发展；实施金融机构的国有化等。这些控制造成的直接后果是，金融机构成本高昂，效率低下，金融机构种类单一，专业化程度低。

3. 高估本国货币的官定汇率

发展中国家常常人为地高估本币的汇率，使其严重偏离均衡的汇率水平。这一政策使发展中国家陷入了更为严重的外汇短缺。过高的本币汇率不仅使发展中国家本来就十分低下的产品国际竞争力更弱，而且使进口需求高涨。其结果，发展中国家不得不实行全面的外汇管制，对稀缺的外汇资源进行行政分配。

（三）金融压抑阻碍发展中国家的经济增长

金融压抑对金融发展和经济增长有负面的影响，主要体现在以下几个方面。

1. 负收入效应

由于许多实行金融压抑政策的发展中国家存在着严重的通货膨胀，导致实际货币余额的持有者和使用者、公众和企业为避免承受物价上涨的损失，就会减少货币形式的储蓄，储蓄下降，导致投资减少，总需求降低，国民收入也随之下降，收入的下降进一步带动国民经济的收缩。

2. 负储蓄效应

绝大多数发展中国家存在市场分割、经济货币化程度低、金融工具单一等问题。较低的利率水平下，通货膨胀率不稳定而且无法预测。官方利率低，导致人们采取购买实物资产、增加消费支出和向国外转移资金的方式来回避风险。潜在的借款者可能从事相对低收益的直接投资，而不是将钱存入银行然后贷给收益较高的项目，储蓄率的提高大受影响。这将降低整个经济体系的效率。

3. 负投资效应

金融压抑战略，使发展中国家传统部门的投资受到限制，阻碍农业的正常发展，使其产出下降，这又会增加对粮食和原材料进口的需求。本币的高估，又严重影响了出口的增长，使本国经济发展滞缓，反过来又加重发展中国家对境外供给的依赖。较低的贷款利率使低效益的项目得以举办，忽视了比较优势的原理。低贷款利率鼓励借款人选择资本相对密集的投资项目，恶化投资环境，从而阻碍了投资和经济的增长。

4. 负就业效应

金融压抑战略下对传统部门的抑制，迫使劳动力向城市迁移。向城市转移的大量劳动力中，只有小部分能被资本密集型产业所吸纳，未被吸纳的部分或是滞留在工资水平相对较低的行业、企业中，或是处于失业状态。他们居住在城市贫民窟中，形成不充分就业的城市无产者阶层。停留在农村中的劳动者，其财富不仅难以增加，甚至可能不断减少。

第三节 金融自由化

肖与麦金农等经济学家一致认为,金融压抑是发展中国家经济发展的一大障碍,要想实现经济迅速增长,就必须采取一系列金融自由化政策,实现"金融深化"。

▶ 一、金融自由化及度量指标

(一)金融自由化的含义

对于金融自由化政策,西方学者在考察发展中国家的金融问题时,是用金融深化这样的概念提出的。其具体内容是:政府放弃对金融市场和金融体系的过度干预,在有效控制通货膨胀的情况下,放松对利率和汇率的严格管制,使利率和汇率成为反映资金供求和外汇供求变化的信号,从而有利于增加储蓄和投资,促进经济增长。

与金融压抑相反,在金融深化经济中,金融部门可以得到自由和充分的发展,金融资产价格真实地反映资源的相对稀缺性。麦金农和肖主张,发展中国家必须解除对金融资产价格的不适当管制,实行以利率自由化为核心的金融自由化政策。金融自由化的主要内容一般包括以下几个方面:首先,价格自由化。即取消利率限制,放开汇率;其次,业务自由化。允许金融机构业务交叉、混业经营、公平竞争;再次,市场自由化。放开各类金融机构进入金融市场的限制,丰富金融市场的工具和技术;最后,资本流动自由化。允许外资和外国金融机构更方便地进入本国市场,同时也放宽内资和国内金融机构进入外国市场的限制。

(二)度量金融深化程度的指标

1. 金融资产存量与流量

一方面,金融深化使人们愿意持有各种流动性金融资产,避免持有实物资产所花费的保管成本,金融资产存量同国民收入的比率较高,同实物财富比率也较高。金融资产品种丰富,期限拉长,参与者众多。另一方面,金融深化使私人储蓄上升,各种形式资本外逃减少,减轻了财政压力,缓和对国外资金的需求。

2. 金融体系的规模和结构

金融深化情况下,多种金融机构体系并存,规模不断扩大,结构趋于合理化。金融结构的变化趋势是商业银行在金融体系中的相对重要性下降,金融市场在全社会资本资源配置中相对地位的上升，代表了金融体系内部分工的细化和金融服务水平的提高。

3. 金融资产价格——利率汇率是金融深化与否最重要的特征

随着金融深化的展开，利率能准确反映客观存在的、能替代即期消费的投资机会的多少和消费者对延迟消费的愿意程度。实际利率逐步提高，各种利率之间差别趋小，外汇管制放松。

▸ 二、金融自由化的正效应

通过实行金融自由化即消除对利率和汇率的人为压制，可以取得一系列的正面效应。

（一）储蓄效应

由于储蓄的实际收益率上升，以及储蓄者资产选择范围的增加，私人部门储蓄的积极性提高，因而国内私人储蓄对收入的比例将趋于上升。金融自由化还会影响国外部门的储蓄，汇率扭曲的纠正会使得在国际资本市场上进行融资更为容易，同时使得资金的外逃得以扭转。

（二）投资效应

一方面，金融自由化带来的储蓄效应增加了投资的总额；另一方面，金融深化提高了投资的效率。肖认为金融深化从四个方面提高了投资的效率。第一，金融深化统一了资本市场，减少了地区间和行业间投资收益率的差异，并提高了平均收益率；第二，促使金融深化的政策减少了实物资产和金融资产未来收益的不确定性，促使投资者对短期投资和长期投资做出较为理性的选择；第三，资本市场的统一为劳动力市场、土地市场和产品市场的统一奠定了基础，从而促进了资源的合理配置和有效的利用，发挥生产的相对优势，提升规模经济的好处，进而提高投资的平均收益率；第四，金融深化使得建筑物、土地和其他本来不易上市的实物财富可以通过中介机构或证券市场进行交易和转让，在市场竞争的压力下，通过资本的自由转移带动投资效率的提高。

（三）就业效应

落后经济中的失业，在某种程度上是金融抑制的结果。由低利率造成的低储蓄本来就不能为生产提供足够的资金，更为糟糕的是，由于利率的人为压低，这些和劳动力相比本来就十分稀缺的资金往往又被大量投资于资本密集型产业，从而使失业状况更为严重。而金融自由化则有助于缓解这一状况。因为投资者将倾向于以劳动密集型生产代替资本密集型生产，以降低生产成本，社会的就业水平将有相应的提高。就业效应对大多数发展中国家尤为重要，因为这些国家往往存在着大量的剩余劳动力，资本相对稀缺。因此，通

过劳动密集型生产替代资本密集型生产，既可以充分利用剩余劳动力，又可以缓解资本需求大于供给的矛盾，使有限的资本得到合理的配置和有效的使用。这将极大地促进一国经济的增长和发展。

（四）收入效应

肖认为，金融深化使储蓄增加，投资增加，使实际国民收入增加。同时，金融自由化及其相关的政策，有助于促进收入分配的平等。金融自由化可以通过提高就业而增加工资收入的份额，金融自由化还会减少拥有特权的少数进口商、银行借款者和资源消费者的垄断收入。此外，金融自由化带来的资本积累，还有助于改变落后经济中普遍存在的以压低农产品价格的形式进行的对农民的变相剥夺。在许多发展中国家，这种剥夺往往是积累工业化所需资本的重要方式。

金融深化有助于就业、产出的稳定增长，摆脱经济时走时停局面。采取适宜的金融自由化政策，可以增加国内储蓄和改善国际收支，经济对国际贸易、信贷、援助有较强承受力，减少了对爆发式通胀和以通胀税平衡财政预算的依赖，从而使稳定的货币政策成为可能。肖令人信服地写道："在被抑制的经济中，政策策略的特征就是干预主义。由于货币变量难以控制，详尽的价格控制就显得很有必要了。由于汇率高估，因而要实行复杂的关税制度、进口许可证制度和对出口进行不同的补贴。由于储蓄缺乏，贷款就要逐项配给。一个失去了边际相对价格灵活性的经济，必定要用人为的干预政策去平衡市场，但这是行政机构不可能胜任的任务，并且还要为之付出高昂的低效率和贪污腐化的代价。自由化的一个主要目的，就是用市场去代替官僚机构。"

▌▌▶ 三、金融深化理论的政策主张

（一）放松利率管制

要使人们持有的实际货币数量有较大的增长，必须取消对存款利率的限制，提高名义存款利率，减少政府财政赤字，严格控制货币发行，降低通货膨胀率，这样就可以使人们持有货币的实际收益增加。

（二）缩减指导性信贷计划

扩大对效率高的小企业单位的放款。金融机构要扩大对城乡小企业的信贷，大银行也可以把资金贷给地方信用合作社和钱庄，再让它们以较高的利率贷出。这样可以把资金从效率低的地方引导到效率高的地方，从而提高资金的使用效率，并且降低民间借贷的利率水平。

（三）减少金融机构审批限制，促进金融同业竞争

削弱少数专业金融机构在吸收存款和分配贷款时所处的垄断地位，变专业银行为商业银行，成立新的银行，鼓励银行竞争。同时，增加期限长、利率高、数量大的贷款，促进技术的进步。

（四）放松对汇率的限制

金融改革与外贸改革同步进行，其核心就是实现汇率自由浮动和外币自由兑换，取消对进出口的歧视关税和特惠补贴，促进本币汇率逐渐贬值，以外贸全面的自由取代局部的自由化。

▶ 四、金融自由化理论的不足

（一）高利率可能对银行收益产生两个方面的消极影响

第一，逆向选择。利率提高之后，那些收益率极低而安全性较高的项目将因为投资收益无法弥补借款成本从而退出借款申请者的行列，而剩下的愿意支付高利率的借款人往往是高风险的，他们之所以愿出高利率，本来就是因为他们知道归还贷款的可能性比较小。第二，逆向激励。由于高利率使得一些收益率较低的项目变得无利可图，在有限责任的条件下，那些获得贷款的人将倾向于选择高风险高收益的项目，从而使道德风险问题变得更为严重。因此，银行从自身的利益出发，也会愿意将利率定在低于均衡利率的水平上，然后通过多种手段对借款申请者进行筛选。

（二）银行行为扭曲条件下金融自由化的风险

金融自由化理论的分析是以银行行为本身并没有受到扭曲为前提的。如果银行本身也存在着严重的道德风险问题，那么金融自由化很可能带来灾难性的后果。如发达国家的存款保险制度下，存款货币银行将大量的破产成本转嫁给政府的存款保险机构，从而从事高风险的投资，导致了巨额的亏损。而发展中国家通常并没有健全的存款保险制度，但是金融机构通常享有隐性的政府担保。不到万不得已，不会让金融机构倒闭。这种隐性的政府担保同样会导致银行行为的巨大扭曲，诱使银行铤而走险。一旦政府放松利率及其他方面的管制，银行往往很难拒绝高利率的巨大诱惑而实行信贷配给。而且在这种赚了归自己、赔了由政府兜着的制度安排下，它本身就会有极大的动力去追求风险收益。

（三）金融深化论者忽略了发展中国家经济结构的严重失衡

金融深化论者重视金融制度对于经济发展的促进作用，主张大刀阔斧地实行金融体制改革，以改变发展中国家的金融压抑。但是他们却没有强调宏观经济稳定是金融深化

的前提条件。在宏观经济不稳定的情况,贸然实行利率自由化,必然导致更高的实际利率和更加不稳定的宏观经济。阿根廷、智利等国家在 20 世纪 70 年代实行金融自由化的教训已经证明,发展中国家的金融深化必须与经济体制改革相配套,才能避免大的经济震荡。

(四)金融深化论者过分强调自力更生,轻视引进外资的重要性

金融深化论者认为,只要发展中国家实行金融深化改革就可以从本国资本市场筹集到全部发展资金,因而该理论又被称为"自力更生的发展理论"。事实上,大多数发展中国家的国民收入极低,即使提高利率,也难以吸收到足够的储蓄作为建设发展资金。如果发展中国家在工业化初期轻视外资的引进和利用,则肯定会影响它们的经济发展速度。

(五)金融深化论者过于强调取消政府对金融体系的干预

金融深化论者称,金融深化就是金融自由化。实际上,即使在发达的市场经济中,政府仍须对商业银行、金融机构和金融市场实行严格的监管和管理。所谓"自由浮动"、"随行就市"的汇率和利率实际都是在金融当局的管理下,只不过这种管理不像发展中国家那样直截了当、强行规定罢了。因此,在发达国家从来没有真正实现金融自由化之前,为发展中国家开出金融自由化的药方,无论如何不算高招。尽管政府对金融的直接干预和管制,怎么强调也不算过分,但是这只是表明要从直接干预转向间接调控,而不是所谓的自由化。

(六)金融深化论者没有充分展开对发展中国家金融深化的过程和阶段的研究

金融深化论者认为,只要放开利率和汇率,资本和外汇的短缺问题就能顺理成章地解决。但是他们没有指出应该创造哪些条件才能放开利率和汇率,也没有指出利率和汇率应该先放开哪一个,或者同时放开。所以容易引起实践中的误导。1997 年东南亚金融危机可以充分证明金融深化过程和阶段研究的重要性,泰国的金融深化程度无疑要高于中国,它们在这场危急中却付出了惨重的代价,中国的外汇管制至今没有完全解除,但是却成为中国抵御外来危机的可靠屏障。

第四节 金 融 创 新

进入 20 世纪 70 年代以来,伴随着经济和社会的发展,西方经济发达国家金融业出现了一股金融创新热潮,新的金融工具、金融机构、金融服务、融资方式及金融衍生品的不断

涌现,使金融业发生了本质的变化,获得了长足的发展,促进了世界经济的发展。

一、金融创新的含义及动因

(一)金融创新的含义

金融创新是金融领域内出现的,有别于以往的新业务、新技术、新工具、新机构、新市场与新制度安排的总称。具体而言,金融创新是指金融机构为生存、发展和迎合客户的需要而创造的新的金融产品、新的金融交易方式以及新的金融市场。它主要包括四个方面的内容:① 金融创新的主体是金融机构;② 金融创新的目的是盈利和效率;③ 金融创新的本质是金融要素的重新组合,即流动性、收益性、风险性的重新组合;④ 金融创新的表现形式是金融机构、金融业务、金融工具、金融制度的创新。

金融创新是引进新的金融要素或已有要素的重新组合,在最大化原则基础上构造新的金融生产函数的过程。西方国家的金融创新从 20 世纪 60 年代开始,70 年代全面展开,80 年代最为活跃。目前金融创新已经成为国际金融领域的显著特征。

(二)金融创新的动因

从金融创新的形成动因上看,大多源于政府严格监管的逆效应、高通货膨胀的压力和高新技术的发展。在金融创新形成浪潮中,西方经济学家对此进行了研究,并提出了各种各样的理论。

1. 技术进步论

该理论认为,新技术的出现及其在金融业的应用是促成金融创新的主要原因,特别是电脑和电信设备的新发展在金融业的应用是促成金融创新的重大因素。早期研究技术创新对经济发展贡献的代表人物是熊彼特、韩农和麦道威,他们经过实证研究提出了新技术的采用是推动金融创新的主要原因的理论。

2. 逃避管制论

该理论的代表人物是凯恩斯。凯恩斯认为,金融创新是金融机构为了获取利润而规避政府监管所引起的。各种形式的政府监管与控制在性质上等于银行的税收,这阻碍了金融机构获得更大盈利的机会。因此,金融机构会通过创新来规避政府监管。当金融创新危及金融机构稳定与货币政策时,货币当局会加强监管,新的监管又会导致新的创新,两者不断交替,形成了一个相互推动的过程。

3. 规避风险论

新型金融工具的出现,如大额可转让定期存单、金融期货、期权、掉期等工具,使得投资者很容易实现投资组合,分散或转移投资风险,实现在一定风险水平下的收益最大化,或一定收益水平下的风险最小化。

4. 竞争趋同论

竞争是市场经济的重要规律之一,没有竞争就不是市场经济。随着现代经济全球化、市场国际化,金融领域的发展更为迅速。金融机构的种类、数量急剧增加,金融资本高度集中,同时向国外市场发展。由此,伴随而来的金融机构之间的竞争也日趋尖锐,而且面临的风险更大,特别是当经济遇到危机时,市场经济优胜劣汰的内在机制在金融领域里演绎得更加充分,金融机构倒闭、合并、重组的事件屡见不鲜。所以,为了在竞争中求生存、谋发展,在市场中立于不败之地,金融机构就需要不断地改革创新。可以说,金融业的发展史就是一部创新史。

二、金融创新的内容

按照比较广义的理解,金融创新的主要内容包括金融产品和业务的创新、金融机构的创新和金融制度的创新。

(一) 金融产品和业务创新

金融业务的创新是把创新的概念进一步引申到金融机构的业务经营管理领域,它是金融机构利用新思维、新组织方式和新技术构造新型的融资模式,通过其经营过程取得经营成果的活动。在金融创新中,因为商业银行业务在整个金融业务中占据举足轻重的地位,所以商业银行的业务创新构成了金融业务创新的核心内容。

首先是负债业务的创新。负债业务的创新主要发生在 20 世纪 60 年代以后,主要体现在商业银行的存款服务上。各商业银行通过创新新型的负债工具,一方面规避政府监管,另一方面也增加了银行的负债来源。主要包括大额可转让定期存单、可转让支付命令、货币市场存款账户、协定账户、股金汇票账户、个人退休金账户、货币市场存单等。

其次是资产业务的创新。一是消费信用,包括一次性偿还的消费信用和分期偿还的消费信用。这种资产业务发展迅速,已经成为有些商业银行的主要资产项目。二是住宅放款。包括固定利率抵押贷款、浮动利率抵押放款和可调整的抵押贷款。三是银团贷款。四是其他资产业务的创新,如平行贷款、分享股权贷款、组合性融资等。

再次是中间业务的创新。银行中间业务的创新改变了银行传统的业务结构,增强了竞争力。主要包括信托业务和租赁业务。前者如证券投资信托、动产和不动产信托、公益信托等。后者如融资性租赁、经营性租赁、杠杆租赁等。

最后是清算系统的创新。包括信用卡的开发和使用,电子计算机转账系统的应用等。

(二) 金融机构创新

金融机构创新主要集中在非银行金融机构和跨国银行的发展两方面。因为各国金融制度不尽相同,对金融机构的设置分工等各方面的要求也各有所侧重,金融机构的形式也就不一致。但是,综合世界各国的金融机构创新的原因不外乎两个方面:一是金融自由化的进展使金融机构从"专业化"向"综合化"方向发展,为各种新的金融机构的诞生创造了条件。二是西方各国在二战后初期,根据经济发展需要对金融体制进行了改组和整编,使得金融机构由"专业化"向"综合化"转化。其实质是战后经济活动的实际内容发生变化,使得金融机构突破原来的业务分工,在较大范围内开始综合经营。而且实行多种金融业务的交叉,出现了大批新的金融机构。20 世纪 30 年代资本主义经济危机以后,各国加强了金融管制,防止经济危机对金融业的影响。特别是二次大战以后,世界各国金融体系专业化程度得到了加强,对金融业的管理法规也更加严密。80 年代新技术革命的进展和资本国际化的形成等因素,促成金融交易的自由化发展,这些都导致了金融法规相应变革,朝着放松管制和促进金融自由化的方向发展,这又反过来进一步促进了金融机构的创新。

(三)金融制度创新

金融制度是金融体系中的一个非常重要的方面。在一系列的金融创新与金融自由化的过程中,金融制度的变化是其重要的组成部分。在制度变革的基础上,金融创新又会在一个更新层面上展开,进而推动金融创新的深入发展。金融制度的创新主要体现在两个方面:

第一,分业管理制度的改变。长期以来,在世界各国的银行体系中历来有两种不同的银行制度,即以德国为代表的"全能银行制"和以美国为代表的"分业银行制"。两者主要是在商业银行业务与投资银行业务的合并与分离问题上的区别。这一点本书第 6 章已有详细介绍。但是 20 世纪 80 年代以来,随着金融自由化浪潮的不断升级,这一互相不越雷池一步的管理制度已经发生了改变。美国 1999 年彻底废除了《格拉斯—斯蒂格尔法案》,允许商业银行混业经营,从此商业银行经营全能化、综合化成为一种趋势。

第二,金融市场准入制度趋向国民待遇。20 世纪 80 年代以前,许多国家采取了对非国民进入本国金融市场以及本国进入外国金融市场以种种限制,尤以日本为最。在金融自由化浪潮的冲击下,这些限制正逐渐取消,商业银行逐渐实现跨国经营,跨国银行不断涌现。

▎▎▶ 三、金融创新的影响

(一)金融创新的微观效应

1. 金融创新为金融机构拓展了生存空间

首先,金融创新创造了一些新型的金融机构,促进了非银行金融机构的快速发展,非银行资金来源增加。金融创新使得各种金融工具大量发行,经济主体不再像过去那样依赖商业银行的信贷资金,这样既丰富了金融体系的内容,又降低了银行体系的融资压力,有利于金融体系的稳定。

其次,金融创新改变了金融中介机构的分割局面,使不同金融机构之间打破了分业经营的体制,突破了各自原有的业务领域,使得金融机构日趋同质化,互相参透、互相竞争,有利于资金市场价格向资金影子价格的回归,有利于资金在全社会的有效配置。同时金融创新提供了多样化、多功能、高效率的金融产品与金融服务,使金融资产选择面增大,有利于满足不同投资者的投资需求与偏好,有利于促进整个经济的高效运行。

最后,金融创新促进了金融机构业务的创新和多元化,使金融机构摆脱困境,拓展了新的盈利空间。一般而言,银行通过负债类金融产品创新扩大资金来源,通过资产类金融产品创新扩大资产篮子,进行资产组合,使资金的运用更为科学。此外,银行还通过对中间业务产品的创新,加强资产与负债、资金来源与资金运用的流动性。

2. 金融创新使投资者增强了抗风险的能力

金融创新创造了很多新型金融工具,提供了多功能、多样化和高效率的金融工具和金融服务,扩大了投资者的选择空间,有利于分散风险,改善金融产品的流动性和安全性。而且金融创新降低了持有和保管金融工具的成本,降低了发行成本。同时,金融创新便利了金融工具的交易。各类资产之间转换方便,大大降低了金融工具的交易成本。如股票期货(权)、股指期货(权)等金融创新产品与股票、货币等现货金融产品之间有较强的替代性,而利用股票和货币现货买卖来对现货资产进行调整,不仅要经历较长的时滞,而且还要承担较高的支付清算成本,以及因交割时滞而丧失交易机会所造成的机会成本等。

3. 金融创新可能使金融风险增大

金融创新在为投机者提供新的手段与场所以规避旧的风险的同时,又产生了新的风险。譬如,外汇期货的产生极大地降低了远期外汇的风险,但是人们炒作期货的结果,又通过保证金制度形成了新的更大的风险,期货炒作失败对个人和市场的影响将大得多。新风险的突出表现就是资产收益率的波动幅度进一步增大,防范和控制风险的压力继续加大。虽然技术进步和资产定价模型的研究对金融创新成果的丰富有很大的帮助,但显然其主要的原动力还是来自金融资产价格波动的不断加剧。新加坡巴林公司的里森正是对衍生产品操作无度才毁灭了巴林集团。

(二)金融创新的宏观效应

1. 金融创新对货币需求的影响

(1)金融创新改变了广义货币结构。金融创新降低了货币需求总量,改变了广义货币结构。一方面是金融创新中出现了大量货币性极强的金融工具,具有较好的变现功能和支付功能。有些金融工具还能带来较高的收益,相对提高了持币的机会成本,这样人们在资产组合中尽量减少货币的持有量,而增加非货币资产的比重,从而引起对传统货币需求的减少。另一方面,金融电子化和支付结算系统的改革,缩小了现金的使用范围,而且活期存款的使用也在减少,从而导致货币需求不断下降。

(2) 金融创新降低了货币需求的稳定性。首先,金融创新产生了一系列既有流动性又有收益性的金融工具,从而改变了人们持有货币的动机,引起货币需求结构的变化。稳定性高的交易性货币需求比重下降,而稳定性差的投机性货币需求比重上升,从而使货币需求函数的稳定性下降。其次,金融创新使货币需求的决定因素变得复杂和不稳定。最后,金融创新使货币与其他金融工具之间的替代性增强。短期内经济形势稍有变化就会引起资金在各类金融资产之间的大规模转移,从而导致狭义的货币需求变幻频繁。

2. 金融创新对货币供给的影响

(1) 金融创新增强了金融机构的货币创造能力。金融创新通过作用于现金比率、定期存款准备金比率、法定存款准备金比率和超额存款准备金比率四个因素来影响货币乘数,进而导致货币供应量的变化。

(2) 金融创新部分地削弱了中央银行控制货币供给的能力。金融创新一方面通过减少货币需求,充分利用闲置资金、加快货币流通速度来改变货币需求量,另一方面又通过扩大货币供给主体,加大货币乘数、创造新型存款货币,使得货币供给在一定程度上脱离中央银行的控制,使货币供给越来越受到经济内生变量的影响。

3. 金融创新对货币政策的影响

(1) 金融创新使得货币政策的中间目标复杂化。这主要是因为货币与其他金融资产之间的替代性增强,使货币外延变得模糊,中央银行很难把握货币总量的变化,降低了货币政策的效力。

(2) 金融创新降低了货币政策工具的效力。金融创新使金融机构能够获得大量的不用交纳存款准备金的资金,从而限制了"法定存款准备金率"这一工具的效力;金融创新使银行融资渠道多样化,不到万不得已银行不会向中央银行申请再贴现或再贷款,从而"再贴现率"工具的效力也会降低。金融创新为中央银行公开市场业务提供了多种交易手段与场所,强化了公开市场业务的作用,但也同时增加了有效运用公开市场业务的难度。

(3) 金融创新扩大了货币政策效应的时滞。由于金融创新深刻地影响了金融运行的过程,中央银行在制定货币政策时要多方面加以考虑,扩大了货币政策的内在时滞。金融创新改变了货币供给过程,影响了中央银行控制货币供应量的能力,而且大量创新金融工具的存在,使居民和企业的经济行为不一定像中央银行和金融机构预期的那样,从而造成货币政策的外在时滞。

综上所述,当代金融创新虽然利弊作用皆存,利弊作用力都放大了。但从总体上看,金融创新的利远远大于弊,并且其利始终是主要的和主流性的。正确认识和客观评价金融创新对于金融发展和经济发展的积极推动作用,是有效利用和充分发挥其积极作用,主

动驾驭并把握金融创新的内在规律,最大限度地推动金融、经济发展和社会文明进步的基本前提。当然,当代金融创新的副作用亦不能忽视,必须加以有效的引导和监管,进行防范和控制。对创新在不同方面存在的弊病可以采取不同的政策措施予以克服或减轻。总之,只要改善宏观调控,加强监管,正确引导,当代金融创新中的副作用应该可以减轻到最低限度,安全与效率并非不可兼得。

 本章小结

金融与经济之间存在者密切的关系,它始终是金融学研究的主题。经济发展是金融发展的前提和基础,而金融发展是推动经济发展的动力和手段。戈德史密斯提出了金融相关比率指标,其变动反映了金融上层结构和经济基础结构之间在规模上的变化关系。

肖和麦金农认为,发展中国家的"金融压抑"对经济发展有很强的负面影响,并认为"金融深化"对经济增长具有一定的促进作用,但是在某些条件下也会产生负面影响。

金融创新是金融领域内各种金融要素的创新型组合,包括金融产品和业务的创新、金融机构的创新和金融制度的创新。同时,它也是一把双刃剑,既改变了金融体系的结构,也加大了金融体系的风险因素。

 复习思考题

1. 试述发展中国家金融制度的基本特征。
2. 如何理解金融与经济发展的关系?
3. 如何正确认识"金融压抑"和"金融深化"论?
4. 如何认识当代金融创新对金融及经济发展的影响?

 案例分析

案例:发展中国家金融深化的反思

(一)发展中国家金融深化的主要内容

20世纪70年代末和80年代初,有一大批发展中国家进行了金融深化的实践,如亚洲的马来西亚、韩国、斯里兰卡、菲律宾、印度尼西亚和拉丁美洲的阿根廷、智利、乌拉圭

等。这些国家的金融深化大多以金融自由化为核心内容,其主要措施是:

(1) 放松对金融的管制和干预。在金融深化过程中,许多发展中国家的政府将减少进入金融业的障碍作为金融改革的一项重要内容。如阿根廷、智利、乌拉圭等减少了本国银行和外国银行登记注册的各种障碍;对国有银行实行私有化政策。又如,韩国取消了非银行金融机构的限制,拓宽金融机构的服务范围,从而增加了金融机构的数量,促进了金融同业竞争。

(2) 取消或部分取消利率限制。针对因官定利率与均衡利率脱节而导致的官商勾结、以权谋私等问题,不少发展中国家对利率采取了较为灵活的管理方式。如韩国取消了优惠贷款利率,对大部分贷款利率完全放开;阿根廷、智利、乌拉圭等国甚至完全解除了利率管制。

(3) 放宽信贷政策。在金融自由化之前,发展中国家大多实行信贷额度管理。进入20 世纪 70 年代中期之后,不少发展中国家放松了对信贷实行额度管理的限制,有些国家,如阿根廷、智利、乌拉圭、韩国等,甚至完全取消了指令性信贷计划。

(4) 发展资本市场。为解决金融工具单一的问题,不少发展中国家在金融深化的过程中大力拓展资本市场,不断完善资本市场管理法律、法规,并适时对外开放资本市场。

(5) 允许汇率浮动。放松汇率限制也是 20 世纪 80 年代金融深化的重要内容之一。

(6) 放松对资本流动的限制。不少发展中国家和地区建立起了较为发达的离岸金融市场。

(二) 发展中国家金融深化效应

发展中国家金融深化收获的并不仅仅是成功的喜悦,有些发展中国家在金融深化的过程中,由于操之过急,出现了比较严重的金融危机。比较典型的有两次。

1. 1994 年墨西哥金融危机

1994 年 12 月 20 日,墨西哥政府突然对外宣布本国货币比索对美元汇率的浮动范围将被扩大到 15%。这一决定在市场上引起极大恐慌。外国投资者疯狂抛售比索,抢购美元,比索汇率急剧下跌。12 月 20 日比索兑美元的汇率从最初的 3.47:1 跌至 3.925:1,狂跌 13%。21 日再跌 15.3%。伴随比索贬值,外国投资者大量撤走资金,墨西哥外汇储备在 20 日至 21 日锐减近 40 亿美元。资本外流对于墨西哥股市如同釜底抽薪,墨西哥股市应声下跌。12 月 30 日,墨西哥 IPC 指数跌 6.26%,1995 年 1 月 10 日更是狂跌 11%。到 3 月 3 日,墨西哥股市 IW 指数已跌至 1500 点。为了稳定墨西哥金融市场,墨西哥政府经过多方协商,推出了紧急经济拯救计划:尽快将经常项目赤字压缩到可以正常支付的水平,迅速恢复正常的经济活动和就业,将通货膨胀降低到尽可能小的程度,向国际金融机构申请紧急贷款援助等。为帮助墨西哥政府渡过难关,减少外国投资者的损失,美国政府和国际货币基金组织等国际金融机构决定提供巨额贷款,支持墨西哥经济拯救计划,以稳定汇率、股市和投资者的信心。直到以美国为主的 500 亿美元的国际资本援助逐步

到位,墨西哥的金融动荡才于 1995 年上半年趋于平息。

2. 1997 年 7 月爆发的东南亚金融危机

这场危机首先是从泰铢贬值开始的。1997 年 7 月 2 日,泰国被迫宣布泰铢与美元脱钩,实行浮动汇率制度,当日泰铢汇率狂跌 20％。和泰国具有相同经济问题的菲律宾、印度尼西亚和马来西亚等国迅速受到泰铢贬值的巨大冲击。7 月 11 日,菲律宾宣布允许比索在更大范围内与美元兑换,当日比索贬值 11.5％。同一天,马来西亚则通过提高银行利率阻止林吉特进一步贬值。印度尼西亚被迫放弃本国货币与美元的比价,印尼盾 7 月 2～14 日贬值了 14％。继泰国等东盟国家金融风暴之后,中国台湾的台币贬值,股市下跌,掀起金融危机第二波。10 月 17 日,台币贬值 0.98 元,达到 1 美元兑换 29.5 元台币,相应地,当天台湾股市下跌 165.55 点。10 月 20 日,台币贬至 30.45 元兑 1 美元,台湾股市再跌 301.67 点。台湾货币贬值和股市大跌,不仅使东南亚金融危机进一步加剧,而且引发了包括美国股市在内的大幅下挫。10 月 27 日,美国道·琼斯指数暴跌 554.26 点,迫使纽约交易所 9 年来首次使用暂停交易制度。10 月 28 日,日本、新加坡、韩国、马来西亚和泰国股市分别跌 4.4％、7.6％、6.6％、6.7％和 6.3％。特别是中国香港股市,受外部冲击,香港恒生指数 10 月 21 日和 27 日分别跌 765.33 点和 1200 点,10 月 28 日再跌 1400 点,这三日香港股市累计跌幅超过 25％。11 月下旬,韩国汇市、股市轮番下跌,形成金融危机第三波。11 月,韩元汇价持续下挫,其中 11 月 20 日开市半小时就狂跌 10％,创下了 1 139 韩元兑 1 美元的新低;至 11 月底,韩元兑美元的汇价下跌了 30％,韩国股市跌幅也超过 20％。与此同时,日本金融危机也进一步加深,11 月,日本先后有数家银行和证券公司破产或倒闭,日元兑美元也跌破 1 美元兑换 130 日元大关,较年初贬值 17.03％。从 1998 年 1 月开始,东南亚金融危机的重心又转到印度尼西亚,形成金融危机第四波。1 月 8 日,印尼盾对美元的汇价暴跌 26％。1 月 12 日,在印度尼西亚从事巨额投资业务的香港百富勤投资公司宣布清盘。同日,香港恒生指数暴跌 773.58 点,新加坡、中国台湾、日本股市分别跌 102.88 点、362 点和 330.66 点。直到 2 月初,东南亚金融危机恶化的势头才初步被遏制。此次危机持续时间之长、危害之大、波及面之广、远远超过人们的预料。

(案例来源:曹龙骐.《金融学案例分析》.北京:高等教育出版社,2005 年版)

问题:

1. 与其他发展中国家相比,我国金融改革成功的经验有哪些?
2. 为什么我国没有像泰国那样受到 1997 年亚洲金融危机的重创?

第**12**章

国际收支与外汇

- ■ 理解国际收支及其平衡表。
- ■ 掌握外汇、汇率的概念及分类。
- ■ 掌握汇率的标价方法和种类。
- ■ 了解影响汇率变动的因素以及汇率的决定基础。
- ■ 掌握国际金融体系概念,了解其主要内容。
- ■ 了解国际金融体系的发展演变。

在国际经济关系中,国与国之间经济、贸易等方面的往来,通常会引起相互间债权债务关系以及国际货币收支关系,从而产生国际收支问题。

国际收支是国际经济领域的一个重要问题。因此,正确理解国际收支概念、熟悉国际收支平衡表是非常必要的。外汇是国际汇兑的简称,作为国际流通手段和购买手段,大大方便了国际的商品流通。汇率作为重要的国际收支调节的变量,其变动会引发国内经济的全局变动,影响国际收支的均衡。国际金融体系是国际货币关系的集中反映,它构成了国际金融活动的总体框架。在市场经济体制下,各国之间的货币金融交往,都要受到国际金融体系的约束。

<h1 align="center">第一节 国际收支</h1>

▶ 一、国际收支和国际收支平衡表

(一)国际收支的概念

随着各国经济的开放和世界经济的一体化,国与国之间的经济往来日益增多,形式也越来越多样化,在这些往来过程中,必然会产生货币性和非货币性的收付问题,由此产生了国际收支统计和对国际收支进行分析的问题。

尽管一国的对外往来会产生货币支付,但并非所有的往来都会涉及货币的支付,如易货贸易、政府以实物形式提供的无偿援助等。为了全面反映一国的对外往来情况,各国均根据国际货币基金组织的定义采用了广义的国际收支概念。所谓国际收支,是指一国或地区居民与非居民在一定时期内全部经济交易的系统记录。它既包括有外汇收支的经济交易,也包括无外汇收支的但以货币的形式体现的经济交易。

(二)国际收支平衡表的定义

国际收支平衡表是系统记载在一定时期内一经济体和世界其他经济体之间发生的国际收支的综合统计报表。

国际货币基金组织于1948年首次颁布了《国际收支手册》第一版,以后又先后于1950年、1961年、1977年和1993年修改了手册,不断地补充了新的内容。目前,国际货币基金组织各成员国大都采用国际货币基金组织1993年第五版的国际收支概念、准则、分类编制国际收支平衡表。编制和提供国际收支平衡表已成为国际货币基金组织成员国的一项义务,并成为参与其他国际经济组织活动的一项重要内容。

(三)国际收支平衡表的格式

表12-1是我国2006年度的国际收支平衡表,该表就是根据《国际收支手册》1993年版编制的。

表 12 - 1 　 2006 年中国国际收支平衡表　　　　单位：千美元

项　　　目	行次	差　　额	贷　　方	借　　方
一、经常项目	1	249 865 995	1 144 498 935	894 632 940
A. 货物和服务	2	208 912 147	1 061 681 544	852 769 397
a. 货物	3	217 746 060	969 682 307	751 936 247
b. 服务	4	−8 833 913	91 999 237	100 833 150
1. 运输	5	−13 353 741	21 015 285	34 369 026
2. 旅游	6	9 627 296	33 949 000	24 321 704
3. 通讯服务	7	−26 202	737 871	764 073
4. 建筑服务	8	702 918	2 752 639	2 049 721
5. 保险服务	9	−8 282 919	548 176	8 831 094
6. 金融服务	10	−746 042	145 425	891 467
7. 计算机和信息服务	11	1 218 860	2 957 711	1 738 851
8. 专有权利使用费和特许费	12	−6 429 577	204 504	6 634 081
9. 咨询	13	−555 066	7 834 142	8 389 208
10. 广告、宣传	14	490 073	1 445 032	954 960
11. 电影、音像	15	15 954	137 433	121 480
12. 其他商业服务	16	8 432 227	19 693 334	11 261 106
13. 别处未提及的政府服务	17	72 306	578 685	506 379
B. 收益	18	11 754 607	51 239 761	39 485 153
1. 职工报酬	19	1 989 500	4 319 493	2 329 993
2. 投资收益	20	9 765 108	46 920 268	37 155 160
C. 经常转移	21	29 199 241	31 577 630	2 378 390
1. 各级政府	22	−146 541	64 714	211 255

（续表）

项　　　目	行次	差　　额	贷　方	借　方
2. 其他部门	23	29 345 782	31 512 916	2 167 135
二、资本和金融项目	24	10 036 765	653 276 252	643 239 487
A. 资本项目	25	4 020 115	4 102 477	82 362
B. 金融项目	26	6 016 650	649 173 775	643 157 125
1. 直接投资	27	60 265 011	87 285 179	27 020 168
1.1　我国在外直接投资	28	−17 829 655	717 771	18 547 426
1.2　外国在华直接投资	29	78 094 666	86 567 408	8 472 742
2. 证券投资	30	−67 557 571	45 601 579	113 159 150
2.1　资产	31	−110 418 771	2 740 379	113 159 150
2.1.1　股本证券	32	−1 454 000	224 000	1 678 000
2.1.2　债务证券	33	−108 964 771	2 516 379	111 481 150
2.1.2.1　（中）长期债券	34	−106 736 771	2 516 379	109 253 150
2.1.2.2　货币市场工具	35	−2 228 000	0	2 228 000
2.2　负债	36	42 861 200	42 861 200	0
2.2.1　股本证券	37	42 861 200	42 861 200	0
2.2.2　债务证券	38	0	0	0
2.2.2.1　（中）长期债券	39	0	0	0
2.2.2.2　货币市场工具	40	0	0	0
3. 其他投资	41	13 309 210	516 287 017	502 977 807
3.1　资产	42	−31 808 716	15 755 781	47 564 497
3.1.1　贸易信贷	43	−26 148 450	0	26 148 450
长期		−1 830 392	0	1 830 392

（续表）

项　　目	行次	差　额	贷　方	借　方
短期		−24 318 059	0	24 318 059
3.1.2　贷款	44	4 927 570	8 311 514	3 383 945
长期		−2 947 000	0	2 947 000
短期		7 874 570	8 311 514	436 945
3.1.3　货币和存款	45	−9 904 244	1 191 615	11 095 858
3.1.4　其他资产	46	−683 592	6 252 652	6 936 244
长期		0	0	0
短期		−683 592	6 252 652	6 936 244
3.2　负债	47	45 117 926	500 531 236	455 413 310
3.2.1　贸易信贷	48	13 227 047	13 227 047	0
长期		925 893	925 893	0
短期		12 301 154	12 301 154	0
3.2.2　贷款	49	11 037 860	438 447 496	427 409 636
长期		4 093 262	13 707 777	9 614 515
短期		6 944 598	424 739 720	417 795 121
3.2.3　货币和存款	50	10 709 837	33 998 998	23 289 161
3.2.4　其他负债	51	10 143 182	14 857 695	4 714 513
长期		3 862 519	4 297 088	434 568
短期		6 280 663	10 560 607	4 279 944
三、储备资产	52	−247 025 415	446 585	247 472 000
3.1　货币黄金	53	0	0	0

（续表）

项　　　目	行次	差　　额	贷　　方	借　　方
3.2　特别提款权	54	135 744	135 744	0
3.3　在基金组织的储备头寸	55	310 841	310 841	0
3.4　外汇	56	−247 472 000	0	247 472 000
3.5　其他债权	57	0	0	0
四、净误差与遗漏	58	−12 877 344	0	12 877 344

资料来源：国家外汇管理局网站 www. safe. gov. cn

国际收支平衡表采用复式记账原则，即对每笔交易记录两笔价值相等的账目，其中一项称为贷方，用正的数字符号"＋"表示；另外一项称为借方，用负的数字符号"−"表示。具体到某一固定的项目，如贷方金额大于借方金额，即借贷差额为正，则称该项交易为顺差，反之称为逆差。

根据以上原则，国际收支平衡表中计入贷方项目包括：货物和服务的出口、应收的收入、接受的货物和资金的无偿转让、金融资产的减少和金融负债的增加；计入借方项目包括：货物和服务的进口、应付支出、对外提供货物和资金的无偿援助、金融资产的增加和金融负债的减少。

我国国际收支平衡表就是按国际货币基金组织《国际收支手册》（第五版）规定的各项原则编制，采用复式记账法的原理记录我国居民与非居民之间发生的所有交易。表中的贷方项目为货物和服务的出口、收益收入、接受的货物和资金的无偿援助、金融负债的增加和金融资产的减少；借方项目为货物和服务的进口、收益支出、对外提供的货物和资金无偿援助、金融资产的增加和金融负债的减少。我国从 1985 年开始编制并公布国际收支平衡表。

（四）国际收支平衡表中特定账户分类

国际收支平衡表所包括的内容极为广泛，各国结合本身情况自行编制的国际收支平衡表详简不一，各具特点。这里只就国际货币基金组织所编的标准格式加以说明、分析。

1. 经常账户

经常账户也称往来项目，反映居民与非居民之间经常发生的经济交易内容，在一国国际收支中占有最基本最重要的地位，其中包括四个具体项目：

（1）货物。货物项下登录商品的出口或进口的外汇收支，根据 IMF 统计口径，商品进出口额均按 FOB 价格计算。包括一般商品、用于加工的货物、货物修理、各种运输工具在港口购买的货物和非货币黄金等。

（2）服务。服务项下登录运输、保险、邮电、工程承包、计算机与信息服务、咨询设计、专利权使用等劳务所发生的外汇收支。

（3）收入。收入项下登录劳动力与资本在国际流动而发生的外汇收支，其中包括：① 职工报酬。主要登录在国外工作期限不超过一年的季节工、边境工人以及在外国使领馆及国际组织驻本国机构工作人员的外汇工薪收支。② 投资收入。主要登录由于借贷、货币或商品直接投资、证券投资而产生的利息、利润、股利等外汇收支。

（4）经常转移。经常转移项下登录：① 各级政府的无偿转移，如战争赔款，政府间的军援、经援和捐赠，政府与国际组织间定期交纳的费用，以及国际组织为执行某项政策而向各国政府提供的转移等。② 私人无偿转移，如侨汇、遗产继承、赡养费、年金、退休金、抚恤金和资助性汇款等。

2. 资本和金融账户

资本和金融账户是指对资产所有权在国际流动行为进行记录的账户。它包括资本账户和金融账户两大部分。

（1）资本账户。包括资本转移和非生产、非金融资产的收买和放弃。其中资本转移包括：① 固定资产所有权的资产转移；② 同固定资产收买/放弃相联系的或以其为条件的资产转移；③ 债权人不索取任何回报而取消的债务。非生产、非金融资产的收买或放弃是指各种无形资产如专利、版权、商标、经销权以及租赁和其他可转让合同的交易。资本账户在国际收支平衡表中的比例较小。

（2）金融账户。金融账户包括了引起一个经济体对外资产和负债所有权变更的所有权交易。按净额来记入相应的借方或贷方。它又可以分为以下几个项目：

第一，直接投资。直接投资的特征是投资者对另一经济体的企业拥有永久利益。永久利益意味着直接投资者和企业之间存在着长期的关系，并且投资者对企业经营管理拥有有效的控制权。直接投资可以采取在国外直接建立分支企业的形式，也可以采用购买国外企业一定比例以上股票的形式，或采取将投资利润进行再投资的形式。在采取购买外国企业股票的形式下，《国际收支手册》中规定这一比例最低为 10%，我国规定为 25%以上。计入的包括：股本资本、再投资利润和其他资本。

第二，证券投资。证券投资的主要对象是股本证券和债务证券。一国买入证券，就是资本输出；一国卖出证券，就是资本输入。下设资产和负债两个条目，这两个条目分别包括股本证券和债务证券。其中，股本证券包括一切表明在所有债权人的债权得以清偿后对公司型企业剩余资产所拥有所有权的工具和凭证，如股票、参股或其他类似文件等；对于债务证券而言，可进一步细分为三类：一是长期债券、无抵押品的公司债券、中期债券等；二是货币市场工具或可转让的债务工具，包括短期国库券、商业票据和融资票据、银行承兑汇票、可转让大额定期存单等；三是派生金融工具，如金融期货、期权、互换等。

第三,其他投资。包括所有直接投资、证券投资或储备资产未包括的金融交易。如政府贷款、银行贷款、贸易融资、货币、存款、短期票据等。

第四,储备资产。包括货币当局可随时动用并控制在手的对外资产。可以分为货币黄金、特别提款权、在基金组织的储备头寸、外汇资产和其他债权等。

3. 错误和遗漏账户

错误和遗漏是基于会计上的需要,人为设立的抵消统计偏差的账户。

国际收支账户运用的是复式记账法,因此所有账户的借方总额和贷方总额应相等。但是由于:① 编制国际收支平衡表的原始资料来自各个方面,在这些原始资料上,当事人为了各种原因,故意改变、伪造或压低某些项目的数字,造成资料失实或收集资料不齐;② 由于某些交易项目属于跨年度性的,从而导致统计口径不一致;③ 短期资本的国际移动,由于其投机性非常强,流入流出异常迅速,为了逃避外汇管制和其他官方限制,常采取隐蔽的形式,超越正常的收付渠道出入国境;很难得到其真实资料。这使得官方统计所得到的经常项目、资本和金融项目两者之间实际上并不能真正达到平衡,从而导致国际收支平衡表的借方与贷方之间出现差额。因此,设立一个净错误和遗漏项目,以净错误和遗漏项目的数字来抵补前面所有项目借方与贷方之间的差额,从而使借贷双方最终达到平衡。当官方统计结果借方大于贷方时,两者之间的差额就记净误差和遗漏项目的贷方,前面加"+"号;当官方统计结果贷方大于借方时,两者之间的差额就记净误差与遗漏项目的借方,前面加"-"号。

总之,净错误和遗漏项目是出于会计上的需要而人为设置的项目。但它也并非单纯地体现一个差额,其背后总是隐藏着不可告人的交易。所以 IMF 用净错误和遗漏项目与当年货物进出口总额的比率来判断一国国际收支平衡表的质量,要求该比率要小于5%,否则认定该国国际收支有问题。

二、我国的国际收支状况

从 1985 年以来我国国际收支平衡表中的经常项目差额、资本和金融项目差额情况看,经常项目差额除了 1985 年、1986 年、1988 年、1989 年、1993 年是逆差以外,其余年份均是顺差,而资本和金融项目差额仅在 1992 年、1998 年为逆差,其余年份均是顺差。

我国国际收支双顺差格局自 1999 年开始一直持续到 2006 年,时间长达八年。在这八年期间,从经常项目顺差、资本和金融项目顺差规模变动趋势看,经常项目顺差自 2002 年开始,其顺差规模呈不断上升的态势,2005 年开始突破 1 000 亿美元,增速明显加快。2006 年继续向上达到 2 499 亿美元。经常项目顺差占国际收支总顺差的比重自 2005 年开始明显攀升,到 2006 年达到了 96% 的近年新高。而资本和金融项目顺差在 2004 年达到 1 107 亿美元的高点之后,2005 年、2006 年呈持续下行态势,2006 年其顺差额仅有 100 亿美元,在国际收支总顺差的比重降到了 4%。

第二节　外汇与汇率

▶ 一、外汇的概念

外汇的概念有动态和静态之分。

(一)外汇的动态概念

外汇的动态概念是指把一个国家的货币兑换成另外一个国家的货币,借以清偿国际债权、债务关系的一种专门性的经营活动。它是国际汇兑的简称,从这个意义上讲,外汇也就等同于国际结算或外汇交易活动。在现实的国际结算中,人们并不是把不同的货币在不同国家之间运来运去,而主要是通过国际信用工具如外汇汇票在国际进行传递,将各种债权债务关系集中到银行账户上加以冲抵和划转来实现最终的支付。

(二)外汇的静态概念

外汇的静态概念是指以外国货币表示的、能用来清算国际收支差额的资产。国际货币基金组织的解释是:"外汇是货币行政当局(中央银行、货币管理机构、外汇平准基金组织和财政部)以银行存款、财政部国库券、长短期政府债券等形式保有的、在国际收支逆差时可以使用的债权"。

(三)一种外币资产成为外汇的前提条件

1. 自由兑换性

即某种外币能否自由地兑换成本币。

2. 普遍接受性

即某种外币在国际经济往来中能否被各国普遍地接受和使用。一种货币以及以这种货币表示的各种票据与有价证券,成为国际支付手段的前提条件是其被国际承认并被普遍接受的程度,而并不取决于该货币价值的大小。如果一种货币以及以这种货币表示的各种票据与有价证券,不能被国际社会普遍接受,那么它就无法实现国际支付的责任,也就不能成为外汇。

3. 可偿性

即某种外币资产是否可以保证得到偿付。它要求成为外汇的某种外币资产是可以保证得到偿付的。空头支票、拒付的汇票等均不能视为外汇。

只有同时满足上述三个条件的外币及其所表示的资产（各种支付凭证和信用凭证）才是外汇。人们通常所说的外汇，一般都是就其静态意义而言。

按照我国 1997 年 1 月 14 日修正颁布的《外汇管理条例》规定：外汇，是指下列以外币表示的可以用作国际清偿的支付手段和资产：① 外国货币，包括纸币、铸币；② 外币支付凭证，包括票据、银行存款凭证、邮政储蓄凭证等；③ 外币有价证券，包括政府债券、公司债券、股票等；④ 特别提款权；⑤ 其他外汇资产。

▶ 二、外汇的分类

（一）按照外汇进行兑换时的受限制程度

1. 自由外汇

自由外汇是指不需要货币发行国当局批准，可以自由兑换成其他货币，或是可以向第三国办理支付的外国货币及其支付手段。例如美元、欧元、英镑、加拿大元等。

2. 记账外汇

记账外汇又称清算外汇或双边外汇，是指记账在双方指定银行账户上的外汇，不能兑换成其他货币，也不能对第三国进行支付。例如，我国曾在对某些发展中国家和原苏联的进出口贸易中使用过这种外汇。

（二）按照外汇的来源与用途

1. 贸易外汇

贸易外汇也称实物贸易外汇，是指来源于或用于进出口贸易的外汇，即由于国际商品流通所形成的一种国际支付手段。

2. 非贸易外汇

非贸易外汇是指贸易外汇以外的一切外汇，即一切非来源于或用于进出口贸易的外汇，如劳务外汇、侨汇和捐赠外汇等。

贸易外汇、非贸易外汇在本质上都是外汇，它们之间并不存在不可逾越的鸿沟，而是经常互相转化。

（三）按照外汇汇率的市场走势

1. 硬外汇

硬外汇是指币值坚挺，购买能力较强，汇价呈上涨趋势的自由兑换货币。也称为强势货币或硬货币。

2. 软外汇

软外汇是指币值下降，购买能力较弱，汇价呈下降趋势的自由兑换货币。也称为弱势货币或软货币。

在国际外汇市场上，由于各国国内外经济、政治情况千变万化，各种货币所处硬币、软币的状态也不是一成不变的，经常是昨天的硬外汇变成了今天的软外汇，昨天的软外汇变成了今天的硬外汇。

▎▶ 三、汇率及其标价方法

（一）汇率的含义

汇率亦称"外汇行市或汇价"，是指一国货币兑换另一国货币的比率，即以一种货币表示另一种货币的价格。由于世界各国货币的名称不同，币值不一，所以一国货币对其他国家的货币要规定一个兑换比率，即汇率。

（二）汇率的标价方法

1. 直接标价法

直接标价法是指以一定单位(1,100,1 000)的外国货币为标准来计算应付出多少单位本国货币。就是相当于计算购买一定单位外币所应付多少本币，所以又叫应付标价法。在直接标价法下，若一定单位的外币折合的本币数额多于前期，则说明外币币值上升或本币币值下跌，叫做外汇汇率上升；反之，如果用比原来较少的本币即能兑换到同一数额的外币，这说明外币币值下跌或本币币值上升，叫做外汇汇率下跌，即外币的价值与汇率的涨跌成正比。

在国际外汇市场上，日元、瑞士法郎、加拿大元等均为直接标价法，包括中国在内的世界上绝大多数国家目前都采用直接标价法。

2. 间接标价法

间接标价法又称应收标价法，它是以一定单位(如 1,100,1 000)的本国货币为标准，来计算应收若干单位的外国货币。在国际外汇市场上，欧元、英镑、澳元等均为间接标价法。如欧元兑美元汇率为 0.970 5 即 1 欧元兑 0.970 5 美元。在间接标价法中，本国货币的数额保持不变，外国货币的数额随着本国货币币值的变化而变动。如果一定数额的本币能兑换的外币数额比前期少，这表明外币币值上升，本币币值下降，即外汇汇率上升；反之，如果一定数额的本币能兑换的外币数额比前期多，则说明外币币值下降、本币币值上升，即外汇汇率下跌，即外币的价值和汇率的涨跌成反比。

在国际外汇市场上，前英联邦国家多使用间接标价法，如英国、澳大利亚、新西兰等。

欧元、英镑、澳元、新西兰元等均为间接标价法。

3. 美元标价法

美元标价法又称纽约标价法,是指在纽约国际金融市场上,除对欧元、英镑、澳元、新西兰元采取直接标价法外,对其他外国货币均采用间接标价法的标价方法。美元标价法由美国在 1978 年 9 月 1 日制定并执行,目前是国际金融市场上通行的标价法。

在实际的外汇买卖中,对交易双方而言,交易所涉及的两种货币往往是外国货币而非本国货币。就很难再使用直接或间接标价法的概念对报价进行规范。为此,目前在国际金融市场逐渐形成了除欧元、英镑、澳元、新西兰元等几种货币外,其他货币都以美元为基准货币进行标价的惯例,通称美元标价法。例如:

$$USD/JPY=123.10 \ (1 \ 美元兑 \ 123.10 \ 日元)$$

$$USD/HKD=7.798\ 5 \ (1 \ 美元兑 \ 7.798\ 5 \ 港元)$$

至于欧元、英镑、澳元、新西兰元的标价则采用以本身为基准货币,以美元为标价货币。例如:

$$EUR/USD=0.861\ 0 \ (1 \ 欧元兑 \ 0.861\ 0 \ 美元)$$

$$GBP/USD=1.415\ 0 \ (1 \ 英镑兑 \ 1.415\ 0 \ 美元)$$

目前,我国的个人外汇买卖采用国际市场通用的报价方法。

▶ 四、汇率的种类

(一)从制定汇率的角度来考察

1. 基本汇率

一国通常选择一种国际经济交易中最常使用、在外汇储备中所占比重最大的可自由兑换的关键货币作为主要对象,与本国货币对比订出汇率,这种汇率就是基本汇率。

2. 套算汇率

在一国制定出基本汇率后,本币对其他外国货币的汇率就可以通过基本汇率加以套算,这样得出的汇率就是套算汇率,又叫做交叉汇率。

(二)从汇率制度角度考察

1. 固定汇率

固定汇率是指一国政府用行政或法律手段选择一种基本参照物,并确定、公布和维持本国货币与该单位参照物的比价。充当参照物的既可以是黄金(现已不用),也可以是某一种外国货币或是某一组货币加权平均值。当一国政府把本国货币固定在某一组外国货币上时,称该货币钉住"一篮子货币"。在固定汇率制度下,外汇汇率基本固定,汇率的波动幅度局限在一个较小的范围之内。

2. 浮动汇率

浮动汇率是指汇率水平完全由外汇市场上的供求决定,政府不加任何干预的汇率。

(三) 从一国使用的汇率数量角度考察

1. 单一汇率

单一汇率是指一国政府对本国货币与另一国货币的兑换只规定一种兑换率,这种汇率通用于该国所有的国际经济交往中。

2. 复汇率

复汇率是指一种货币或一个国家有两种或两种以上的汇率,不同的汇率用于不同的国际经贸活动。复汇率也称为"多元汇率"。复汇率是外汇管制的产物,曾被许多国家采用过。例如德国在 20 世纪 30 年代曾对战备物资的进口给予较优惠的汇率,对其他物品的进口则以较高的汇率来兑换。

(四) 从外汇交易交割期限长短考察

1. 即期汇率

即期汇率也叫现汇汇率,是指买卖外汇双方成交当天或两个营业日以内进行交割时使用的汇率。即期汇率是由当场交货时货币的供求关系情况决定的。一般在外汇市场上挂牌的汇率,除特别标明远期汇率以外,一般指即期汇率。

2. 远期汇率

远期汇率也称期汇率,是指交易双方达成外汇买卖协议,约定在未来某一时间进行外汇实际交割所使用的汇率。远期汇率是远期外汇买卖所使用的汇率。所谓远期外汇买卖,是指外汇买卖双方成交后并不立即交割,而是到约定的日期再进行交割的外汇交易。这种交易在交割时,双方按原来约定的汇率进行交割,不受汇率变动的影响。显然,远期外汇买卖就是本书第 4 章金融市场中所介绍的金融衍生工具之一。

远期外汇买卖是一种预约性交易,是由于外汇购买者对外汇资金需求的时间不同,以及为了避免外汇风险而引进的。

远期汇率是以即期汇率为基础的,使用即期汇率的"升水"、"贴水"、"平价"来表示。一般情况下,远期汇率的标价方法是仅标出远期的升水数或贴水数。在直接标价法的情况下,远期汇率如果是升水,就在即期汇率的基础上,加上升水数,即为远期汇率;如果是远期贴水,就在即期汇率的基础上减去贴水数,即为远期汇率。在间接标价法的情况下正好相反,远期汇率如果是升水,就要在即期汇率的基础上减去升水数,即为远期汇率;如果是远期贴水,就要在即期汇率的基础上加上贴水数,即为远期汇率。平价表示两者相等。

（五）从银行买卖外汇的角度考察

1. 买入汇率

买入汇率又叫做买入价，是指外汇银行向客户买进外汇时使用的价格。因其客户主要是出口商，买入价常被称作"出口汇率"。

2. 卖出汇率

卖出汇率又叫做卖出价，是指外汇银行向客户卖出时使用的价格。因其客户主要是进口商，卖出价常被称作"进口汇率"。买入、卖出价是根据外汇交易中所处的买方或卖方的地位而定的。买卖价之间的差额一般为1‰～5‰左右，这是外汇银行的手续费收益。

银行对外公布的外汇买卖报价一般由两个价格构成，即买入价（bid）和卖出价（offer）。买入价是指银行买入基准货币所使用的汇率，卖出价则是银行卖出基准货币的汇率。

3. 中间汇率

中间汇率是买入价与卖出价的平均数。报刊报道汇率消息时常用中间汇率。

4. 现钞汇率

现钞汇率即现钞买卖价格。由于各国基本上禁止外币在本国流通支付，只有将外币通过银行兑换成本币，才能购买本国的商品和劳务。外钞不能在本国对外支付，银行只有把外钞运往货币发行国贷记银行账户才能对外支付。而将现钞运往国外需要运输费、保险费，而且还要承担一定的风险。因此银行买入现钞时的价格要略低于其他外汇汇率，而卖出价则与现汇汇率相同。

（六）从外汇银行营业时间的角度考察

1. 开盘汇率

开盘汇率是指外汇银行在一个营业日刚开始营业、进行外汇买卖时用的汇率。

2. 收盘汇率

收盘汇率是指外汇银行在一个营业日的外汇交易终了时的汇率。

（七）从外汇交易支付通知方式角度考察

1. 电汇汇率

电汇汇率是指银行卖出外汇后，以电报为传递工具，通知其国外分行或代理行付款给收款人时所使用的一种汇率。电汇系国际资金转移中最为迅速的一种国际汇兑方式，能在一至三天内支付款项，银行不能利用客户资金，因而电汇汇率最高。

2. 信汇汇率

信汇汇率是指在银行卖出外汇后，用信函方式通知付款地银行转付收款人的一种汇款方式。由于邮程需要时间较长，银行可在邮程期内利用客户的资金，故信汇汇率较电汇汇率低。

3. 票汇汇率

票汇汇率是指银行在卖出外汇时,开立一张由其国外分支机构或代理行付款的汇票交给汇款人,由其自带或寄往国外取款。由于票汇汇率从卖出外汇到支付外汇有一段间隔时间,银行可以在这段时间内占用客户的资金,所以票汇汇率一般比电汇汇率低。

▶ 五、影响汇率变动的主要因素

(一)国际收支状况

国际收支中的经常性的收付和资本的输出入是影响汇率的最直接且最重要的一个因素。主要表现在:

当一国出现国际收支顺差,则外汇收入大于支出,外汇供给大于外汇需求,这将导致外汇汇率下跌;另一方面,由于外汇收入大于外汇支出,则对本币兑换需求将会上升,这将导致本币汇率上升。反之亦然。

需要注意的是,国际收支状况并非一定会影响汇率,要看国际收支顺差或逆差的性质是短期还是长期的,是临时性的还是持久性的。

(二)通货膨胀

通货膨胀意味着物价持续升高,当一国一般物价水平较高时,本国货币对内贬值,而货币对内贬值又不可避免地引起新的一轮的货币对外贬值,它体现在外汇汇率上涨,因为一国货币的对内价值决定其对外价值。

一般来说,通货膨胀对汇率变动的影响往往是首先通过恶化国际收支来实现的,即通货膨胀率越高,物价上涨越快,出口商品成本上升,竞争力下降,使国际收支出现逆差。

(三)经济实力

一国货币的强弱,从长期来看,取决于该国的经济实力。即使在某个时期,汇率受特殊因素影响偏离了正常的波动范围,但最终仍然受到经济实力的制约。因此,经济实力对汇率变动的影响是长期性的。

一国的经济实力是通过经济增长率、经常收支状况、外汇储备、失业率、通货膨胀率来反映,其中经济增长率是最重要的指标。它对汇率变动的影响具体体现在:当一国的生产发达、财政状况良好、物价稳定、商品的市场竞争力强、出口贸易增强,则说明该国的经济实力强,这时该国货币汇率就坚挺;反之,就疲软。

另外,投资者往往把经济增长率看作投资收益率的正相关函数,因此在经济持续稳定发展的国家,资本流入相对较多,资本的净流入增加又会使该国货币保持坚挺。

（四）利率因素

一般来说，在资本安全性与流动性不变时，利率的高低会使国际短期资本发生移动，进而影响汇率。其影响规则是：

（1）一国利率水平相对提高，会吸引外国资本流入该国，从而增加对该国货币的需求，该国货币汇率就趋于上浮。反之，一国利率水平相对降低，会直接引起国内短期资本流出该国，从而减少对该国货币的需求，该国货币汇率就趋于下浮。当然这里的利率高低是相对的，而不是绝对的，即一国利率水平升降必须造成与其他国家的利率升降的差距，才会对汇率的变动产生影响。

（2）一国利率水平提高，遏制国内投资和消费，物价平稳或降低，本币升值，本币汇率上升；反之，一国利率水平降低，刺激国内投资和消费，物价上涨，本币贬值，本币汇率下跌。

在考虑利率因素对汇率变动的影响时，需要注意：第一，考虑两国的相对利率水平；第二，利率变动对短期汇率变动产生较大影响；第三，要求资金的安全性、流动性有保证的前提下。

（五）财政、货币政策

一国政府的财政、货币政策对汇率变化的影响虽然是较为间接的，但也是非常重要的。一般来说，扩张性的财政、货币政策造成的巨额财政收支逆差和通货膨胀，会使本国货币对外贬值；紧缩性的财政、货币政策会减少财政支出，稳定通货，而使本国货币对外升值。但这种影响是相对短期的，财政、货币政策对汇率的长期影响则要视这些政策对经济实力和长期国际收支状况的影响如何，如果扩张政策能最终增强本国经济实力，促使国际收支顺差，那么本币对外价值的长期走势必然会提高，即本币升值；如果紧缩政策导致本国经济停滞不前，国际收支逆差扩大，那么本币对外价值必然逐渐降低，即本币贬值。

（六）外汇储备

一国中央银行所持有的外汇储备充足与否，是该国国际清偿力与政府干预市场、维持汇率稳定能力大小的反映，也是能否稳住投资者对本国货币信心的一个重要保证。一般情况下，一国外汇储备充足，该国货币汇率往往会趋于上升；外汇储备不足或太少，该国货币汇率往往会下跌。1997 年 7 月东南亚发生严重的货币危机，其原因之一就是各国外汇储备不足以及危机后运用外汇储备政策不当。外汇储备不足使其无法抗击国际游资的强大攻击，最终只好放弃固定汇率制，任凭汇率"随行就市"。

（七）心理预期因素

当人们认为持有某种货币不但可以满足消费需要，还可以进行投资或投机获取高收益时,就会在市场上买入该货币,该货币需求上升,汇率上浮;反之,卖出该货币,该货币汇率下降。心理预期对货币汇率的影响极大,甚至已成为外汇市场汇率变动的一个关键因素,只要人们对某种货币的心理预期发生变化,转瞬之间就可能会诱发大规模的资金运动。影响外汇市场交易者心理预期变化的因素很多,主要有一国的经济增长率、国际收支、利率、财政政策及政治局势等。

(八) 市场投机

市场投机者是外汇市场不可缺少的组成部分,投机者以逐利为主的投机行为,必然影响到汇率的稳定。尤其在当今外汇市场上,充斥着以万亿美元计的"游资"(Hot money),其对外汇市场的影响不言而喻。通常外汇市场投机包括两部分,一是稳定性投机,二是非稳定性投机,它们对汇率的影响程度是不一样的。稳定性投机所诱发的短期资金流动与货币转换,有利于缩小市场汇率波动的幅度,而非稳定性投机所诱发的短期资金流动,必然会扩大市场汇率的波动幅度。

(九) 中央银行的干预

在开放的市场经济条件下,中央银行介入外汇市场直接进行货币买卖,对汇率的影响是最直接的,其效果也是极明显的。例如,当一国货币汇率下跌有可能导致汇率危机时,该国中央银行就可进场卖出外汇买入本币,促使本币汇率保持稳定或上升;反之,一国货币汇率上升以致不利于经济发展时,该国中央银行就进场卖出本币买入外汇,促使本币汇率稳定或下降。当然,中央银行进场干预有一个前提,即它必须有足够的外汇储备和较好的操作技术。

(十) 其他因素

在现代外汇市场上,汇率变化常常是十分敏感的,一些非经济因素、非市场因素的变化往往也会波及外汇市场。一国政局不稳定、有关国家领导人的更替、战争爆发等等,都会导致汇率的暂时性或长期性变动。其原因在于,无论是政治因素、战争因素或其他因素,一旦发生变化,都会不同程度地影响有关国家的经济政策、经济秩序和经济前景,从而造成外汇市场上人们的心理恐慌,人们或者寻求资金安全、保值,或者乘机进行投机、获利,都会进行迅速的外汇交易,引起市场行情的波动。

▎▶ 六、汇率的决定基础

(一) 金币本位制下汇率的决定

金本位制度泛指以黄金为一般等价物的货币制度,包括金币本位制、金块本位制和金汇兑本位制。金币本位制盛行于 19 世纪中期至 20 世纪初期,属于完全的金本位制度。后两种金本位制出现于由金币流通向纸币流通过渡和第二次世界大战后对黄金与货币兑换实行限制的时期,而且时间较短,属于不完全的金本位制度。通常金本位制度主要是指金币本位制。

在金币本位制下,各国都以法律形式规定每一金铸币单位所包含的黄金重量与成色,即法定含金量(gold content)。两国货币的价值量之比就直接而简单地表现为其含金量之比,称为铸币平价(mint parity)或法定平价(par of exchange)。铸币平价是决定两国货币之间汇率的价值基础。

如 1925～1931 年,根据含金量之比,GBP 与 USD 的铸币平价是:113.001 6/23.22 = 4.866 5即 GBP1 的含金量是 USD1 含金量的 4.866 5 倍,或 GBP1 可兑换 USD4.866 5。

但是,铸币平价与外汇市场上的实际汇率是不相同的。铸币平价是法定的,一般不会轻易变动,而实际汇率受外汇市场供求影响,经常上下波动。当外汇供不应求时,实际汇率就会超过铸币平价;当外汇供过于求时,实际汇率就会低于铸币平价。正像商品的价格围绕价值不断变化一样,实际汇率也围绕铸币平价不断涨落。但在典型的金币本位制下,由于黄金可以不受限制地输入输出,不论外汇供求的力量多么强大,实际汇率的涨落都是有限度的,即被限制在黄金的输出点和输入点之间。

黄金输出点和输入点统称黄金输送点,是指金币本位制下,汇率涨落引起黄金输出和输入国境的界限。它由铸币平价和运送黄金费用(包装费、运费、保险费、运送期的利息等)两部分构成。铸币平价是比较稳定的,运送费用是影响黄金输送点的主要因素。以直接标价法表示,黄金输出点等于铸币平价加运送黄金费用,黄金输入点等于铸币平价减运送黄金费用。

例如,假定在美国和英国之间运送价值为 1 英镑黄金的运费为 0.03 美元,英镑与美元的铸币平价为 4.866 5 美元,那么对美国厂商来说,黄金输送点是:

$$黄金输出点 = 4.866\ 5 + 0.03 = 4.896\ 5(美元)$$

$$黄金输入点 = 4.866\ 5 - 0.03 = 4.836\ 5(美元)$$

在金币本位制下,汇率波动的规则是:汇率围绕铸币平价,根据外汇市场的供求状况,在黄金输出点与输入点之间上下波动。当汇率高于黄金输出点或低于黄金输入点时,就会引起黄金的跨国流动,从而自动地把汇率稳定在黄金输送点所规定的幅度之内。这个限度是非人为的,是由市场力量决定的。

由于外汇可自由兑换,黄金可自由输出入,汇率高于黄金输出点,就没有人购买,外汇需求减少,汇率下降;汇率低于黄金输入点,运回国内的是黄金,外汇市场上外汇供应减少,汇率又会上升。所以,由于黄金输送点这个机制的存在,汇率就可能在两个黄金输送点之间围绕着货币自身的含金量上下波动,波动的幅度是很有限的。

(二)金块本位和金汇兑本位制度下汇率的决定

在这两种货币制度下,货币汇率由纸币所代表的含金量之比决定,称为法定平价。法定平价也是金平价的一种表现形式,实际汇率因供求关系而围绕法定平价上下波动。这时汇率波动的幅度已不再受制于黄金输送点。因为黄金输送点存在的前提条件是黄金的自由输出输入,而在这两种货币制度下,黄金的输出入受到人为的限制,黄金输送点实际上已经不存在了。

(三)纸币本位制度下汇率的决定

在纸币本位下,汇率决定的基础是什么呢? 按照马克思的货币理论,纸币是价值的一种代表,两国纸币之间的汇率便可用两国纸币各自所代表的价值量之比来确定。马克思的这一观点至今依然正确。因此纸币所代表的价值量是决定汇率的基础。

实行纸币流通制度的国家普遍存在着纸币贬值现象,纸币的法定金平价与其实际所代表的金量严重脱节。在这种情况下,纸币的汇率不应由纸币的黄金平价来决定,而应以贬值了的纸币实际代表的含金量为依据。但是,第二次世界大战以后西方国家政府利用外汇管制等手段,人为地维持不符合纸币贬值程度的汇率,不根据其实际代表金量减少的情况而相应调整汇率,因而使纸币的对内价值(物价)和对外价值(汇率)长期严重脱节。然而,1971 年和 1973 年的两次美元贬值,说明客观经济规律是不以政府的意志为转移的。

第三节　国际金融体系

▐▐▐▶ 一、国际金融体系的构成

(一)国际金融体系的概念

国际金融体系是指调节各国货币在国际支付、结算、汇兑与转移等方面所确定的规则、惯例、政策、机制和组织机构安排的总称。国际金融体系是国际货币关系的集中反映,它构成了国际金融活动的总体框架。在市场经济体制下,各国之间的货币金融交往,都要受到国际金融体系的约束。国际金融体系是随着国际经济交往的不断扩大而产生与发展的。由于各国之间商品劳务往来、资本转移日趋频繁,速度也日益加快,这些活动最终都要通过货币在国际进行结算、支付,因此,就产生了在国际范围内协调各国货币关系的要求。国际金融体系正是在协调众多国家货币制度、法律制度及经济制度这一基础上形成的。

从历史的发展过程来看,现代国际金融体系大致经历了三个发展阶段,每个阶段各有其内容与特点。

第一阶段是国际金本位制时期,从 1816 年英国实行金本位制开始,到第一次世界大战爆发而结束。

第二阶段是布雷顿森林体系时期,起始于第二次世界大战结束后的 1945 年,终止于1973 年。

第三阶段是牙买加货币体系时期,始于 1976 年 1 月 IMF 临时委员会的牙买加协议的正式签订日。

(二)国际金融体系的主要内容

1. 国际收支及其调节机制

即有效地帮助与促进国际收支出现严重失衡的国家通过各种措施进行调节,使其在国际范围能公平地承担国际收支调节的责任和义务。调节机制涉及两个方面的内容:一是对国际收支逆差国家的资金融通机制;二是对国际储备货币发行国的国际收支纪律约束机制。

2. 汇率制度的安排

由于汇率的波动会直接影响到各国之间经济利益的再分配,因此,形成一种较为稳定的、为各国共同遵守的国际汇率安排,成为国际金融体系所要解决的核心问题。一国货币与其他货币之间的汇率如何决定与维持,一国货币能否成为自由兑换货币,是采取固定汇率制度还是采取浮动汇率制度,或是采取其他汇率制度,等等,都是国际金融体系的主要内容。

3. 国际储备资产的选择与确定

即采用何种货币作为国际支付货币。在一个特定时期中心储备货币如何确定,以维护整个储备体系的运行。世界各国的储备资产又如何选择,以满足各种经济交易的要求。

4. 国际金融事务的协调与管理

在早期,有关国际货币金融事务的协商机制往往是通过双边协商解决的。随着二战后各国间经济联系的加强,各国实行的金融货币政策会对相互交往的国家乃至整个世界经济产生影响,因此如何协调各国与国际金融活动有关的金融货币政策,通过国际金融机构制定若干为各成员国所认同与遵守的规则、惯例和制度,也构成了国际金融体系的重要内容。

▌▌▶ 二、国际金融体系的发展演变

(一)国际金本位制度

1. 国际金本位制度的形成

国际金本位制度是指以黄金作为国际储备货币或国际本位货币的国际货币制度。世界上首次出现的国际货币制度是国际金本位制度,它大约形成于 1880 年末,到 1914 年第一次世界大战爆发时结束。在金本位制度下,黄金具有货币的全部职能,即价值尺度、流通手段、贮藏手段、支付手段和世界货币。19 世纪 70 年代,随着欧洲和美洲的一些主要国家先后在国内实行了金本位制,国际金本位制度就大致形成了。

2. 国际金本位制度的特点和作用

(1)黄金充当国际货币,是国际货币制度的基础。这一时期的国际金本位制度是建立在各主要资本主义国家国内都实行金铸币本位制的基础之上,其典型的特征是金币可以自由铸造、自由兑换,以及黄金自由进出口。

(2)各国货币之间的汇率由它们各自的含金量比例决定。因为金铸币本位条件下金币的自由交换、自由铸造和黄金的自由输出入将保证使外汇市场上汇率的波动维持在由金平价和黄金运输费用所决定的黄金输送点以内。实际上,英国、美国、法国、德国等主要国家货币的汇率平价自 1880~1914 年间,35 年内一直没发生变动,从未升值或贬值。所以国际金本位是严格的固定汇率制,这是个重要的特点。

(3)国际金本位有自动调节国际收支的机制。即英国经济学家大卫·休谟于 1752 年最先提出的价格—铸币流动机制。为了让国际金本位发挥作用,特别是发挥自动调节的作用,各国必须遵守三项原则:一是要把本国货币与一定数量的黄金固定下来,并随时可以兑换黄金;二是黄金可以自由输出与输入,各国金融当局应随时按官方比价无限制地买卖黄金和外汇;三是中央银行或其他货币机构发行钞票必须有一定的黄金准备。这样国内货币供给将因黄金流入而增加,因黄金流出而减少。

3. 金本位制度的崩溃及影响

1914 年第一次世界大战爆发后,各国为了筹集庞大的军费,纷纷发行不兑现的纸币,禁止黄金自由输出,金本位制随之告终。接着建立起来的是没有金币流通的金块和金汇兑本位制,这两个制度由于不具备金币本位制的一系列特点,因此,也称为不完全或残缺不全的金本位。该制度在 1929~1933 年的世界性经济大危机的冲击下,也逐渐被各国放弃。金本位制度的崩溃,对国际金融乃至世界经济产生了巨大的影响:

(1)为各国普遍实行货币贬值、推行通货膨胀政策打开了方便之门。这是因为废除金本位制后,各国为了弥补财政赤字或扩军备战,会滥发不兑换的纸币,加速经常性的通货膨胀,不仅使各国货币流通和信用制度遭到破坏,而且加剧了各国出口贸易的萎缩及国

际收支的恶化。

（2）导致汇价的剧烈波动，冲击着世界汇率制度。在金本位制度下，各国货币的对内价值和对外价值大体上是一致的，货币之间的比价比较稳定，汇率制度也有较为坚实的基础。但各国流通纸币后，汇率的决定过程变得复杂了，国际收支状况和通货膨胀引起的供求变化，对汇率起着决定性的作用，从而影响了汇率制度，影响了国际货币金融关系。

（二）布雷顿森林体系

1. 布雷顿森林体系的建立

两次世界大战期间，尤其是在国际金本位制崩溃后，国际货币制度经历了极其混乱和动荡不安的时期，这严重破坏了国际正常的贸易和货币金融关系，尤其是一些国家为了各自的政治经济利益，竞相实行"以邻为壑"的货币贬值、外汇管制等政策，对世界经济和金融关系产生了极其不利的影响。这一切都使人们增强了对以往金本位制和固定汇率制的向往，希冀重建统一的国际货币体系，实现有效的国际经济合作以改变受战争影响的动荡不安的国际货币金融关系。1944 年 7 月，联合国 44 个成员国于美国新罕布什尔州的布雷顿森林召开了"联合国货币金融会议"，签订了《国际货币基金协定》以及《国际复兴开发银行协定》，总称《布雷顿森林协定》，这个协定基本上采纳了怀特提出的美国方案，布雷顿森林体系（Bretton Woods System）由此建立。

2. 布雷顿森林体系的主要内容

该体系的内容主要有以下几个方面：

（1）建立国际金融机构。根据布雷顿森林协定，设立"国际货币基金组织"和"国际复兴开发银行"。前者的宗旨在于稳定汇率，协助成员国改善国际收支；后者的宗旨在于对会员国提供中长期贷款，协助推动成员国的经济发展。

（2）确立国际储备体系。布雷顿森林体系确定了以黄金为基础，以美元为国际主要储备货币，即所谓的美元与黄金挂钩，其他国家货币与美元挂钩的原则。在这个制度下，规定美元按 35 美元等于 1 盎司黄金的比例保持固定比价，各国政府可以随时用获得的美元向美国政府按这一比价兑换黄金。这种安排也被称为"双挂钩"制度。

（3）实行固定汇率制度。在汇率安排上，布雷顿森林体系采取了固定汇率制。IMF规定成员国的货币含金量一经确定，就不得随意变动。成员国在进行即期外汇交易及黄金买卖时，汇率和金价的波动幅度不得超过法定汇率和金价的上下各 1‰（超过该界限，有关政府有义务进行干预），使汇率始终保持在一个较为稳定的水平上。只有当国际收支发生根本性不平衡时，才允许贬值或升值，亦即平价经 IMF 同意后才能加以改变。但在实践中，平价变动若小于 10％，一般可自行决定。只有当平价变动大于 10％时，才须 IMF的批准。由于各国货币均与美元保持可调整的固定比价，因此各国货币之间实际上也保持着可调整的固定比价，从而使整个货币体系成为一个固定汇率的货币体系。这种体系下的固定汇率制度,亦称可调整的固定汇率制度。在这种情况下,平价的单方面变动是比较困难的。

(4)国际收支调节的安排。当成员国国际收支发生困难时,IMF 通过三种方式帮助成员国渡过难关:一是敦促成员国广泛协商,促进国际货币合作。二是为成员国提供融通资金的便利。三是规定各成员国实行多边支付与清算,不得限制经常项目的支付,亦不许采取歧视性的货币措施,由此创造平衡国际收支的外在条件。

在这样的货币制度下,储备货币和国际清偿力的主要来源依赖于美元,美元成了一种关键货币。它既是美国的货币,又是世界其他国家的货币,即世界货币。因此,布雷顿森林体系下的国际货币制度实质上是以黄金—美元为基础的国际金汇兑本位制。

布雷顿森林体系的建立符合当时世界经济形式的发展。总之,美元与黄金挂钩,其他国家货币与美元挂钩,保证了二战以后的较长时间里国际货币制度有了一个较为有效和稳定的基础,同时也推进了外汇管制的放松,促进了国际贸易的自由化,并对国际资本流动和国际经济的迅速发展以及国际金融一体化起到了积极的推进作用。

3. 布雷顿森林体系的缺陷

尽管布雷顿森林体系对世界经济的发展起到了一定的积极作用,但同时这个体系也存在不足,并且这些不足最终导致了它的崩溃。

(1)该体系是以美元为中心的国际货币制度,其存在的先决条件是美国经济占绝对优势和美元地位的稳固,因此,当美国国际收支不断恶化和短期对外债务不断增加时,国际上对美元作为主要国际储备货币的信心也就会不断降低,由此发生美元危机。美元危机的程度,同流出美国的美元有关。流出的美元超过美国黄金储备的余额,被称为"悬突额"。随着美元悬突额的不断增加,美元存在着贬值的倾向,导致美元危机的爆发。

(2)由于固定汇率制的限制,成员国政府大多不愿以改变汇率的方法来应付"基本失衡",待到非改不可时,投机者早已闻风而动,在外汇市场及黄金市场上掀起投机的浪潮,加剧金融危机。

(3)虽然 IMF 规定赤字国家和盈余国家都有调整国际收支失衡的责任,但事实上,采取纠正措施的多是赤字国家,盈余国家往往不愿以及时升值的举措来减少盈余,这就加深了调节国际收支的困难性。

(4)在该体系下,大多数货币与美元保持固定汇率,而美元又与黄金挂钩,因此,其他国家可用本币兑美元贬值来调节赤字,但美国却无法体面地使其货币贬值。从美国立场上看,这是美元作为国际储备所付出的代价,也使美元处于非常尴尬的境地。由于美元的这种两难,是美国耶鲁大学的教授罗伯特·特里芬于 20 世纪 50 年代首先阐述的,故又被称为"特里芬难题"。而其他国家的看法是:美国可用美元直接支付其对外债务而不受外汇的约束,运用发行本币的方法获取铸币税。美国和其他主要工业国家对美元问题和国际金融问题,既然各怀成见,在财经政策执行方面也就无法真诚合作。

4. 布雷顿森林体系的崩溃

20世纪60年代初,这一以美元为中心的固定汇率制度开始呈现不稳迹象。1960年,美国对外短期债务首次超过了它的黄金储备额。人们纷纷抛售美元,抢购美国的黄金和其他经济处于上升阶段的国家的硬通货(如马克)。为了维持外汇市场和金价的稳定,保持美元的可兑换性和固定汇率制,美国要求其他资本主义国家在国际货币基金组织的框架内与之合作,稳定国际金融市场。到1962年为止,美国分别与若干主要工业国家签订了"互惠信贷协议",在基金组织的框架内建立了"借款总安排"和"黄金总库"。但由于这些拯救布雷顿森林体系的几大措施都是局部性的,而不是制度性的。其内在缺陷不可能得到根本的纠正。

由于这些酝酿已久的内在不稳定性,终于触发了1968年的美元危机。20世纪60年代中期,因为卷入越南战争,美国的财政金融状况显著恶化,国内通货膨胀加剧,美元对内价值不断贬低,美元同黄金的固定比价又一次遭受严重的质疑。受1967年英镑危机的影响,外汇市场上的投机浪潮于1968年初转向美元,1968年3月,美国黄金储备损失了14亿美元,1961年成立的"黄金总库"被迫解体,七国中央银行宣布实行"黄金双价制",即官方黄金交易仍以每盎司35美元进行,私人黄金交易则由市场供求关系决定。然而,美国国际收支逆差不断扩大,国际社会对美元信心也大幅降低,成员国中央银行继续以剩余美元兑换黄金,使美国穷于应付。1971年8月尼克松政府宣布实行"新经济政策",停止美元兑换黄金,同年12月十国集团在华盛顿史密森学会举行国际金融会议,决定美元对黄金贬值7.89%,即将黄金官价从每盎司35美元提至38美元,其他国家货币纷纷改变对美元和黄金的平价,这就是"史密森协议"下的美元第一次正式贬值。1973年2月,美元实行了第二次贬值,黄金官价再度提高到每盎司42.22美元,同年3月,欧共体、日本、加拿大等国宣布本区或本国货币对美元实行浮动。布雷顿森林体系就这样在一系列美元危机中于1971~1973年国际金融危机中解体了。

(三)牙买加体系

布雷顿森林体系崩溃以后,国际金融秩序又复动荡,国际社会及各方人士也纷纷探析能否建立一种新的国际金融体系,提出了许多改革主张,比如恢复国际金本位制,恢复美元本位制,实行综合货币本位制及设立最适货币区等,但均未能取得实质性进展。直至1976年1月,经过激烈争论,IMF理事会"国际货币制度临时委员会"在牙买加首都金斯敦达成了《牙买加协议》,并于1978年4月1日生效。同年4月,IMF理事会通过了《IMF协定第二次修正案》,从而形成了新的国际金融体系。

1. 牙买加协议的主要内容

(1) 实行浮动汇率制度的改革。牙买加协议正式确认了浮动汇率制的合法化,承认固定汇率制与浮动汇率制并存的局面,成员国可自由选择汇率制度。同时IMF继续对各国货币汇率政策实行严格监督,并协调成员国的经济政策,促进金融稳定,缩小汇率波动范围。

(2) 推行黄金非货币化。协议做出了逐步使黄金退出国际货币的决定。并规定:废除黄金条款,取消黄金官价,成员国中央银行可按市价自由进行黄金交易;取消成员国相互之间以及成员国与 IMF 之间须用黄金清算债权债务的规定,IMF 逐步处理其持有的黄金。

(3) 增强特别提款权的作用。主要是提高特别提款权的国际储备地位,扩大其在 IMF 一般业务中的使用范围,并适时修订特别提款权的有关条款。

(4) 增加成员国基金份额。成员国的基金份额从原来的 292 亿特别提款权增加至 390 亿特别提款权,增幅达 33.6%。

(5) 扩大信贷额度,以增加对发展中国家的融资。

2. 牙买加体系的运行特点

一般认为,牙买加体系是一个"无秩序的体系",使世界经济在两种力量的支配下产生巨大矛盾。

(1) 储备货币多元化。在牙买加体系下,国际储备呈现多元化局面。美元虽然仍是主导的国际货币,但美元地位明显削弱了,由美元垄断外汇储备的情形不复存在。西德马克、日元随着两国经济的恢复发展脱颖而出,成为重要的国际储备货币。目前,国际储备货币已日趋多元化,特别是随着欧元的崛起,欧元很可能成为与美元相抗衡的新的国际储备货币。

(2) 汇率安排多样化。在牙买加体系下,浮动汇率制与固定汇率制并存。一般而言,大多数发达工业国家采取单独浮动或联合浮动,但有的也采取钉住自选的货币篮子。对发展中国家而言,多数是钉住某种国际货币或货币篮子,单独浮动的很少。

(3) 多种渠道调节国际收支。主要包括:① 运用国内经济政策。国际收支作为一国宏观经济的有机组成部分,必然受到其他因素的影响。一国往往运用国内经济政策,改变国内的需求与供给,从而消除国际收支不平衡。② 运用汇率政策。在浮动汇率制或可调整的钉住汇率制下,汇率是调节国际收支的一个重要工具,其原理是:经常项目赤字导致本币汇率趋于下跌,本币下跌将使得外贸竞争力增加,进而使得出口增加、进口减少,这样一来,经常项目赤字就会减少或消失。相反,在经常项目顺差时,本币币值上升会削弱出口商品的竞争力,从而减少经常项目的顺差。但在实际经济运行中,汇率的调节作用受到"马歇尔—勒纳条件"以及"J 曲线效应"的制约,其功能往往令人失望。③ 国际融资。在布雷顿森林体系下,这一功能主要由 IMF 完成。在牙买加体系下,IMF 的贷款能力有所提高,更重要的是,伴随石油危机的爆发和欧洲货币市场的迅猛发展,各国逐渐转向欧洲货币市场,利用该市场比较优惠的贷款条件融通资金,调节国际收支中的顺逆差。④ 加强国际协调。这主要体现在:第一,以 IMF 为桥梁,各国政府通过磋商就国际金融问题达成共识与谅解,共同维护国际金融形势的稳定与繁荣。第二,新兴的七国首脑会议的作用。西方七国通过多次会议,达成共识,多次合力干预国际金融市场,主观上是为了各自的利益,但客观上也促进了国际金融与经济的稳定与发展。

3. 对牙买加体系的评价

(1)牙买加体系的积极作用:① 牙买加体系下,多元化的储备结构摆脱了布雷顿森林体系下各国货币间的僵硬关系,为国际经济提供了多种清偿货币,在较大程度上解决了储备货币供不应求的矛盾;② 多样化的汇率安排适应了多样化的、不同发展水平的各国经济,为各国维持经济发展与稳定提供了灵活性与独立性,同时有助于保持各国国内经济政策的连续性与稳定性;③ 多种渠道并行,使国际收支的调节更为有效与及时。

(2)牙买加体系的缺陷:① 在多元化国际储备格局下,储备货币发行国仍享有"铸币税"等多种好处,同时,在多元化国际储备下,缺乏统一的稳定的货币标准,这本身就可能造成国际金融的不稳定;② 汇率大起大落,变动不定,汇率体系极不稳定。其消极影响之一是增大了外汇风险,从而在一定程度上抑制了国际贸易与国际投资活动,对发展中国家而言,这种负面影响尤为突出;③ 国际收支调节机制并不健全,各种现有的渠道都有各自的局限,牙买加体系并没有消除全球性的国际收支失衡问题。

▶ 三、欧元的特点及对现行国际金融体系的挑战

(一)欧元的特点

欧元于 1999 年 1 月 1 日起正式启动,并于 2002 年 3 月 1 日之后成为欧洲货币联盟范围内唯一合法流通的通货。随着欧盟的扩盟,现在的欧元区共有 15 个国家。欧元的特点可以概括为以下两点:

1. 跨主权国家创造的信用本位货币

其信用将来自人们对欧洲货币联盟内高效率的协调能力、其经济实力和经济增长潜力所赋予的信心。

2. 货币政策与财政政策的分离造成欧元的缺陷

一国范围内的货币政策与财政政策是有矛盾情形的,该矛盾对于具有第一个特点的欧元来讲显得更加突出,因为其统一的欧洲中央银行与分离的各国主权政府之间,并不能保证在必要时能够完全协调一致。因此分离的财政政策和货币政策也可能从内部动摇欧元的生命所在——币值稳定。

(二)欧元对现行国际金融体系的挑战

欧元对现行国际金融体系的挑战具体表现在以下三个方面。

1. 对国际货币基金组织协调能力的挑战

从历史上看,IMF 在协调其成员国缓解 1973 年与 1979 年两次石油危机对世界经济的危害、救援 1982 年拉美债务危机、帮助发展中国家进行结构性改革并促进其经济稳定增长方面,表现出较强的协调能力。但在特别提款权问题、南北货币关系问题以及 IMF 的贷款条件等问题上,其协调能力却引人质疑。可以肯定的一点是,欧洲货币联盟作为同样的跨主权国家的国际货币机构,尽管它也将面临许多困难,但在保证欧元稳定方面将发挥出更完善的协调能力。另一方面,在货币问题上以一个声音说话的欧洲,将会代替原发达国家内部美、日、德三极上德国的位置,并将大大增强这一极的力量,从而使 IMF 在协调西方发达国家内部立场的问题上难度更大。

2. 对国际储备体系的挑战

随着欧元的产生与运作,对美元在国际储备体系中的主导地位及 SDRs 作为国际储备货币的地位,无疑将带来严峻的挑战。当然,欧元对国际储备结构的影响是渐进的和长期的,美元的霸主地位在短时间内不会动摇。随着欧盟经济的发展,欧元在世界各国的外汇储备中会逐渐增加,当然,欧元的国际储备货币地位最终还取决于市场判断。从长期看,欧元为世界各国提供了新的能与美元相抗衡的国际储备资产,这不仅意味着各国货币当局选择机会的增加,同时对美元霸权也可能起到某种程度的制约运用,从而克服“世界美元本位制”固有的一些缺陷。

3. 挑战目前的所谓“非体系”,为世界货币的发展起到示范作用

汇率制度安排多样化、黄金非货币化以及国际政策协调艰难,是目前牙买加体系之所以被称为“非体系”的重要原因。欧元将以其汇率稳定、跨国界的协调及统一的中央银行对这一“非体系”直接提出挑战。并且统一的欧元将是人类历史上第一次可用于非官方结算的跨国界信用本位货币的一种创造,它的诞生及其后的发展,将为未来统一世界货币的创造提供宝贵的经验,也将为其他区域性经济合作组织货币一体化起到示范作用。

 本章小结

国际收支是指一国或地区居民与非居民在一定时期内全部经济交易的系统记录。

国际收支平衡表是系统地记载在一定时期内一经济体和世界其他经济体之间发生的国际收支交易的综合统计报表。目前,国际上通用的国际收支平衡表的标准格式是国际货币基金组织 1993 年出版的《国际收支手册》第五版。国际收支平衡表具有特定的账户分类。从大类上讲,可分为经常账户、资本和金融账户以及错误和遗漏账户;每一类又可以分为几个二级账户和三级账户。

外汇是指以外国货币表示的、能用来清算国际收支差额的资产。一种外币资产能成

为外汇需要具有自由兑换性、普遍接受性和可偿性。

汇率是指一国货币兑换另一国货币的比率，即以一种货币表示另一种货币的价格。汇率的标价法有直接标价法、间接标价法、美元标价法。根据不同的角度，汇率可以分为基本汇率与套算汇率、固定汇率与浮动汇率、单一汇率与复汇率等多种类型。汇率的影响因素非常多，如国际收支状况、通货膨胀率、经济实力、利率的变动等都会使汇率发生相应的波动。汇率的决定与汇率制度有密切的关系。

国际金融体系是指调节各国货币在国际支付、结算、汇兑与转移等方面所确定的规则、惯例、政策、机制和组织机构安排的总称。它经历了国际金本位制度、布雷顿森林体系、牙买加体系等几个阶段，每个阶段各有其内容与特点。

 **复习思考题**

1. 什么是国际收支？
2. 什么是国际收支平衡表？它有哪些特定账户？
3. 什么是外汇？它有哪些分类？
4. 什么是汇率？它有哪些标价方法及种类？
5. 不同货币制度下汇率的决定基础是什么？
6. 什么是国际金融体系？它的主要内容是什么？
7. 国际金本位制的特点是什么？
8. 布雷顿森林体系的主要内容有哪些？其缺陷是什么？
9. 牙买加体系的主要内容是什么？有哪些特点？

 **案例分析**

案例：保尔森能拯救美元吗？

"强势美元政策符合美国利益。"保尔森上任伊始，就不断重复这句出自其前辈鲁宾之口的名言。

保尔森真的能拯救美元吗？事实是，保尔森甚至没能阻止美元的颓势，美元现在依然处于 2002 年以来的贬值周期。从 2006 年 7 月 10 日保尔森上任以来的一年半时间里，美元对 7 种主要货币的有效汇率最多贬值 12.7%，对欧元最多贬值 14.3%，美元汇率不断创造历史新低。保尔森并非不想恢复美元强势，但次贷危机拖累了美元，美元重新进入贬值轨道。每一次问题的暴露,都加剧美元贬值。更为不幸的是,美元的衰落将使得强势美元政策彻底失去其本来的意义。

美国在 20 世纪 80 年代成为世界上最大的债务国,但是每年却有正的上百亿美元投资收益,这让"美国是债务国"成为伪命题。2006 年,美国经常账户逆差高达 8 567 亿美元,占当年 GDP 的 6.5%,美国经济分析局公布的净债务为 25 396 亿美元,而且对外投资收益逆转为 -72.8 亿美元。无论从资产负债规模还是净收益来看,美国都是债务国。庞大的国际收支逆差还会使美国对外债务负担进一步加重。

要减轻债务负担,美元必须贬值。从历史上看,针对经常账户逆差,美国往往采取存心疏忽的国际货币政策,选择贬值等不负责任的做法,而不是去减少逆差。美元贬值也符合华尔街的短期利益。在美国 14 万亿的美元海外资产中,华尔街持有很大一部分。因此,受制于庞大的对外债务和经常账户逆差,美元将长期趋于贬值。

自 20 世纪 70 年代初实行浮动汇率以来,世界各国饱受美元贬值之苦,但又无能为力。如今,欧元的存在会改变这一状况,贬值的美元最终将丧失霸主地位,注定要衰落。

美元衰落和长期贬值的趋势并不意味着美元眼前就要贬值。美国人很清楚,正是美元的国际货币地位,给予了美国不劳而获的特权和以邻为壑的手段。因此,尽管受次贷危机和经济衰退风险的影响,美国不会让美元在 2008 年出现大幅度贬值,美元甚至有可能反弹,因为继续贬值将严重削弱美元国际地位,并损害美国实体经济和长远利益。现在一边倒的美元危机论,可能导致外国投资者过度减持美元,这也许是美国人所乐见的,等于又多了一次洗筹的机会。

保尔森也没有放弃,而是本着务实的态度,实施拯救美元的一揽子方案:

赋予强势美元政策新的内涵,让其和美元走势脱钩。保尔森最近一段时间对强势美元政策的注解就是很好的证明:"汇率应在竞争性的市场中决定,并反映经济基本面。"强势美元政策就是保持对美元经济和金融市场的信心,让投资者继续持有美元资产;强势美元政策就是保持美元在美国国内的购买力……分析家们开始从其他角度诠释强势美元政策。

打造新的核心竞争力,以整体实力维系美国的金融霸权地位。为了让投资者继续持有美元资产,保尔森不遗余力地倡导发展金融市场,包括改革市场管制,改善市场基础设施,以提升资本市场竞争力。美国财政部网站上挂着保尔森的一句语录:"作为财长,我的目标是为美国繁荣和经济增长提供更好的条件。要实现这个目标,保持资本市场竞争力至关重要。资本市场是美国经济的命根子。"正因为如此,在次贷危机中,保尔森力促政府救助,直接注入流动性,降息,减税,为华尔街惹的祸埋单。

打开它国金融市场大门,让华尔街成为世界金融家,管理全球资产。除了出访为数不多的拉美国家以外,作为财长的保尔森花大量时间穿梭于全球主要金融中心,呼吁金融开放,为华尔街的大亨们开道。华尔街掀起了一轮全球扩张浪潮,即使在次贷危机中也没停

下脚步。

用金融取代货币继续美国的辉煌,是保尔森战略的核心。能否实现还未可知,毕竟留给保尔森的时间不多了。在布什政府执政的最后一年里,让美元阶段性走强,也许是保尔森送给华尔街的最好礼物,也是保尔森作为英雄回归华尔街的资本。

(案例来源:丁志杰.《上海证券报》,2008-01-29,http://news.stockstar.com/info/darticle.aspx?id=GA,20080129,00767479)

问题:

请分析研究一种世界主要货币在近期的汇率变化。

高等院校经济管理类“十一五”规划教材

企业战略管理	主编：王　倩	估价：30.00 元
人力资源管理	主编：赵春清	定价：37.00 元
经济法	主编：李爱民	估价：30.00 元
管理学	主编：高金章	定价：36.00 元
技术经济学	主编：罗　党、郭　洁	定价：39.00 元
宏观经济学	主编：周纪昌	估价：30.00 元
税法	主编：宋　霞、谭　恒	估价：30.00 元
证券投资概论	主编：朱永明、史建朝	估价：30.00 元
微观经济学	主编：雷　雨、李芝兰	定价：35.00 元
会计学	主编：方光正	定价：36.00 元
企业物流管理	主编：李慧兰	估价：30.00 元
国际贸易理论与实务	主编：吕玉花、涂玉华	定价：30.00 元
ERP 原理、应用与实践教程	主编：姬小利	定价：30.00 元
公司理财	主编：秦海敏	估价：30.00 元
国际企业管理	主编：周健临	估价：30.00 元
项目管理	主编：段世霞、马　歆	估价：30.00 元
运筹学	主编：朱九龙、李　冰	定价：33.00 元
组织行为学	主编：张志宏	估价：30.00 元
成本会计学	主编：张韶华	估价：30.00 元
管理会计学	主编：杨鉴淞	估价：30.00 元
财务会计学	主编：张红月	定价：45.00 元
统计学	主编：穆慧萍	定价：32.00 元
财务管理学	主编：李淑平	定价：38.00 元
初级会计学	主编：程明娥、王一平	估价：30.00 元
基础会计学	主编：阮渝生	估价：30.00 元
审计学	主编：石　勇、江　岭	估价：30.00 元
会计电算化软件应用	主编：李宗民	估价：30.00 元
现代公共关系学	主编：寇玉琴	定价：32.00 元
电子商务概论	主编：赵　亮	定价：31.00 元
市场营销学	主编：闫丽霞	定价：34.00 元

市场调查与分析	主编：高金章	定价：31.00 元
国际市场营销学	主编：杨　楠	定价：30.00 元
广告学	主编：邓国取	定价：27.00 元
广告策划与创意	主编：祖立场	估价：30.00 元
商务推销与谈判	主编：李丰威	估价：30.00 元
网络营销	主编：司林胜	估价：30.00 元
国际贸易实务	主编：王双平	定价：32.00 元
国际金融理论与实务	主编：何　伟	估价：30.00 元
货币银行学	主编：陈　宏	定价：34.00 元
消费者行为学	主编：王志敏	估价：30.00 元
国际结算	主编：何　伟	估价：30.00 元
商务谈判	主编：苏喜军	估价：30.00 元
保险学	主编：冯登艳	估价：30.00 元

　　高等院校经济管理类"十一五"规划教材系列教科书，内容新颖、理论实务并重且配有教学课件。全国各地新华书店、经济书店、本社发行科均有售。

电话：021－64411367　　　　　　　　　传真：021－64411325

地址：上海市中山西路 2230 号　　　　　　邮编：200235

邮购汇款额＝书款＋邮资(书款总额 10％)＋邮挂费(3 元)

教学课件索取单

敬爱的老师：

感谢您使用高等院校经济管理类"十一五"规划教材。为了方便您的教学,本书配有相关的教学课件。如果您需要,请您填写下面表格中的相关信息,并以电子邮件的形式发到我社,我们在核对您的信息后,会免费向您提供教学课件。

我们的联系方式：

地址：上海市中山西路 2230 号立信会计出版社　　　　邮编：200235

电子邮件：ghjc2008@sina.com　　　　　　　　　　电话：(021)64411012

姓　　名		性　别		身份证号				
学　　校				学院、系			教 研 室	
学校地址							邮　编	
职　　务			职　　称				办公电话	
E-mail			手　　机				宅　电	
通信地址							邮　编	
教材用量		册	委托订购单位					

您对本书的使用有什么意见和建议?

_____

_____

_____

_____